古代天皇祭祀・儀礼の史的研究

佐野真人 著

思文閣出版

A Historical Study of Imperial Ritual Ceremonies in Early Japan

Sano Masato

Shibunkaku Publishing Co. Ltd., 2019
ISBN 978-4-7842-1977-3

目次

第二部　古代正月儀礼の整備と変質

古代天皇祭祀・儀礼の史的研究

序論　本書の視点

一　本書の目的

日本古代の朝廷における儀礼の研究は、これまでは儀式書等に基づいて個別の儀礼の検討が行われてきた。山中裕氏の『平安朝の年中行事』(1)、甲田利雄氏の『年中行事御障子文注解』(2)、所功氏の『平安朝儀式書成立史の研究』(3)および『宮廷儀式書成立史の再検討』(4)、西本昌弘氏の『日本古代儀礼成立史の研究』(5)および『日本古代の年中行事書と新史料』(6)などを代表的なものとして、歴史学の分野のみならず、民俗学・国文学等の立場からも研究が進められており、その蓄積は膨大な量にのぼる。(7)

特に倉林正次氏の『饗宴の研究』(儀礼編・文学編・祭祀編・歳事編)(8)よって、平安時代を中心とした朝廷儀礼・祭祀は多角的な視点から研究され、その研究水準が高められたことは言うまでもない。それ以降は、個別の儀礼についての研究が細分化し、儀式とその運営(経済基盤等)に関わる研究なども進み今日に至っているといえよう。

古代の朝廷儀礼・祭祀の整備という視点から概要を述べれば、弘仁十二年(八二一)に完成した『内裏式』によって、整備された儀礼の姿を窺い知ることができる。これ以前の儀礼は、けっして未整備の状態にあったものではなく、飛鳥時代以来の遣隋使・遣唐使、あるいは渡来系氏族などによって日本に儀礼が伝えられ、儀礼の知識が日本の朝廷には蓄積されていたと推察され、『内裏式』によって集大成されたといえる。

ただし、桓武天皇朝における儀礼の整備については、天皇の即位は辛酉革命、長岡京への遷都は甲子革令にあたるとされ、讖緯説に基づいているという考え方が一般的となっている。これには桓武天皇自身が、光仁天皇は天智天皇系新王朝の高祖という認識のもとで儀礼の整備を行ったという議論とも関連して、桓武天皇朝の皇統意識に基づく特異性に言及する先行研究が多い[9]。

しかしながら、奈良時代において、元明天皇をはじめ聖武天皇や孝謙天皇の即位宣命に、天智天皇の定めたとされる、いわゆる「不改常典」という文言が見られることや、天智天皇の国忌が、すでに大宝二年（七〇二）には設置されていること[10]、天平勝宝七歳（七五五）には聖武太上天皇の枕席安らかならざるにより、天智天皇陵をはじめ各山陵に奉幣が行われていることなど[11]、桓武天皇朝に至ってから、新しく天智天皇を持ち出して祭祀の対象などにしたわけではないことに注意する必要があろう。これは、天武天皇系皇統の続く奈良時代と、光仁天皇即位以後の天智天皇系皇統とを区別して考えるわけにはいかないということではないだろうか。この点こそが、桓武天皇自身が天智天皇系新王朝を意識したということとの矛盾点でもある。

これに関連して、平成十九年（二〇〇七）に仁藤敦史氏によって、桓武天皇の皇統意識を見直す論考が発表された[12]。仁藤氏は、天武天皇系から天智天皇系への皇統の移行は断絶したものではなく、一系的な位置付けがなされているという見解を示されている。また、西本昌弘氏によって発見された藤原行成の撰述による『新撰年中行事』に、称徳天皇の国忌が天長元年（八二四）まで廃止されていなかったことが確認された[13]。仁藤氏の皇統意識に対する指摘や西本氏の称徳天皇の国忌の確認は非常に重要である。つまり、桓武天皇朝以降に現れるとされる天智天皇系・天武天皇系という皇統意識に再検討が必要となるならば、皇統意識に基づいて整備されたと考えられてきた平安時代前期における儀礼についても、再検討をする必要が生じることになるのである。

本書では、桓武天皇朝以降に見られるという天智天皇系皇統意識（新王朝意識）の見直しということを出発点に、平安時代初期の桓武天皇朝・嵯峨天皇朝における儀礼の導入や整備、文徳天皇朝以降の儀礼の変遷や新たな儀礼の創出について考察を加えることで、平安時代前期を中心とした古代日本の儀礼秩序の構築過程の一端を明らかにしたい。

二　本書の構成

『平安時代儀式年中行事事典』（東京堂出版、平成十五年）が取り上げる儀式・年中行事だけでも、毎年恒例の儀式は一五九件、臨時の儀式は二十三件にものぼり、本書ですべてを論じることは難しい。したがって本書においては、筆者の研究視角の中心となる天智天皇系皇統意識（新王朝意識）の見直しによる儀礼整備の再検討にあたって、重要な祭祀・儀礼を取り上げ、考察を進める。

第一部では、桓武天皇朝の皇統意識の再検討と儀礼の導入という視点から論を展開する。

まず第一章において桓武天皇の誕生から崩御までを通覧して、立太子や即位に至った状況を考察し、即位後の儀礼・祭祀の整備や神祇改革などを検討する。これまでは、桓武天皇の即位は辛酉革命、長岡京への遷都は甲子革令にあたるとされ、桓武天皇自身が讖緯説に基づいて、光仁天皇は天智天皇系新王朝の高祖であり、自らは天智天皇系王朝の太宗であるから、庶政を改革し、武威を内外に示し功業を樹てねばならないと考えていた、という議論が多かった。しかし、桓武天皇の降誕当時は、父である白壁王即位の可能性は低く、また父の即位後も皇位に近い存在とはいえない立場にあった。また、藤原氏の政権抗争よって皇太子に擁立された経緯を持ち、立太子の時点から生母の出自の低さを理由に多くの反対勢力が存在していたことが確認できる。そこで本章では、新王朝説の特色と解される昊天祭祀を中心に、怨霊思想などを含めて桓武天皇の生涯を振り返り、当時の政治的背景を考察して、桓武天皇朝の皇統意識を再検討する。

第二章・第三章では、桓武天皇が新王朝を意識して実施したとされる、昊天祭祀そのものを取り扱う。斉明天皇五年（六五九）七月に発遣された遣唐使が唐朝の冬至儀礼に参列していることと、中国における冬至の郊祀と朝賀儀、その後の宴との関係から、日本において冬至の宴が初めて行われた聖武天皇の時代には、昊天祭祀が知識として伝来していたと推測する。さらに、『経国集』「天平三年（七三一）五月八日」の日付を持つ「郊祀之礼」について取り扱った対策の内容から、当時の官人たちがどのように昊天祭祀を理解をしていたのかを考察し、なぜ桓武天皇が郊祀を実施しなければならなかったのか、その疑問を解明するために、当時の時代背景について論究する。

第四章は、荷前別貢幣などに代表される山陵祭祀より見た皇統意識の再検討を行う。これまでのように天智天皇系の皇統を重視、あるいは天智天皇を皇統の太祖とする考え方には、まったく疑問の余地がないわけではない。その理由として、第一に、奈良時代において元明天皇をはじめ聖武天皇・孝謙天皇の即位宣命に天智天皇の定めたとされる「不改常典」が引かれていること、第二に、天智天皇の国忌はすでに大宝二年（七〇二）には設置されていること、第三に、天平勝宝七歳（七五五）には、天智天皇陵をはじめ各山陵および藤原不比等墓に奉幣が行われていることが挙げられる。これは、天武天皇系皇統の続く奈良時代に対して、光仁天皇即位以後を天智天皇系直系皇統と区別して考えるときに、問題となる事項であろう。本章では、直系皇統意識のみに基づいて天智天皇・光仁天皇・桓武天皇の三天皇が祭祀の対象となることを考えるのではなく、古代国家にとって、この三天皇が特に重要であったという点に着目して検討を進める。

第五章は前章に関連して、皇統意識との関わりから桓武天皇が宗廟祭祀を導入したとされる研究を再検討するとともに、従来「山陵＝宗廟」と考えられてきた概念についても検討を加える。『続日本紀』延暦十年（七九一）三月二十三日条に記述される「国忌省除令」によって、国忌の省除が中国の「宗廟」の例に基づいて行われたことから、国忌や山陵祭祀の研究の立場には、宗廟制を日本に導入したと捉える見解がある。また、『続日本後紀』承和七年（八四〇）五月六日条には、「山陵猶二宗廟一也」とあることから、天皇陵は「宗廟」であると規定しているという見解が散見され、「宗廟＝山陵」のごとく捉えられてきた。しかし、日本では大江匡房以後に、伊勢の神宮や八幡神に対して宗廟の呼称が使われている。古代の日本において「宗廟＝山陵」と考えられていたとするならば、山陵に対して用いられた宗廟という呼称を、伊勢の神宮や八幡神に対して用いるのは、不適切といえるのではないだろうか。そこで、平安時代初期における「宗廟＝山陵」という概念を再検討し、「山陵」と「宗廟」の概念は、平安時代においても明確に区別されていたことを確認し、我が国における宗廟観の形成について論究する。

第六章は、本研究の出発点でもある、即位宣命に見える天智天皇の定めたとされる「不改常典」について、宣命中における「不改常典」が、いかなる意図をもって引用されたかを検討する。特に、宣命を発した天皇ではなく、宣命中における「不改常典」と「天智天皇の定めた法」の発言者と、その引用方法に注目し、「不改常典」法は奈良時代以降断絶したものではないこと、また「天智天皇の定めた法」も、桓武天皇によって持ち出され、それ以降の天智天皇系皇統意識を積極的に示すものではないことを述べる。

第二部では、桓武天皇朝以後の儀礼の整備と変質について、律令国家として年中行事における最大の儀礼である元日朝賀儀を中心に、その時代背景に即した特色が顕著な嵯峨天皇朝以降の正月儀礼に焦点を絞って論を展開する。

第七章では、「元日四方拝」の成立背景を考察する。『礼記』の記述に基づけば、「天地四方」を拝することは、天子のみに許された祭祀であった。『続日本紀』には、橘奈良麻呂の乱の時に「天地四方の拝」が行われたことが確認でき、奈良時代の知識人階級に『礼記』の思想が充分に浸透していたと考えられる。そこで、改めて我が国への『礼記』の伝来と、朝廷内部において享受されていた時期を検討することによって、天子のみに許された「天地四方拝」を組み込んだ「元旦四方拝」が成立した、その思想的な背景に言及する。

第八章は、前章において考察した元旦四方拝と関連して、天皇が四方拝で属星と天地四方を「再拝」した後に二陵を「両段再拝」する作法について検討する。これまでは「本朝の風」（『北山抄』）と考えられてきたが、『大唐開元礼』の「皇帝拝五陵」に「皇帝再拝又再拝」という拝礼作法が確認される。唐朝における「再拝又再拝」と、我が国の「両段再拝」とについて、それぞれの拝礼の対象および儀礼について考察する。

第九章では、本研究においては儀礼の際に使用する威儀物の整備に関する検討も重要であるため、即位式や元日朝賀儀などに用いられる「儀仗旗」の整備に関して論究する。特に、儀仗旗の中でも「四神旗」（青龍旗・朱雀旗・白虎旗・玄武旗）の起源と我が国への受容、『正倉院文書』などに見える儀仗旗について検討をする。儀仗旗の製作に関する文書が、『正倉院文書』続々修十八帙六裏に何通か残されており、この史料の検討によって、天平宝字二年（七五八）当時の状況などを断片的に窺い知ることができる。

第十章では、仁明天皇によって創始された「朝覲行幸」の成立と、その学問的背景を考察し、嵯峨天皇朝から仁明天皇朝にかけての儀礼に対する意識について検討を加える。「朝覲行幸」とは、天皇が太上天皇や母后などの御所に赴き拝礼を行う正月儀礼であるが、中国では、皇帝が太上皇などに謁する場合は「朝」「詣」の語が使用され、「朝覲」の語は用いない。そして漢語では、「朝覲」とは臣下が天子に謁する場合に使用される語という認識が確認される。この点から考えれば、天皇が行う儀礼に、「朝覲」の語を採用したことは不自然に感じられよう。本章では、本来は臣下が天子に謁する時に使用される言葉であった「朝覲」が、どのようにして天皇の儀礼の名称として用いられるに至ったのか、その背景について述べる。

第十一章では、元日朝賀儀が清和天皇朝以降に毎年恒例としては行われなくなることに注目し、それでも、最後に朝賀儀の実施が確認される一条天皇の正暦四年（九九三）まで、断続的でありながらも朝賀儀が実施されていた背景について分析する。特に、朝賀儀が衰退を始める時期に現れた大きな変化は、すなわち清和天皇をはじめとしてそれ以降に幼年で即位する天皇が出現することである。そして清和天皇以降に特定の年度に朝賀儀が実施されることには、確実な関連があると推測される。とりわけ天皇元服の年と朝賀儀が密接な関わりを持っていることを明らかにする。

第十二章では、延長七年（九二九）正月一日に行われた朝賀儀について取り扱う。これまでの元日朝賀儀研究は、『内裏式』や『儀式』などの儀式書をもとにして、日唐の儀礼比較や時代に伴う儀式文の変遷などに焦点が当てられていた。しかし、本章では『醍醐天皇御記』と『吏部王記』とに共通して見られる延長七年正月一日の朝賀儀を検討することによって、断片的ではあるが、その実態を明らかにする。そこに現れた朝賀儀の実施状況から、毎年恒例の儀礼として行われることがなくなったが故に、作法の確認について習礼などで苦労する公卿や官人の様子を窺うことができる。

第十三章・第十四章では、幼帝が出現することで従来通りの儀礼の実施が難しくなり、儀礼の変遷の画期となったと考えられる文徳天皇朝・清和天皇朝に注目し、元日朝賀儀の変遷に関連して、正月行事としての小朝拝と二宮大饗の成立について言及する。小朝拝は、清涼殿東庭で行われるという儀式次第である。しかし、天皇の御在所での拝礼儀礼と考えることによって、清涼殿が御在所として定着する宇多天皇朝以前にその成立の原型を求めることが可能であり、天皇の日常政務の場との関係から、元日朝賀儀と小朝拝について述べる。また、『儀式』（巻六）に記載された皇后拝賀儀と東宮拝賀儀とは、元日朝賀儀と密接な関わりを持った儀礼であった。しかし、文徳天皇朝以降に、天皇に対する朝賀儀が行われずに元日節会のみが行われるようになると、皇后拝賀儀もそれに伴って儀礼の中心が饗宴部分に移行した可能性を検討し、二宮大饗との関わりを追求する。

本書は、平安時代初期を中心とした古代日本の朝廷における儀礼整備とその変遷の一端を明らかにすることを第一の目的としている。これは、桓武天皇朝における皇統意識の再検討という重要な問題が提起されながら、儀礼研究の立場からは見逃されている現状を打破するために必要な検討である。

天智天皇系皇統意識の見直しという新しい視点から、天皇が関わる儀礼・祭祀を検討することで、桓武天皇朝から嵯峨天皇朝にかけての儀礼整備の過程と、文徳天皇・清和天皇朝における儀礼の変質や時代の状況に合わせた儀礼の創始について、一貫した皇統意識の下で時代の状況に適応させていく儀礼整備の様相を、本書によって明らかにすることができるであろう。

註

(1) 山中裕『平安朝の年中行事』(塙書房、昭和四十七年)。

(2) 甲田利雄『年中行事御障子文注解』(続群書類従完成会、昭和五十一年)。

(3) 所功『平安朝儀式書成立史の研究』(国書刊行会、昭和六十年)。

(4) 所功『宮廷儀式書成立史の再検討』(国書刊行会、平成十三年)。

(5) 西本昌弘『日本古代儀礼成立史の研究』(塙書房、平成九年)。

(6) 西本昌弘『日本古代の年中行事書と新史料』(吉川弘文館、平成二十四年)。

(7) 阿部猛・義江明子・相曽貴志編『平安時代儀式年中行事事典』(東京堂出版、平成十五年)には、毎年恒例の儀式一五九件、臨時の儀式二十三件が取り上げられており、すべてに参考文献として代表的な研究論文が挙げられている。

(8) 倉林正次『饗宴の研究(儀礼編)』(桜楓社、昭和四十年)、同『饗宴の研究(文学編)』(桜楓社、昭和四十四年)、同『饗宴の研究(祭祀編)』(桜楓社、昭和六十二年)、同『饗宴の研究(歳事・索引編)』(桜楓社、昭和六十二年)。

(9) 古くは瀧川政次郎「革命思想と長岡遷都」(法制史論叢二『京制並に都城制の研究』、角川書店、昭和四十二年)、林陸朗「長岡・平安京と郊祀円丘」(『古代文化』一八二、昭和四十九年三月)など。

(10)『続日本紀』大宝二年（七〇二）十二月二日条。
(11)『続日本紀』天平勝宝七歳（七五五）十月二十一日条。
(12) 仁藤敦史「桓武の皇統意識と氏の再編」（『国立歴史民俗博物館研究報告』一三四、平成十九年）。
(13) 西本昌弘「東山御文庫所蔵の二冊本『年中行事』について――伝存していた藤原行成の『新撰年中行事』――」（『日本古代の年中行事書と新史料』、吉川弘文館、平成二十四年、初出は平成十年）、同『新撰年中行事』（八木書店、平成二十二年）。

第一部　桓武天皇朝の皇統意識再考と儀礼の導入

第一章　桓武天皇と儀礼・祭祀

はじめに

第五十代桓武天皇は、諱は山部、白壁王（後の光仁天皇）の長子として誕生し、母は高野新笠である。降誕の年は、崩御記事の宝算から逆算すると天平九年（七三七）となる。[1]天応元年（七八一）に父・光仁天皇の譲位を受けて即位し、長岡京・平安京への遷都を敢行して、産業・文化の中核をなす現在の京都の礎を固めた。また、光仁天皇朝以降、度重なる蝦夷征討を行ったことで、造都と征夷のために民衆は疲弊し、晩年に至って造宮と征夷を中止している（徳政相論）。さらに桓武天皇の即位は辛酉革命、長岡京への遷都は甲子革令にあたるとされ、讖緯説に基づいて桓武天皇自身が、光仁天皇は天智天皇系新王朝の高祖であり、自らは天智天皇系王朝の太宗であるから、庶政を改革し、武威を内外に示し功業を樹てねばならないと考えたという議論が多く見られる。[2]本章では、新王朝説の特色と解される昊天祭祀を中心に、怨霊思想などを含めて桓武天皇の生涯を振り返り、当時の政治的背景を今一度考察したい。

一　降誕から諸王時代

まず桓武天皇の降誕から諸王時代を簡単に振り返りたい。降誕した天平九年（七三七）は、疫病が流行し、藤原四子（武智麻呂・房前・宇合・麻呂）などが相次いで薨去している年である。この点から、生誕地は天然痘が流行した平城京より遠い地と推定すべきであるという説が出され、村尾次郎氏は、山背国内の長岡村・宇太村あたりと推測されている(3)。

諸王時代の位階・官職は、二十八歳（天平宝字八年〈七六四〉）で従五位下(4)、三十歳（天平神護二年〈七六六〉）で従五位上に叙されている(5)。この頃、大学頭に就任していたと考えられる。それは『続日本紀』宝亀元年（七七〇）八月二十八日条に「授㆓大学頭諱従四位下㆒」とあること、また大学頭は『令義解』官位令を参照するに従五位上相当官であることからの推察である。三十四歳（宝亀元年）で従四位下・侍従となり(6)、父の白壁王即位に伴い四品に叙され、親王となった(7)。三十五歳（宝亀二年〈七七一〉）で中務卿に補任されている(8)。ここで注目しておきたいのは、諸王時代に大学頭に任ぜられていることから、桓武天皇は漢学・大陸の祭祀などの学問的な知識を習得していた可能性があるということである。これは即位後に行われた昊天祭祀などと関わってくる重要な点であるといえよう。

以上のように、桓武天皇の降誕と諸王時代について振り返ると、山部王が即位する可能性は、まったくありえない状況であったといえる。それでは、次節では、桓武天皇が即位する前段階として、父である白壁王の立太子から即位までの経緯を確認する。

二　光仁天皇（白壁王）の即位

奈良時代の皇位は、基本的に天武天皇の血を引く系統の皇族によって継承されていた。天武天皇の後継には、天皇と皇后鸕野讚良皇女（後の持統天皇）の間に誕生した草壁皇子が定められていたが、持統天皇三年（六八九）に二十八歳で薨去した。持統天皇の跡を継いで即位した草壁皇子と阿部皇女（後の元明天皇）の御子である文武天皇も二十五歳で崩御している。その後は文武天皇の皇子である首親王（後の聖武天皇）の成長を待つことになり、その間は元明天皇・元正天皇が皇位を継承することになった。ちなみに当時は、ほぼ三十歳前後での即位が慣例の時代であったことを付け加えておく。また、持統天皇・元明天皇は天智天皇の皇女ではあるが、天武天皇の皇后、あるいは草壁皇子の妃の立場から即位したもので、一般的には天武天皇の系統の天皇と理解されている。天武天皇系の皇族によって皇位継承が続くほど、天智天皇系の子孫は今上天皇（天武天皇系の天皇）とは血縁関係が薄くなり、朝廷内部で占める役割も小さくなっていったというのが実情であろう。そして、天武天皇系皇族の多数存在する状況下にあっては、白壁王が即位する可能性は皆無に等しかったといえ、奈良時代はそのような状況であった。それが白壁王の立太子に向けて時代が変化してゆくことになる。

諸王時代の白壁王については、『続日本紀』光仁天皇即位前紀に以下のような記述がある。

『続日本紀』光仁天皇即位前紀

天皇諱白壁王。近江大津宮御宇天命開別天皇之孫。田原天皇第六之皇子也。母曰紀朝臣橡姫。贈太政大臣正一位諸人之女也。宝亀二年十二月十五日。追尊曰皇太后。天皇寛仁敦厚。意豁然也。自勝宝以来。皇極無弐。人疑彼此。罪廃者多。天皇深顧横禍時。或縦酒晦迹。以故免害者数矣。（後略）

即位前紀によれば、天平勝宝以来後継者が定まらず、人々が疑い合い、失脚・横死するものが多く存在した。白壁王はそれに巻き込まれることを避けるために酒に溺れたふりをした、と記されている。「即位への影響力がなければ、隠密行動をとる必要はない。白壁王は皇位に近い存在であった」と井上満郎氏は述べているが(9)、はたしてそうであったのだろうか。それを理解するために、白壁王の官歴と奈良時代の政権の変遷を確認しておく必要がある。

白壁王は天平九年（七三七）に無位から従四位下(10)、天平十八年（七四六）に従四位上(11)、天平宝字元年（七五七）

に正四位下[12]に叙されている。この時代は、橘諸兄が歿し、道祖王が廃太子となり、そして橘奈良麻呂の乱が勃発している。つづいて、天平宝字二年に正四位上[13]に昇叙した。この頃は、藤原仲麻呂政権が成立する時期である。天平宝字三年には従三位[14]、天平宝字六年に中納言に補任され[15]、天平宝字八年には正三位[16]に叙された。天平宝字八年九月には藤原仲麻呂の乱が勃発し、塩焼王が「今帝」に偽立される。その後、淳仁天皇の廃位、称徳天皇の重祚と続く時期である。天平神護元年（七六四）には勲二等となった[17]。この時期の出来事としては、道鏡政権の誕生、和気王（天武天皇曽孫）の謀反がある。さらに天平神護二年には大納言に補任された[18]。その後の神護景雲三年（七六九）には、不破内親王・県犬養姉女らの巫蠱事件が起こっている[19]。

　簡略ではあるが白壁王の官歴と政権の変遷を再確認すると、皇位に近い存在であったか否かは不明である。しかし、白壁王は官僚としての経歴を重ね、正三位大納言の立場にあり、「縦㆑酒晦㆑迹」は奈良時代の度重なる政権抗争から身を守るための工作であったことは推測できると思われる。

　白壁王の転機としては、称徳天皇が皇太子を定めずに崩御したことが挙げられよう。これを宇佐八幡宮の神託も合わせて考えながら検討したい。以下の史料は、『公卿補任』から神護景雲四年（宝亀元年、七七〇）条の抜粋である。

『公卿補任』神護景雲四年条（抜粋）

左大臣　正一位　藤永手　五十七
右大臣　正二位・勲二等　吉備真吉備　七十七
大納言　正三位　白壁王　六十二
　　　　従二位　弓削朝臣清人
　　　　正三位　大中臣清麿　六十九

中納言　正三位　大中臣清麿　六十九
　　　　正三位　藤宿奈麿　五十五
参議　　正三位　石川豊成
　　　　正三位　文室大市　六十七
　　　　正三位　藤魚名　四十九
　　　　従三位　同藤原清河
　　　　従三位　藤宿奈麿　五十五
　　　　従三位　石上宅嗣
　　　　従三位　藤縄麿
　　　　正四位下　同藤原田麿　四十八
　　　　従四位上　多治比真人土作
　　　　従四位上　藤継縄
致仕大納言　従二位　文室浄三　七十八
非参議　従三位　藤蔵下麿　三十七
　　　　従三位　高麗福信

『公卿補任』を確認すると、神護景雲四年当時に白壁王の序列は上から三番目であり、参議以上の皇親も白壁王のみであるということがわかる。次に称徳天皇崩御から白壁王立太子までの経緯を確認する。

『続日本紀』宝亀元年八月四日条

癸巳。天皇崩㆓于西宮寝殿㆒。春秋五十三。左大臣従一位藤原朝臣永手。右大臣従二位吉備朝臣真備。参議兵部卿従三位藤原朝臣宿奈麻呂。参議民部卿従三位藤原朝臣縄麻呂。参議式部卿従三位石上朝臣宅嗣。近衛大将従三位藤原朝臣蔵下麻呂等。定二策禁中一。立諱為二皇太子一。左大臣従一位藤原朝臣永手受二遺宣一曰。今詔久。事卒尓有依天諸臣等議天。白壁王波諸王乃中尓年歯毛長奈利。又先帝乃功毛在故尓太子止定天奏波奏流麻仁麻尓定給布止勅久止宣。

『続日本紀』には、藤原永手・吉備真備ら公卿が「禁中」で「策」を定め、称徳天皇の「遺宣」によって白壁王を皇太子としたと記されている。称徳天皇の「遺宣」の中で、白壁王立太子の理由として明記されているものは、以下の二つである。①「諸王の中に年歯も長なり」とは、諸王の中で最も年長であるということである。②「先の帝の功も在る故」とは、天智天皇の功績があるということである。①については、当時の白壁王は六十二歳であり、高齢の皇太子を立てたことは、新皇太子争いが激しかったことの表れであると、井上満郎氏は述べている。[20]②については、『礼記』祭法に「法を民に施した君主」は永年にわたる祭祀の対象になることが記されており、天智天皇は初めて律令を定めた天皇として奉幣などの対象とされている。詳細は第四章において後述する。[21]

以上が公式の歴史書である『続日本紀』に記載された白壁王立太子の経緯である。しかし、『続日本紀』には記載がない異伝が残されている。それが次に示した「百川伝」の伝承である。六国史を抄出したとされる『日本紀略』に記載されているので参考にしたい。後出の藤原種継暗殺事件なども、現在伝わるところの『続日本紀』には記載がなく、『日本紀略』のみに残されている。これについては『続日本紀』の複雑な編纂過程など非常に難しい問題があり、本書が本旨とするところではないので省略する。[22]「百川」とは、藤原式家の祖・宇合の八男である藤原百川のことであり、この百川は、桓武天皇を理解する上でとても重要な人物である。

『日本紀略』光仁天皇即位前紀、宝亀元年八月癸巳条所引藤原百川伝

宝亀元年八月癸巳。天皇崩二于西宮一。（中略）百川伝。云々。宝亀元年三月十五日。天皇聖体不予。不レ視レ朝

百余日。天皇愛二道鏡法師一将レ失二天下一。道鏡欲レ快二帝心一。於二由義宮一以二雑物一進レ之。不レ得レ抜。於レ是。宝命白頽。医薬無レ験。或尼一人出来云。梓木作二金筋一。塗レ油挟出。則全二宝命一。百川竊遂却。皇帝遂八月四日崩。天皇平生未レ立二皇太子一。至レ此。右大臣真備等論曰。御史大夫従二位文室浄三真人。此長親王之子也。立為二皇太子一。百川与二左大臣内大臣一論云。浄三真人有二子十三人一。如二後世一何。真備等都不レ聴レ之。冊二浄三真人一為二皇太子一。浄三確辞。仍更冊二其弟参議従三位文室大市真人一為二皇太子一。亦所レ辞レ之。百川与二永手良継一定レ策。偽作二宣命語一。宣命使立レ庭令二宣制一。右大臣真備巻レ舌無二如何一。百川即命二諸仗一冊二白壁王一為二皇太子一。十一月一日壬子。即二位於大極殿一。右大臣吉備長生之弊。還遭二此恥一。上二致仕表一隠居。

この「百川伝」の取り扱いには注意が必要である。それは、藤原百川の個人の伝記という私的な史料であり、百川のことについて誇張して記述していることを考慮しなければならないからである。しかし、正史を補う史料と見ることができるであろう。「百川伝」では、最初に称徳天皇の崩御に関する猟奇的な記事がある。その後、記事を読み進めると、吉備真備は文室浄三を推挙したとされている。藤原百川と藤原永手らが議論して文室浄三には子供が十三人おり、後世再び皇位継承争いが起きることへの懸念を示している。吉備真備はこれを聞かず文室浄三の立太子を進めようとするが、浄三自身がこれを辞退した。次に真備は弟の文室大市を推挙したが、これも本人が辞退している。この両人の辞退には、藤原百川が裏工作を行った可能性があると井上満郎氏は指摘する[23]。そして、藤原百川は永手・良継と謀り白壁王を立太子させる様子が記されている。

ちなみに『続日本紀』に記載された称徳天皇の「遺宣」には、白壁王が皇太子に立てられた理由として、誰よりも年長であることが挙げられていた。しかし、前掲の『公卿補任』で確認すると、文室浄三は七十八歳、文室大市は六十七歳とあり、六十二歳の白壁王より年上であることが分かる。これでは、年齢が誰よりも上であることという「遺宣」と矛盾するように考えられる。しかし、この矛盾を解釈する手助けとなる史料が、『続日本紀』の宇佐八幡宮の神託の記述であろう。

宇佐八幡宮神託事件は、周知の通り、神護景雲三年（七六九）五月に、道鏡の弟で大宰帥の弓削浄人と大宰主神の習宜阿曾麻呂が「道鏡を皇位に即かせたならば天下は泰平である」という内容の宇佐八幡宮の神託を奏上し、道鏡は自ら皇位に即くことを望む、ということが発端の事件である。事件の詳細と顛末は割愛するが、宇佐八幡宮に和気清麻呂が遣わされ、以下の神託を得た。

『続日本紀』神護景雲三年九月二十五日条

大神詫宣曰。我国家開闢以来。君臣定矣。以レ臣為レ君。未二之有一也。天之日嗣必立二皇緒一。无道之人。宜二早掃除一。

「百川伝」にあった文室浄三と弟の大市の二人は、天武天皇の皇子たる長親王の子ではあったが、すでに臣籍に下っていることなどから、厳密な意味では必ずしも「天つ日嗣は、必ず皇緒を立てよ」との神託には当てはまらず、藤原永手の推す白壁王が即位することこそが皇統を守ることだと、永手自身が認識していたと俣野好治氏は指摘している[24]。

このように白壁王は、もともと即位する可能性は皆無に等しかった。それが度重なる政争の結果、皇位継承の候補者が次々と排斥されていったことにより、称徳天皇崩御の段階では正三位大納言として序列第三位の立場にあり、皇太子候補者の一人に挙げられるに至ったといえよう。また、藤原百川伝では、吉備真備などの反対勢力が存在したことが窺え、朝廷内部の意思は統一されていなかったと考えられるのである。

以上のような経緯から即位した光仁天皇自身が、天智天皇系の新王朝意識を持っていたのか否かは不明である。しかし、称徳天皇の「遺宣」に「先帝（天智天皇）の功績」と明言されることは、天武天皇系の天皇が続く奈良時代にあっても、天智天皇が『礼記』の説く「法を民に施した」天皇として評価されていたことの表れと考えられよう。

三　山部親王の立太子

前節では桓武天皇が即位するための前段階として、光仁天皇の即位までの経緯を確認した。次に山部親王の立太子について考察したい。

即位の可能性がなかった父の白壁王が即位したからといって、長子である山部親王には、皇位はおろか立太子される可能性は極めて低かったというのが現実である。それは、光仁天皇の皇太子に立てられたのは、山部親王の弟で二十五歳下の他戸親王であったからである[25]。この他戸親王は、光仁天皇と皇后である井上内親王との間に生まれた皇子で、山部親王は長子ではあったが、他戸親王が皇太子となることは、当時としては順当なことであったといえる。父である光仁天皇が即位しても、自らは皇太子にもなれずにいた山部親王にとって、転機となったのは、宝亀三年（七七二）に起こった井上内親王の廃后と他戸親王の廃太子という事件である[26]。皇后井上内親王が天皇に対する呪詛の咎により廃后されたことにより、連坐によって他戸親王も廃太子となったのである。これには、藤原百川の暗躍[27]、あるいは藤原良継・百川主導体制が成立し永手が薨去していたことが要因という説[28]がある。そして、他戸親王の廃太子によって、山部親王を皇太子に擁立する勢力が表に現れてくることになる。

井上内親王・他戸親王の排斥について、榎村寛之氏が「元斎王」の視点から、斎王の勤めを全うした井上内親王は「神によってその権威をみとめられた」との認識を有し、国家の平安を祈りきった実績ゆえ、国家を転覆する恐怖の権力者に転化しうる存在として、排除されるべき要素を付与されていたと指摘し、井上内親王がいるかぎり、「井上王権」または「他戸王権」は、聖俗の混合した専制王権に極めて近い複合王権になる可能性が高く、称徳天皇朝（道鏡政権）を思わせる危険なものと貴族層には映り、「危険な」聖俗混合的専制を排除し、貴族・官僚的な専制を志向する勢力こそが桓武天皇擁立派であったと結論付けた[29]。この説は、桓武天皇が神祇の中央集権化を進める上で、とても重要な考え方となろう。つまり、桓武天皇は諸王時代に大学頭を務め、大陸の優れた知識を多く吸収していたと考えられるが、我が国の神祇・祭祀については充分に掌握できていなかったということになる。桓武天皇にとって、これこそが儀礼・祭祀の整備を進めることになる要因であったのだろう。

山部親王の立太子に重要な役割を果たしたのが、先ほど少しだけ触れた藤原百川である。宝亀四年正月二日に、山部親王は皇太子に立てられた[30]。『続日本紀』の記事は「立二中務卿四品諱一為二皇太子一」とあるのみで非常に簡略なものである。しかし、山部親王の立太子はそんなに簡単なことではなかったと推測される。それは、後世の史料となるが、以下の『宇多天皇御記』と『水鏡』から窺える。

『宇多天皇御記』寛平二年（八九〇）二月十三日条（『扶桑略記』）

十三日己巳。大臣参入言曰。可レ加二小童仲平元服一。即簾前立二倚子一就レ之。大臣祇候。爰使散位定国先結レ髪。次朕著レ冠。（中略）太政大臣会語曰。白壁天皇時将レ立二皇太子一。其議未レ定。大臣真吉備。幷諸公卿議レ立二他帝之子一。宣命之書奏了。爰藤原百川破二其書一。立二柏原天皇一為二皇太子一。大臣嘆曰。我年耄覩レ恥如レ此。柏原天皇縁二百川之功一。親臨レ加二子緒嗣元服一。（後略）

『水鏡』下　光仁天皇段

濱成ト申シ、臣申テ云ク。山部ノ親王ハ御母賤ク御座ス。如何ガ位ニハ付給ハント申然バ。御門誠ニサル事也。酒人ノ内親王ヲ立テ思ト宣ニ。濱成重ネテ申云ク。第二ノ御子稗田ノ親王ハ御母賤カラズ御座ス。此親王ヲコソ立給ベク候ヘト申時。百川目ヲ見イカラカシ。太刀ヲヒキクツロゲテ。濱成ヲノリハウ言シテ申様。位ニ付給人更ニ以テ母ノ賤キ高キ云事ヲ撰ブベカラズ。山部親王ハ御心目出。世人モ皆随奉心アリ。濱成ノ申サン事更ニ道理ニアラズ。（中略）御門ハ百川ガ心ノ強クユルバザルヲ御ランジテ更バ疾ク山部ノ親王皇太子ニ立給フベキニコソト。シブシブ仰出給シヲ。御詞未畢ラザルニ。百川庭ニ下テ手ヲ打喜声ヲビタヾシク高クシテ人々皆聞キ驚ク様ナリキ。其時百川廰テ司々ヲ召テ。山部ノ親王ノ御本ニ立奉テ。太子ニ立奉ニキ。御門ハアワタヾシク思シテ。アキレ給ヘル御様ニテゾ御座シ、。濱成ハ色ヲ失。朽タル木ナンドノ如ニ見侍リキ。

『宇多天皇御記』の逸文には、寛平二年に藤原仲平の元服に際し、加冠を宇多天皇親らが行ったことについて、藤原基経は桓武天皇の故事を引用し語っている。その内容は、①光仁天皇の皇太子について、前右大臣吉備真備（宝亀二年に致仕）をはじめ諸公卿は、他帝の子を擁立しようと宣命の原案を奏上した。②藤原百川によって山部親王が擁立され、③大臣吉備真備は、老いぼれが恥をかいたと嘆き、また百川の功績により、百川の子である緒嗣の元服に桓武天皇自らが臨んでいた、というものである。

『水鏡』では、①藤原濱成によって、生母の出自が皇后井上内親王に比べて低いとして反対意見が出され、光仁天皇も一度は納得し、酒人内親王を立てようとした様子が述べられている。そして、②稗田親王ならば、生母の出自は賤しくないという意見も藤原濱成から出された。稗田親王とは、山部親王の十五歳年下の弟で、母は尾張女王（湯原親王女）である。湯原親王は志貴皇子の子にあたる人物である。③藤原百川は、皇太子となる人物について母親の出自の貴賤で撰ぶべきではないと主張し、最終的には藤原百川によって山部親王が推された。④光仁天皇は山部親王立太子に渋々同意した、と記載されている。『水鏡』の記事の真偽は定かではない。しかし、即位直後の天応元年（七八一）六月十六日に[31]、藤原濱成は大宰員外帥に左降され、また延暦元年（七八二）の氷上川継謀反事件（後述）でも除外されていることが注目され、反桓武天皇勢力の人物であったと推測できる。

あくまで参考にしかならないが、『水鏡』には後日談的な話が記載されている。それは宝亀九年（七七八）二月、ある人が、宝亀六年（七七五）に亡くなっているはずの他戸親王が生存しているという噂を光仁天皇に奏上した。

天皇は他戸親王を再び皇太子に立てたく思い、勅使を縫殿寮に遣わして確認させようとする。その時に藤原百川は勅使を恐喝し、生存しないことを復命させた。これによって他戸親王は朝廷から永久に追放され、山部親王が正式な皇太子と定められたというものである(32)。さらに百川によって虚偽を復命した勅使について、『水鏡』には「其御使ノ両眼共抜落侍リニシ。是偏ニ天照太神ノ正キ御孫ヲ空誓事ヲ立テ、追隠シ奉タル神罸ト覚ユ」と記されている。そして、次に触れる山部親王の病気の記事へと続いている。『水鏡』の記事の内容は信憑性を欠き、史料として使用することにいささか抵抗もある。それでも皇太子となった山部親王、それを擁立した藤原百川に対して不満を持つ勢力が朝廷の内部に存在し、それが逸話として残されたと読み解くことも可能であろう(33)。また、山部親王が藤原百川によって支えられていた様子も窺い知ることができる。

　以上のように、当初の皇太子であった他戸親王に代わって立太子し、また立太子についても、朝廷内部では山部親王（桓武天皇）を押す動きは少数であったことや、外戚の血統が軽視されていたことを考えれば、山部親王の立太子は、藤原百川の功績が大きいといえる。そして山部親王の即位は、政権を二分しかねない不安材料であったと考えられる。また初めての渡来系氏族を外戚に持つ天皇として即位した桓武天皇にとって、自身の立太子の時点から生母の出自の低さが問題視されていたことは、コンプレックスとなっていたのではなかろうか。

　次に山部親王の病気（宝亀八～九年〈七七七～七七八〉）について、以下に関係記事を挙げた。

　『続日本紀』宝亀八年十二月二十五日条

壬寅。皇太子不悆。遣レ使奉二幣於五畿内諸社一。

『続日本紀』宝亀九年正月一日条

九年春正月戊申朔。廃朝。以二皇太子枕席不一レ安也。

『続日本紀』宝亀九年三月二十日条

丙寅。誦㆓経於東大・西大・西隆三寺㆒。以㆓皇太子寝膳乖㆑和也。

『続日本紀』宝亀九年三月二十四日条

庚午。勅曰。頃者。皇太子沈㆑病不㆑安。稍経㆓数月㆒。雖㆑加㆓医療㆒。猶未㆓平復㆒。（後略）

『続日本紀』宝亀九年十月二十五日条

丁酉。皇太子向㆓伊勢㆒。先㆑是。皇太子寝疾久不㆓平復㆒。至㆑是親拝㆓神宮㆒。所㆔以賽㆓宿禱㆒也。

『続日本紀』によれば、宝亀八年から同九年にかけて、病名は不明だが皇太子山部親王は病に倒れている。そのために廃朝、東大寺・西大寺・西隆寺の三カ寺において誦経、天下大赦、伊勢大神宮と天下諸神に奉幣などが行われた。この中で特筆すべきは、宝亀九年十月に山部親王自らが伊勢大神宮を参拝したという出来事であろう。一般的に解釈すれば、三月に病気平癒のための奉幣が行われており、病気が平癒したのでその奉賽のために自らが参拝したと理解されよう。しかし、厳密にいえば、三月の奉幣は勅使をもって行われたと考えるのが通常である。この場合には、奉幣を行った主体は光仁天皇ということになる。つまり、三月の病気平癒奉幣の報賽ならば、勅使を差遣するのが自然なことといえよう。そう考えれば、この「所㆔以賽㆓宿禱㆒也」には、もっと大きな意味があるのではなかろうか。皇太子自らが伊勢に下向し、参拝するということは、それだけ重大な出来事である。これには、桓武天皇と伊勢の神宮との関係の改善、すなわち皇位に関わる問題を払拭するためであった可能性も出てこよう。史料がなく推測の域を出ないものの、榎村氏の説に従えば、「元斎王」の皇后として井上内親王が伊勢神宮を背景にした聖俗合一の権力を有していたならば、他戸親王が天皇に即位すれば井上「皇太后」体制が確立した可能性があり[34]、他戸親王には井上内親王を通じての神宮勢力との関係まで推察され、これを背景に桓武天皇擁立派と対峙していたと考えられるのである。

様々な紆余曲折の末、ようやく皇太子となり、一年以上の長期にわたる病気も平癒した山部親王に、次なる不安な事態が起こった。それは藤原百川が宝亀十年（七七九）に薨去したことであろう。

『続日本紀』宝亀十年七月九日条

丙子。参議中衛大将兼式部卿従三位藤原朝臣百川薨。（中略）今上之居二東宮一也。特属レ心焉。于レ時上不予。已経二累月一。百川憂形二於色一。医薬祈禱。備尽二心力一。上由レ是重レ之。及レ薨甚悼惜焉。時年卅八。延暦二年追二思前労一。詔贈二右大臣一。

『続日本紀』には、藤原百川は今上天皇（桓武天皇）が皇太子であった時からの側近であり、桓武天皇が病に倒れた時には、憂いの色を露わにして、医薬や祈禱に心力を尽くし、その甲斐あって山部親王は回復した。百川が薨去したことに対して桓武天皇の悲しみは甚だしいもので、即位後の延暦二年（七八三）に右大臣を追贈した、という内容が記載される。山部親王を皇太子に立て即位への道筋を敷いた重要人物である藤原百川という後ろ盾を即位前に失うという事態は、桓武天皇にとっては重大な問題であろう。ちなみに『帝王編年記』には「藤原朝臣百川頓死」とあり、これには反百川勢力が関与した可能性もある。いずれにせよ、朝廷内部で反山部親王派を抑えていた百川を失ったことは、桓武天皇支持基盤の弱体化・崩壊を招く恐れもあり、即位後の政権運営にとって重大な不安材料となったことは確実であると考えられる。

四　桓武天皇の即位

本節からは、桓武天皇の即位以降の事柄について述べたい。まず問題となるのは、天応元年（辛酉年、七八一）の即位に革命意識はあったか、ということであろう。

桓武天皇の即位は辛酉革命、長岡京への遷都は甲子革令の讖緯説に基づいていると、古くから瀧川政次郎氏や林陸朗氏が述べておられる[35]。筆者の見解を結論から述べれば、辛酉年の即位に革命意識はなかったと考えている。

誤解を恐れずに述べれば、革命意識は後になって付け足されたものと筆者は考えている。『続日本紀』が記すところの桓武天皇の即位は、光仁天皇の譲位を受けて即位したということに終始しており、そこから革命意識や新王朝意識を導き出すことは難しいといえよう。光仁天皇はあくまで高齢と病気による譲位をしたのである。また、正月朔日に「天応元年」と改元された。しかし、「天応」は光仁天皇の時代の元号であり、桓武天皇の即位に伴って改元されたものではない。改元の詔によれば、天応元年正月朔日の改元は、伊勢斎宮に美しい雲が現れ、これが天皇の徳を慕って現れる「大瑞」にかない、光仁天皇の徳政に「天が応えている」ということから、国民一同で祥瑞を悦ばんと「天応」と改元されたものである[36]。仮に、辛酉年の即位が織り込み済みのことで、桓武天皇の即位に伴って祥瑞が現れ改元が行われたとすれば、革命意識があったということになろう。また、改元の日付を「辛酉」に移動させたことも含め、延喜以降に「辛酉改元」が恒例となることと併せて考えれば、その先駆的な事例と捉えることも可能であり、今後さらに検討を続けたい。しかし、現段階では『続日本紀』に基づいて光仁天皇からの譲位によって即位したことを重要視したい。

光仁天皇にとって譲位の発端となる出来事から確認すると、皇女である能登内親王の薨去が挙げられよう。

『続日本紀』天応元年二月十七日条

丙午。三品能登内親王薨。遣二右大弁正四位下大伴宿禰家持。刑部卿従四位下石川朝臣豊人等一。監二護喪事一。所レ須官給。遣二参議左大弁正四位下大伴宿禰伯麻呂一。就レ第宣レ詔曰。天皇大命良麻止能登内親王尓告与止詔大命乎宣。此月頃間身労須止聞食弖伊都之可病止弖参入岐。朕心毛慰米麻佐牟止今日加有牟明日加有牟止所念食都都待比賜間尓安加良米佐須如事久於与豆礼加毛年毛高久成多流朕乎置弖罷麻之奴止聞食弖奈毛驚賜比悔備賜比大坐須。如此在牟止知末世婆心置弖毛談比賜比相見弖末之物乎。悔加毛哀加毛云部不知恋毛之在加毛。朕波汝乃志乎波暫久乃間毛忘得末之自美奈毛悲備賜比之乃比賜比大御泣哭川川大坐麻須。然毛治賜牟止所念之之位止奈毛一品贈賜不。子等乎婆二世王尓上賜比治賜不。労久奈思麻之曽。罷麻佐牟。道波平幸久都都牟事無久宇志呂毛軽久安久通良世止告与止詔天皇大命乎宣。内親王。天皇之女也。適二正五位下市原王一。生二五百井女王。五百枝王一。薨時年卌九。

皇女能登内親王の薨去は、高齢の光仁天皇に痛烈な衝撃を与えたと推測できる。『続日本紀』に示された詔では、「いつしか病止めて」参内してくるのを「今日かあらむ明日かあらむ」と待ち続けたけれども、「年高く成りたる朕を置きて」先に薨去したことに驚き嘆き、また悔しく思っている。このようなことになるのだったら「心置きても談らひ賜ひ相ひ見て」おいたものを、「朕は汝の志を暫しの間も忘れ」ずに「悲しび賜ひしのび賜ひて大御泣哭かす」と述べている。この能登内親王の薨去が光仁天皇譲位の引き金となったと、井上満郎氏は指摘する(37)。

またこの頃、光仁天皇は病気を患っていた。『続日本紀』天応元年三月二十五日条に「朕枕席不レ安。稍移二晦朔一。雖レ加二医療一。未レ有二効験一」とあることからも、光仁天皇は、かなり長期にわたって病気であったと考えられる。

そして、天応元年四月三日に皇太子山部親王に譲位したのである。

『続日本紀』天応元年四月三日条

辛卯。詔云。天皇我御命良麻等詔大命乎親王等王等臣等百官乃人等天下公民衆聞食止宣。朕以寡薄宝位乎受賜弖年久重奴。而尓嘉政頻闕弖天下不レ得二治成一。加以元来風病尓苦都身体不レ安復年毛弥高成尓弖余命不レ幾。今所念久。此位波避天暫間毛御体欲養止奈毛所念須。故是以皇太子止定賜留山部親王尓天下政波授賜布。古人有言知子者親止云止奈母聞食。此王波弱時余利朝夕止朕尓従天至今麻天怠事無久仕奉乎見波仁孝厚王尓在止奈毛神奈我良所知食。其仁孝者百行之基奈利。曽毛曽毛百足之虫乃至死不顚事波輔乎多美止奈毛聞食。衆諸如此乃状悟弖清直心乎毛知此王乎輔導天天下百姓乎可レ令二撫育一止宣。又詔久。如レ此時尓当都都人人不好謀乎懐弖天下乎毛乱己我氏門乎毛滅人等麻禰久在。若如此有牟人乎婆己我教諭訓直弖各各己我祖乃門不滅弥高尓仕奉弥継尓将継止思慎天清直伎心乎持弖仕奉倍之止奈毛所念須。天高止毛聴卑物曽止詔天皇我御命乎衆聞食止宣。是日。皇太子受レ禅即レ位。

『続日本紀』に記載された譲位の宣命によれば、譲位の理由は最初の傍線部に、①「嘉政頻闕弖天下不レ得二治成一」と自身の政治の至らざるを述べ、②「元来風病尓苦都身体不レ安」とかねてからの病気、③「復年毛弥高成尓弖余命不レ幾」と高齢であることの三点が挙げられている。①は慣例に近いもので、実際の譲位は、②・③の長年の病気と高齢を理由としてのものと考えられよう。

また、譲位宣命の後段には「此の如き時に当りつつ、人々好からぬ謀を懐きて天下をも乱し己が氏門をも滅ぼす人等まねく在り」云々とあり、人々が不穏な行動に出て天下に騒動を起こすことを戒める内容を付け加えている。これは、譲位と新帝即位とが行われる国家的重要時に、朝廷内部に謀反につながりかねない不穏な動きが水面下にあったことを物語っていよう。桓武天皇にとって、自身の即位は辛酉年の天命による即位というよりも、立太子の時の反対勢力の動きや、後ろ盾であった藤原百川を失ったこと、また、即位を目の前に、朝廷内部では反対勢力による不穏な動きも懸念される状況にあって、皇位に即くことへの不安の方が大きかったのではないだろうか。

そのような状況の中で、御代替わり直後の十二月には、父である光仁太上天皇が崩御する。譲位直後の崩御であったことを考え合わせると、やはり光仁天皇は病気を理由に譲位を行ったと考えるべきであろう。ちなみに、太上天皇の崩御直前には、藤原濱成によって皇太子候補に挙げられた薭田親王も薨去している。[38]『続日本紀』天応元年十二月二十三日条の光仁太上天皇崩御記事に「太上天皇崩。春秋七十有三。天皇哀号。咽不レ能二自止一。百寮中外。慟哭累レ日」とあり、桓武天皇は、父である光仁天皇の崩御に際して、悲しみのあまり咽びて自ら止めることができないほどに泣かれた、と記される。この尋常ではない天皇の悲しみようは、今後の政権運営に大きな不安を抱いたためかと推察されよう。

次に問題となるのは、桓武天皇に天智天皇系新王朝意識はあったかということになろう。これも結論から述べれば、桓武天皇自身が明確に新王朝意識を持っていたことを示す史料はない。これも後世になって付け加えられたものであろうと考えられる。この点は、第四章で具体的に言及するが、桓武天皇朝を考える導入として本章においても若干述べておきたい。

『江次第鈔』第三、正月、国忌

今案天子七廟或有二九廟之説一。故陽成天皇以前或八廟或七廟。其数不レ定。然光孝以来定為二九廟一。其中以二天智一為二太祖一。蓋天武天智皆舒明之子。然文武至二廃帝一天武之裔即位。天智之流如レ絶。爰光仁天皇為二田原之皇子一而因二群臣推戴一得レ登二帝祚一。於レ是。天智之流勃興。加之天智天皇始制二法令一。謂二之近江朝廷之令一。天下百姓因レ准レ之。爾来至レ今皆天智之一流。而為二太祖之廟一豈不可乎。又光仁已為二中興之主一故為二第二世一。桓武創二平安京一故為二三世一。（後略）

日本では国忌の対象とすべき歴代天皇については、中国の宗廟制度の追加・消除の例に倣っている。『江次第鈔』によると、文武天皇以来、天武天皇の皇統が続き、光仁天皇の即位によってこれまで断絶していた天智天皇の皇統が復活、それ以来この皇統が続いており、天智天皇を太祖、光仁天皇は中興の祖として二世、桓武天皇は平安京を造り三世と考えている。しかし、これは両統迭立や南北朝時代を経ているため、一段と直系皇統を意識した一条兼良の時代の認識によるものと考えられよう。

それでは、平安時代の桓武天皇に対する認識は、どのようなものだったのであろうか。

『政事要略』巻二十九、年中行事十二月下、荷前

柏原陵平安宮御宇桓武天皇。在二山城国紀伊郡一。兆域東八町。西三町。南五町。北六町。加丑寅角二岑一谷。守戸五烟。

平安宮移レ都帝也。仍亦載レ之。人代第五十。自余陵可レ見レ式。

『政事要略』を記した惟宗允亮の認識では、平安京（すなわち現在の宮都）に遷都した天皇として記されている。

この他に、『政事要略』荷前事には山陵の始まりとされる神代三陵、第一代天皇として神武天皇陵、神に祀られたとして神功皇后陵と応神天皇陵、律令を初めて制定したとして天智天皇陵が記載されている。その他の天皇陵は『延喜式』を参考にするようにとの指示が注記され掲載はされていない。他に柏原山陵（桓武天皇陵）への奉幣の宣命に、桓武天皇は「平安京を万代の宮と定め」た天皇として奉幣の対象となったと記されている。[39] このような点からも、天智天皇系新王朝意識は後付けされた可能性があると考えることができるであろう。

参考として平安京のイメージも後世に付け足された可能性があることを考えてみたい。平安京は「四神相応の地」であり、風水によって都城が守られているという俗説がある。しかし、それが最も早く現れるのは『平家物語』である。

『平家物語』巻五、都遷

桓武天皇延暦三年十月二日、奈良の京春日の里より山城国長岡にうつ（ッ）て、十年とい（ッ）し正月に、大納言藤原小黒丸、参議左大弁紀のこさみ、大僧都賢璟等をつかはして、当国葛野郡宇多の村をみせらるゝに、両人共に奏して云、「此地の躰を見るに、左青龍、右白虎、前朱雀、後玄武、四神相応の地也。尤帝都をさだむるにたれり」と申。

『平家物語』（巻五、都遷）では、大納言藤原小黒丸等が、「左青龍、右白虎、前朱雀、後玄武、四神相応の地也」と奏上したとある。『日本後紀』は当該部分が失われているため『日本紀略』を確認すると、延暦十二年（七九三）正月十五日条では、大納言藤原小黒麻呂・左大弁紀古佐美らを山背国葛野郡宇太村に遣わし遷都の地を視察させているが、宇太村を四神相応の地と奏上したことは記されていない。[40] また、『平家物語』でも「左青龍、右白虎」とあるのみで、一般的にいわれる「東に流水・南に沢畔」とはないことに注視する必要がある。東に流水・南に沢畔・西に大道・北に山が四神相応地とするのは、『簠簋内伝』という書物からである。

『簠簋内伝』巻四、四神相応地

東有二流水一曰二青龍一。南有二沢畔一曰二朱雀一。西有二大道一曰二白虎一。北有二高山一曰二玄武一。

右此四物具足則謂二四神相応地一。尤大吉也。（後略）

この『簠簋内伝』は、陰陽道による天文暦数書で、陰陽道の立場から、天文暦数に関して吉凶・禁忌などのことを網羅的に説いている書物である。作者を安倍晴明に仮託してはいるが、村山修一氏などの研究により鎌倉時代末の成立かとされている(41)。つまり、平安京へ遷都された当時の史料には「四神相応の地」は見られず、後世に付け足された可能性が高いと考えられるのである。長岡京は十年足らずで廃都となるが、仮に平安京を四神相応説で考えた場合に、四神相応のふさわしい土地があるのにもかかわらず長岡京に遷都したことには疑問が残ることになる。また、延暦十四年（七九五）の事件が無ければ、長岡京が恒久の都となったはずであるので、四神相応説に基づく平安京遷都説は後から付け足されたことになる。さらに、四神が東西南北に一致するのは、寛弘二年（一〇〇五）の木幡寺の『京都府木幡寺鐘銘』が初見とする井上満郎氏の見解(42)も、それを裏付けているといえよう。

先述のごとく、天皇自身の生母の出自の低さ、反対勢力の存在、水面下に存在する謀反の動き（譲位宣命の内容）、そして最大の擁護者であった藤原百川を失ったことで、桓武天皇の政権は弱い立場にあったと考えられよう。父の光仁天皇も立太子に反対したという伝承があり、桓武天皇にとっては天智天皇系新王朝という壮大な思想よりも、光仁天皇からの皇位継承を正統なものと位置付け、政権を安定ならしめることが急務であったと考えられるのである。

それは、光仁天皇が即位しても、長子であった山部親王は皇位に即く予定は本来なかったという認識が、当時の朝廷内部（公卿たち）に存在したということになるからである。そして、光仁天皇が譲位宣命で懸念していたごとく、即位直後からの謀反事件が頻発することとなった。

まず、氷上川継謀反事件が即位翌年の延暦元年（七八二）閏正月に勃発する。

『続日本紀』延暦元年閏正月甲子条（※甲申朔なので甲午〈十一日〉の誤りか）(43)

閏正月甲子。因幡国守従五位下氷上真人川継謀反。事露逃走。於レ是遣レ使固二守三関一。又下二知京畿七道一捜捕之。

『続日本紀』延暦元年閏正月十四日条

丁酉。獲二氷上川継於大和国葛上郡一。詔曰。氷上川継潜謀二逆乱一。事既発覚。拠レ法処断。罪合二極刑一。其母不破内親王反逆近親。亦合二重罪一。但以二諒闇之始一山陵未レ乾。哀感之情未レ忍レ論レ刑。其川継者。宜下免二其死一処二之遠流一。不破内親王并川継姉妹者。移中配淡路国上。川継塩焼王之子也。初川継資人大和乙人私帯二兵仗一闌二入宮中一。所司獲而推問。乙人款云。川継陰謀。今月十日夜。聚レ衆入レ自二北門一。将レ傾二朝廷一。仍遣二乙人一召二将其党宇治王一以赴二期日一。於レ是。勅遣レ使追二召川継一。川継聞二勅使到一。潜出二後門一而逃走。至レ是捉獲。詔減二死一等一。配二伊豆国三島一。其妻藤原法壹亦相随焉。

『続日本紀』延暦元年閏正月十八日条

辛丑。勅二大宰府一。氷上川継謀反入レ罪。員外帥藤原朝臣濱成之女為二川継妻一。男為二支党一。因レ茲解二却濱成所レ帯参議并侍従一。但員外帥如レ故。左二降正五位上山上朝臣船主一為二隠伎介一。従四位下三方王為二日向介一。以三並党二川継一也。

氷上川継は、天武天皇の曽孫で、塩焼王の子である。第二節で触れたが、父の塩焼王は、道祖王が廃された後に孝謙天皇の皇太子に推されたものの、結局は大炊王が立太子した。そして藤原仲麻呂の乱では、塩焼王は「今帝」に偽立された。しかし、近江国で朝廷軍に討伐されている。母は不破内親王（聖武天皇皇女）である。不破内親王も称徳天皇を呪詛したとされる人物である[44]。このような点からも、氷上川継は皇位への野望が強い人物ではないかと思われ、反桓武天皇派に擁立されやすい人物であろうと考えられる。

この謀反事件で注目したい点が、氷上川継の妻は藤原濱成の娘であり、後述する山上船主と三方王も、この時に事件に関与して左降されているということである[45]。藤原濱成といえば、桓武天皇擁立に反対したとされる中心人物の一人で、すでに桓武天皇即位直後の天応元年（七八一）六月十六日に大宰員外帥に左降されている。また、『続日本紀』延暦元年（七八二）閏正月十九日条によれば、事件の関係者として処罰されたのは三十五人で、その中には大伴家持も含まれていた。三方王・大伴家持も関与したということが非常に重要であり、その後の事件にも関与していることからも、氷上川継謀反事件は個人の単発の謀反ではなく、朝廷内部には反桓武天皇勢力が数多く存在していたことを傍証していると考えられる。そして、三方王は続いて厭魅事件を起こしている。

『続日本紀』延暦元年三月二十六日条

戊申。従四位下三方王。正五位下山上朝臣船主。正五位上弓削女王等三人。坐三同謀魘二魅乗輿一。詔減二死一等一。三方。弓削。並配二日向国一。（弓削、三方之妻也。）船主配二隠伎国一。自余支党亦拠レ法処レ之。以二従四位上藤原朝臣種継一為二参議一。

三方王は、舎人親王の孫かと推測される人物で、天平宝字三年（七五九）に淳仁天皇の父である舎人親王に崇道尽敬皇帝の尊号が贈られた際に、一挙に四階昇進して従四位下に叙せられていることから、舎人親王の孫として二世王待遇となったと想定されている。また、三方王の邸宅で宴を催した際に大伴家持が詠んだ和歌が『万葉集』（四四八三番歌、四四九〇番歌）に残っており、家持との親交が窺い知れる[46]。『続日本紀』によれば、この事件に関与した中心人物は三方王・山上船主・弓削女王の三人である。

三方王・山上船主は、氷上川継謀反事件に連座してすでに左降されている。また、「自余支党亦拠レ法処レ之」

とあり、事件に関与した人物も相当数存在したことを窺わせる。この点からも、氷上川継謀反事件は単なる暴発ではなく、反桓武天皇勢力（それには反藤原氏勢力を含むと考えられる）が大きかったことを物語っているのではないかと考えられる。つまり、反対勢力が多い状況の中で、新王朝の創出を強調することは難しかったのではないかということである。新王朝を強調すれば、さらなる反乱を招く可能性も高くなってしまうであろう。

次に延暦四年（七八五）の藤原種継暗殺事件について考察を加えたい。

①『続日本紀』延暦四年八月二十四日条

丙戌。天皇行二幸平城宮一。先レ是。朝原内親王斎二居平城一。至レ是斎期既竟。将レ向二伊勢神宮一。故車駕親臨発入。

②『続日本紀』延暦四年八月二十八日条

庚寅。中納言従三位大伴宿禰家持死。祖父大納言贈従二位安麻呂。父大納言従二位旅人。家持天平十七年授二従五位下一。補二宮内少輔一。歴二任内外一。宝亀初。至二従四位下左中弁兼式部員外大輔一。十一年拝二参議一。歴二左右大弁一。尋授二従三位一。坐二氷上川継反事一。免移二京外一。有レ詔宥レ罪。復二参議春宮大夫一。以二本官一出為二陸奥按察使一。居無レ幾拝二中納言一。春宮大夫如レ故。死後廿余日。其屍未レ葬。大伴継人。竹良等殺二種継一。事発覚下レ獄。案二験之一。事連二家持等一。由レ是追除レ名。其息永主等並処レ流焉。

③『日本紀略』延暦四年八月二十八日条

庚寅。中納言大伴家持死。後事発覚。追奪二官位一。今此不レ書レ薨。恐乖二先史之筆一。死後廿余日。其屍未レ葬。大伴継人。竹良等殺二種継一。発覚下レ獄。案二験之一。事連二家持等一。由レ是追除レ名。其息永主等並処レ流。

④『続日本紀』延暦四年九月二十三日条

乙卯。中納言正三位兼式部卿藤原朝臣種継被二賊射一薨。

⑤『日本紀略』延暦四年九月二十三日条

乙卯。中納言正三位兼式部卿藤原朝臣種継被二賊襲射一。両箭貫レ身薨。

⑥『日本霊異記』下巻

災与レ善表相先現而後其災善答被縁第卅八

（中略）

次年乙丑年（延暦四年）秋九月十五日之夜。竟夜月面黒。光消失。空闇也。同月廿三日亥刻。式部卿正三位藤原朝臣種継。於二長岡宮島町一。而為二近衛舎人雄鹿宿禰木積波々岐将丸一所レ射死也。彼月光失者。是種継卿死亡之表相也。

（後略）

⑦『続日本紀』延暦四年九月二十四日条

丙辰。車駕至レ自二平城一。捕二獲大伴継人。同竹良并党与数十人一。推二鞫之一。並皆承伏。依レ法推断。或斬或流。其種継参議式部卿兼大宰帥正三位宇合之孫也。神護二年。授二従五位下一。除二美作守一。稍迁。宝亀末。補二左京大夫兼下総守一。俄加二従四位下一。遷二佐衛士督兼近江按察使一。延暦初。授二従三位一。拝二中納言一。兼二式部卿一。三年授二正三位一。天皇甚委二任之一。中外之事皆取レ決焉。初首建レ議。遷二都長岡一。宮室草創。百官未レ就。匠手役夫。日夜兼作。至三於行二幸平城一。太子及右大臣藤原朝臣是公。中納言種継等。並為二留守一。照レ炬催検。燭下被レ傷。明日薨二於第一。時年卌九。天皇甚悼二惜之一。詔贈二正一位左大臣一。

⑧『日本紀略』延暦四年九月二十四日条

丙辰。車駕至レ自二平城一。云々。種継已薨。乃詔二有司一捜二捕其賊一。云々。仍獲二竹良并近衛伯耆桴麿。中衛牡鹿木積麿一。勅二右大弁石川名足等一推二勘之一。桴麿欵云。主税頭大伴真麿。大和大掾大伴夫子。春宮少進佐伯高成。及竹良等同謀。遣下二桴麿一害中種継上云々。継人高成等並欵云。故中納言大伴家持相謀曰。宜下唱二大伴佐伯両氏一以除中種継上。因啓二皇太子一遂行二其事一。窮二問自余党一。皆承伏。於レ是。首悪左少弁大伴継人。高成。真麿。竹良。湊麿。春宮主書首多治比濱人同誅切。及射種継者椁麿木積麿二人斬於山椅南河頭。又右兵衛督五百枝王。大蔵卿藤原雄依。同坐此事。五百枝王降死流伊予国。雄依及春宮亮紀白麿。家持息右京亮永主流隠岐。春宮学士林忌寸稲麿流伊豆。自余随罪亦流。

⑨『日本紀略』延暦四年九月二十八日条

庚申。詔曰。云々。中納言大伴家持。右兵督五百枝王。春宮亮紀白麿。左少弁大伴継人。主税頭大伴真麿。右京亮同永主。造東大寺次官林稲麿等。式部卿藤原朝臣乎殺之。朝庭傾奉。早良王乎為君止謀気利。今月廿三日夜亥時。藤原朝臣乎殺事尓依弖勘賜尓申久。藤原朝臣在波不安。此人乎掃退牟止。皇太子尓掃退止弖。仍許訖。近衛椁麿。中衛木積麿二人乎為弖殺支止申云々。是日。皇太子自内裏帰於東宮。即日戌時。出置乙訓寺。是後。太子不自飲食。積十余日。遣宮内卿石川垣守等駕船移送淡路。比至高瀬橋頭。已絶。載屍至淡路。葬云々。至於行幸平城。太子及右大臣藤原朝臣是公。中納言種継等並為留守。種継照炬催検。燭下被傷。明日薨於第。時年卌九。天皇甚悼惜之。詔贈正一位左大臣。又伝椁麿等。遣使就柩前告其状。然後斬決。

⑩『続日本紀』延暦四年十月八日条

庚午。遣中納言正三位藤原朝臣小黒麻呂。大膳大夫従五位上笠王於山科山陵。治部卿従四位上壹志濃王。散位従五位下紀朝臣馬守於田原山陵。中務大輔正五位上当麻王。中衛中将従四位下紀朝臣古佐美於後佐保山陵以告廃皇太子之状。

⑪『続日本紀』延暦四年十一月二十五日条

丁巳。詔立安殿親王為皇太子。大赦天下。高年孝義及鰥寡孤独不能自存者。並加賑恤焉。

右の史料をもとに延暦四年の情勢と事件の簡単な概要を述べると、まず八月二十四日に、桓武天皇は平城宮へ行幸しており長岡京には不在であった（①『続日本紀』）。これは伊勢斎内親王として、皇女の朝原内親王が伊勢に群行するための発遣の儀に臨むための行幸であった。八月二十八日、この日には事件の首謀者とされた大伴家持が死去している（②『続日本紀』、③『日本紀略』）。大伴家持は氷上川継謀反事件の際にも処罰されていることは、前述の通りである。大伴家持は死亡していたが、九月の暗殺事件に関与が疑われ官位が剝奪された。そして、九月二十三日に、桓武天皇の側近であった藤原種継が、何者かに射られ薨去する（④『続日本紀』、⑤『日本紀略』、⑥『日本霊異記』）。藤原種継暗殺の凶報は、平城旧都にいた桓武天皇のもとにすぐさまもたらされたらしく、九月二十四日に天皇は長岡京に還幸する。そしてすぐに犯人が捕縛された（⑦『続日本紀』、⑧『日本紀略』）。

⑧の『日本紀略』延暦四年九月二十四日条には、『続日本紀』には見られない記事が見られ、捕縛された大伴継人と佐伯高成の供述によれば、首謀者は大伴家持ということである。家持は大伴・佐伯両氏に藤原種継を排除することを唱え、皇太子早良親王に啓上し、計画を実行させたという内容である。大伴家持は氷上川継謀反事件でも処罰されており、反桓武天皇派（反藤原氏）の人物であったということが確認される。

九月二十八日には、皇太子早良親王らの処分が決定する（⑨『日本紀略』）。その処分内容は、藤原種継暗殺の延長線上に謀反の計画を認定する。宣命には「式部卿藤原朝臣を殺し、朝庭を傾け奉り、早良王を君とせむと謀りけり」「藤原朝臣の在れば安からず。此人を掃き退けむと、皇太子に掃き除むんとて、依りて許し訖んぬ」とあり、桓武天皇を退位に追い込み早良親王の即位を目指したクーデター計画であったと認定した。そして、事件の共謀者は、表1に挙げたように、大伴氏・佐伯氏を中心とした非・反藤原氏勢力であったとことが注目される。また、早良親王は長岡京郊外の乙訓寺に幽閉され十数日間飲食せず、淡路移送中に餓死したが、死亡しても許されることはなく、そのまま屍は淡路へ配流された。

桓武天皇は、なぜ井上皇后所生の他戸親王のみならず、同母弟の早良親王までをも排斥しなければならなかっ

表1　藤原種継暗殺事件の処罰者一覧

氏族	氏名	官位	処罰内容	赦免
皇族	早良親王	皇太子	廃太子／淡路国への配流途中に死去	延暦十九年(八〇〇)崇道天皇と追称
皇族	五百枝王	従四位上 右兵衛督	伊予国への流罪	延暦二十五年(八〇六)従四位上
大伴氏	大伴家持	従三位 中納言 春宮大夫	すでに死去していたが官位剝奪	延暦二十五年贈従三位
大伴氏	大伴継人	従五位下 左少弁	死罪(斬首)	延暦二十五年贈正五位上
大伴氏	大伴真麻呂	従五位下 主税頭	死罪(斬首)	延暦二十五年贈従五位下
大伴氏	大伴永主	従五位下 右京亮	隠岐国への流罪	延暦二十五年従五位下
大伴氏	大伴竹良	右衛門大尉	死罪(斬首)	
大伴氏	大伴湊麻呂	大和大掾	死罪(斬首)	
大伴氏	大伴国道		佐渡国への流罪	延暦二十二年(八〇三)恩赦により入京
佐伯氏	佐伯高成	春宮少進	死罪(斬首)	
紀氏	紀白麻呂	従五位上 春宮亮	隠岐国への流罪	延暦二十五年正五位上
藤原北家	藤原小依	正四位下 大蔵卿	隠岐国への流罪	延暦二十五年従四位下
多治比氏	多治比浜人	春宮主書首	死罪(斬首)	
その他	林稲麻呂	外従五位下 東宮学士	伊豆国への流罪	延暦二十五年外従五位下
その他	伯耆桴麻呂	近衛	死罪(斬首)	
その他	牡鹿木積麻呂	中衛	死罪(斬首)	

たのだろうか。山田英雄氏は、早良親王が立太子以前に「親王禅師」として東大寺に影響力のあった時の造東大寺官人のうち、林稲麻呂・大伴夫子などが立太子に伴い春宮坊に遷ってきており、また東大寺からの働きかけもあり、早良親王を含めて春宮坊官人も平城京から長岡京への遷都には反対の立場であり、そこで遷都を阻止しようとして、推進派の藤原種継を暗殺したのではないかと指摘し、間接的ではあるが早良親王の関与があったことを認める見解を示している(47)。また、木本好信氏は、多くの春宮坊官人が関与していたことは疑いのない事実であることから、『日本紀略』の宣命を信じて、藤原種継暗殺には実質的には関与していないものの、その計画は充分に承知していたと指摘している(48)。

一方で西本昌弘氏は、早良親王派と目される和気広世や吉備泉らも長岡京造営事業へ参加したと推察されること、長岡京から発掘された瓦により、早良親王と春宮坊が佐伯今毛人を介して長岡宮の朝堂院外周・第一次内裏の造営に積極的に参加していたことがわかることから、遷都問題が事件の理由ではなく、早良親王の関与も否定的に捉え再検討すべき課題であるとした(49)。近年では、長谷部将司氏が、早良親王は安殿親王即位までの中継ぎとして皇位継承を補完する役割を担って立太子したが、政権運営上も天皇の権力を補完する役割を果したと指摘し、このような関係性を側近集団が了解していたか否かは別問題であり、藤原種継暗殺は、外戚である安殿親王を早く即位させたい藤原種継と、種継に対峙する春宮坊に集う大伴氏を中心とした官人たちの反発にあたることは疑いないとした(50)。

早良親王がどこまで関与していたのか、むしろ冤罪なのかは見解の分かれるところであるが、やはり事件は、大伴氏・佐伯氏を中心とした早良親王派と、藤原氏の安殿親王擁立派との抗争が原因といえよう。藤原氏と反藤原氏の抗争が、時の皇太子までを巻き込み、早良親王が廃太子され排斥される重大事件に発展したことは、早良親王が「親王禅師」として出家していたことに端を発するのではなかろうか。東大寺が寺の大事に関しては必ず早良親王に相談してから行っていたことが窺い知れ[51]、親王は東大寺を中心とする南都仏教との結びつきが非常に強かったのである。これは、前述の榎村氏の説において想定された、称徳天皇朝の再来として危険視された聖俗混合的専制を防ぐため、藤原氏を中心とした山部親王（桓武天皇）派が井上内親王・他戸親王を排斥するに至った状況と、酷似しているといえよう[52]。

すなわち、藤原氏を中心とする桓武天皇派・安殿親王擁立派にとっては、早良親王を擁する大伴氏・佐伯氏との単なる政権抗争ではなく、早良親王を介して東大寺を中心とする南都旧勢力の復活を牽制し、氏族間抗争のみに対する処分にとどまらず、皇太子を廃するという一歩踏み込んだ処罰となったのではなかろうか。第五節で後述するように、安殿親王の病の際に早良親王が「祟」として初めて現れたのも、そのあたりの状況が関係するのかもしれない。

延暦四年十月八日には、早良親王廃太子の一件について、山科（天智天皇）・田原（光仁天皇）・後佐保山（聖武天皇）の三陵に奉告される（⑩『続日本紀』）。なお、田原陵を施基皇子、後佐保山陵を改葬前の光仁天皇陵とする説があるが[53]、筆者は、これまで通りの光仁天皇陵と聖武天皇陵と解する立場をとっている[54]。十一月十日には、天神を交野に祀るということを行い[55]、十一月二十五日に安殿親王（後の平城天皇）の立太子が行われ、事件は終息をみた（⑪『続日本紀』）。

先述したように、桓武天皇自身の立太子は、多数の反対勢力が存在しながらも藤原百川によって断行された。事件の共謀者のほとんどが非藤原氏であることが示しているように、反藤原氏勢力の不満が結集したことが、氷上川継謀反事件・藤原種継暗殺事件の要因になっていると考えられないだろうか。後ろ盾であった藤原百川はすでに亡く、即位当初の桓武天皇の政権運営は政治的に非常に不安定であったところへ、即位直後の延暦四年には側近であった藤原種継も暗殺されてさらに政権基盤が弱体化し、危機的な状況がさらに進んだことが読み取れよう。また、加えて朝廷を二分しかねない政権抗争に発展する要素も持ち合わせていたというのが、桓武天皇朝の始まりであった。つまり、そのような危機的な状況下にあっては、新王朝意識の創出よりも、政権の安定化と、自身が正統な天子であることを内外に宣明することが必要となってくると考えられる。

そこで取り入れられたのが、「昊天祭祀」という中国的な祭祀であったと考えられるのである。昊天祭祀とは、天子が都城の郊野に設けた祭壇で天地を祀る祭儀で、『大唐開元礼』には、「皇帝正月上辛祈穀于圜丘」をはじめとして、「皇帝立春祀青帝于東郊」「皇帝立夏祀赤帝于南郊」「皇帝季夏土王日祀黄帝於南郊」「皇帝立秋祀白帝於西郊」「皇帝立冬祀黒帝於北郊」「皇帝冬至祀圜丘」を主なものとして、この他にも多くの郊祀に関する儀礼が挙げられている。ことに冬至または正月上辛の日に南郊円丘で昊天上帝を祀る郊祀は、『周礼』以来歴代皇帝の重要な祭儀とされた。詳細は第二章の「日本における昊天祭祀の受容」で述べるが、桓武天皇朝においては延暦四年（四八五）と同六年の二度行われている。

『続日本紀』延暦四年年十一月十日条

壬寅。祀二天神於交野柏原一。賽二宿禱一也。

『続日本紀』延暦六年十一月五日条

十一月甲寅。祀二天神於交野一。其祭文曰。維延暦六年歳次二丁卯一十一月庚戌朔甲寅。嗣天子臣謹遣二従二位行大納言兼民部卿造東大寺司長官藤原朝臣継縄一。敢昭告二于昊天上帝一。臣恭膺二眷命一。嗣二守鴻基一。幸頼二穹蒼降レ祚覆燾騰レ徵。四海晏然万姓康楽。方今大明南至。長晷初昇。敬采二燔祀之義一。祇修二報徳之典一。謹以二玉帛犧斉粢盛庶品一。備二茲禋燎一。祇薦二潔誠一。高紹天皇配神作主尚饗。又曰。維延暦六年歳次二丁卯一十一月庚戌朔甲寅。孝子皇帝臣諱謹遣二従二位行大納言兼民部卿造東大寺司長官藤原朝臣継縄一。敢昭告二于　高紹天皇一。臣以庸二虚忝一承二天序一。上玄錫レ祉率土宅レ心。方今履長伊始。粛事二郊禋一。用致二燔祀于昊天上帝一。高紹天皇慶流二長発一。徳冠二思文一。対越昭升。永言配レ命。謹以制二幣犠斉粢盛庶品一。式陳二明薦一。侑神作主尚饗。

桓武天皇の皇位継承は、光仁天皇からの譲位（禅譲）という形で父系の正統性は保証されているはずである。しかし、初めての渡来系氏族を外戚とすることで、立太子の時点から天皇自身が皇権の脆弱性を認識していたと考えられ、また即位直後から謀反事件が度重なるなど、反対勢力が多く存在する朝廷内部にあって、光仁天皇の葬送儀礼の終了後に、改めて、自らが父である光仁天皇の正統な皇位継承者であることを示したのではなかろうか。光仁天皇も、立太子に一度は反対したが、藤原百川に押し切られ渋々同意したという伝承も関わってくる問題であろう。

五　平安遷都後の桓武天皇と怨霊

桓武天皇は遷都から十年で長岡京を棄て、延暦十三年（七九四）十月二十八日に、平安京へ遷都した。

『日本紀略』延暦十三年十月二十八日条

丁卯。（中略）鴨。松尾神加階。以近郡也。遷都。詔曰。云々。葛野乃大宮地者。山川毛麗久。四方国乃百姓乃参出来事毛便之弖云々。

『日本紀略』延暦十三年十一月八日条

丁丑。詔。云々。山勢実合二前聞一。云々。此国山河襟帯、自然作レ城。因二斯形勝一。可レ制二新号一。宜下改二山背国一。為中山城国上。又子来之民。謳歌之輩。異口同辞。号曰二平安京一。又近江国滋賀郡古津者。先帝旧都。今接二輦下一。可下追二昔号一改中称大津上。云々。

遷都までの詳細は省略するが、新しい都の名前を「宇太京」ではなく、「平安京」と命名したことが重要である。これまでの宮都は、そこの地名が付けられていた。『日本紀略』延暦十三年十一月八日条には、民が口々に

「平安京」と号しているとある。これには、即位直後からの度重なる謀反事件などで政権が不安定であり、国家を安泰ならしめたいという桓武天皇自身の希望もあったのではないだろうか。

藤原種継暗殺事件後は、桓武天皇崩御までの期間に表立った謀反は現れなくなる。はたして謀反勢力は、種継暗殺事件の処罰で一掃されたのであろうか。特に、この後に謀反記事が現れなくなることと入れ替わるように、安殿親王が発病して以降に怨霊関係の記事が頻出していることに注目される。

桓武天皇の宸襟を悩ませたとされる怨霊は、具体的には井上内親王・他戸親王・早良親王の三方とされる。排斥された背景については、すでに第三節・第四節で詳細に述べた。本節では特に早良親王の怨霊に関する記事を中心に考察を進めたい。

①『日本紀略』延暦十一年（七九二）六月五日条

奉二幣於畿内名神一。以二皇太子病一也。

②『日本紀略』延暦十一年六月十日条

癸巳。皇太子久病。卜レ之崇道天皇為レ祟。遣二諸陵頭調子王等於淡路国一。奉レ謝二其霊一。

③『類聚国史』（二十五、追号天皇）延暦十一年六月十一日条

庚子。勅。去延暦九年、令下淡路国一充二某親王崇道天皇守冢一烟一。兼随近郡司。専中当其事上。而不レ存二敬衛一。致レ令レ有レ祟。自レ今以後。冢下置レ隍。勿レ使二濫穢一。

④『日本紀略』延暦十六年（七九七）五月十九日条

甲辰。於二禁中并東宮一。転二読金剛般若経一。以レ有二恠異一也。

⑤『日本紀略』延暦十六年五月二十日条

乙巳。遣二僧二人於淡路国一。転経悔過。謝二崇道天皇之霊一也。

⑥『日本後紀』延暦十八年（七九九）二月十五日条

己丑。（中略）遣二従五位上行兵部大輔兼中衛少将春宮亮大伴宿禰是成。伝灯大法師位泰信等於淡路国一。令下賚二幣帛一謝中崇道天皇霊上。

⑦『類聚国史』（二十五、追号天皇、三十六、山陵）延暦十九年（八〇〇）七月二十三日条

己未。詔曰。朕有レ所レ思。宜下故皇太子早良親王。追二称崇道天皇一。故廃皇后井上内親王。追復称二皇后一。其墓並称中山陵上。令下一従五位上守近衛少将兼春宮亮丹波守大伴宿禰是成。率二陰陽師衆僧一。鎮中謝在二淡路国一崇道天皇山陵上。

⑧『類聚国史』（二十五、追号天皇、三十六、山陵）延暦十九年七月二十六日条

壬戌。分二淡路国津名郡戸二烟一。以奉レ守二崇道天皇陵一。大和国宇智郡戸一烟。奉レ守二皇后陵一。

⑨『類聚国史』（二十五、追号天皇、三十六、山陵）延暦十九年七月二十八日条

甲子。遣下一少納言従五位下称城王等一。以二追尊事一。告中于崇道天皇陵上。遣下一散位従五位下葛井王等一。以二復位事一。告中于皇后陵上。

⑩『日本後紀』延暦二十四年（八〇五）正月十四日条

甲申。平明。上急召二皇太子一。遅之。更遣下一参議右衛士督従四位下藤原朝臣緒嗣一召上レ之。即皇太子参入。昇殿。召二於牀下一。勅語良久。命二右大臣一以二正四位下菅野朝臣真道。従四位下秋篠朝臣安人一。為二参議一。又請二大法師勝虞。放二却鷹犬一。侍臣莫レ不レ流レ涙。奉二為崇道天皇一。建二寺於淡路国一。（後略）

⑪『日本後紀』延暦二十四年四月五日条

甲辰。令下諸国。奉二為崇道天皇一建二小倉一。納二正税卌束一。幷預中国忌及奉幣之例上。謝二怨霊一也。

⑫『日本後紀』延暦二十四年四月十一日条

庚戌。任㆘改㆓葬崇道天皇㆒司㆖。

⑬『日本後紀』延暦二十四年七月二十七日条

甲午。献㆓唐国物于山科・後田原・崇道天皇三陵㆒。

⑭『日本後紀』延暦二十四年十月二十五日条

庚申。（中略）奉㆓為崇道天皇㆒写㆓一切経㆒。其書生随㆑功叙位及得度。

⑮『日本後紀』延暦二十五年（大同元年〈八〇六〉）三月十七日条

辛巳。勅。縁㆓延暦四年事㆒配流之輩。先已放還。今有㆑所㆑思。不㆑論㆓存亡㆒。宜㆑叙㆓本位㆒。復㆓大伴宿禰家持従三位。藤原朝臣小依従四位下。大伴宿禰継人。紀朝臣白麻呂正五位上。大伴宿禰真麻呂。大伴宿禰永主従五位下。林宿禰稲麻呂外従五位下㆒。奉㆓為崇道天皇㆒。令㆘諸国国分寺僧㆒春秋二仲月別七日。読㆗金剛般若経㆖。有㆑頃天皇崩㆓於正寝㆒。春秋七十。（後略）

右の史料を順次整理すると、延暦十一年六月五日に皇太子安殿親王（後の平城天皇）が病となり、畿内の名神各社に奉幣が行われた（①『日本紀略』）。六月十日には、卜を行って皇太子の病は崇道天皇（早良親王）が祟りを為していると出たため、諸陵頭の調子王らを淡路国に差遣して崇道天皇の霊に奉謝させ（②『日本紀略』）、さらに去る延暦九年に淡路国に崇道天皇に守冢一烟を充てて随近の郡司に専当させることとしたが、警衛が不十分であったことが祟りの原因であると考え、翌十一日には勅して、今後は冢下に隍（空堀）を置いて穢れを発生させないよう命じた（③『類聚国史』）。延暦十一年の段階では、祟りの原因である穢れを取り除くという通常の対応で、早良親王の祟りは終息をみた。

しかし、延暦十六年五月十九日には、「以㆑有㆓恠異㆒也」との理由から、禁中（内裏）と東宮において金剛般若経の転読が行われた（④『日本紀略』）。早良親王の祟りに直接的な言及はなかったが、宮中で起きた奇怪な事とは早良親王の祟りと考えられたのか、翌二十日には淡路国に僧侶二名を派遣して、転経悔過を行って崇道天皇の霊に奉謝がなされている⑸『日本紀略』）。ここで注目されるのは、延暦十一年段階では、祟りの原因となる「濫穢」を取り除いて怨霊の祟りを鎮めていたのに対して、これ以降は、法会や奉幣の実施、あるいは追尊などによって怨霊を鎮める政策に変化している。つまり、この段階で「怨霊」に関する思想が変化し始めていることが読み取れる。

延暦十八年二月十五日に大伴是成と僧の泰信らを淡路国に遣わし、幣帛を賜って崇道天皇の霊に謝し⑹『日本紀略』）、翌十九年七月二十三日に、早良親王に対して「崇道天皇」と追尊し、井上内親王を皇后に復し、それぞれの墓を山陵と称するように詔が出された。また、淡路国にある崇道天皇陵には、この度も大伴是成が陰陽師・衆僧を率いて鎮謝のために遣わされている⑺『類聚国史』）。同月二十六日に淡路国津名郡の二戸、大和国宇智郡の一戸を崇道天皇陵と井上皇后陵を守らしめるための陵戸とし⑻『類聚国史』）、二十八日には崇道天皇陵と井上皇后陵に追尊と復位を奉告する勅使が差遣された⑼『類聚国史』）。

延暦二十四年は前年末からの聖体不予のため正月一日は廃朝となり、[56] 正月十四日に崇道天皇のために淡路国に寺を建立⑽『日本後紀』）、四月五日に崇道天皇のために小倉を建てて正税四十束を納め、また国忌と荷前奉幣の例に加えられた⑾『日本後紀』）。『日本後紀』には「謝二怨霊一也」とあり、崇道天皇の霊を「怨霊」と表記した初見である。同月十一日には崇道天皇の改葬司が任ぜられ⑿『日本後紀』）、七月二十七日には、山科陵（天智天皇）・後田原陵（光仁天皇）とともに崇道天皇陵に唐国の物が献じられている⒀『日本後紀』）。十月二十五日には、崇道天皇のために一切経が書写された⒁『日本後紀』）。

延暦二十五年三月十七日に、延暦四年の藤原種継暗殺事件に関わり配流とされた者を、その存亡を問わず本位に復し、崇道天皇のために諸国の国分寺僧に春秋二仲月（二月・八月）の七日に金剛般若経を読ませるよう命じ、同日に桓武天皇は崩御している（⑮『日本後紀』）。

早良親王の関係記事で具体的に「祟」「怨霊」が頻出するのは、延暦十一年六月に安殿親王の病が「早良親王の祟」と認定されて以降である。延暦十一年以前にも、桓武天皇周辺人物の病気や死、天変地異、飢饉などの災異記事は数多く見られるが、井上内親王・他戸親王・早良親王との関係には言及していない。安殿親王の病以降に「祟」「怨霊」が現れていることが注目されよう。

怨霊の概念について、古くは肥後和男氏が、政治的失脚者の怨霊の活動は、国民の政治批判力の発達を基礎とする社会事象であるとし[57]、近年では小林茂文氏が、死霊祭祀が始まった頃から民間巫覡が関与するようになり、政治批判の言説を形成し流布させていたが、国家は権力維持の観点から怨霊言説を発明した。しかし国家の認定による怨霊祭祀の制度化は、権力であるのと同時に公共性も意味し、民間が介入して権力批判の言説を形成する途を開いたと指摘する[58]。また、山田雄司氏は、「怨霊」は中国仏教にはない言葉であり、奈良時代後期に非業の死を遂げた人物の祟りが相次ぐ中、九世紀初頭に仏教者によって作り出された言葉であると指摘し、怨霊の鎮撫は仏教主導で行われることから、仏教の死後体系に基づき、成仏できずにさまよう霊魂を得道させる方策を有していたため、と述べている[59]。

①から⑮に挙げた史料を通覧すると、早良親王（崇道天皇）の霊を鎮めるため、追尊や鎮謝のために法会など様々なことを行っている。どれも早良親王の「奉為（おほむため）」とあるが、それぞれの時に早良親王の霊が何かをしたという記述は確認されない。むしろ、早良親王の霊が直接関与したとされるものは、延暦十一年の安殿親王の病の時だけであり、鎮謝奉告の勅使は藤原氏の人間ではなく、藤原種継暗殺事件で多く排斥された、反桓武天皇派ともいうべき大伴氏出身の「大伴是成」であったことも、注目すべきことであろう。延暦十一年の段階では親王の御墓が穢れていたことを原因として、穢れを取り除くことによって「祟」を除去した。その後、五年

間ほど「祟」「怨霊」は『日本後紀』には見られない。延暦十六年以降は、具体的に「怨霊」が何かに祟ったということは見られず、ひたすら鎮謝する行為へと変化している。これには「怨霊」に関する思想が変化している可能性があるのではないだろうか。

そして、⑮の『日本後紀』延暦二十五年（大同元年）三月十七日条を改めて読み直すと、桓武天皇の在位中に宸襟を悩ませたのは、早良親王個人の「怨霊」そのものというよりは、延暦四年の藤原種継暗殺事件であったことがわかる。さらに読み進めると、この時に聖体不予の原因とされたものは、早良親王の「怨霊」ではなく、第六節で述べる「石上社」の「神の怒り」であったことがわかり、これは無視できない記述であろう。

つまり延暦年間後半に現れてくる「怨霊」とは、早良親王個人ではなく、延暦四年の藤原種継暗殺事件の背後に存在した反桓武天皇勢力そのものを「怨霊」と表現し、象徴化したものではないかと考えられるのである。この点について、次節で「石上社」と朝廷との関わりから考察を加えたい。

六　石上社の器仗運収

前節の中で、「延暦二十四年（八〇五）は前年末からの聖体不予のため正月一日は廃朝となり、正月十四日に崇道天皇のために淡路国に寺を建立」と、早良親王関係記事を時系列で整理したので、延暦二十三年十二月の聖体不予は、早良親王の怨霊によるものと誤解されそうであるが、早良親王の怨霊とは関係がない。聖体不予の原因は、「石上社の神の怒り」によるものとされた。

概略を簡潔に述べれば、延暦二十三年二月五日に大和国の石上社（現在の石上神宮）の器仗を運収したことにより、神の怒りに触れて聖体不予になったという託宣が出たため、器仗を石上社へ返納し、天皇の守護を祈願したという。その関係史料は以下の通りである。

『日本後紀』延暦二十三年二月五日条

庚戌。運㆓収大和国石上社器仗於山城国葛野郡㆒。

『日本後紀』延暦二十三年六月二十日条

癸亥。散位従三位石上朝臣家成薨。左大臣贈従一位麻呂之孫。正六位上東人之子也。才芸無㆑取。恪㆓勤在公㆒。薨時年八十三。

『日本後紀』延暦二十四年二月十日条

庚戌。造石上神宮使正五位下石川朝臣吉備人等。支㆓度功程㆒。申㆓上単功一十五万七千余人㆒。太政官奏之。勅曰。此神宮所㆔以異㆓於他社㆒者何。或臣奏云。多収㆓兵仗㆒故也。勅。有㆓何因縁㆒所㆑収之兵器。奉㆑答云。昔来天皇御㆓神宮㆒。便所㆓宿収㆒也。去㆑都差遠。可㆑慎㆓非常㆒。伏請卜食而運遷。是時文章生従八位上布留宿禰高庭。即脩㆑解申官云。得㆓神戸百姓等款㆒称。比来。大神頻放㆓鳴鏑㆒。村邑咸恠。不㆑知㆓何祥㆒者。未㆑経㆓幾時㆒。運㆓遷神宝㆒。望請奏㆓聞此状㆒。蒙㆑従㆓停止㆒。官即執奏。被㆓報宣㆒称。卜筮吉合。不㆑可㆓妨言㆒。所司咸来。監㆓運神宝㆒。収㆓山城国葛野郡㆒訖。無㆑故倉仆。更収㆓兵庫㆒。既而聖体不予。典闈建部千継。被㆑充㆓春日祭使㆒。聞㆘平城松井坊有㆓新神㆒託㆗女巫㆖。便過請問。女巫云。今所㆑問不㆓是凡人之事㆒。宜㆑聞㆓其主㆒。不㆑然者。不㆑告㆑所㆑問。仍述㆓聖体不予之状㆒。即託語云。歴代御宇天皇。以㆓慇懃之志㆒。所㆓送納㆒之神宝也。今践㆓穢吾庭㆒。運収不㆑当。所以唱㆓天下諸神㆒。勒㆑諱贈㆓天帝㆒耳。登時入㆑京密奏。即詔㆓神祇官幷所司等㆒。立㆓二幄於神宮㆒。御飯盛㆓銀笥㆒。副㆓御衣一襲㆒。並納㆓御輿㆒。差㆓典闈千継㆒充㆑使。召㆓彼女巫㆒。令㆑鎮㆓御魂㆒。女巫通宵忿怒。託語如㆑前。遅明乃和解。有㆑勅。准㆓御年数㆒。屈㆓宿徳僧六十九人㆒。令㆑読㆓経於石上神社㆒。詔曰。天皇御命尓坐。石上乃大神尓申給波久。大神乃宮尓収有志器仗乎。京都遠久成奴流尓依弖。近処尓令治牟止為弖奈母。去年此尓運収有流。然尓比来之間。御体如常不御坐有流尓。大御夢尓覚志坐尓依弖。大神乃願坐之任尓。本社尓返収弖之。无驚久无咎久。平久安久可御坐止奈母念志食。是以鍛冶司正従五位下作良王。神祇大副従五位下大中臣朝臣全成。典侍正五位上葛井宿禰広岐等乎差使弖。礼代乃幣帛幷鏡令持弖。申出給御命乎申給止申。辞別弖申給久。神那我良母皇御孫乃御命乎。堅磐尓常磐尓。護奉幸閇奉給閇止称辞定奉久止申。遣下典薬頭従五位上中臣朝臣道成等一。返中納石上神社兵仗上。

『日本後紀』延暦二十四年二月十日条には、器仗の運収の経緯から返還に至るまでの内容が詳細に記述されている。器仗の返還による石上社の整備のために設置されたと考えられる造石上神宮使の石川吉備人が、作業に必要な労務者として単功十五万七千余人を太政官に申請している。

続けて天皇と「或る臣下」との問答が掲載されており、まず天皇は石上神宮が他の神社と異なる所以を問うた。「或る臣下」が多く武器が収納されていることであると答え、天皇は何の因縁によって多くの武器を収納するかを再度下問した。臣下は昔から天皇が石上神宮に出御し武器を納めてきたが、平城京から長岡京、そして現在の平安京に遷都したことで、都から石上神宮が遠くなり、非常事態に備え、卜定をした上で近京の地に遷さんことを奏上した。しかし、この時に文章生の布留高庭が太政官に解を上申した。その内容は、石上神宮の神戸百姓らの書状によると、石上の大神が頻りに鏑矢を放ち、近隣の村人は不思議な思いをしているが、何の兆しかわからないと言い、それから時を置かずして神宝が運び出された。したがって、この解状を天皇に奏上して武器を運び出すことを停止されることを請うというものである。太政官は布留高庭の解状を天皇に奏上し、神宝である武器の運収について卜筮では「吉」と出たため、高庭は武器の運収を妨害してはならないという報宣が下され、所司が神宝を監運して山城国葛野郡に収められた。これが前年の延暦二十三年二月に行われた器仗運収の詳細であろう。

その後、器仗を納めた倉が理由なく倒れたため兵庫寮へ移し、天皇も不予となった。春日祭使に充てられた典闈の建部千継が、平城旧京の松井坊に神が出現して女巫に託宣していると聞き、通りかかった時に尋ねると、女巫は、千継が問うことは凡人のことではなく、その主のことを聞かなければ、聞くことができないのであれば問いには答えられないと告げたので、建部千継は聖体不予の旨を述べた。さすれば、女巫は神の託宣として、石上神宮の武器は歴代の天皇が懇ろに送納した神宝である。我が神宮の庭を汚して運収することは不当であり、天下の諸神に訴え、諱（天皇の御名）を記して天帝に通報するのみであると告げられたというので、千継は帰京の後、すみやかに天皇に密奏した。神祇官および所司らに詔して、二つの幄舎を石上神宮に建て、銀笥に御飯を盛り、御衣一襲を副えて御輿に納め、建部千継を使として差遣して女巫を召し、布留御魂を呼び寄せ神意をうかがおうとした。女巫は夜通し怒った様子で以前と同じ神語を託宣し、明け方に怒りが解けた。勅があり、天皇の御歳（六十九歳）に准じて六十九人の宿徳の僧が召され神前で読経が行われた。さらに石上の大神に対し、大神の宮に収置してあった器仗は、都が遠くなったことで近京の地に納めんと欲して昨年葛野の地に移した。しかし、このごろ病となり夢に諭され（桓武天皇の夢に器仗の運収は不当とする神の告知があったか）、大神の願いのままに本の社に返納する。返納に驚くことなく、咎めることなく平穏にあってほしいと願う詔を、鍛冶司の作良王、神祇大副の大中臣全成、典侍の葛井広岐らを遣わして奏上せしめ、最終的には典薬頭の中臣道成らを遣わして、石上神宮の器仗を返納させている。

はじめに器仗運収の中止を求める解文を上奏した「文章生従八位上布留宿禰高庭」とは、『日本後紀』の編者に名を連ねた人物で、布留氏は石上社の祭祀に関係する氏族でもある。その立場から、布留高庭は石上社の兵器運収を快く思っていなかったと考えられるのではなかろうか。高庭の運収停止を求める解状に対して、卜筮の結果「吉」となり神意にかなったため運収が行われたものが、後になって「神の怒り」が現れたのは不可解な現象であることからも、それは推測できることである。

古代石上社を奉斎した氏族には、周知の通り、石上氏と布留氏が存在する。石上氏は、旧氏姓は物部連で、天武天皇朝以降における有力氏族の一つである。天武天皇十三年（六八四）に物部連麻呂の時、朝臣の姓を賜い(60)、その頃に石上朝臣と改めたと考えられる(61)。饒速日命を祖と伝える物部氏は大和国山辺郡石上郷（現在の奈良県天理市布留町）が本拠地で、その地にある石上神宮の祭祀に当たっていたことに基づき石上を氏名とした。宝亀六年（七七五）麻呂の孫の宅嗣の時、請願によって物部朝臣を賜姓され(62)、同十年にそれを改めて石上大朝臣を賜姓された(63)。奈良時代以降は、元日・大嘗祭に際し同族の榎井氏と楯桙を立てる家柄として著名である。

一方、布留宿禰は、饒速日命を祖とする神別の物部大連氏（石上氏(64)）と異なる皇別の物部首氏である。柿本朝臣と同祖で、第五代孝昭天皇の皇子・天足彦国押命の七世孫にあたる米餅搗大使主命の後裔であるといい、大使主命の子である木事命の子・市川臣が仁徳天皇の御代に、石上御布留村高庭の地に祀られる経津主神へと神主として奉仕することになり、斉明天皇の御代に物部首を名乗った。物部首日向が、天武天皇の御代に布留宿禰の姓を賜ったとされる(65)。

石上神宮の奉斎氏族である石上氏と桓武天皇との関係を考えると、文人で有名な石上宅嗣が重要人物として浮かび上がってくる。

『続日本紀』天応元年（七八一）六月二十四日条

辛亥。（中略）大納言正三位兼式部卿石上大朝臣宅嗣薨。詔贈二正二位一。宅嗣左大臣従一位麻呂之孫。中納言従三位弟麻呂之子也。性朗悟有二姿儀一。愛二尚経史一。多レ所二渉覧一。好二属文一。工二草隷一。勝宝三年授二従五位下一。任二治部少輔一。稍遷二文部大輔一。歴二居内外一。景雲二年至二参議従三位一。宝亀初。出為二大宰帥一。居無レ幾遷二式部卿一。拝二中納言一。賜姓二物部朝臣一。以二其情願一也。尋兼二皇太子傅一。改賜二姓石上大朝臣一。十一年。転二大納言一。俄加二正三位一。宅嗣辞容閑雅。有レ名二於時一。毎レ値二風景山水一。時援レ筆而題レ之。自二宝字一後。宅嗣及淡海真人三船為二文人之首一。所レ著詩賦数十首。世多伝二誦之一。捨二其旧宅一。以為二阿閦寺一。寺内一隅。特置二外典之院一。名曰二芸亭一。如有二好学之徒一。欲二就閲一者恣聴之。仍記二条式一。以貽二於後一。其略曰。内外両門本為二一体一。漸極似レ異。善誘不レ殊。僕捨レ家為レ寺。帰レ心久矣。為レ助二内典一。加二置外書一。地是伽藍。事須二禁戒一。庶以二同志一入者。無滞空有。兼忘二物我一。異代来者。超二出塵労一。帰二於覚地一矣。其院今見存焉。臨終遺教薄葬。薨時年五十三。時人悼レ之。

奈良時代後期の公卿・文人である石上宅嗣は、『続日本紀』の薨伝によると左大臣石上麻呂の孫で、中納言石上乙麻呂の子にあたる。天応元年四月、桓武天皇の即位に際して正三位に叙せられた。しかし、その直後の同年六月に歿し、歿後に正二位の位階を贈られた。その人物は、賢明で悟りが早く、立派な容姿をしていた。また、発言や振る舞いに落ち着きがあり雅やかであったという。経書・歴史書を大変好み、幅広い書籍に通じていた。さらに、文を作ることも好み、草書・隷書とも上手であった。漢詩人でもあり、淡海三船と並んで文人の筆頭と称された人物である。

桓武天皇即位直後の天応元年六月に石上宅嗣が薨去したことと、第四節でも述べたように、天皇即位の直前には桓武天皇擁立の立役者であった藤原百川も薨去していることが注目される。

『続日本紀』宝亀十年（七七九）七月九日条

丙子。参議中衛大将兼式部卿従三位藤原朝臣百川薨。詔遣二大和守従四位下石川朝臣豊人。治部少輔従五位下阿倍朝臣謂奈麻呂等一。就レ第宣レ詔。贈二従二位一。葬事所レ須官給。并充二左右京夫一。百川平城朝参議正三位式部卿兼大宰帥宇合之第八子也。幼有二器度一。歴二位顕要一。宝亀九年。至二従三位中衛大将兼式部卿一。所レ歴之職各為二勤恪一。天皇甚信二任之一。委以二腹心一。内外機務莫レ不二関知一。今上之居二東宮一也。特属レ心焉。于レ時上不予。已経二累月一。百川憂形二於色一。医薬祈禱。備尽二心力一。上由レ是重レ之。及レ薨甚悼惜焉。時年卌八。延暦二年追㆓思前労㆒。詔贈㆓右大臣㆒。

『帝王編年記』光仁天皇

同（宝亀）十一年己未七月七日。参議従三位藤原朝臣百川頓死。桓武之功臣也。贈㆓太政大臣正一位㆒。

藤原百川の薨去について、信憑性を欠くことから史実と断定できないが、『水鏡』には井上内親王の祟りのためとする伝承があったり[66]、また、『帝王編年記』には「頓死」とあるなど、反百川勢力の関与も推測できるのではなかろうか。桓武天皇の政権基盤は藤原良継・百川ら藤原式家の勢力に支えられていたことは周知の通りであり、即位直後に反藤原勢力の謀反が続発したが、式家の藤原種継暗殺事件以降には表立った謀反事件が現れないことは、前節で述べた通りである。そして、式家の勢力と緊密な関係にあったのが石上宅嗣であったのである。

石上氏と藤原式家との関係は、藤原良継の母が石上国盛という人物で石上麻呂（宅嗣の祖父）の娘にあたり、藤原百川の母は久米若女で（久米奈保麻呂の娘か）、石上乙麻呂（宅嗣の父）と関係した罪で下総に流された人物ある。この事件は石上乙麻呂の失脚を狙う陰謀とも言われている[67]。

石上宅嗣は、藤原良継と従兄弟、その弟の百川とは義理の従兄弟という関係であり、以上のことから、石上氏と藤原式家とは氏族間の関係が強いということが窺い知れる。このような関係から、木本好信氏は、良継・百川主導体で、石上宅嗣は白壁王・山部親王立太子に関わったと述べている[68]。藤原種継暗殺事件によって反桓武天皇派の中心であった大伴氏・佐伯氏は朝廷から排斥されていくが、平安時代に入ると藤原式家も没落して政権は北家主導体制へと移り、それとともに石上氏も没落へと向かった。

竹内理三氏は、古代氏族を代表する大伴氏と藤原氏とを比較して、大伴氏は豪族・家父長・政治家・古代豪族を代表する古代史族的な性格であり、藤原氏は律令体制によってその地歩を固めていった官僚的な性格であると指摘した[69]。また木本好信氏は、大伴氏は改姓もせず、氏姓制下での軍事氏族としての過去を捨てきれず、律令官人へと転身できなかったと評し、藤原氏は神祇氏族から独立して改姓し、律令官人として生きることを目指したと指摘した上で、石上氏について、大伴氏・藤原氏との比較から、一度は律令官人として生きることを望みながらも氏姓制下の物部氏から完全に脱却することのできなかった中途半端な律令官人氏族と評している(70)。

宅嗣の薨去の後に石上氏の長者となったのは、石上麻呂の孫で宅嗣の従弟にあたる石上家成である。この家成は、延暦二十三年(八〇四)六月に従三位の立場で薨去している(71)。『日本後紀』の記事に基づけば、この家成薨去の四カ月前の二月に「石上社の器仗を移」され、薨去から一年に満たない翌年二月に返納されたことになる。家成の薨去を最後に石上氏は公卿を輩出することはなく、その後は没落していく。家成は、桓武天皇の即位後の天応元年(七八一)に民部大輔に任ぜられた(72)。同年に従兄である大納言石上宅嗣薨去の後は、伊予守(73)・大宰大弐(74)・造東大寺長官(75)・内蔵頭(76)・兼衛門権督(77)・衛門督(78)・右衛士督(79)・宮内卿(80)を歴任した実務官僚というべき人物である。前掲の『日本後紀』の伝える薨伝では、取り上げるべき才芸はなかったが、公務を忠実に務めた人物と評されている。器仗が運収される延暦二十三年二月の段階で、公務に忠実であった石上家成が反対の立場であったとは考えにくいのではないだろうか。布留高庭が運収停止を求めた時に、卜筮が「吉」と出たため運収が行われたことと関わるであろう。そして、家成の薨去後に石上神宮を奉斎する氏族の中で運収に反対する者が多数となり、結果的に「神の怒り」に触れ聖体不予になったことから、返納されたものであろうと考えられる。

石上社の器仗運収は、『日本後紀』では「神の怒りに触れた」と表現され、謀反の企ては認められない。しかし、実際のところは奉斎氏族の不満の表れであったと読み解くことができる。むしろ謀反を未然に防ぐためには、「神の怒り」として内在する各氏族の不満に、朝廷は対応する必要があったといえよう。

七　氏族と神祇の掌握――神祇の中央集権化――

氏族と神社との結びつきについて、前節では石上社と石上氏との関係を取り上げた。その他にも賀茂社と賀茂県主、松尾社と秦氏の関係は著明で、氏族と古代の神社とが深く結びついていることは周知の通りである。

桓武天皇朝において天皇の即位直後から頻発した各氏族の謀反事件は、延暦四年（七八五）以降になると表立って見られなくなり、早良親王への奉謝の記事が多くなる延暦十六年（七九七）頃から、神祇政策に関する記事が見られるようになることも、桓武天皇朝の特色といえよう。この点について、久禮旦雄氏は、神祇官を中心とした祭祀担当者の官僚化と神郡の特権性剝奪を行い、氏族的主張や卜占に依拠しない、天皇を中心とした中央集権的・官僚的な神祇政策の体制を構築したが、その背景には、称徳天皇朝以来、神祇官を支配する中臣氏と、光仁天皇の後継者として儒教的礼制の下で自らの統治の正統性を構築しようとする桓武天皇との対立が存在した、と指摘する(81)。

桓武天皇朝後半に見られる神祇政策に関わる記事は、以下の通りである。

①『日本紀略』延暦十六年六月十八日条

壬申。遣三レ使奉二幣畿内七道諸国名神一。皇帝於二南庭一。親臨レ発焉。以レ祈二万国安寧一也。

②『類聚国史』（十九、神宮司）延暦十七年正月二十四日条

乙巳。勅。掃レ社敬レ神。銷レ禍致レ福。今聞。神宮司等。一任終レ身、侮黷不レ敬。祟咎屢臻。宜下天下諸国神宮司。神主。神長等。択二氏中清慎者一補レ之。六年相替上。始以二神祇官神封物一。賜二伊勢大神宮司季禄一。

③『類聚国史』（十、祈年祭、十九、祝）延暦十七年九月七日条

癸丑。定下可レ奉二祈年幣帛一神社上。先レ是。諸国祝等。毎年入京。各受二幣帛一。而道路僻遠。往還多艱。今便

用二当国物一。

④『日本後紀』延暦十八年六月十五日条

戊子。勅。祭祀之事。在二徳与一レ敬。心不レ致レ敬。神寧享レ之。広瀬龍田祭。所下以鎮二弭風災一。禱中祈年穀上也。而大和国司。触レ事怠慢。都無二粛敬一。差二遣史生一。祇二承朝代一。祀無二報応一。職此之由。自レ今以後。守介一人。斎戒祇承。若有二事故一。聴レ遣二判官一。

⑤『日本後紀』延暦二十三年二月五日条

庚戌。運二収大和国石上社器仗於山城国葛野郡一。

⑥『日本後紀』延暦二十三年六月十三日条

丙辰。制。常陸国鹿島神社。越前国気比神社。能登国気多神社。豊前国八幡神社等宮司。人懐二競望一。各称二譜第一。自レ今以後。神祇官検二旧記一。常簡二氏中堪レ事者一。擬補申レ官。

まず、延暦十六年には、万国の安寧を祈るため、畿内七道諸国の名神に奉幣。また、天皇親ら南庭に立つということがあった（①『日本紀略』）。延暦十七年正月には、諸国神社の宮司・神主・神長の補任と交替制について定めている。また、初めて神祇官の神封の物をもって伊勢大神宮の季禄を賜うということがあった（②『類聚国史』）。同年九月には、祈年祭の幣帛を奉るべき神社を定め（③『類聚国史』）、翌十八年六月には、大和国の広瀬祭・龍田祭に守・介いずれか一人が祇承することを定めた（④『日本後紀』）。このような政策が進む中で延暦二十三年には、前節で取り上げたように大和国石上社の器仗が山城国葛野郡に運収され（⑤『日本後紀』）、また、同年六月には、鹿島・気比・気多・八幡（宇佐）などの宮司補任について定められている（⑥『日本後紀』）。これらの記事を見ているだけでは、単に桓武天皇朝の神祇政策の一覧にすぎない。しかし、各神社には結びつきの強い奉斎氏族がおり、奉斎氏族は石上神宮の器仗運収に反対の立場にあったことなどからも、天皇にとって氏族を掌握し謀反を未然に防ぐために必要な政策であったという視点に立てば、異なった性格が見えてこよう。それに関わって、延暦十八年に各氏族に「本系帳」の提出を命じたことも、参考となる政策の一つである。

『日本後紀』延暦十八年十二月二十九日条

戊戌。勅。天下臣民。氏族已衆。或源同流別。或宗異姓同。欲レ拠二譜牒一。多経二改易一。至レ検二籍帳一。難レ弁二本枝一。宜下布二告天下一。令上レ進二本系帳一。三韓諸蕃亦同。但令レ載二始祖及別祖等名一。勿レ列二枝流幷継嗣歴名一。若元出二于貴族之別一者。宜下取二宗中長者署一申上レ之。凡厥氏姓。率多二仮濫一。宜下在二確実一。勿レ容中詐冒上。来年八月卅日以前。惣令二進了一。便編入レ録。如事違二故記一。及過二厳程一者。宜二原レ情科処一。永勿レ入レ録。凡庸之徒。惣集為レ巻。冠蓋之族。聴二別成一レ軸焉。

氏族本系帳の提出は、氏姓の混乱を糾そうと意図したのと同時に、後に『新撰姓氏録』の編纂資料とするためであると、先学では指摘されている[82]。古代の氏族と神社とには強い結びつきがあり、久禮氏の述べるように「天皇を中心とした中央集権的・官僚的な神祇政策の体制を構築[83]」するのみではなく、氏族の謀反を抑えるためにも積極的に神祇祭祀の中央集権化を図る中で実施されたという視点も、必要なのではないだろうか。

桓武天皇の宸襟をその最期まで悩ませ続けたものは、延暦四年の藤原種継暗殺事件であった。即位直後から頻発した謀反事件の最終的なものであり、皇太子をも巻き込んだ重大事件で処罰された氏族の不満は想像に難くない。石上社のように氏族の不満が「神の怒り」として現れた可能性も確認できる。さすれば早良親王の「怨霊」も、鎮謝のための勅使として大伴氏が差遣されたことなどを考え合わせれば、事件で処罰された氏族たちの象徴と捉えられるのではないだろうか。

このような状況の中で、謀反を抑えて政権を安定的に運営するために、氏族を掌握する過程において神祇祭祀の中央集権化を計画し実施していく時期が、桓武天皇朝の後半であったと推測できるであろう。この視点から考えれば、延暦二十三年に伊勢の神宮から朝廷に提出された、いわゆる「延暦儀式帳」も、朝廷側にとっては、神宮の実態を把握するために必要なことであった、という考え方も生じよう。井上内親王の連座によって他戸親王を排斥したことを、『水鏡』は「天照太神ノ正キ御孫ヲ」藤原百川が「空誓事ヲ立テ、追隠シ」たとしている。こういう考え方が、あくまで噂として吹聴されていたものであったとしても、そこに、元斎王井上内親王を介した聖俗混合政権の打破のために必要という考え方があったとするならば、(84)早良親王排斥も、早良親王を「親王禅師」と称していた東大寺をはじめとする南都勢力や、それに結びついて藤原氏に対抗するであろう大伴氏・佐伯氏を排除するために、桓武天皇派の藤原氏にとっては必要とされたことであったといえる。しかし、強権によって排斥された氏族の不満は、桓武天皇の晩年に至るまで燻りつづけたということであろう。桓武天皇にとって、謀反を抑えて氏族を掌握することとともに、神祇を中心として仏教を含む宗教勢力の中央集権化を進める必要があったのである。

おわりに

ここまで述べてきたことをまとめると、桓武天皇は、独裁的な権力によって造都と征夷を断行したと、これまで一般的には先入観をもって見られがちであった。また、天智天皇系新王朝の樹立を意識していたと捉えられることも多かった。しかし、その生涯をたどると、違った視点が現れてくる。それは、降誕当時は父の白壁王即位の可能性は低く、また父の即位後も皇位に近い存在とはいえない立場にあったことである。桓武天皇は藤原氏の政権抗争によって擁立された。しかし、立太子の時点から、生母の出自の低さを理由に多くの反対勢力が存在していた。それは皇位の正統性に関わる重大な問題であり、天皇自身もそれを痛感していたに違いない。さらに、桓武天皇即位への道筋を付けた藤原良継（式家）・藤原百川（式家）・石上宅嗣ら側近は、即位の直前・直後に相次いで薨去し、その直後から朝廷を二分しかねない謀反事件が頻発した。さらに延暦四年（七八五）には、側近の一人である藤原種継（式家）が暗殺され、皇太子早良親王の関与が疑われる重大事件に発展し、それは桓武天皇にとって自身の崩御の瞬間まで悩ましつづけるものになった。

延暦四年の事件後には謀反事件の発生は無くなったが、それと入れ替わるように早良親王の「怨霊」が現れるようになる。具体的には、延暦十一年に安殿親王の屋の病が早良親王の「祟」として認定されて以降のことである。しかし、これ以降には早良親王の「怨霊」への鎮謝や追尊記事などがあるものの、直接的に親王の「怨霊」が原因とされた事例は、安殿親王の病のみであった。国史の記事に現れてくる早良親王の「怨霊」は、延暦十一年段階のものと区別して考える必要があるのではないか。延暦十一年から同十六年の間に「怨霊」に関する思想が変化した可能性をも、今後は検討していく必要があろう。

また、藤原種継暗殺事件後の処罰者を見ると、大伴氏・佐伯氏など古代から続く有力氏族であり、それは反藤原氏勢力であった。天皇を悩ませた「怨霊」とは、単に早良親王のみではなく、事件の背後に存在した反桓武天皇勢力そのものの動きを「怨霊」という形で象徴するものであった可能性を読み取れよう。先学が指摘したように、かつての称徳天皇朝の道鏡のように、宗教勢力を後ろ盾にした政権の誕生を藤原氏が危険視していたことが(85)、井上内親王・他戸親王・早良親王の排斥へとつながり、「祟」や「怨霊」思想へと導かれたと考えられるのである。桓武天皇に実際に祟ったとされ、崩御に至る聖体不予の原因とされた石上社の器仗運収の例を考察すれば、石上社は、かつて天皇の側近であった石上氏などが奉斎する古社であり、奉斎氏族の不満を「神の怒り」に内在させて表した一例と考えられよう。

桓武天皇朝後半の怨霊への対応と同時期に、神祇の中央集権化に関する改革が行われていることは、各氏族と神社とには強い結びつきがあり、さらなる怨霊の発生（他の氏族の謀反等も含む）を抑制するために、氏族の掌握

（本系帳の提出）と同時に並行して実施されたと考えられるのではなかろうか。ここからも神社祭祀の中央集権化を図ることで各氏族を掌握しようとした意図が読み取れよう。伊勢の神宮が延暦二十三年に、いわゆる「延暦儀式帳」を朝廷に提出したことは、天皇と神宮との関係から、氏族掌握と神祇祭祀の一体改革を表す片鱗と考えられ、本書では深く立ち入らなかったが、今後さらなる検討を要する問題である。

註

（1）『日本後紀』延暦二十五年（大同元年、八〇六）三月十七日条に、「辛巳。（中略）有レ頃天皇崩二於正寝一。春秋七十」とあり、降誕の年は、崩御記事の宝算から逆算すると天平九年となる。
（2）古くは瀧川政次郎「革命思想と長岡遷都」（法制史論叢二『京制並に都城制の研究』、角川書店、昭和四十二年）、林陸朗「長岡・平安京と郊祀円丘」（『古代文化』一八二、昭和四十九年）など。
（3）村尾次郎『桓武天皇』（吉川弘文館、昭和三十八年）。
（4）『続日本紀』天平宝字八年（七六四）十月七条。
（5）『続日本紀』天平神護二年（七六六）十一月五条。
（6）『続日本紀』宝亀元年（七七〇）八月二十八日条。
（7）『続日本紀』宝亀元年十一月六日条。
（8）『続日本紀』宝亀二年三月十三日条。
（9）井上満郎『桓武天皇』（ミネルヴァ書房、平成十八年）。
（10）『続日本紀』天平九年（七三七）九月二十八日条。
（11）『続日本紀』天平十八年四月二十二日条。
（12）『続日本紀』天平宝字元年（七五七）五月二十日条。
（13）『続日本紀』天平宝字二年八月一日条。

(14)『続日本紀』天平宝字三年六月十六日条。
(15)『続日本紀』天平宝字六年十二月一日条。
(16)『続日本紀』天平宝字八年九月十二日条。
(17)『続日本紀』天平神護元年（七六四）正月七日条。
(18)『続日本紀』天平神護二年正月八日条。
(19)『続日本紀』神護景雲三年（七九六）五月二十五日・二十九日条。
(20)井上前掲註(9)著書参照。
(21)第四章第二節参照。
(22)詳細は、遠藤慶太「桓武天皇と『続日本紀』」（シンポジウム「桓武天皇とその時代」〈『皇學館大学研究開発推進センター紀要』三、平成二十九年〉）を参照。
(23)井上前掲註(9)著書参照。
(24)俣野好治「藤原永手――その政治姿勢と政治的立場――」（栄原永遠男編『古代の人物三　平城京の落日』、清文堂出版、平成十七年）。
(25)『続日本紀』宝亀二年（七七一）正月二十三日条。
(26)『続日本紀』宝亀三年三月癸亥日条、同書宝亀三年五月二十七日条参照。
(27)中川収『奈良朝政治史の研究』（高科書店、平成三年）。
(28)木本好信『奈良時代の政争と皇位継承』（吉川弘文館、平成二十四年）。
(29)榎村寛之「元・斎王井上内親王廃后事件と八世紀王権の転成」（『国立歴史民俗博物館研究報告』一三四、平成十九年）。榎村氏は、称徳天皇が太上天皇・天皇・皇后も合わせた権力を掌握し、皇太子を置かず、宗教的権力者として仏教・神祇の上に立つ存在として、聖俗を合一した律令天皇制下における究極の権力結集を行っていたとし、井上内親王も「元・斎王」の皇后として、伊勢神宮を背景にした聖俗合一の権力を有していたことが窺え、皇族出身の皇后である以上は推古天皇や斉明天皇のように即位する可能性もあり、もし即位していれば称徳天皇を前例に、天皇・皇后・斎王を合一した、称徳天皇とは異なる権力集中を行う女帝となりえたと指摘する。さらに光仁天皇が早く崩御した場合、斎王となっていた酒人内親王が帰京して、例えば異母兄弟や王族の誰かと結婚すれば、「第二の井上内親王」となり、さらに女帝になったことも十分に考えられ、酒人内親王の斎王就任には、井上内親王タイプの皇后を再生産する意味があったのではないかと述べている。

(30)『続日本紀』宝亀四年（七七三）正月二日条。

(31)『続日本紀』天応元年（七八一）六月十六日条。

(32)『水鏡』下、光仁天皇段（新訂増補国史大系本八十〜八十九頁）。

(33)『水鏡』の記事をそのまますべて史実とは認めがたいが、井上満郎氏も、少なくとも当時の世論の風評が存在したことは疑えないと述べている。井上前掲註(9)著書参照。

(34)榎村前掲註(29)論文参照。

(35)瀧川、林前掲註(1)論文参照。

(36)『続日本紀』天応元年（七八一）正月朔日条に「天応元年春正月辛酉朔。詔曰。以レ天為レ大。則レ之者聖人。以レ民為レ心。育レ之者仁后。朕以二寡薄一。忝承二宝基一。無レ善二万民一。空歴二一紀一。然則。恵沢壅而不レ流。憂懼交而弥積。日慎二一日一。念レ茲在レ茲。比有司奏。伊勢斎宮所レ見美雲。正合二大瑞一。彼神宮者国家所レ鎮。自レ天応レ之。吉無レ不レ利。抑是朕之不徳。非二独臻レ茲。方知。凡百之寮。相諧攸レ感。今者。元正告レ暦。吉日初開。宜下対二良辰一共悦中嘉貺上。可下大二赦天下一。改レ元曰中天応上。（後略）」とある。

(37)井上前掲註(9)著書参照。

(38)『続日本紀』天応元年（七八一）十二月十七日条。

(39)『日本後紀』弘仁元年（八一〇）九月十日条、『日本三代実録』貞観八年（八六六）九月二十五日条等参照。

(40)『日本紀略』延暦十二年（七九三）正月十五日条に「甲午。遣下大納言藤原小黒麻呂・左大弁紀古佐美等一、相二山背国葛野郡宇太村之地一。為二遷都一也」、『拾芥抄』宮城部に「甲午。或書云。延暦十二年正月甲午。遣二使於山背国葛野宇太村地一。為二遷都一也。始造二山背新宮一」と記述され、「四神相応の地」とは記されていない。

(41)村山修一『日本陰陽道史総説』（塙書房、昭和五十六年）。

(42)井上前掲註(9)著書参照。

(43) 新編日本古典文学大系『続日本紀』五（岩波書店、平成十年）、皇學館大学研究開発推進センター史料編纂所編『続日本紀史料』十九（皇學館大学出版部、平成二十五年）参照。
(44) 井上前掲註(19)著書参照。
(45) 『続日本紀』延暦元年（七八二）閏正月十八日条。
(46) 目崎徳衛『平安文化史論』（桜楓社、昭和四十三年）。
(47) 山田英雄「早良親王と東大寺」（『南都仏教』十二、昭和三十七年）。その後、目崎徳衛（「桓武天皇と怨霊」〈『王朝のみやび』、吉川弘文館、昭和五十三年〉）・高田淳「早良親王と長岡遷都」〈『日本古代の政治と政治』、続群書類従完成会、昭和六十年〉）によって発展的に継承された。
(48) 木本好信「藤原種継暗殺と早良廃太子」（『奈良時代の政争と皇位継承』、吉川弘文館、平成二十四年、初出は平成二十三年）。
(49) 西本昌弘「藤原種継暗事件の再検討──早良親王春宮坊と長岡京の造営──」（『歴史科学』一六五、平成十三年）、同「早良親王薨去の周辺」（『日本歴史』六二九、平成十二年）。
(50) 長谷部将司「「崇道天皇」の成立とその展開──九世紀における「天皇」の位相──」（根本誠二ほか編『奈良平安時代の〈知〉の相関』、岩田書院、平成二十七年）。
(51) 『東大寺要録』所引の「東大寺権別当実忠二十九ヶ条」には「被㆓親王禅師教㆒」「以㆓親王禅師教㆒」と見え、早良親王と東大寺との結びつきが強いことが理解される。
(52) 榎村前掲註(29)論文参照。
(53) 吉川真司「後佐保山陵」（『続日本紀研究』三三一、平成十三年）。
(54) 第二章第三節参照。
(55) 『続日本紀』延暦四年（七八五）年十一月十日条。
(56) 『日本後紀』延暦二十三年十二月二十五日条に「聖体不予。（後略）」、同書延暦二十四年正月朔日条に「廃朝。聖体不予也」とある。
(57) 肥後和男「平安時代における怨霊の思想」（民衆宗教史叢書五『御霊信仰』、雄山閣、昭和五十九年、初出は昭和十四

(58) 小林茂文「早良親王怨霊言説の発明」（『史学』七十九―三、平成二十二年）。

(59) 山田雄司「怨霊への対処――早良親王の場合を中心として――」（『怨霊・怪異・伊勢神宮』、思文閣出版、平成二十六年、初出は平成二十三年）。

(60) 『日本書紀』天武天皇十三年（六八四）十一月朔日条に、「十一月戊申朔。大三輪君。大春日臣。阿倍臣。巨勢臣。膳臣。紀臣。波多臣。物部連。平群臣。雀部臣。中臣連。大宅臣。栗田臣。石川臣。桜井臣。采女臣。田中臣。小墾田臣。穂積臣。山背臣。鴨君。小野臣。川邊臣。櫟井臣。柿本臣。軽部臣。若桜部臣。岸田臣。高向臣。完人臣。来目臣。犬上君。上毛野君。角臣。星川臣。多臣。胸方君。車持君。綾君。下道臣。伊賀臣。阿閇臣。林臣。波弥臣。下毛野君。佐味君。道守臣。大野君。坂本臣。池田君。玉手臣。笠臣。凡五十二氏賜レ姓曰二朝臣一」と見える。

(61) 物部連麻呂は、天武天皇五年（六七六）に遣新羅大使となり（『日本書紀』天武天皇五年十月甲辰条）、翌六年に帰朝（同書天武天皇六年二月朔日条）する。石上朝臣としては、『日本書紀』朱鳥元年（六八六）九月二十八日条に、「乙丑。諸僧尼亦哭二於殯庭一。是日。直大参布勢朝臣御主人誄太政官事。次直広参石上朝臣麻呂誄法官事」と見えるのが初見。

(62) 『続日本紀』宝亀六年十二月二十五日条。

(63) 『続日本紀』宝亀十年十一月十八日条。

(64) 『新撰姓氏録』第十一巻（左京神別上）に「石上朝臣　神饒速日命之後也」とある。なお、本書において『新撰姓氏録』の引用は、すべて「新校・新撰姓氏録」（田中卓著作集九『新撰姓氏録の研究』、国書刊行会、平成八年）を使用した。

(65) 『新撰姓氏録』第七巻（大和国皇別）に「布留宿禰　柿本朝臣同祖。天足彦国押人命七世孫、米餅搗大使主命之後也。男木事命。男市川臣。大鷦鷯天皇御世、達レ倭賀二布都努斯神社於石上御布瑠村高庭之地一。以二市川臣一為二神主一。四世孫、額田臣。武蔵臣。斉明天皇御世、宗我蝦夷大臣、号二武蔵一曰二物部首并神主首一。因レ茲失二臣姓一為二物部首一。男、正五位上日向、天武天皇御世、依二社地名一改二布瑠宿禰姓一。日向三世孫、邑智等也」とある。

(66) 『水鏡』（新訂増補国史大系）に「同（宝亀十年）歳ノ七月五日アヘノ巫百川ニ申様。此月ノ九日物忌難クシ給ベシ。穴賢ト云然バ。百川ハ常ニ夢見ノ騒シキ事ヲ思合テ、巫ノ詞ヲ憑ミテ。其九日ニ成テハ家ノ戸ヲ指カタメテ籠居タル程ニ、秦隆トイフ僧ハ。トシゴロ百川ガイノリヲシテ相頼メリシ物ナリ。其僧ノ夢ニ見様。井上ノ后ヲ殺セルニ依て。百川ガ頸ヲ切ル人アリト夢ヲ見テ。彼僧驚キサメテ則百川ガ許へ走行テ此事ヲツゲントスルニ。百川ハ巫ノ教ニ従テ。此秦隆ニ合ザリケレバ。秦隆ハ此百川コソ我ニ合給ヌハ早ヤ既ニ運尽給テ。今日中ニ必ズ死給ベキ人ヨトテ。ツマハジキヲシテ帰タリケルニ。安ノ如ク百川ハ此日俄ニ失ニケリ。年卅八ニナン成シ」と見える。

(67) 木本好信「石上乙麻呂と橘諸兄政権」(『奈良朝政治と皇位継承』、高科書店、平成七年、初出は平成六年)。木本氏は、配流事件の原因を、橘諸兄が脆弱な太政官組織の整備にあたって参議に登用せざるをえない石上乙麻呂が、自分に挑戦的である広嗣を中心とする式家に協力的であり、政治的に結びついたために、除外することを思い立ったためと指摘し、諸兄は乙麻呂と若女のスキャンダルを政治問題に発展させ、土佐配流という事実よりも過重なる量刑を強い、かつそれで式家の権威を失墜させるという目的を達したと述べる。

(68) 木本好信「石上氏と藤原氏」(『律令貴族と政争』、塙書房、平成十三年)。

(69) 竹内理三「八世紀に於ける大伴的と藤原的」(『律令制と貴族政権』、お茶の水書房、昭和三十三年)。

(70) 木本前掲註(68)論文参照。

(71) 『日本後紀』延暦二十三年(八〇四)六月二十日条。

(72) 『続日本紀』天応元年(七八一)五月二十五日条。

(73) 『続日本紀』延暦元年(七八二)閏正月十七日条。

(74) 『続日本紀』延暦元年六月二十日条。

(75) 『続日本紀』延暦二年五月十五日条。

(76) 『続日本紀』延暦三年七月十三日条。

(77) 『続日本紀』延暦四年九月二十七日条。

(78) 『続日本紀』延暦五年二月十七日条。

(79) 『続日本紀』延暦七年三月二十一日条。

(80) 『続日本紀』延暦八年三月十六日条。

(81) 久禮旦雄「桓武天皇朝の神祇政策――『類聚三代格』所収神祇関係官符の検討を通じて――」(『神道史研究』六十四

―一、平成二十八年)。

(82) 佐伯有清「新撰姓氏録序説」(『新撰姓氏録の研究』研究篇、吉川弘文館、昭和三十八年)。田中卓「『丹生祝氏本系帳』の校訂と研究――新撰姓氏録の撰進についての一考察――」(田中卓著作集二『日本国家の成立と諸氏族』、国書刊行会、昭和六十一年、初出は昭和三十三年)。

(83) 久禮前掲註(81)論文参照。

(84) 榎村前掲註(29)論文参照。

(85) 同前。

第二章　日本における昊天祭祀の受容

はじめに

昊天祭祀（郊祀）とは、天子が都城の郊野に設けた祭壇で天地を祀る祭儀である。『大唐開元礼』には、「皇帝冬至祀圜丘」「皇帝正月上辛祈穀于圜丘」をはじめとして、「皇帝立春祀青帝于東郊」「皇帝立夏祀赤帝于南郊」「皇帝季夏土王日祀黄帝於南郊」「皇帝立秋祀白帝於西郊」「皇帝立冬祀黒帝於北郊」などを代表に、この他にも多くの郊祀に関する儀礼が挙げられている。特に冬至または正月上辛の日に南郊円丘で昊天上帝を祀る郊祀は、『周礼』以来歴代皇帝の重要な祭儀とされ、日本では桓武天皇の延暦四年（七八五）冬至の日に長岡京の南郊交野の円丘で行ったもの(1)を初見とし、同六年(2)（七八七）、文徳天皇の斉衡三年（八五六）(3)に行われている。郊祀は中国においては重要な儀式であり、日本でもこれの実施は特筆すべき出来事であって、その意義を探るなどの視点から、これまで多くの研究がなされている。

その代表的な見解は、天命思想に基づき、長岡京遷都などと一環のものとして、桓武天皇による天智天皇系新王朝の創設を期して実施したというものであった。しかし、平成十九年（二〇〇七）に仁藤敦史氏によって桓武天皇の皇統意識を見直す論考が発表された(4)。仁藤氏は、天智天皇系から天武天皇系への皇統移行は皇統の断絶ではなく、一系的な位置付けがなされていると述べている。序論でも述べたごとく、桓武天皇朝の天智天皇系・天武天皇系という皇統意識が再検討を要するとされるならば、桓武天皇朝の郊祀実施も、従来の天智天皇系新王朝の創設になぞらえられているとの見解について、いま一度検討を加える必要があろう。

本章においては、先学の研究蓄積を整理した上で、冬至の郊祀と朝賀儀の関係や朝鮮半島の祭天など新たな視点を加え、延暦四年、同六年、斉衡三年に実施された郊祀の時代背景を考察しつつ、日本における受容について再検討する。なお、中国における昊天祭祀は、先に紹介した『大唐開元礼』に多くの儀礼が見られるが、日本においては冬至南郊の儀のみであるため、「昊天祭祀」「郊祀」という語は、冬至あるいは正月上辛の儀に限って使用することとする。

一　郊祀に関する諸説

日本において確認しうる郊祀の事例は三回と少なく、その詳細を解明することは困難を極める。郊祀は国家にとって重要な祭儀であるため、私見を述べる前に、これまでの先学の研究成果を整理しておきたい。

古くは狩野直喜氏が[5]、日本における郊祀の祭文などに、鄭玄説と王粛説の痕跡が見られることから、鄭・王両説を折衷して出来上がった唐制を採用したものと指摘する。また、桓武天皇が光仁天皇を配主としたことは、唐における明堂において昊天上帝を祭る儀と比較すれば天子の先考を配することに該当し、文徳天皇が父帝の仁明天皇ではなく光仁天皇を配主としたことは、桓武天皇の故事を踏襲したものと論じた。そして、狩野氏は、日本における郊祀の採用はまったく意味が無く、我が国の観念との矛盾を感じると述べている。

次に瀧川政次郎氏は[6]、まず桓武天皇について『日本後紀』延暦二十四年（八〇五）年十二月七日条に見られる藤原緒継の奏言を引き[7]、天皇一代は軍事と大土木に終始したことに留意して、桓武天皇は、光仁天皇が天智天皇系王朝の高祖であり、自らは天智天皇系王朝の太宗であるから、庶政を改革し、武威を内外に示し功業を樹てねばならぬと考えたのではないかと述べ、新王朝の太宗という自覚が原動力になっていると指摘している。その上で、郊祀を実施し光仁天皇を配主としたことは、光仁天皇の即位を「天命天武系を去って天智系に降った革命と観ぜられ、また御自身が身分の卑しい側室の腹に生まれながら天位に即いたことを、昊天上帝の睠命によるものと信じられた」(8)として、桓武天皇自身が光仁天皇を天命を受けた新王朝の始祖と考えていると論じた。

林陸朗氏は(9)、桓武天皇の即位は辛酉革命、長岡京への遷都は甲子革令の讖緯説によるものと考え、郊祀については瀧川説を継承しつつ、さらに郊祀が行われた「交野」に注目して独自の見解を示している。すなわち延暦二年十月の交野行幸が(10)、遊猟の名のもとに、外戚百済王氏の本拠地である交野を郊祀円丘建設の地として視察したものとの見解を示し、さらに、この行幸中に百済寺に対して正税稲一万束を施入したことは(11)、寺の維持費のみならず、円丘の建設費用などを意図していたと推測した。

関晃氏は(12)、天命思想を受容することにより王朝交代を容認し、天皇の地位は、古くから皇統に基づき、天照大神の神勅により決定されているとの従来の考え方を、根本から変更しなければならない矛盾に突き当たると、問題を提起した。その上で奈良時代の祥瑞事例と改元の詔を詳細に検討し、律令的君主の根拠となる天の思想は、天武天皇系の皇統の下で、時には皇親勢力の強力な指導力も加えながら従来の日本の思想に置き換えられ、天皇の地位と性格の考え方には、ほとんど影響を与えていないと論じた。また、郊祀については、瀧川説・林説のように桓武天皇が新王朝の開始と考えていたとまでは言及しないものの、天皇の根本的な政治体制の転換と位置付けられ、純粋に中国の方式によって郊天が行われたことは、天の思想が明確に意識されていたとして、中国の王朝交替になぞらえる程度の意味と述べている。しかし、文徳天皇朝以後における天命思想の状況を詳しく検討する必要があることなどから、結論的な断定は控えている。

村尾次郎氏は(13)、これまでの諸説とはまったく異なる見解を示した。桓武天皇の崩伝(14)に「天皇性至孝。及㆓天宗天皇崩一。殆不レ勝レ喪。雖レ踰二歳時一。不二肯釈レ服」とあることを重要視し、父である光仁天皇に孝心を尽くしていたこと、また大学頭や中務卿を歴任した文人であったことが、儀礼・祭祀に影響しているか否かを検討している。郊祀については、瀧川氏が唐礼を比較の対象としたのに対し、村尾氏は隋礼との比較を行い、『隋書』儀礼志では、初代文帝は父である桓王（贈武元皇帝）を皇考太祖として配し、二代煬帝は父の文帝を高祖として祀ったとして、桓武天皇が光仁天皇を配主としたことは文帝と同じ例であり、異とするには当たらないとした。また、桓武天皇は天武天皇から称徳天皇に至る皇統を否定する革命的な立場をとったわけでもなく、むしろ先朝を尊び、新時代を導き出すのが本意であったと論じた。さらに、天皇は学問に正対し、理解を深めるための実践を重視したと解し、壮大な祭天の挙行によって皇考を配し、養・喪・祭の三孝道を完了して、礼を修める人君が到達した究極と位置づけた。

河内春人氏は、[15]『続日本紀』『大唐開元礼』『大唐郊祀録』に見える祭文を比較し、『大唐郊祀録』の成立が貞元年間（七八五～八〇四）であることから『大唐開元礼』が宝亀度の遣唐使によって持ち帰られた可能性を検討して、日本の郊祀儀礼は『大唐開元礼』を受容した可能性が高いと論じた。また、郊祀の挙行は、天皇の正統性と皇太子の正統性が二重に不安定であった時に、天皇が天との関係を直接的に結ぶことにより正統性を確保するためであったとする。つまり、桓武天皇は自身の正統性の安定を図る目的、文徳天皇は皇太子惟仁親王（清和天皇）即位の正統性を強調し、清和天皇の即位後の体制を固める一連の活動の一端であったと、郊祀の実施を意義付けた。

矢野建一氏[16]は、中国・朝鮮の郊祀を概説し、中国においては建国時の告天儀礼を別に「告代祭天」ともいい、王朝交代の時には太祖の即位儀礼とともに執り行われるようになったと指摘する。また、朝鮮では、新羅王が天子の礼式として郊祀祭天の儀礼を行うことは無かったと述べる。さらに延暦年間の郊祀を大刀契の伝来と関連させて、大刀契が百済王氏から桓武天皇に奉られ、「新王朝」の践祚儀礼の宝器の一つとして意味を持つようになったのは、交野における郊祀の場を通じてのことであろうと推測し、桓武天皇によって創始された郊祀の礼は、新王朝の創設宣言という要素を持つとともに、百済王をはじめ朝鮮半島から渡来した氏族を「朕の外戚」とし、その一翼に取り込む役割を果たしたと述べている。

また、元旦四方拝の研究の立場からは、清水潔氏[17]、石野浩司氏[18]の研究が挙げられる。清水氏は、桓武天皇による二度の祭天の礼の挙行には、唐礼を学問や理念上の問題とするだけではなく、実際に検証し積極的に試行しようとする天皇の強い叡慮が看取されるとする。そして、元旦四方拝の中心をなす天地四方拝儀を、我が国に本格的に摂取しようとした動向の端緒と位置付ける。石野氏は、郊祀が元正儀礼に改編されて弘仁年間成立の『内裏儀式』に「元旦四方拝」として継受されていたとすれば、郊祀の実施を桓武天皇朝の特異性とする理解は根底から見直される必要が生じると、疑問を提起した。さらに鄭玄説・王粛説を検討の上で、天平七年（七三五）に帰朝した吉備真備が請来したのは『顕慶礼』（王粛説）であったことを考慮し、交野での郊祀が昊天上帝を対象とするのも、冬至郊祀が元正儀礼に移行改編されたのも、王粛説『顕慶礼』の継受に遠因する現象であると述べている。

昊天祭祀の日唐比較において、中国においては皇帝親祭、日本は勅使を派遣しての代拝と論じられることが多いが、中国においても通常は有司摂事であり、皇帝親祭は即位後など特定の年度に限られていることが、金子修一氏の研究[19]によって明らかにされた。

二　冬至の郊祀と朝賀儀

南郊の儀は、冬至の日に行われる。冬至の日の儀礼について『大唐開元礼』[20]には、「皇帝元正冬至受皇太子朝賀」「皇后元正冬至受皇太子朝賀」「皇帝元正冬至受皇太子妃朝賀」「皇后元正冬至皇太子妃朝賀」「皇帝元正冬至受群臣朝賀」「皇后正至群臣朝賀」「皇后正至受外命婦朝賀」「皇太子元正冬至受群臣賀」「皇太子元正冬至受宮臣賀」について規定され、元日と同様の次第で朝賀儀が行われる。本節では冬至と南郊の儀、さらには冬至に行われる朝賀儀について検討を加えたい。なお、『大唐開元礼』に「皇帝元正冬至受群臣朝賀」とあるように、元日と冬至の朝賀儀の式文は同じであることから、本書においては、元日朝賀儀と区別するために「冬至朝賀」の語句を使用する。

まず、冬至と歳首の関係について述べてみたい。古代中国の夏・殷・周の各王朝では、それぞれ夏暦・殷暦・周暦を用いていた。これらの暦法では一年の各月ごとに、夕刻に斗柄（北斗七星の柄の部分）が天のどの部分を指す（建《かざ》す）かにより、それぞれ十二支を配し、これを「月建」と称した。なお、冬至の日は斗柄が子の方角を指すため、冬至を含む月を「建子月」といい、以後の月には、丑・寅と順次十二支を配した[21]。

『史記』暦書[22]に、

夏正以二正月一。殷正以二十二月一。周正以二十一月一。蓋三王之正。若循環窮則反レ本。

とあり、さらに『白虎通義』三正[23]に、

十一月之月。陽気始養二根株黄泉之下一。万物皆赤。赤者盛陽之気也。故周為二天正一。色尚レ赤也。十二月之時。万物始牙而白。白者陰気。故殷為二地正一。色尚レ白也。十三月之時。万物始達。孚レ甲而出。皆黒。人得レ加レ功。故夏為二人正一也。色尚レ黒。

とあって、夏は正月、殷は十二月、周は冬至を含む月である十一月を、歳首としていたことが窺える。これを三正説といい、子・丑・寅の三正が順次交代することで、古代中国王朝の正統性を示すものであるとされた[24]。

周の次に中国を統一した秦については、『史記』始皇本紀二十六年条[25]に、

始皇推二終始五徳之伝一。以為下周得二火徳一。秦代二周徳一従上レ所レ不レ勝。方今水徳之始。改二年始一。朝賀皆自二十

月朔一。衣服旌旗皆上レ黒。

とあり、周は建子月を正月としているのに対して、秦では十月を歳首と定め、十月朔日に朝賀儀を行っていることに注目される。その後、三正説は漢の武帝の改暦(26)によって夏正に復し、建寅月を歳首とした。周正では十一月が歳首となり、また秦が建亥月（十月）を歳首として、年頭の朝賀を行っていることを考え合わせれば、『大唐開元礼』に見られる冬至の朝賀儀は、周王朝における年頭の朝賀儀の流れを引いていると考えられよう。

次に昊天祭祀と朝賀儀の関わりについて検討すると、『冊府元亀』（巻一〇七、朝会）開元八年（七二〇）十一月条(27)が手がかりとなる。

中書門下奏曰。（中略）其日亦祀二圜丘一。皆令下二摂官一行事上。質明既畢。日出視レ朝。国家已来。更無二改易一。縁二新格一。将三其日祀二圜丘一。遂改用二小冬至一受レ朝。若親二拝南郊一。受レ朝須レ改。既令二摂祭一。礼不レ可レ移。伏請二改正一。従レ之。因勅。自レ今冬至日受レ朝。永為二常式一。

『冊府元亀』によると、従来冬至の日には南郊で有司摂事によって郊祀の儀礼が行われ、同日に皇帝は百官の賀を受ける朝賀儀が実施されていたことがわかる。しかし、開元七年撰上の『開元後格』によって、郊祀は冬至の日に、朝賀儀はその前日の小冬至の日に行うように改正された。この開元八年の段階になって、皇帝親祭の場合には朝賀儀を冬至の日から移動させるべきであるが、有司摂事の場合は冬至当日に朝賀儀を行うべきであるとの奏上が行われ、勅によって永例となされた。これは、郊祀が有司摂事の場合には皇帝が宮廷にいるため、当日に朝賀を受けることが可能であるということである。しかし、親祭の場合は、南郊に皇帝が行幸しているために、同日に宮廷において朝賀儀の実施が難しいことを示しており、郊祀と朝賀儀とが密接な関わりにあると認識されていたことを表すものである。また、郊祀によって帝権の所在を明らかにし、さらに朝賀儀によって君臣秩序の関係を示しているものと考えられる。

次に日本の冬至の儀礼について確認する。日本における「冬至朝賀」の初見は、聖武天皇の神亀二年（七二五）である。『続日本紀』神亀二年十一月十日条には、以下のような記述がある。

十一月己丑。天皇御二大安殿一。受二冬至賀辞一。親王及侍臣等奉二持奇翫珍贄一。進レ之。即引二文武百寮五位已上及諸司長官。大学博士等一。宴飲終日。極楽乃罷。賜レ禄各有レ差。

『続日本紀』には、「冬至賀辞」とあるのみで「朝賀」の語は見られない。しかし、天皇が群臣から賀辞を受けた会場は「大安殿」であること、親王・侍臣・文武百寮五位已上・諸司長官・大学博士などの参列が見られることなどから、ある程度の公式な儀礼であり、これを「冬至朝賀」と考えて差し支えないと思われる。この「冬至朝賀」が行われた神亀二年は聖武天皇の即位の翌年にあたっている。天皇の即位は、神亀元年二月四日(28)であり、同年十一月二十三日には大嘗祭が行われている(29)ことなどから、神亀元年十一月に「冬至朝賀」を行うことはできない。その後、神亀五年十一月十三日、天平三年（七三一）十一月月五日、天平四年十一月二十七日(30)にも「冬至宴」が行われたことが確認できる。この三回は「南苑」、あるいは「南樹苑」において「冬至宴」が催されたというもので、宴の前に「冬至朝賀」が行われたか否かを判断することは難しい。この他に『日本暦日原典』によって冬至と比定される天平宝字四年（七六〇）十一月六日、宝亀元年（七七〇）十一月二十七日には大赦が行われている(31)。延暦三年（七八四）には朔旦冬至が行われた(32)。朔旦冬至とは、冬至が約十九年に一度十一月一日と重なるのを君主の徳による吉日として祝ったもので、桓武天皇は、聖武天皇朝から行われている冬至の儀礼に、新たに朔旦冬至も加えたのである。なお、平安時代中期の明法家惟宗允亮が撰述した『政事要略』巻二十五「朔旦冬至」の編目では、「国史云」として神亀二年の例を朔旦冬至の初見として理解している。

聖武天皇が即位直後の神亀二年に行った「冬至朝賀」は、十一月十日で朔旦冬至ではない。しかし、唐において郊祀と朝賀儀とは密接な関わりがあり、日本において「冬至朝賀」が最初に行われた神亀二年以前に「郊祀の知識」が受容される機会を設定できないだろうか。その手助けとなるのが、『日本書紀』神武天皇四年二月甲申条である。

四年春二月壬戌朔甲申。詔曰。我皇祖之霊也自レ天降鑑光二助朕躬一。今諸虜已平。海内無レ事。可下以郊二祀天神一用申中大孝上者也。乃立二霊畤於鳥見山中一。其地号曰二上小野榛原。下小野榛原一。用祭二皇祖天神一焉。

『日本書紀』の記述は、神武天皇の即位後に天神（天照大神）を祀ったもので、昊天上帝を祀る中国の祭祀とはまったく関係がない別物である。しかし、この記事に見られる「郊二祀天神一」との表現は、漢籍の出典による表記[33]であり、養老四年（七二〇）の時点で概念的な知識として郊祀は理解され、『日本書紀』おいて中国で昊天上帝を祀る儀礼が、日本の天神（天照大神）を祀る祭儀の語句として使用されたと考えられよう。また、斉明天皇五年（六五九）七月に発遣された遣唐使が唐朝の冬至儀礼に参列していることが注目される。

『日本書紀』斉明天皇五年七月三日条所引、伊吉連博徳書

伊吉連博徳書曰。同天皇之世。小錦下坂合部石布連。大山下津守吉祥連等二船。奉二使呉唐之路一。以二己未年七月三日一発レ自二難波三津之浦一。（中略）十一月一日。朝有二冬至之会一。々日亦覲。所朝諸蕃之中。倭客最勝。後二由出火之乱一。棄而不二復検一。（後略）

『旧唐書』『新唐書』の顕慶四年条からは冬至儀礼の記載を確認できない。『三正綜覧』は顕慶四年（六五九）十一月一日を朔旦冬至としており、伊吉博徳は日本へ冬至儀礼の知識を持ち帰った可能性がある。

聖武天皇即位後の神亀二年に冬至朝賀が実施されたことに留意すると、郊祀は知識としてすでに日本の朝廷内部では理解されていたと考えられる。聖武天皇の即位は、待ち望まれていたものであるだけに、奈良時代以前からの伊吉博徳の知識に加え、養老度の遣唐使など[34]が、来るべき即位に備えて唐朝の儀礼に関する詳細な知識を持ち帰ったものであろう。また、『経国集』（巻二十）には、「天平三年五月八日」の日付を持つ「郊祀之礼」につい

ての対策が残されており、この対策については、第三章においてさらに深く検討を進める。
　聖武天皇の時代には、中国において冬至または正月上辛の日に南郊円丘で昊天上帝を祀る郊祀は、『周礼』以来歴代皇帝の重要な祭儀とされ、日本の朝廷でも知識としては理解されていたものの、我が国の皇統や天皇のあり方にそぐわないことなどから、即位式や元日朝賀儀の他に「冬至朝賀」のみを実施したと考えられるであろう。

三　日本の昊天祭祀

　前節では冬至南郊の儀と朝賀儀との関わりから、聖武天皇の即位前後には、昊天祭祀の儀礼が日本で概念的な知識として理解されていた可能性について検討した（『経国集』の対策については第三章で個別に検討する）。日本において昊天祭祀は延暦四年（七八五）をはじめとして三回しか行われず、その実態をすべて明らかにすることは難しい。しかしながら、当時の政治的背景などを手がかりに昊天祭祀実施の意味について考察を加えたい。まず、郊祀実施の根本的な意義について考えると、『隋書』（巻一）高祖上[35]に、次のような記述がある。

　開皇元年二月甲子。（中略）備レ礼即二皇帝位於臨光殿一。設二壇於南郊一。遣レ使柴燎告レ天。

『隋書』よると、文帝は皇帝に即位すると同時に使を遣わして郊祀を行っていることが確認される。これは、北周の静帝より禅譲を受けた際の、「升二円丘一敬二蒼天一。御二皇極一思而撫二黔黎一」[36]という静帝の冊命によるものである。文帝の即位と郊祀の実施について、村尾次郎氏は「帝権の所在を立証し、これを天下に宣示する意味を含む」[37]と考察している。すなわち、郊祀を行うことは、自らが皇帝に即位した正統性を示す儀礼、あるいは帝位の所在を示すための儀礼と理解することができよう。
　延暦四年の政情を簡潔に示せば（詳細は第一章第四節を参照）、八月二十四日に、桓武天皇は伊勢斎内親王である朝原内親王の伊勢群行に際して、平城宮に行幸していた[38]。九月二十三日夜に藤原種継暗殺事件が発生[39]、急報を聞いた桓武天皇は翌二十四日に長岡京に還幸し、種継を悼惜して正一位左大臣を追贈した[40]。なお、『続日本紀』には見えないが、『日本紀略』の九月二十四日条には、「故中納言大伴家持相謀曰。宜下唱二大伴佐伯両氏一以除中種継上。因啓二皇太子一遂行二其事一」とあり、八月二十八日に死去した大伴家持[41]を首謀者とし、さらに皇太子早良親王の関わりを示唆している。早良親王は九月二十八日に内裏を出て東宮に戻り、乙訓寺に入るが、その後、淡路国へ移送中に絶命した[42]。桓武天皇は十月八日に山科・田原・後佐保山の三陵に早良親王廃太子の旨を奉告し[43]、十一月十日に交野において天神を祀る昊天祭祀を実施する[44]。そして、十一月二十五日に安殿親王（後の平城天皇）の立太子が行われた[45]。

以上が延暦四年に起きた藤原種継暗殺に関わる一連の出来事の概要である。なお、十月八日の三陵への奉告については、吉川真司氏は「山科―天智天皇、田原―施基皇子、後佐保山―光仁天皇」と比定している[46]。仁藤敦史氏は、この比定に異論は唱えないが、直系皇統理念が桓武天皇朝当初から存在した点には議論の余地があるとする[47]。また、北康宏氏によって吉川説の批判が出されている[48]。

これらのことを踏まえ、筆者は、これまでの郊祀実施の意義を見直す観点から、三陵の比定については従来説（山科―天智天皇、田原―光仁天皇、後佐保山―聖武天皇）の立場をとる。聖武天皇は、光仁天皇の皇后である井上内親王の父であり、桓武天皇にとっては義母たる井上内親王を通しての母方の祖父ということになる。聖武天皇陵への奉告は国忌の例によるものと考えられ、聖武天皇の国忌が除かれるのは、大同二年（八〇七）五月十三日（『日本紀略』）である。吉田孝氏は「桓武には天武―聖武の皇統を積極的に否定する意思はなかった[49]」と述べ、村尾次郎氏も、桓武天皇について「先朝を尊び、むしろこれを継いで、新時代を導き出すのが本意であった[50]」と論じたことを踏まえると、天皇の不在中に皇太子が謀反に関わったことなど、皇権の安定という点において、第一章で詳述したように不安要因があったと言わざるをえない。延暦四年の郊祀は、皇位の安定と所在を明らかにし、同時に謀反によって混乱した王権を安定せしめるために行われたとは推測できないであろうか。

中国において皇帝の親祭によって行われる郊祀の中で、即位の翌年に実施されるものは、皇帝の唯一絶対性を周囲に認めさせるためのものであり、また通常は有司摂事で、皇帝親祭は特別な事由によるものとの見解が、金子修一氏によって提示されている。[51] 延暦四年の郊祀を考える一材料として、皇帝親祭であったと考えられる、粛宗の上元二年（七六二）十二月、[52] 代宗の広徳二年（七六四）二月に[53]行われた郊祀に注目したい。

この二回の郊祀が行われた時期は、安史の乱の末期であった。上元二年三月に安史の乱の中心人物である史思明が息子の史朝義によって殺害される。そして、十二月に郊祀が行われている。広徳元年正月に史朝義が自殺し、安史の乱は鎮圧され、翌広徳二年二月にも郊祀が行われているのである。[54]

史思明が息子・史朝義によって殺害された年、また史朝義の自殺によって安史の乱が鎮圧された翌年に、皇帝親らが郊祀を行っていることが重要であると考えられる。これが直接的に乱の鎮圧と関わるとは断定しかねるが、安禄山の謀反以降、ずっと劣勢であった唐軍が、この頃になると戦局も好転し、皇帝による儀礼を行う余裕が出てきたことの表れといえる。安史の乱の末期、また鎮圧後に皇帝親らが行った二度の郊祀は、戦局好転・反乱鎮圧によって再び唐帝国の権威が皇帝のもとに戻ったことを再確認し、国内各勢力の反乱を抑え、国家の安定を図る意味合いが込められていたと考えられよう。

さすれば延暦四年の郊祀の実施は、一連の事件によって混乱の中にある皇権の安定を図ろうとして、これまで日本で行われることのなかった郊祀を採用したものと推測できよう。その際に、天皇親らが行わなかったのは、唐においても通常は皇帝親祭ではなく有司摂事で行われていたので、日本でもその例に倣ったと考えられる。

次に延暦六年の郊祀について検討する。はじめに『続日本紀』の延暦四年と延暦六年の郊祀に関する記事について比較する。

『続日本紀』延暦四年年十一月十日条

壬寅。祀二天神於交野柏原一。賽二宿禱一也。

『続日本紀』延暦六年十一月五日条

十一月甲寅。祀二天神於交野一。其祭文曰。維延暦六年歳次二丁卯一十一月庚戌朔甲寅。嗣天子臣謹遣二従二位行大納言兼民部卿造東大寺司長官藤原朝臣継縄一。敢昭告二于昊天上帝一。臣恭膺二眷命一。嗣二守鴻基一。幸頼二穹蒼降レ祚覆燾騰レ徴。四海晏然万姓康楽。方今大明南至。長晷初昇。敬采二燔祀之義一。祇修二報徳之典一。謹以二玉帛犧斉粢盛庶品一。備二茲禋燎一。祇薦二潔誠一。高紹天皇配神作主尚饗。又曰。維延暦六年歳次二丁卯一十一月庚戌朔甲寅。孝子皇帝臣諱謹遣二従二位行大納言兼民部卿造東大寺司長官藤原朝臣継縄一。敢昭告二于　高紹天皇一。臣以庸二虚忝一承二天序一。上玄錫レ祉率土宅レ心。方今履長伊始。粛事二郊禋一。用致二燔祀于昊天上帝一。高紹天皇慶流二長発一。徳冠二思文一。対越昭升。永言配レ命。謹以制二幣犧斉粢盛庶品一。式陳二明薦一。侑神作主尚饗。

ここで注目すべきは、祭文が記載されているのは延暦六年のみということである。延暦四年は史上初の郊祀の実施で、特筆すべき事項のはずである。これは当時の朝廷内部で延暦六年の郊祀の方が、延暦四年のものよりも重要と認識されていたことの表れではないだろうか。延暦四年は、藤原種継の暗殺事件で不安定な政治情勢を安定ならしめるための実施であったが、桓武天皇にとっては、それよりも延暦六年の郊祀こそが本来意図していたものだったのではないだろうか。

光仁天皇の皇太子は他戸親王であった。これは第一章第三節でも詳細に述べたように、他戸親王の廃太子の後、山部親王（桓武天皇）立太子当時の状況は、反対意見や反藤原氏の動きもある中で、藤原百川らの強硬な擁立によってようやく皇太子となったというものであった。したがって、朝廷の内部には多くの反対派がいたと考えられる。即位直後からの度重なる謀反事件もそれを裏付けているといえよう。桓武天皇にとっては、初めての渡来系氏族を外戚に持つ天皇として、自身の立太子の時点から生母の出自の低さが問題視されていたことは、コンプレックスとなったことであろう。

ここで、桓武天皇の外戚は朝鮮半島系の渡来氏族であることなどから、朝鮮半島に見られる祭天の儀礼も一つの検討要素として加えたい。なお、百済では天を祀る儀礼が古くから行われていることについては、林陸朗氏が「朝鮮の郊祀円丘」[55]で検討されているので、本節ではさらに新羅の事例について整理したい。

『三国史記』祭祀志

按㆓新羅宗廟之制㆒。第二代南解王三年春。始立㆓始祖赫居世廟㆒。四時祭㆑之。以㆓親妹阿老㆒主祭。第二十二代智証王。於㆓始祖降誕之地奈乙㆒。創㆓立神宮㆒。以享㆑之。（後略）

『三国史記』によると、第二代南解王三年に始祖赫居世の廟が建てられ、第二十二代智証麻立干（金氏六代）の時に赫居世の降誕地たる奈乙に「神宮」が創建された。しかし、新羅本紀炤知麻立干九年二月条には、「九年春二月。置㆓神宮於奈乙㆒。奈乙始祖初生之処也」とあって、第二十一代炤知麻立干九年（四八七、金氏五代）のこととする。創祀年代の相違については、末松保和氏の論考[56]で検討されているので、本書では詳しく触れないが、始祖赫居世の生誕の地に「神宮」が置かれたことに注目したい。赫居世は、天より降った六村の長が有徳王を求めたところ、蘿井の麓に白馬が跪いていることに気づき、人間に気づいた馬が天に昇り、そこに残された卵から誕生したと伝えられている[57]。この奈乙（蘿井）は月城（王宮）から見て南郊にあたり、南郊にある「神宮」において新羅王は「祀神宮」という祭祀を行っている。また、文武大王陵碑文に「祭天之胤伝七葉」との文言が見られることから、文武王の時代には祭天の儀礼が行われ、文武王の時代で七代となっていると理解できる。濱田耕策氏は、王統譜を文武王から七代遡り、「祭天之胤」の初代を求めれば智証麻立干であり、祭天の儀礼は「神宮」の祭祀に他ならないと論じた[58]。ただし、中国における郊祀と同構造の儀礼かどうかは不明である。

日本と新羅の関わりは、遣新羅使が天武天皇七年（六七八）から宝亀十年（七七九）までに、時期によって使節の意味合いは異なるが計二十二回派遣されている。桓武天皇の母系は朝鮮半島とのつながりがあり、長岡京の南郊にあたる交野が百済王氏の本拠地である。また、百済のみならず、新羅において始祖降誕の地に置かれた「神宮」は月城の南郊にあたり、そこで祭天が行われたことも考慮する必要がある。日本における郊祀は、中国儀礼の模倣というだけではなく、朝鮮半島における神宮・祭天の儀礼も知識的には組み込まれている可能性を考えなくてはならないであろう。

光仁天皇は自身の健康問題と高年を理由に山部親王に譲位し、桓武天皇が即位することになる[59]。その後まもなく光仁太上天皇は崩御した。その時に出された詔の中に、「方欲二諒闇三年以申二罔極一。[60]」とあり、群臣の奏上によって諒闇三年とはならなかったが、これは、桓武天皇としては諒闇三年をもって父である光仁天皇を追悼したいという気持ちの表れと考えられよう。延暦二年（七八三）正月は、諒闇がすでに明けているにもかかわらず、「但朕乍除二諒闇一。哀感尚深。霜露既変。更増二陟岵之悲一。風景惟新。弥切二循陔之恋一[61]」との理由から元日を廃朝とした[62]。仮に、諒闇三年とした場合は、諒闇が明けるのは延暦三年十二月のこととなり、延暦三年十一月には長岡京への遷都が行われている。これは長岡京遷都が、「歴代遷宮」の慣行の延長線にあるという仁藤敦史氏の考え方とも符合するのではないか[63]。

光仁天皇は天応二年（七八二）正月にすでに広岡山陵に埋葬されていた[64]。しかし、延暦元年八月九日にさらに良き土地に改葬すべく、壹志濃王以下を大和国に派遣し[65]、延暦五年十月二十八日に至り田原陵に改葬され、光仁天皇の葬送に関する儀礼は終了する[66]。そして、父の葬送儀礼の終了した延暦六年に郊祀を実施したことは、村尾次郎氏の述べるごとく、天子として養・喪・祭の三孝道を完了して、礼を修める人君が到達した究極との位置付けに一致するのではないだろうか[67]。

桓武天皇が郊祀の際に光仁天皇を配主としたことについて、村尾氏は、隋の初代文帝は父である桓王（贈武元皇帝）を皇考太祖として配し、二代煬帝は父の文帝を高祖として祀ったとして、桓武天皇が光仁天皇を配したことは文帝と同じ例であると述べている[68]。筆者は、さらに煬帝の例も含めて考えたい。文帝の皇太子に決まっていたのは煬帝の兄である楊勇であった。しかし、楊勇は派手好みで、愛妾を求め正妃を疎かにしたため、文帝と皇后に嫌われた。この状況を楊広（後の煬帝）が利用して、自らの質素を宣伝するとともに、腹心の楊素と張衡らによる文帝への讒言を行わせ楊勇を廃立し、自ら皇太子の地位に就き、文帝の崩御とともに即位した[69]。

煬帝が父の文帝を配主としたことは、単に高祖というのみならず、皇太子となった経緯から内部分裂が起こったり、あるいは簒奪王朝と認識される可能性があったりしたために、文帝からの継承を正統化する意味合いも込められているといえよう。桓武天皇の皇位継承は、光仁天皇からの譲位（禅譲）という形で、父系の正統性は保障されているはずである。しかし、初めての渡来系氏族を外戚とすることで、立太子の時点から天皇自身が皇権の脆弱性を認識し、葬送儀礼の終了後に、改めて自らが父である光仁天皇の正統な皇位継承者であることを示したのではないだろうか。故に、延暦六年の郊祀こそが、桓武天皇にとって重要な意味を持ち、祭文が残されたのであろう。桓武天皇朝の政策を全般的に検討しなくては断定はできないが、少なくとも延暦度の郊祀からは、桓武天皇の天智天皇系新王朝意識は読み解きにくいと筆者は考えている。

次に斉衡三年（八五六）の郊祀について検討する。郊祀は、この年の十一月二十五日（甲子）に行われたが[70]、冬至は十七日であって、冬至の日からずらして行われたことになる。河内春人氏は、甲子の日に実施したことを、天命思想に基づいた祭祀として改変されたのかもしれないと述べているが[71]、冬至の十七日は辰日節会、前日十六日は新嘗祭が行われていることから[72]、新嘗祭（神祇祭祀）が郊祀より優先される祭祀であったと考えるのが自然であろう（この点こそ郊祀が日本に定着しなかった理由であると考えられる）。そうすると、冬至の日より遅らせても、斉衡三年には郊祀を行わなければならない理由があったと考えなければならない。それは、やはり朝廷内部の不安定な政情によるものであろう。

> 『吏部王記』承平元年（九三一）九月四日条（『大鏡』裏書）
>
> 四日夕。参議実頼朝臣来也。談二及古事一陳云。文徳天皇最二愛惟喬親王一。于時。太子幼冲。帝欲三先暫立二惟喬親王一。而太子長壮時。還継二洪基一。其時先太政大臣作二太子祖父一為二朝重臣一。帝憚未レ発。太政大臣憂レ之欲レ使二太子辞譲一。是時藤原三仁善二天文一諫二大臣一曰。懸象無二変事一。必不レ遂焉。爰帝召二信大臣一清談良久。乃命。以下立二惟喬親王一之趣上。信大臣奏云。太子若有レ罪須レ廃。点更不二還立一。若無レ罪亦不レ可レ立二他人一。臣不二敢奉レ詔。帝甚不レ悦。事遂無レ変。無レ幾帝崩。太子続レ位。（後略）

> 『権記』寛弘八年（一〇一一）五月二十七日条
>
> 庚子（中略）昔水尾天皇者文徳天皇第四子也。天皇愛姫紀氏所レ産二第一皇子一。依二其母愛一亦被二優寵一。帝有下以二正嫡一令レ嗣二皇統一之志上。然而第四皇子以二外祖父忠仁公朝家之重臣之故一。遂得レ為二儲貳一。（後略）

『吏部王記』逸文と『権記』などの記述によると、皇太子は第四皇子の惟仁親王（後の清和天皇）であったが、文徳天皇は惟仁親王よりも第一皇子である惟喬親王を望んでいた。しかし、天皇は藤原良房に遠慮して言い出せず、良房も惟仁親王に辞退をさせるか否かを思案していた。この問題は、源信の建言によって収束したようであるが、ややもすれば政変に発展するかもしれない問題である。文徳天皇と藤原良房との間に溝があったとは、はっきりと断定はできない。しかし、天安元年（八五七）二月に藤原良房を太政大臣に任じ、(73)その前年の斉衡三年に郊祀が行われたことは、皇太子擁立に関わる皇権の不安定要素を一新し、朝廷内部の結束と安定とを図るためと推測できるのではないだろうか。なお、『吏部王記』逸文の内容について年代を特定することは難しいが、「無レ幾帝崩。太子続レ位」とあり、文徳天皇の崩御は、藤原良房を太政大臣に任命した翌年、すなわち天安二年八月二十七日であることより推測すれば、斉衡から天安までの天皇の晩年期にあたる出来事であると考えられる。[74]

河内春人氏は、皇太子の正統性を示すものとしての意義を持つと論じているので少し触れると、延暦六年（七八七）の勅使は藤原継縄で、延暦七年正月に皇太子傅として安殿親王の加冠を務めている。[75]また、斉衡三年の勅使である藤原良相は、嘉祥三年十一月に惟仁親王の立太子と同時に春宮大夫に任ぜられている。[76]しかし、斉衡三年に春宮大夫であったのは平高棟であり、[77]藤原継縄・藤原良相の両名が郊祀の実施された時に共通する官職は「大納言」であった。つまり、継縄・良相は、大臣に次ぐ地位にある大納言として交野に派遣されたと考えられる。また、皇太子の正統性を示すためならば、自らが皇太子に譲位（禅譲）することによって示されよう。『吏部王記』逸文に見られるように、[78]文徳天皇は源信の建言に対して「帝甚不レ悦。事遂無レ変。無レ幾帝崩」とあり、最期まで惟喬親王の立太子を強く希望していた様子が窺い知れる。郊祀はあくまでも、皇位の所在を明らかにし、天皇自身の御世の安定の図るために行われたと考えられるのである。

文徳天皇と桓武天皇との関わりを直接導き出すとすれば、立太子された経緯から察せられる。文徳天皇も桓武天皇と同様に最初から皇太子であったわけではない。仁明天皇の皇太子は淳和天皇の皇子である恒貞親王であった。承和の変[79]によって恒貞親王が廃太子となり、[80]代わって仁明天皇の皇子であった道康親王（後の文徳天皇）が立太子した。[81]文徳天皇は承和の変を経て立太子された経緯を持ち、桓武天皇の立太子の時と重なり合わされ、また自身の皇太子についても惟喬親王と惟仁親王の間で揺れ動き、政変に発展しかねない不安要因をはらんでいたといえよう。したがって、自身の御世に政変が勃発することを回避し、国家の安定を図るためにも、桓武天皇の先例に倣って、藤原良房を太政大臣に任ずる直前に郊祀を行ったと推測できる。本来は冬至の日に行うべきであるが、この年は冬至が新嘗祭と重なり、その実施を遅らせている。これは、文徳天皇にとっては、冬至の日より遅らせても斉衡三年に郊祀を行わなければならない必然性があったということであろう。

郊祀が、ここに挙げた三回以外に行われなかったことについても検討しなければならないが、史料を欠き、結論を導き出すことは困難を極める。しかし、例えば淳和天皇は、薬子の変により立太子され即位したが、郊祀は行われていない。嵯峨天皇の譲位を受けて即位し、自らは嵯峨太上天皇存命中に仁明天皇に譲位したことなどから、皇権は安定していたと考えられ、郊祀を行う必要がなかったと推測できる。また、文徳天皇朝以降に郊祀が行われないことは、政変によって立太子され即位した天皇はいないことや、摂関政治期に移ると、その政変も藤原氏による他氏排斥となることなどが理由と考えられる。さらには、斉衡三年には冬至と新嘗祭とが重なり郊祀を遅らせたりしていることを考えれば、新嘗祭の行われる十一月に郊祀を恒例的に行うことは難しいという現状もあったのだろう。とはいえ、いずれも史料的に限界があり、未だ推論の域を出ない。

おわりに

本章では、日本における「昊天祭祀」について、これまで多くの先行研究に踏襲されてきた、桓武天皇による天智天皇系新王朝の創設を誇示するためという学説にとらわれず、新たな側面から考察を加えた。その第一点が、中国における昊天祭祀と朝賀儀の密接な関わりから、奈良時代に知識としてはすでに認識されていた可能性を提唱したことである。延暦四年（七八五）以前に国史には見られない郊祀の実施は想定しない。しかし、神亀二年（七二五）十一月に聖武天皇が「冬至朝賀」を行っていることなどから、祭祀は行わなくとも「昊天祭祀」という儀礼は知識としては理解されていたと考えられる。聖武天皇の即位に際し、その威儀を天下に示すために、「昊天祭祀」と「冬至朝賀」のうち、昊天上帝を祀ることは日本の祭祀と異なることから、朝賀儀のみを実施した可能性が考えられる。したがって、新王朝の創設を期して桓武天皇が導入したとの郊祀の位置付けの根拠は薄まるのではないだろうか。

桓武天皇朝に国内が昊天祭祀を行う必要のある状況であったとすれば、それは皇権の安定と関わる問題であろう。桓武天皇には、初めて外戚に渡来系氏族を持つというその血統により、立太子の時点から皇位に対する不安要素がつきまとっていた。さらに延暦四年には天皇の留守中に皇太子が謀反に関わるなど、朝廷の内部は不安定な情勢にあり、古くは壬申の乱のごとく皇位継承争いに発展しかねない要素を含んでいたのである。また前年までに父である光仁天皇の葬送儀礼が終了していた時期に行われた延暦六年の郊祀は、母系によってもたらされた皇権の脆弱性を払拭し、自らが正統の皇位継承者であることを示すために、中国では高祖を配主とするところを、父である光仁天皇を配主として実施したものであろう。光仁天皇の即位によって、天武天皇系から天智天皇系に皇統が移ったことは事実である。しかし桓武天皇は、諸王の時代に大学頭などを歴任して学問と深く関わっており、「昊天祭祀」の意義などを深く理解した上で、自らの正統性を示すのみならず、皇位の所在を明らかにして皇位と国家の安定を保つために、昊天祭祀を行ったと理解できるであろう。文徳天皇の場合は、自身が政変を経て立太子され皇位に即いたことから、自らの皇太子の問題によって再び政変が勃発する恐れを回避するためにも、朝廷の安定のために実施したと考えられる。

また、百済や新羅においては「祭天」の語が見え、日本と朝鮮半島の関係なども考慮しながら、日本の昊天祭祀が整備された意味を考えなくてはならない。

註

（1）『続日本紀』延暦四年（七八五）年十一月十日条。
（2）『続日本紀』延暦六年十一月五日）条。
（3）『日本文徳天皇実録』斉衡三年（八五六）十一月二十二日・二十三日・二十五日条。

(4) 仁藤敦史「桓武の皇統意識と氏の再編」(『国立歴史民俗博物館研究報告』一三四、平成十九年)。
(5) 狩野直喜「我朝に於ける唐制の模倣と祭天の礼」(『読書纂余』、弘文堂書房、昭和二十二年、初出は昭和六年)。
(6) 瀧川政次郎「革命思想と長岡遷都」(法制史論叢二『京制並に都城制の研究』、角川書店、昭和四十二年)。
(7) 『日本後紀』延暦二十四年十二月七日条。
(8) 瀧川前掲註(6)論文参照。
(9) 林陸朗「長岡・平安京と郊祀円丘」(『古代文化』一八二、昭和四十九年)。
(10) 『続日本紀』延暦二年十月十四日条に、「戊午。行二幸交野一。放レ鷹遊猟。」とあり、還幸については同月十八日条に見られる。
(11) この時の百済寺への施入については、『続日本紀』延暦二年十月十六日条に見え、百済寺に近江・播磨両国の正税各五千束を施入したことの他に、国郡司および行宮に近い高年の者、諸司陪従への賜物、百済王氏への授位などが行われた。
(12) 関晃「律令国家と天命思想」(関晃著作集四『日本古代の国家と社会』、吉川弘文館、平成九年、初出は昭和五十二年)。
(13) 村尾次郎「延暦の礼文」(『神道史研究』四十二—四、平成六年十月)。
(14) 桓武天皇は延暦二十五年(大同元年、八〇六)三月十七日、延暦四年に早良親王以下、配流になった者を赦免し、同日崩御した(『日本後紀』)。崩伝は柏原山陵に埋葬された『日本後紀』延暦二十五年四月七日条に見られる。
(15) 河内春人「日本古代における昊天祭祀の再検討」(『古代文化』四九二、平成十二年)。
(16) 矢野建一「日本古代の「郊祀之礼」と「大刀契」」(『長安都市文化と朝鮮・日本』、汲古書院、平成十九年)。
(17) 清水潔「「元旦四方拝」成立考」(『神道史研究』四十六—二、平成十年)。
(18) 石野浩司「元旦四方拝から見た毎朝御拝の成立」(『石灰壇「毎朝御拝」の史的研究』、皇學館大学出版部、平成二十三年。初出は平成十九年)。
(19) 金子修一「唐代皇帝祭祀の親祭と有司摂事」(『中国古代皇帝祭祀の研究』、岩波書店、平成十七年)。
(20) 『大唐開元礼』巻九十五〜巻九十八。
(21) 久野昇一「前漢末に漢火徳説の称へられたる理由に就いて」(『東洋学報』二十五—三・四、昭和十三年)参照。

(22)『史記』暦書、標点本一二五八頁。
(23)四庫筆記小説叢書本『白虎通義』三正、八五〇ノ四八頁。
(24)三正説とその循環説については、久野前掲註(21)論文、峯崎秀雄「緯書の三正説について」(『大正大学綜合仏教研究所年報』七、昭和六十年)を参照。
(25)『史記』標点本一二三七頁。
(26)『漢書』武帝紀太初元年(紀元前一〇四年)条に、「夏五月。正レ歴。以二正月一為二歳首一。色上レ黄。数用レ五。定二官名一。協二音律一」とあり、正月を歳首とすることは夏正であり、これ以後、今日まで太陰太陽暦では夏正が使用されている。
(27)台湾中華書局本『冊府元亀』一二七五頁。
(28)『続日本紀』神亀元年(七二四)二月四日条。
(29)『続日本紀』神亀元年十一月二十三日条。
(30)『続日本紀』神亀五年十一月十三日条に「乙巳。冬至。御二南苑一。宴二親王已下五位已上一。賜レ絁有レ差」、同書天平三年(七三〇)十一月五日条に「庚戌。冬至。天皇御二南樹苑一。宴二五位已上一。賜レ銭親王三百貫。大納言二百五十貫。正三位二百貫。自外各有レ差」、同書天平四年十一月二十七日条に「十一月丙寅。冬至。天皇御二南苑一宴二群臣一。賜二親王已下絁及高年者綿一有レ差。(後略)」とあり、いずれも冬至宴のみ確認できる。
(31)『続日本紀』天平宝字四年(七六〇)十一月六日条、宝亀元年(七七〇)十一月二十七日条。
(32)『続日本紀』延暦三年(七八四)十一月朔日条。
(33)河村秀根の『書紀集解』には、「家語郊問曰。定公問二於孔子一曰。古之帝王必郊二祀其祖一。以配レ天何也。孔子対曰。万物本二於天一。人本二於地一。郊之祭也。大報レ本反レ始也。故以配二上帝一。天垂レ象聖人則レ之。郊所三以明二天道一也」とある。
(34)養老度の遣唐使の発遣は養老元年(七一七)三月、帰朝は翌二年十月二十日に大宰府に到着しており、開元五年(七一七)の唐朝の冬至儀礼に参列している可能性がある。
(35)標点本『隋書』十三頁。
(36)『隋書』巻一・高祖上・即位前紀。標点本十三頁。
(37)村尾前掲註(13)論文参照。

(38)『続日本紀』延暦四年八月二十四日条。

(39)『続日本紀』延暦四年九月二十三日条、『日本紀略』延暦四年九月二十三日条、『日本霊異記』下巻、災与㆑善表相先現而後其災善答被縁第卅八。

(40)『続日本紀』延暦四年九月二十四日条、『日本紀略』延暦四年九月二十四日条。

(41)大伴家持は中納言従三位であるから「薨」とするべきであるが、『続日本紀』には「中納言従三位大伴宿禰家持死」とあるため、本書においても「死」を用いた。なお、『日本紀略』延暦四年八月二十八日条には、このことに関して、「後事発覚。追奪㆓官位㆒。今此不㆑書㆑薨。恐乖㆓先史之筆㆒」との考察を加える。

(42)『日本紀略』延暦四年九月二十八日条。

(43)『続日本紀』延暦四年十月八日条。

(44)『続日本紀』延暦四年年十一月十日条。

(45)『続日本紀』延暦四年十一月二十五日条。

(46)吉川真司「後佐保山陵」(『続日本紀研究』三三一、平成十三年四月)。

(47)仁藤前掲註(4)論文参照。

(48)北康宏「「後佐保山陵」の再検討——桓武天皇皇統意識の一断片——」(『続日本紀研究』三七六、平成二十年十月)。

(49)吉田孝「九—一〇世紀の日本」(岩波講座『日本通史』五、平成七年)。

(50)村尾前掲註(13)論文参照。

(51)金子修一「皇帝支配と皇帝祭祀」、同「唐代における郊祀・宗廟の制度」、同「唐代皇帝祭祀の親祭と有司摂事」(共に『中国古代皇帝祭祀の研究』、岩波書店、平成十八年)参照。

(52)『冊府元亀』巻三十四、帝王部崇祭祀三によれば、「元(上元二年)年建子月詔曰。(中略)来月(十二月)一日。祭㆓円丘及太一壇㆒」との詔が出され『新唐書』粛宗本紀上元二年(七六一)十二月辛亥条に「建丑月辛亥。有㆑事㆓于南郊㆒」とあることから郊祀の実施が確認できる。

(53)『新唐書』代宗本紀広徳二年(七六四)二月乙亥条に「乙亥。有㆑事㆓于南郊㆒」、『資治通鑑』巻二百二十三、唐紀三十九、代宗広徳二年二月乙亥条には「乙亥。祀㆓昊天上帝於円丘㆒」とあるのみだが、『冊府元亀』巻三十四、帝王部崇祭祀三に「広徳二年二月乙亥。親拝二南郊一。祀二昊天上帝於円丘一」とあることから、皇帝親祭であったことが確認できる。

(54) 史思明が息子の史朝義に殺害されたことは、『新唐書』粛宗本紀上元二年三月戊戌条に、「戊戌。史朝義殺二其父史思明一」とあり、史朝義が自殺したことは、『新唐書』代宗本紀広徳元年正月甲申条に「甲申。史朝義自殺」と見える。

(55) 林陸朗「朝鮮の郊祀円丘」(『古代文化』一八〇、昭和四十九年)。

(56) 末松保和『新羅史の諸問題』(東洋文庫論叢三十六、東洋文庫、昭和二十九年)。

(57)『三国史記』新羅本紀、始祖赫居世。

(58) 濱田耕策「神宮と百座講会と宗廟」(『新羅国史の研究』、吉川弘文館、平成十四年、初出は昭和五十七年)。

(59)『続日本紀』天応元年(七八一)四月三日条。詳細は第一章第四節を参照。

(60)『続日本紀』天応元年十二月二十三日条。

(61)『続日本紀』延暦元年(七八二)十二月二十四日条。

(62)『続日本紀』延暦二年正月朔日条。

(63) 仁藤前掲註(4)論文参照。

(64)『続日本紀』天応元年十二月二十九日条附載の天応二年正月七日条。

(65)『続日本紀』延暦元年八月九日条。

(66)『続日本紀』延暦五年十二月二十八日条。

(67) 村尾前掲註(13)論文参照。

(68) 同前。

(69)『隋書』高祖本紀開皇二十年(六〇〇)十月条、『隋書』高祖本紀開皇二十年十一月条、『隋書』煬帝即位前紀、『隋書』楊勇伝を参照。

(70)『日本文徳天皇実録』斉衡三年(八五六)十一月二十五日条。

(71) 河内前掲註(15)論文参照。

(72)『日本文徳天皇実録』斉衡三年十一月十六日・十七日条。

(73)『日本文徳天皇実録』天安元年(八五七)二月十九日条。

(74)『日本文徳天皇実録』天安二年八月二十七日条に、「帝崩㆓於新成殿㆒」とある。
(75)河内前掲註(15)論文参照。
(76)『続日本紀』延暦七年（七八八）正月十五日条。
(77)『日本文徳天皇実録』嘉祥三年（八五〇）十一月二十五日条。
(78)『公卿補任』嘉祥三年条。
(79)『続日本後紀』承和九年（八四二）七月十七日条。
(80)『続日本後紀』承和九年七月二十六日条。
(81)『続日本後紀』承和九年八月四日条。

第三章　奈良時代に見られる郊祀の知識
――天平三年の対策と聖武天皇即位に関連して――

はじめに

第二章において桓武天皇の延暦四年（七八五）[1]、同六年[2]、文徳天皇の斉衡三年（八五六）[3]に交野の円丘で行われた昊天祭祀を取り上げ、それぞれが実施された背景や政治情勢などを手がかりに考察した。これまで桓武天皇による昊天祭祀の実施は、光仁天皇の即位によって天武天皇系から天智天皇系に皇統が移ったことに伴う、桓武天皇自身が持っていた新王朝概念に基づくものと理解されてきた。[4]これに対し前章では、桓武天皇自身が初めて外戚に渡来系氏族を持ち、その血統により、立太子の時点から皇位に対する不安要素が当時の朝廷内部に存在したことに注目し、桓武天皇は、自らの正統性を示すのみならず、皇位の所在を明らかにし、国家の安定を保つために昊天祭祀を行ったと理解されると結論付けた。

郊祀の受容時期については、河内春人氏が[5]『続日本紀』『大唐開元礼』『大唐郊祀録』に見える祭文を比較し、『大唐郊祀録』の成立が貞元年間（七八五〜八〇四）であることから、『大唐開元礼』が宝亀度の遣唐使によって持ち帰られた可能性を検討している。河内氏が設定された受容時期は、桓武天皇の郊祀を意識してのものと考えられる。しかし筆者は、中国において、冬至には南郊の儀と朝賀儀とが密接な関わりを持ち、いずれも重要視された儀礼であることに着目し、聖武天皇即位の翌年、すなわち神亀二年（七二五）[6]に日本で初めて冬至朝賀が行われたことから、聖武天皇即位の前後の段階において、すでに概念的な知識として郊祀が日本で理解されていた可能性があると推測した。

第二章の初出[7]発表後に筆者は、『経国集』巻二十に「天平三年（七三一）五月八日」の日付を持つ「郊祀之礼」について取り扱った対策の存在を知った。この対策の存在は、前章の受容時期に関する推測を大きく補強する史料である。本章では、この天平三年の対策について考察を加え、その知識がいずれの段階で受容されたのかを改めて検討する。

第二章では冬至の受容に主眼を置き、唐における冬至・郊祀・朝賀儀との関わりから類推したものであった。しかし、桓武天皇以前に郊祀を実施した例はなく、郊祀という言葉も『日本書紀』の神武天皇紀において確認されるだけであり、しかもそれは昊天上帝を祀る本来の意味とはまったく異なるものである。したがって、奈良時代において本来の「郊祀」の用例は示されず、知識が存在したと推測するには、史料的にはあまりに薄弱であった。しかし本章で紹介する対策の存在により、天平三年の段階においてすでに郊祀に関する知識が日本に伝えられていたことを実証できるのである。

一　『経国集』に残る天平三年（七三一）の対策

はじめに、『経国集』に残された「郊祀之礼」に関する対策の全文を挙げておく。なお、対策は船沙弥麻呂によるものと蔵伎美麻呂によるものの二通があり、出題は同文であることから、蔵伎美麻呂に対しての出題は省略する。

『経国集』巻二十

問。郊祀之礼。責レ簡尚存。孟春上辛。有司行レ事。由レ是正月上辛。応レ拝二南郊一。歴(暦)有二盈縮一。節気遅晩。立春在二辛後一。郊祀在二春前一。因以為レ疑。不レ知進退適用之理。何従而可。

船沙弥麻呂

臣聞。登二大宝一而垂レ衣。審二高居一而宰レ極。莫レ不下件二二儀之化育一。法中四気之環周上。服二蒼玉於早春一。建二朱旗於孟夏一。今聖撫運。暉光日新。明徳内香。仁風外扇。由レ是禾秀二瑞穎一。時表二歳精之名一。亀啓二霊図一。屡紀二天平之号一。猶思節有二遅速一。暦亦盈虚。立春上辛。或逓先後。斯乃奉二遵穹昊一。敬二授民時一。竊以二啓蟄一而郊。明二之魯策一。立春迎レ気。著在二周篇一。然則拝二帝南郊一。是存二啓蟄之後一。迎二気東北一。非レ在二立春之前一。因レ此而言上。事在レ後。謹対。

天平三年五月八日

蔵伎美麻呂

対。臣聞。哲王御レ宇。郊祀為レ先。明后臨レ時。祰望為レ務。故知。拝レ天之礼。乃往帝之良規。報レ地之儀。寔前王之茂範。雖二復馳驟云異一。沿革不レ同。莫レ不下就二遠郊一而焚レ柴。因二厚地一而埋上レ王。遂使下莫声遠著。茂実遐流。踰二千祀一而永存。経二百代一而不上レ朽。郊祀之設。無レ属二上辛一。事不レ得レ已。因為二常会一。然而日月廻薄。盈縮時改二其行一。節気推移。遅速或変二其序一。立春後レ辛。祀日先春。不レ可下以二一致一尋上。寧須下以二同塗一量上。且夫進退殊レ揆。聞二諸鄒衍之談一。推歩定レ辰。勤在二容成之説一。唯愚謂。適用之理。宜レ合二時便一。事備二司存一。何煩二更議一。謹対。

天平三年（七三一）五月八日の日付は、船沙弥麻呂の対策にのみ記載されている。しかし、蔵伎美麻呂に対する出題内容が船沙弥麻呂と同じであることから考えれば、おそらく二通の対策は同年代のものと考えて差し支えがなかろう。

出題には、郊祀の礼は「孟春上辛、有司事を行ふ」とあり、正月上辛に有司摂事により斎行される儀礼であると認識している。中国においても通常は有司摂事であり、皇帝親祭は即位後など特定の年度に限られていることは、金子修一氏の研究[8]によって明らかにされている。郊祀は皇帝親祭で行われるものが本来のあり方である。しかし、唐においては有司摂事が恒例化し、皇帝親祭が臨時祭的なものに逆転していたため、日本でも知識としては恒例の儀礼は有司摂事であると理解されていたものであろう。実際に行われた三度の郊祀を考えれば、延暦四年（七八五）は勅使の名を欠くが、延暦六年と斉衡三年はいずれも大納言が勅使として発遣されており[9]、日本においても、郊祀は有司摂事であることを恒例の儀礼とすると理解されたことの表れといえよう。

この対策で問者が一番の主題としていることは、「立春在二辛後一。郊祀在二春前一。因以為レ疑」である。これは、正月上辛の郊祀は、通常ならば立春が上辛の日の後ろにあり、郊祀は春前、すなわち立春より前に行われると理解しているが、この定義に疑念があるということである。儀礼を円滑に斎行するには弊害となるので、いずれに従い儀礼を斎行すべきかと問うているのである。これだけでは難読であるが、『日本暦日原典』によれば、天平三年の正月上辛は正月二日、立春は天平二年十二月二十一日にあたる。つまり、天平三年の正月上辛よりも前に立春があり、祭祀は立春の前に行うことが理想であるが、この年は上辛と立春が逆転したため、このような発問が行われたという単純な解釈が成り立とう。しかし、暦を検証すれば、天平三年のみを正月上辛と立春が前後した事例として問題視しているものではないと推察できる。

大宝元年（七〇一）から天平三年まで満三十年となる。この三十年間の暦を検証すると、天平三年と同じく立春が正月上辛より前に来る年は、実に二十二回も存在する[10]。つまり、立春の前に祭祀を行うことができる理想の年は三十年間で八回しかなかったことになり、暦との相違が多く、儀礼の斎行上の重大な問題であることから、このような出題がなされたと理解できる。これは、郊祀に対する当時の問題意識が、いずれにあったのかを知りうる数少ない史料である。後で紹介するが、船沙弥麻呂と蔵伎美麻呂も、この問題に関する明確な答えは示していない。

『大唐開元礼』によれば、この正月上辛の郊祀は、正確には「皇帝正月上辛祈穀于圜丘」（巻六）、あるいは「正月祈穀于圜丘有司摂事」（巻七）と記される。祈穀とは、天子が年穀の豊穣を祈願するものであり、日本の祈年祭が中国の祈穀郊の影響の下に設けられた可能性を考える見解も見られる。(11)中国の正月上辛の郊祀は、知識としては日本に伝わっておりながら、日本では神祇祭祀である祈年祭が行われており、正月上辛の郊祀を実施する必要がなかったと考えられよう。冬至の郊祀の伝来については次節で詳しく検討するが、正月上辛の儀と並んで中国歴代皇帝の重要な儀礼であることを考えれば、正月上辛の郊祀と同じく天平三年以前に知識が伝わっていたのではあるまいか。

文徳天皇の斉衡三年（八五六）の郊祀は、十一月二十五日（甲子）に行われている。(12)しかし、この年の冬至は十一月十七日であって、冬至の日より遅らせて行われたことになる。(13)そして十七日は辰日節会、前日の十六日は新嘗祭が行われていることが確認される。(14)中国では重要な冬至の昊天祭祀であっても、日本においては、それよりも神祇祭祀たる新嘗祭を重要視する意識が見られよう。正月上辛の儀よりも祈年祭が行われていることを考えれば、古くから冬至の郊祀も知識としては伝わっていたものの、日本では冬至がほぼ十一月中にあたり、新嘗祭の斎行時期と一致するため実施されなかったと理解することが可能であろう。また、冬至宴は神亀・天平年間に限られ、平安時代には朔旦冬至の例のみであることも、新嘗祭の斎行時期と関わると考えられる。

次に、船沙弥麻呂と蔵伎美麻呂については、両名ともこの対策以外には名前が見えず、経歴も不詳である。

船氏は、『日本書紀』によれば、蘇我稲目が勅を奉り、王辰爾に船賦を数え録させ、辰爾を船長として船史の姓を賜ったとある。(15)関晃氏は、この王辰爾を一世か二世の新しい帰化人と考え、後に『続日本紀』延暦九年（七九〇）七月十七日条に、津連真道の上表に辰孫王を祖とする伝承が見られることは、西文氏との関係が深まった時に、西文氏と同じく古くから伝統ある氏と主張するため、西文氏の始祖である王仁の伝承をもとにして辰孫王の伝承を作り上げたと指摘する[16]。また井上光貞氏は、辰孫王の伝承は、王仁の伝承を仮冒したものと述べる[17]。船氏の中には船史恵尺がおり、彼は皇極天皇四年（六四五）六月の乙巳の変の時に、炎上する蘇我蝦夷の邸宅から『国記』を運び出し中大兄皇子に献じたことで有名な人物である[18]。元興寺の僧であった道昭の父は船恵尺であると、卒伝は伝えている[19]。

蔵氏は、王仁を始祖とする西文氏から分れた氏族である。請田正幸氏は、蔵伎美麻呂以外に王仁を祖とする諸氏にも、馬大名（班田司算師）・浄野宿禰夏嗣（『経国集』の作者）・浄野宿禰（蔵史）宮雄（大学助教）がおり、いずれも学問・文芸の系統であると述べている[20]。井上氏は、西文氏の一族と船氏の一族とは居住地が近接しており、両者は同じように行動していたと指摘する[21]。

対策の作者である船沙弥麻呂と蔵伎美麻呂の経歴は不明である。しかし、いずれも渡来系氏族であり、学問の家柄の系統を出身氏族に持つ両者が、同時期に「郊祀之礼」に関する対策を作り、『経国集』に収められていることは興味深い。

次に対策の内容について触れたい。船沙弥麻呂の対策は、前半部分では天子の徳が素晴らしいことを讃えている。「猶思」以下の内容が、問いに対する船沙弥麻呂の具体的な意見である。まず、沙弥麻呂は、節気に遅れが生じたり早まったりすることと、立春と上辛とが互いに前後する事実を述べた上で、啓蟄に着目した。啓蟄に郊祀を行う例は『魯策』に見られ、立春に気を迎えると『周篇』に記されていると述べる。そして、天子が南郊の儀を斎行するのは立春の前であってはならないと考え、「因レ此而言上。事在レ後」とあるように、啓蟄は上辛の後ろにあることを述べて対策を締めくくっている。

これは一見すると、非常に合理的な解釈のようにみえる。しかし、この当時は、ほとんど正月上辛が立春の後ろになってしまい、立春前の正月上辛に南郊を実施するという本来のあり方と齟齬をきたしていることに対する解決にはなっていない。それは、当時は立春の前に恒例的に儀礼を行うことは、暦の上から考えれば非常に困難なことであり、必ず啓蟄が正月上辛よりも後ろに来ることから、立春から啓蟄に議論を置き換えて考えていることによろう。

　蔵伎美麻呂の対策は、最初に賢王と郊祀の関係、郊祀に関する概略を示し、郊祀の礼は千歳を越えても永存し、百代を経ても朽ちることはないと述べている。続く「郊祀之設」以下が伎美麻呂の意見である。伎美麻呂は、「郊祀之設。無レ属二上辛一。事不レ得レ已。因為二常会一」と、郊祀と正月上辛とは本来は何の因果関係もなく、やむをえず常会としていると指摘している。続けて、暦の日数の変化による立春と正月上辛の移動や、節気の推移により、しばしば、その順序を変えることを述べるが、「立春後レ辛。祀日先春。不レ可下以二一致一尋上」とあるように、立春が正月上辛の後ろとなり郊祀の日が立春の前となる、本来のあり方と一致するという結果を求めるべきではないと考えている。さらに暦と節気が変化することには鄒衍の説があり、また時刻を決めることには容成の説があって、暦と節気のいずれを適用すべきかの道理は時機の便宜によって決めるべきもので、その決定は、官人に託されているものであるとする。そして、最後には「何煩二更議一」と述べて、再び議論して煩う必要があるのかと、逆に問うている。

　蔵伎美麻呂は非常に投げやりな意見を述べているように感じる。しかし当時は、立春の前に祭祀を行うことができる理想の年が、三十年間で八回しかなかったことを考えれば、暦と理想の儀礼斎行時期の相違という問題を知識のみでは解決しきれない、当時の学問に携わる人の苦悩を述べたものと見ることもできる。

　以上のように、『経国集』に残された「郊祀之礼」に関する対策から、天平三年当時の問題意識に迫った。この対策の存在によって、すでに奈良時代初期には郊祀の知識が日本に伝えられていたことが判明する。そして、桓武天皇は自ら郊祀を導入したわけではなく、早くから日本に存在し、その後、吉備真備の帰朝や宝亀度の遣唐使により、さらに知識が補充されたであろうと考えられる郊祀の知識を利用して、初めて交野における昊天祭祀を実施したと考えなくてはなるまい。奈良時代には知識が伝わっていても実施されなかったのは、我が国の祈年祭や新嘗祭と斎行時期が重なることなどもあり、必要性が認められなかったのであろう。

二　知識としての冬至儀礼伝来と聖武天皇即位

日本における郊祀の知識が天平三年（七三一）の段階で理解されていたことは、前節で紹介した対策によって明らかである。第二章でも若干述べたが、その知識が日本にいつ伝えられたのかについて検討を加えなければならない。

『日本書紀』神武天皇四年二月甲申条

四年春二月壬戌朔甲申。詔曰。我皇祖之霊也自レ天降鑑光二助朕躬一。今諸虜已平。海内無レ事。可下以郊二祀天神一用申中大孝上者也。乃立二霊畤於鳥見山中一。其地号曰二上小野榛原。下小野榛原一。用祭二皇祖天神一焉。

『日本書紀』に見られる「郊二祀天神一」は、神武天皇によって斎行された鳥見山祭祀の故事を、漢籍を用いて表現したものである。しかし、「郊祀」の語を使用することにより天神（天照大神）を昊天上帝と同一視するものではない。養老四年（七二〇）に『日本書紀』が撰上され、その九年後の天平三年五月に「正月上辛の郊祀」が知識の上で確認されることは、『日本書紀』編纂の段階で、ある程度の知識が存在し、中国で昊天上帝を祀る儀礼の名を用いたのは、漢籍の語句借用にとどまらず、あえて日本の天神（天照大神）を祀る祭儀の語句として使用したものと考えられよう。さすれば郊祀の知識伝来は、養老四年以前に遡らせることが可能であろう。

天平三年の段階で確認されるのは、正月上辛祈穀の儀であり、冬至南郊の儀ではない。二つの知識が別々の時期に伝えられたのか同時期なのかを断定することは、困難と言わざるをえない。本節では、特に冬至と南郊の儀、そして朝賀儀が密接に関わっていることを重視し、冬至の儀礼の伝来から知識としての昊天祭祀の受容時期を考えたい。冬至の知識伝来の上で重要と考えられるのは、前章でも触れたことであるが、斉明天皇五年（六五九）七月に発遣された遣唐使の存在である。

　『日本書紀』斉明天皇五年七月三日条所引、伊吉連博徳書

伊吉連博徳書曰。同天皇之世。小錦下坂合部石布連。大山下津守吉祥連等二船。奉二使呉唐之路一。以二己未年七月三日一発レ自二難波三津之浦一。（中略）十一月一日。朝有二冬至之会一。々日亦覲。所朝諸蕃之中。倭客最勝。後二由出火之乱一。棄而不二復検一。（後略）

『伊吉連博徳書』[22]によれば、七月三日に難波三津の浦を出港し、十一月一日には唐朝の朔旦冬至の儀礼に参列した様子が記されている。『旧唐書』『新唐書』の顕慶四年（六五九）条には冬至儀礼の記載を確認できないが、『三正綜覧』は顕慶四年十一月一日を朔旦冬至としている。「冬至之会」とは「冬至朝賀」のことと考えられ、第二章にも示した『冊府元亀』（巻一〇七、朝会）の開元八年（七二〇）十一月条によれば、開元七年撰上の開元後格によって、郊祀は冬至の日に、朝賀はその前日の小冬至の日に行うように改正される[23]。しかし、伊吉博徳の冬至儀礼参列は己未年＝顕慶四年とあるので、開元後格に改正される以前のあり方、すなわち、南郊で有司摂事によって郊祀の儀礼が行われ、同日に皇帝は百官の賀を受ける朝賀儀が実施されたと考えられよう。

『伊吉連博徳書』の著述の時期と目的は、すでに先学により指摘されているところである。坂本太郎氏は、伊吉連への改姓が天武天皇十二年（六八三）であることから、天武天皇十二年以後の著述とすれば、正式な報告書ではなく別の目的を持ったものと推測し、『日本書紀』の編纂材料としたものと考える[24]。北村文治氏は、成立時期を持統天皇四年（六九〇）から持統天皇九年までと限定した上で、単なる随行日誌などのものではなく、持統

天皇四年当時の小山下の冠位と八姓第七位の連姓という低い地位、および謀反の罪を許されたばかりの不本意な境遇から官界復帰のために述作したと述べる[25]。加茂正典氏は、冠位の表記から天智天皇三年（六六四）に博徳が同書に手を加えている可能性を指摘し、命を賭して入唐し高宗に奉覲、讒言による唐朝の誤解を解き、抑留生活にも耐えて帰国したにもかかわらず、再度の讒言のために朝廷よりその労が酬われなかったことに対する憤りが、著述の主な動機であったと推定する[26]。『伊吉連博徳書』の成立時期の設定は諸氏によって若干の開きがある。冬至儀礼において郊祀と朝賀儀とが密接な関係を有していることより考えれば、伊吉博徳の帰朝および官界への復帰は、日本に冬至儀礼（郊祀と朝賀儀）の知識を持ち帰ったものと推測することは行き過ぎではあるまい。日本への冬至儀礼の伝来には、郊祀についての知識も含まれていたものと考えられる。

伊吉博徳は大宝三年（七〇三）以後、養老五年（七二一）までの間に卒去したものと考えられ[27]、最終的な位階は従五位上であった[28]。日本では神亀二年（七二五）に冬至儀礼が確認されるが[29]、伊吉博徳に冬至儀礼の知識があったとしても、五位官人である人物が主導的に儀礼の整備を行ったとは考えにくい。そこには博徳の知識を引き継いだ人物を考えなければなるまい。その人物はおそらく藤原不比等であろうと推測される。

不比等と博徳との関係を直接的に結びつける史料はないが、両者が関わるとすれば大宝律令の制定であろう。文武天皇四年（七〇〇）十二月には、刑部親王・藤原不比等・粟田真人・下毛野古麻呂・伊岐博得・伊余部馬養らが律令撰定の功により禄を賜っている[30]。さらに大宝三年二月、伊吉博徳は下毛野古麻呂らと共に、律令制定の功賞により田十町・封百五十戸を賜った[31]。北村氏は、伊吉博徳は明法家ではないが、大陸の文献と事情に精通し、実際に唐の朝廷や使節に接見した体験が、博徳を刑部親王・藤原不比等・粟田真人・下毛野古麻呂に列する第五位の編纂者としての要路に就かせたのであって、功賞から考えて名目的な編纂者ではないと述べる[32]。つまり、伊吉博徳は大宝律令の編纂者として藤原不比等と近しい存在であり、律令編纂を通して博徳から不比等に冬至儀礼の知識が伝わったとしても不思議ではない。さらに、藤原不比等・伊吉博徳と並んで、大宝度の遣唐使として発遣される粟田真人が、律令の編纂者として名前を連ねている。粟田真人もまた、律令の編纂事業の中で伊吉博徳から冬至儀礼の知識を得て、その後に大宝度の遣唐使として博徳よりも詳細な知識をもたらした可能性を推測できよう。

それでは次に、藤原不比等が冬至儀礼の知識を必要としていた理由を考えなくてはなるまい。それは、首皇子（後の聖武天皇）即位を期してのものであろう。文武天皇が二十五歳の若さで崩御した時、天皇の唯一の男児で皇位継承者と目される首皇子は未だ幼年であった。立太子の経緯や即位の詳細については、政治史と相俟ってこれまでに多くの研究があり[33]、本書で詳細を述べることは控えるが、東大寺献物帳に見られる「黒作懸佩刀」について取り上げる。

『東大寺献物帳』（大日本古文書四、一三八～一三九頁）

黒作懸佩刀一口（刃長一尺一寸九分、鋒者偏刃、木杷、陰漆樺纒、紫板纒懸、紫皮帯執、黒紫）

右。日並皇子常所㆓佩持㆒。賜㆓太政太臣㆒。大行天皇即位之時。便献㆓大行天皇㆒。崩時亦賜㆓太臣㆒。太臣薨日。更献㆓後太上天皇㆒。

この黒作懸佩刀は、草壁皇子から藤原不比等に賜り、文武天皇即位の時に天皇に献じられた[34]。そして、文武天皇崩御により再び不比等に賜り、不比等薨去の日に聖武天皇（不比等薨去の時点では皇太子）に献じられたと伝えられる。薗田香融氏は、護り刀の贈答は、天皇が大臣に贈る場合には、大臣に対する信任、後見依頼の意味を持ち、大臣が天皇や皇子に奉る場合には、臣従の印、あるいはその皇子の皇位継承への協力のクレジットともなると述べている[35]。つまり、不比等は、待ち望まれる首皇子即位のために、これまでの即位式や大嘗祭に加えて、律令編纂に関わった伊吉博徳から伝え聞いた冬至儀礼の知識を活用しようと考えたのではあるまいか。

冬至は、『周易』（巻三、復）に「冬至陰之復也。夏至陽之復也」とあり、疏には「冬至陰之復夏至陽之復者。復謂ㇾ反ㇾ本。静為㆓動本㆒。冬至一陽生。是陽動用而陰復於静也。夏至一陰生。是陰動用而陽復於静也」と見える。冬至において陰が極まり、機運が循環して陽に向かうと考えられ、首皇子の即位は、不比等にとって文武天皇の崩御以来の宿願であろう。そして、きたるべき即位に備えて、伊吉博徳や大宝度の遣唐使がもたらした知識に加え、養老元年三月に発遣した遣唐使によって、唐朝の儀礼に関する詳細な知識を持ち帰らせた可能性が考えられる(36)。

聖武天皇の即位後に行われた冬至儀礼は、神亀二年十一月十日である(37)。藤原不比等は、すでに養老四年に薨去しており(38)、林陸朗氏が指摘するように、この時の冬至儀礼は藤原武智麻呂が主導したと想定される(39)。武智麻呂は、父不比等の遺志を継ぎ、冬至儀礼を実現したものと考えられる。

神亀二年以降には、神亀五年十一月十三日、天平三年十一月五日、天平四年十一月二十七日に、冬至儀礼が確認される(40)。その後の奈良時代には、冬至宴、まして昊天祭祀の実施は見られない。これは前節で若干述べたように、「正月上辛祈穀于圜丘」の儀が、日本では祈年祭が行われるため実施されないのと同じく、冬至儀礼は新嘗祭と時期がほぼ一致するため、恒例行事として実施することは難しかったのであろう。むしろ、中国において冬至には郊祀と朝賀儀とが密接に関わることを踏まえれば、奈良時代における冬至儀礼の実施は、昊天祭祀も知識としては日本に伝わっていたことを裏付けることになろう。実際にその知識を用いて郊祀を斎行したのは桓武天皇であるとしても、桓武天皇以前にすでに昊天祭祀の知識が存在していたと考えられる点に留意する必要がある。

おわりに

日本における昊天祭祀の受容は、桓武天皇が延暦四年（七八五）に交野において斎行したことを基準に、その知識は宝亀度の遣唐使によりもたらされたと考える河内春人氏の説が、これまでの学説のうちで最も早い受容時期を設定するものであった。(41) しかし、『経国集』には、「郊祀之礼」を取り扱った「天平三年（七三一）五月八日」の日付を持つ対策が存在し、正月上辛の郊祀は天平三年の段階で理解されていたといえよう。

この対策で一番問題視されていたことは、理想の儀礼斎行時期と暦との相違の問題をいかに合理的に解釈するということで、儀礼の本質、あるいは内容にまで踏み込むものではない。しかし、儀礼の本質を理解していなければ、斎行時期が暦とずれることを問題にすることは無意味といえよう。むしろ、奈良時代の知識人たちも、暦と祭祀の斎行一致を重視していた姿を窺い知ることができるのである。

天平三年に確認される郊祀の知識は、冬至南郊の儀ではなく正月上辛祈穀の儀である。日本における冬至儀礼は、神亀二年（七二五）十一月五日、神亀五年十一月十三日、天平三年十一月五日、天平四年十一月月二十七日に確認される。中国における冬至儀礼は南郊と朝賀儀が行われ、また冬至南郊と正月上辛祈穀の儀は、中国皇帝にとり最重要な祭祀と位置付けられていたことより考えれば、奈良時代に正月上辛祈穀の知識が確認される時期と、冬至儀礼が行われた時期がほぼ一致することは、冬至南郊の儀の知識も伝来していたことを示しているのではないだろうか。

正月上辛祈穀と冬至南郊のいずれが先に伝えられたか、あるいは二つの知識が同時にもたらされたのか、についての断定は困難であるが、日本に冬至の儀礼が伝えられた可能性を探る上で、『日本書紀』所引の伊吉連博徳書が手がかりとなる。伊吉博徳は顕慶四年（六五九）十一月一日に唐朝の朔旦冬至の儀礼に参列している。史料は欠くが、この時に南郊の儀が実施されたとすれば、開元後格で改正される以前の有司摂事による郊祀の儀礼が行われ、同日に皇帝が百官の賀を受ける朝賀儀が行われたと考えられる。これは、天平三年の対策でも正月上辛の郊祀は有司摂事によって行われると理解されていることや、延暦四年は勅使の名を欠くが、同六年、斉衡三年

（八五六）の交野での郊祀が、大納言を派遣し有司摂事で斎行されたことにも関連しよう。

奈良時代において、郊祀は知識としては伝来していたものの実施されてはいない。斉衡三年の郊祀は十一月二十五日（甲子）に行われたが、この年の冬至は十一月十七日であり、この十七日は辰日節会、前日十六日は新嘗祭が行われていることからもわかるように、中国では重要とされる正月上辛あるいは冬至の昊天祭祀といえども、日本においては神祇祭祀たる祈年祭や新嘗祭の方を重要視する意識が見られる。

日本に冬至儀礼の知識を最初に持ち帰ったのは、伊吉博徳であろうと推測される。博徳は、大宝律令の編纂者として藤原不比等と近しい存在であり、律令編纂を通して、博徳から不比等に冬至儀礼の知識が伝えられた可能性があろう。

聖武天皇即位の翌年にあたる神亀二年十一月十日に冬至儀礼が行われた時は、不比等はすでに薨去しており、藤原武智麻呂がこれを主導したと想定される。しかし、首皇子の即位は、不比等にとって文武天皇の崩御以来の宿願であり、不比等は、待ち望まれる首皇子即位のために、これまでの即位式や大嘗祭に加えて、律令編纂に関わった伊吉博徳から伝えた聞いた冬至儀礼の知識を活用しようと考えたと推察され、武智麻呂が父不比等の遺志を継ぎ、冬至儀礼を実現したものと考えられる。

延暦四年の郊祀は、桓武天皇朝、あるいはその直前の宝亀年間に導入された知識によって実施されたものではなく、奈良時代の初めに日本に伝来し、吉備真備の帰朝や宝亀度の遣唐使などによって積み重ねられた知識によって、実施されたと考えなくてはならないであろう。

註

（1）『続日本紀』延暦四年（七八五）年十一月十日条。

（2）『続日本紀』延暦六年十一月五日条。
（3）『日本文徳天皇実録』斉衡三年（八五六）十一月二十二日・二十三日・二十五日条。
（4）瀧川政次郎「革命思想と長岡遷都」（法制史論叢二『京制並に都城制の研究』、角川書店、昭和四十二年）、林陸朗「長岡・平安京と郊祀円丘」（『古代文化』一八二、昭和四十九年三月）、関晃「律令国家と天命思想」（関晃著作集四『日本古代の国家と社会』、吉川弘文館、平成九年、初出は昭和五十二年）などを参照。なお、これらの学説は第二章において郊祀に関する諸説として要点を整理しているので参照されたい。
（5）河内春人「日本古代における昊天祭祀の再検討」（『古代文化』四九二、平成十二年一月）。
（6）『続日本紀』神亀二年十一月十日条。
（7）拙稿「日本における昊天祭祀の受容」（『続日本紀研究』三七九、平成二十一年）。また、末尾の初出一覧を参照。
（8）金子修一「唐代皇帝祭祀の親祭と有司摂事」（『中国古代皇帝祭祀の研究』、岩波書店、平成十八年）。
（9）延暦六年は藤原継縄、斉衡三年は藤原良相が勅使として発遣され、両者に共通する官職は「大納言」である。『続日本紀』延暦六年十一月五日条、『日本文徳天皇実録』斉衡三年十一月二十五日条参照。なお、第二章第三節で若干触れているので、合わせて参照されたい。
（10）正月上辛より立春が前となる年は、大宝元年（七〇一）、同二年、慶雲元年（七〇四）、同二年、同四年、和銅元年（七〇八）、同二年、同三年、同五年、同六年、霊亀元年（七一五）、養老元年（七一七）、同二年、同四年、同五年、同七年、神亀元年（七二四）、同三年、同四年、同五年、天平元年（七二九）、同三年の二十二回である（『日本暦日原典』による）。
（11）早川庄八「律令制と天皇」（『日本古代官僚制の研究』、岩波書店、昭和六十一年）。
（12）『日本文徳天皇実録』斉衡三年十一月二十五日条。
（13）河内春人氏は甲子の日に実施したことを、天命思想に基づいた祭祀として改変されたのかもしれないと述べている。河内前掲註(5)論文参照。
（14）『日本文徳天皇実録』斉衡三年十一月十六日・十七日条。
（15）『日本書紀』欽明天皇十四年七月甲子条。

(16) 関晃『帰化人』(至文堂、昭和三十一年)。
(17) 井上光貞「王仁の後裔氏族とその仏教――上代仏教と帰化人の関係に就ての一考察――」(『井上光貞著作集』二、岩波書店、昭和六十一年、初出は昭和十八年)。
(18) 『日本書紀』皇極天皇四年(六四五)六月十三日条。
(19) 『続日本紀』文武天皇四年(七〇〇)三月十日条。
(20) 請田正幸「フヒト集団の一考察――カハチの史の始祖伝承を中心に――」(『古代史論集』上、塙書房、昭和六十三年)。
(21) 井上前掲註(17)論文参照。
(22) 伊吉連博徳書については、和田英松「奈良朝以前に撰ばれたる史書」(岩波講座『日本歴史』十、昭和十年)、岩橋小弥太「上代の記録と日本書紀」(『上代史籍の研究』上、吉川弘文館、昭和三十一年)、坂本太郎「日本書紀と伊吉連博徳」(『坂本太郎著作集』二、吉川弘文館、昭和六十三年、初出は昭和三十九年)、北村文治「伊吉連博徳書考」(『日本古代史論集』上、吉川弘文館、昭和三十七年)、山田英雄「伊吉連博徳書と地名」(『新潟史学』二、昭和四十五年)、加茂正典「『伊吉連博徳書』の再検討――その執筆動機に就いて――」(『文化史学』四十、昭和五十九年)などの研究がある。
(23) 『冊府元亀』(巻一〇七、朝会)開元八年(七二〇)十一月条に、「中書門下奏曰。(中略)其日亦祀二圜丘一。皆令下摂二官一行事上。質明既畢。日出視レ朝。国家已来。更無二改易一。縁二新格一。将三其日祀二圜丘一。遂改用二小冬至一受レ朝。若親二拝南郊一。受レ朝須レ改。既令二摂祭一。礼不レ可レ移。伏請二改正一。従レ之。因勅。自レ今冬至日受レ朝。永為二嘗式一。」とある。
(24) 坂本前掲註(22)論文参照。さらに坂本氏は続けて、直接にはもとより自らの功績を伝えて、その地位の向上を図り、間接には氏の権威をも高める悲願を、彼はその書に託して、『日本書紀』の編修者に提出したものではあるまいかと述べている。また、『日本書紀』(『六国史』、吉川弘文館、昭和四十五年)では、明確な史料はないと断った上で、大宝律令の撰修に与った人は、刑部親王のほか、藤原不比等・下毛野朝臣古麻呂・伊吉連博徳・伊余部連馬養などと見え、これらの中には書紀の撰修に与ってもおかしくない人があると述べる。
(25) 北村前掲註(22)論文参照。
(26) 加茂前掲註(22)論文参照。

(27) 坂本前掲註(22)論文参照。

(28) 『続日本紀』天平宝字元年（七五七）十二月九日条に、大宝律令撰定より賜った功田十町は、下功として子に伝えることが許され、そこには「従五位上伊吉連博徳」とある。

(29) 『続日本紀』神亀二年十一月十日条。

(30) 『続日本紀』文武天皇四年（七〇〇）十二月十七日条。

(31) 『続日本紀』大宝三年（七〇三）二月十五日条。

(32) 北村前掲註(22)論文参照。

(33) 角田文衞「首皇子の立太子について」（『日本歴史』二〇一、昭和四十年）、前川明久「聖武天皇の養育者と藤原氏」（『続日本紀研究』一五八、昭和四十六年）、野田秀雄「聖武天皇の即位」（『仏教史研究』六、昭和四十七年）、木本好信『奈良朝政治と皇位継承』（高科書店、平成七年）、大久保あゆみ「聖武天皇の即位と左大臣長屋王」（『政治経済史学』三七〇、平成九年）、東野治之「元正天皇と赤漆欟木厨子」（『橿原考古学研究所論集』十三、吉川弘文館、平成十年）、吉川敏子「天平二十一年四月甲午宣命に見る聖武天皇の意識――天智朝の画期と自身の血縁――」（『続日本紀研究』三六七、平成十九年）などを参照。

(34) ここでいう大行天皇が文武天皇であるということについては、二宮正彦「大行天皇考」（『史想』六、昭和三十二年）参照。

(35) 薗田香融「護り刀考」（『日本古代の貴族と地方豪族』、塙書房、平成四年）。

(36) 『続日本紀』養老元年（七一七）三月九日条。養老度の遣唐使の帰朝について、同書養老二年十月二十日条に大宰府に到着した記事が見え、開元五年（七一七）の唐朝の冬至儀礼に参列している可能性が考えられる。

(37) 『続日本紀』神亀二年十一月十日条に、「十一月己丑。天皇御二大安殿一。受二冬至賀辞一。親王及侍臣等奉二持奇翫珍贄一。進レ之。即引二文武百寮五位已上及諸司長官。大学博士等一。宴飲終日。極楽乃罷。賜レ禄各有レ差」と見られる。聖武天皇が冬至儀礼を行ったことについて、保坂佳男氏は、冬至は日の活力が再生する嘉日であり、基王誕生の祝賀と、それを受けての立太子を行う時期にふさわしいと述べる（「奈良時代の冬至――聖武皇子の立太子儀に関連して――」（『続日本紀研究』二六二、平成元年））。また、神谷正昌氏は、元明天皇・元正天皇と女帝が二代続いた後、待望の天武天皇直系の天皇であったことから、自らを帝王の中の帝王として、さらに荘厳化しようとしたのではないかと述べる（「冬至と朔旦冬至」〈『日本歴史』六三〇、平成十二年〉）。

(38)『続日本紀』養老四年八月三日条。

(39) 林陸朗「桓武天皇の政治思想」（『平安時代の歴史と文学』歴史編、吉川弘文館、昭和五十六年）。

(40)『続日本紀』神亀五年（七二八）十一月十三日条、同書天平二年（七三〇）十一月五日条、同書天平四年（七三二）十一月二十七日条。

(41) 河内前掲註(5)論文参照。

第四章　山陵祭祀より見た皇統意識の再検討

はじめに

山陵における奉幣の儀は、諸陵寮が中心となり全山陵に対して行われる荷前常幣、当今の天皇との血縁関係から奉幣対象が決定される荷前別貢幣、さらに淳和天皇以降には、即位に際しても、山陵に対する奉告の奉幣が恒例化している。特に荷前別貢幣は、国忌と同様に、天智天皇・光仁天皇・桓武天皇の三天皇陵は永世不廃として省除されることなく奉幣対象となっていることから、桓武天皇以降に、天智天皇系の皇統を重視し、中国の宗廟祭祀に倣ったものであるという説が見られる。

主な山陵祭祀に関する諸説の一部を紹介すれば、新井喜久夫氏[1]は主として常幣対象陵墓を考察し、継体天皇・欽明天皇朝の頃に先皇祭祀が開始されたこと、推古天皇朝の頃に先皇・大后・有功王墓も対象となり、大宝令により先皇陵と皇親墓の区分が確実となるが、藤原不比等を祭祀対象墓に編入することにより、有功王墓制から有功臣墓制へと変化することを、指摘した。岡田精司氏[2]は、荷前使発遣は「大王家の祖先神に新穀を捧げる形」であり、次第に血縁原理に変化し、先皇陵に皇親墓が編入され、「別貢幣」対象の被葬者は理念的に天皇自身より上位の存在であり、「常幣」は横並びの関係と考察した。林陸朗氏[3]は、天子七廟制と国忌が結合し、桓武天皇による中国政治思想導入という観点から、中国における宗廟制を日本に導入する意図があったと考える。服藤早苗氏[4]は、桓武天皇が天智天皇系新王統の認識に基づいて「郊祀」を実施したが定着せず、中国の皇帝祭祀のいま一つの重要な宗廟祭祀を導入したと述べる。田中聡氏[5]は、山陵における奉幣のパターンを「天智起点型」「桓武起点型」「先代回顧型」「単発型」と分類した。北康宏氏[6]は常幣の成立に関して、中国では王朝が長期に永続することがなく山陵数も少ないことから日唐両者を同列に論ずるわけにはいかず、一斉奉幣となると中国の陵墓祭祀とは明らかに異質であり、模倣では説明がつきにくく、血縁的出自意識が希薄で宗廟制すら受け入れなかった律令国家が事業を興すのには、独自の目的があったと考えるべきであるという見解を示している。

これら先学の一部に見られる、天智天皇系の皇統を重視、あるいは天智天皇を皇統の太祖とする考え方に、まったく疑問の余地がないわけではない。その疑問点は、第一に、奈良時代において元明天皇をはじめ聖武天皇・孝謙天皇の即位宣命に天智天皇の定めたとされる「不改常典」が引かれていることである[7]。第二に、天智天皇の国忌はすでに大宝二年（七〇二）には設置されていること[8]、第三に、天平勝宝七歳（七五五）には聖武太上天皇の枕席安らかならざるにより、天智天皇陵をはじめ各山陵および藤原不比等墓に奉幣が行われていることである[9]。これは、天武天皇系皇統の続く奈良時代と、光仁天皇即位以後の天智天皇系直系皇統とを区別して考えるときに、奈良時代と平安時代とで天智天皇に対する認識が変わるのか否かが、大きな問題となろう。

光仁天皇の即位により、天武天皇系から天智天皇系に皇統が移ったとはいえ、そこに天智天皇系の直系皇統による新王朝概念を再検討する必要性があることは、筆者がこれまでの章で述べてきた。本章では、奈良時代における天智天皇を祭祀の対象などとした例を踏まえ、直系皇統意識のみで天智天皇・光仁天皇・桓武天皇の三天皇が祭祀の対象となったことを考えるのではなく、古代国家にとって、この三天皇が重要であった点に着目して検討したい。

一　二つの皇統意識

――祖先からの直系皇統意識と当今天皇との「親疎」による皇統意識――

平安時代における三天皇の追慕に関する認識の検討に入る前に、やや蛇足になるが、問題点を整理するために、「皇統意識」という概念を「皇位継承」と「祖先崇拝」の二つの場合に区別して考えておきたい。祖先からの直系皇統意識として、中世の史料となるが、非常に強く天智天皇系皇統意識が見られるのは、一条兼良による『江次第鈔』である。

『江次第鈔』第三、正月、国忌

今案天子七廟或有二九廟之説一。故陽成天皇以前或八廟或七廟。其数不レ定。然光孝以来定為二九廟一。其中以二天智一為二太祖一。蓋天武天智皆舒明之子。然文武至二廃帝一天武之裔即位。天智之流如レ絶。爰光仁天皇為二田原之皇子一而因二群臣推戴一得レ登二帝祚一。於レ是。天智之流勃興。加之天智天皇始制二法令一。謂二之近江朝廷之令一。天下百姓因レ准レ之。爾来至レ今皆天智之一流。而為二太祖之廟一豈不可乎。又光仁已為二中興之主一故為二第二世一。桓武創二平安京一故為二三世一。光仁桓武比二周之七廟一。文世室武世室所謂劉子駿。九廟之説也。其余随レ世互有二廃置一。然而仁明光孝醍醐其徳蓋天下不レ忍レ毀レ之。是以後世聖君遺詔不レ立二山陵国忌一。其意者不レ可レ過二七廟一故也。（後略）

第一章第四節でも述べた通り、『江次第鈔』においては、文武天皇からは天武天皇の皇統が続き、光仁天皇の即位によってこれまで断絶していた天智天皇の皇統に替わる。それ以降は天智天皇系の皇統が続いており、天智天皇を太祖、光仁天皇を中興の祖として二世、桓武天皇は平安京を造り三世と認識している。これは、両統迭立や南北朝時代を経て一段と直系皇統を意識した一条兼良の時代の認識によるものといえよう。

表2　即位奉告の対象

天　皇	即位奉告対象山陵（奉幣年月日）	出典および備考
淳和天皇	柏原山陵（桓武天皇陵、弘仁十四年四月二十五日）	日本紀略
仁明天皇	柏原長岡二山陵（桓武天皇・藤原乙牟漏陵、天長十年三月五日）	続日本後紀
文徳天皇	深草山陵（仁明天皇陵、嘉祥三年四月十六日）	日本文徳天皇実録
清和天皇	山階・柏原・嵯峨・深草・真原山の五陵（天智天皇・桓武天皇・嵯峨天皇・仁明天皇・文徳天皇の五陵、天安二年十一月五日）	日本三代実録
陽成天皇	田邑山陵（文徳天皇陵、貞観十八年十二月二十七日）	日本三代実録
光孝天皇	山階・柏原・嵯峨・深草の四陵（天智天皇・桓武天皇・嵯峨天皇・仁明天皇の四陵、元慶八年二月二十一日）	日本三代実録
宇多天皇	『日本紀略』仁和三年条には、伊勢大神宮および五畿七道諸社への奉幣はあるが、山陵への奉告は見えず。	冷泉天皇まで同様

先学では、祖先からの直系皇統意識について別貢幣の成立と関連させて考える田中聡氏が、天智天皇を「血統の起点、天智―光仁以下父系皇統の子孫」のみを対象とする別貢幣が、桓武天皇のもとで成立したと位置付ける[10]。また、岩田真由子氏は「嵯峨天皇は異母弟淳和天皇との間に擬制的父子関係を設定し、これを契機にかえって血縁関係の有無が明確に意識され、直系皇位継承を志向する集団へ変化。結果として幼帝が出現することとなる」との見解を示している[11]。本章では祖先からの直系皇統意識について、特に皇位継承の時に顕著に現れると考え、即位奉告の奉幣を取り上げたい。簡単に即位の奉告対象を示すと、表2の通りである。

淳和天皇即位の時は桓武天皇（父）[12]、仁明天皇即位の時は父である嵯峨太上天皇が存命のためか桓武天皇（祖父）と藤原乙牟漏（桓武天皇皇后）[13]、文徳天皇の即位時は仁明天皇（父）[14]というように、淳和天皇以降は、即位の際に伊勢大神宮とは別に山陵にも奉幣することが恒例化した。この時点での奉幣対象は、文徳天皇までは父、あるいは祖父母の範囲である。しかし、清和天皇の即位奉告は、父である文徳天皇（真原山陵）、祖父の仁明天皇（深草山陵）、曽祖父の嵯峨天皇（嵯峨山陵）に対して奉幣し、さらには天智天皇（山階山陵）と桓武天皇（柏原山陵）までが対象となっていることに注目される。天智天皇系の直系皇統概念では、太祖と位置付けられる天智天皇に対して、文徳天皇以前は即位の際の奉幣は行われていない。また、桓武天皇は清和天皇の高祖父にあたり、常幣の視点からは高祖父は奉幣対象となっている。しかし、常幣は、神代三陵以来のすべての陵墓に対して奉幣を行うものであり、時代が経つほど対象陵墓は増えつづけることになるので、山陵を特定する場合は臨時奉幣に限って考えるのが妥当であろう。別貢幣において高祖父までを奉幣対象とする例は、後述する『延喜式』以降のことである。(15) 清和天皇より譲位された陽成天皇の即位奉告は、祖父である文徳天皇陵のみとなっており、(16) 清和天皇の即位奉告の奉幣では、嵯峨天皇までを直接的な直系と認識していたと考えられよう。岩田氏の述べるごとく、嵯峨天皇以降に直系皇位継承を志向するようになると考えるならば、皇太子時代の問題(17)や史上初の幼帝の即位という異例の事態に対し、安定した皇位継承を人臣に示すための特別措置により、それまでの父・祖父よりも一世代前の嵯峨天皇までも対象としたと解するのが妥当であろう。

光孝天皇の即位奉告に至り、再び天智天皇・桓武天皇陵までもが対象となっている。(18) 光孝天皇にとって嵯峨天皇は祖父、仁明天皇は父にあたり、これまでも通常は祖父までが対象範囲となっていた。宇多天皇より冷泉天皇までは、『日本紀略』に伊勢大神宮および五畿七道諸社への奉幣記事は見えるが、山陵への奉告は見えない。円融天皇の即位奉告時は、山陵使を発遣する旨のみで対象は不明である。(19) 花山天皇の即位奉告時は、割註の形で、山階（天智天皇）・柏原（桓武天皇）・嵯峨（嵯峨天皇）・深草（仁明天皇）・後田邑（光孝天皇）・後山階（醍醐天皇）・村上（村上天皇）の各陵と宇治墓（藤原冬嗣）に対して奉幣が行われたことが記されている。(20) 一条天皇の即位奉告時は、山陵使を立てるという記事のみである。(21) 三条天皇の即位奉告時は、山階（天智天皇）・柏原（桓武天皇）・嵯峨（嵯峨天皇）・深草（仁明天皇）・後田邑（光孝天皇）・後山階（醍醐天皇）の各陵と宇治墓（藤原冬嗣）が対象とされた(22)。

即位奉告の対象となる山陵の変遷から、花山天皇以降の事例は宇治墓も加えられているため、延長八年（九三〇）に天皇陵七陵が固定化した別貢幣の対象に倣っていると推測される（嵯峨天皇・村上天皇陵が対象となるなどの変動が見られる）。また、清和天皇と光孝天皇の即位奉告は天智・桓武天皇陵にまでが奉幣対象とされているが、その間の陽成天皇即位の時は祖父の文徳天皇陵のみで、奉幣の対象は非常に流動的といえ、両天皇が対象となったのには別の理由を推測できる余地がある。

即位奉告の例ではないが、陽成天皇の元服奉告の奉幣の際は、天智天皇・仁明天皇・文徳天皇・清和天皇の各山陵が対象とされた(23)。ここで陽成天皇と直接的に直系でつながるのは曽祖父である仁明天皇までである。また、桓武天皇陵は対象に入っていないことに注意が必要である。この元服奉告と即位奉告の奉幣を総合的に考えれば、清和天皇の即位奉告の時に天智・桓武両天皇陵が奉幣対象となったことについては、直系皇統意識とは異なった認識が存在する可能性が浮上するのである。天智・桓武両天皇に対する認識は直系皇統意識とは異なり、次節で述べる『政事要略』の認識と一致するものと、筆者は推測している。

「親疎」による皇統意識について、荷前別貢幣の対象と国忌の対象が密接に関わることは、早くから中村一郎氏によって指摘され(24)、高野新笠の国忌が「親尽之義既著」(25)との理由から廃されることなどの例が確認できる。両者が密接に関わるという点から考えると、やはり延暦十年（七九一）の国忌省除令が問題となろう。

『続日本紀』延暦十年三月二十三日条

癸未。太政官奏言。謹案二礼記一曰。天子七廟。三昭三穆与二太祖之廟一而七。又曰。舎レ故而諱レ新。注曰。舎二親尽之祖一。而諱二新死者一。今国忌稍多。親世亦尽。一日万機。行レ事多滞。請親尽之忌。一従二省除一。奏可之。

中国において、国忌の省除が宗廟の入れ替えと一体であることは、堀裕氏が指摘する。(26)先にも述べたが、服藤早苗氏(27)は、桓武天皇は光仁天皇が天帝の命を受けて新王朝を創めた始祖であるとの認識に基づいて「郊祀」を実施したが定着せず、中国の皇帝祭祀のいま一つの重要な宗廟祭祀を導入、延暦十年の国忌改革は天智天皇を始祖とする直系祖先陵墓祭祀の整備と位置づけ、宗廟祭祀として別貢幣が類似のものであると指摘した。また吉江崇氏(28)は、山陵祭祀が明確な形で宗廟祭祀と類似するものと理解されるのは、桓武天皇朝よりも遅れると考えるのが自然と指摘し、両氏ともに中国の宗廟祭祀との類似性を考える。本書では、次の第五章で古代日本の宗廟に関する概念の再検討を行うが、この国忌省除令は、宗廟制度などの導入を明言したものではなく、国忌が多くなり国政に支障をきたすため「請親尽之忌。一従省除」と奏請し裁可されたものであり、註に引く「舎親尽之祖。而諱新死者」という省除基準を明確にしたものと理解するのが妥当であると考える。(29)国忌以外にも基準を中国の宗廟に求めた例が存在するので参考にしたい。

『日本三代実録』貞観十年（八六八）二月十八日、二十五日条

十八日壬午。野火焼二損田邑山陵兆域中之樹木一。

廿五日己丑。詔下二公卿及諸儒一。博議三山陵火災並為二礼制一。従四位下行博士兼伊予権守大春日朝臣雄継議曰。礼記曰。有レ焚二其先人之室一。則三日哭。然則当二拠レ礼而行一レ之。文章博士従五位下兼後権介巨勢朝臣文雄議曰。漢書曰。武帝建元六年四月。高園便殿火。帝素服五日。昭帝元鳳四年五月孝文廟正殿火。帝及群臣皆素服。山陵失火。未レ見二故実一。至二于宗廟一。前聞如レ此。公卿本二乎漢家之故事一。斟二酌礼度之所一レ宜。取二文雄議一而奏。於レ是。帝避二正殿一。服二錫紵一撤二去常膳一。進二御蔬菲一。輟レ朝五日。公卿及諸近臣皆去二彩舫一。一准二凶儀一。遣二使於山陵一。告二以事由一。（後略）

文徳天皇の田邑陵が火災に遭い、その対処方法について公卿および諸儒に諮ることになる。その中で巨勢文雄の見解は、まず、『漢書』では宗廟から失火の場合は皇帝および群臣は素服とされることを引き、続けて中国において山陵からの失火の例は見られないことも述べた。そして「漢家の故事」として宗廟の失火の例を採用し、清和天皇は正殿を避けて錫紵を服し常膳を撤去したとされる。この場合に宗廟の例を採用しているとしても、中国の故実に山陵からの失火の例が存在しないためであり、貞観十年の段階においても、宗廟と山陵とは概念的に明確に区別されていることが確認できる事例である(30)。

次に問題となるのが、延暦四年の早良親王廃太子の奉告の対象山陵となった後佐保山陵に関する問題であろう。この奉幣は廃太子に関わるものであり、祖先からの直系皇統意識の方に区分すべきとの見解もあろうが、これは即位奉告等の皇位継承と時を同じくするものではないため、本書ではあえて、当今天皇からの「親疎」による皇統意識に区分する。

『続日本紀』延暦四年十月八日条

庚午。遣二中納言正三位藤原朝臣小黒麻呂。大膳大夫従五位上笠王於山科山陵。治部卿従四位上壹志濃王。散位従五位下紀朝臣馬守於田原山陵。中務大輔正五位上当麻王。中衛中将従四位下紀朝臣古佐美於後佐保山陵一以告下廃二皇太子一之状上。

後佐保山陵の比定については第二章第三節でも触れたが、改めて述べておくと、従来説の比定は、山科陵を天智天皇、田原山陵を光仁天皇、後佐保山陵を聖武天皇と考えてきた。しかし、平成十三年（二〇〇一）に吉川真司氏によって、山科は変わらず天智天皇であるが、田原を施基皇子とし、後佐保を改葬前の光仁天皇陵に比定する見解が発表された(31)。この問題は現在なお議論されているところであり(32)、本書では後佐保山陵の比定に関する明言は控えるが、従来説と吉川説の両説の立場から検討を加えたい。

まず、従来説の立場からは、先学において、すでに桓武天皇には「天武—聖武の皇統を積極的に否定する意思はなかった」[33]であるとか、「先朝を尊び、むしろこれを継いで、新時代を導き出すのが本意であった」[34]との見解があり、天智天皇系の直系皇統意識を強調しない私見と矛盾は生じない。吉川説の場合は、天智天皇—施基皇子—光仁天皇—桓武天皇という直系の意識が明確といえるか否かが焦点となろう。施基皇子は霊亀二年（七一六）に薨去し、「春日宮天皇」と追尊されたのは光仁天皇即位から一カ月後の宝亀元年（七七〇）十一月[35]、国忌の設置は宝亀二年五月のことである[36]。施基皇子以前の追尊天皇に関する例は、文武天皇の父である草壁皇子の国忌設置が慶雲四年（七〇七）四月[37]、「岡宮御宇天皇」との追尊は天平宝字二年（七五八）八月[38]、さらに、天平神護元年（七六五）十月の称徳天皇の紀伊行幸の途上に草壁皇子の山陵の前を通過する際には、百官に詔して下馬させるなど、相当の敬意を窺い知ることができる[39]。また、淳仁天皇の父である舎人親王に対しては、天平宝字三年六月に「崇道尽敬皇帝」と追尊されている[40]。追尊天皇の例ではないが、中国において父を越えて皇帝として王朝を開き、父を敬って太上皇を追尊する例があり、一例として『漢書』高帝紀六年十二月甲申条が挙げられる[41]。そこでは高祖（劉邦）は父である太公を五日ごとに朝し、この時に太公は家令の諫言を聞き入れ、高祖に対して、実の子であろうとも皇帝である以上は人主であり、自らは父と雖も臣下であるので、自分のために人主が天下の法を乱すことへの疑問を提起した。その後、高祖は父太公に太上皇の称号を贈っていることが確認される。

施基皇子の追尊の例だけを見れば、光仁天皇即位に伴う天智天皇系の皇統意識の表れと考えられる。しかし、奈良時代には父を越えて即位した場合は、国忌の設置や尊号を贈るなどの例があり、光仁天皇は父の追尊において、この例に倣ったと考えられないだろうか。村尾次郎氏によって、桓武天皇は光仁天皇に対して孝養を尽くしていたとの見解が示されており[42]、父帝である光仁天皇が、施基皇子を追尊し国忌を設置したことや、早良親王を皇太弟に定めたことを尊重する意思の表れではないかと考えられる。したがって、吉川説の場合においても、先朝の例を尊んでいることが窺え、直系皇統意識（いわゆる天智天皇系新王朝概念）というよりは、当今の天皇から見た「親疎」の順によると考えられよう。

次に別貢幣の対象陵墓の変遷について考察を加えたい。別貢幣対象の変遷をすべて列記することは煩瑣となるため、本書においては特筆すべき点のみ述べることとする（対象陵墓の変遷は表3参照）。まず、天長元年（八二四）には八陵が勅定され、勅使は参議以上若しくは三位以上が勤めることが恒例とされた。

『類聚符宣抄』第四

右大臣宣。奉レ勅。山階。後田原。大枝。柏原。長岡。後大枝。楊梅。石作等山陵献荷前使。宜レ差二参議以上一。若非参議。用二三位以上一。立二恒例一。

天長元年十二月十六日　　大外記宮原宿禰村継奉

『新撰年中行事』八月四日国忌

四日国忌事。西大寺。高野天皇。貞観今案止。

八陵の勅定において注目すべき点は、西本昌弘氏によって発見された『新撰年中行事』の存在である(43)。これにより称徳天皇の国忌は天長元年まで存続していたことが確認された。国忌と別貢幣対象陵墓の選定に密接な関わりがあるという点から考えても、八陵の勅定は国忌の改定に倣ったものであり、これ以前には称徳天皇の山陵も別貢幣の対象となっていた可能性を推測できる。この点から、田中聡氏の述べる別貢幣は「天智—光仁以下父系皇統の子孫」のみを対象とするという見解(44)に疑問が生まれ、再検討が必要となる。称徳天皇が奉幣対象となっていたことは推論の域を出ないが、淳和天皇にとって称徳天皇は「親しみが尽きた祖」であり、国忌の改定と八陵の選定は歴代順の省除が行われた結果といえよう。

『延喜式』における十陵八墓は、平城天皇陵と文徳天皇生母の藤原順子陵を除き、今上である醍醐天皇の祖父

※奈良時代の奉幣の事例と別貢幣の変遷を天皇陵七陵が固定化する延長８年までを図表化したもの。

天安２年	貞観14年	元慶元年	元慶８年	延喜諸陵式	延長８年	備　　考
○	○	○	○	○	○	
○	○	○	○	○	○	
○	○	○	○	○	○	
○	○	○	○			
○	○	○				
○	○	○	○	○	○	
○	○	○	○	○	○	
○	○	○	○	○		
				○	○	
					○	
○						
○	○	○	○	○	○	江家次第では省除
	○	○	○			
			○	○	○	
				○	○	
○	○	○	○	○	○	
○	○					
○	○					
○	○	○				
	○	○			○	
		○	○			
		○	○			
			○	○		
			○	○		
				○	○	
				○	○	
				○	○	
				○	○	
				○	○	
					○	

表3　奉幣対象陵墓一覧（延長8年まで）

陵墓名	被葬者	天平勝宝7歳	天長元年
山科陵	天智天皇	○	○
大内東西陵	天武・持統両天皇	○	
安古陵	文武天皇	○	
眞弓陵	草壁皇子	○	
奈保山東西等山陵	元明・元正両天皇	○	
後田原陵	光仁天皇		○
柏原陵	桓武天皇		○
楊梅陵	平城天皇		○
田原陵	春日宮御宇天皇（施基皇子）		
八嶋陵	崇道天皇（早良親王）		
深草陵	仁明天皇		
田邑陵	文徳天皇		
後田邑陵	光孝天皇		
後山階陵	醍醐天皇		
大枝陵	高野新笠（光仁天皇夫人）		○
長岡陵	藤原乙牟漏（桓武天皇皇后）		○
後大枝陵	藤原旅子（淳和天皇生母）		○
石作陵	高志内親王（淳和天皇妃）		○
後山階陵	藤原順子（文徳天皇生母）		
鳥部山陵（中尾陵）	藤原沢子（光孝天皇生母）		
小野陵	藤原胤子（醍醐天皇生母）		
故太政大臣藤原朝臣墓	藤原不比等	○	
多武峯墓	藤原鎌足あるいは不比等		
宇治墓	藤原冬嗣		
次宇治墓	藤原美都子（冬嗣室）		
愛宕墓	源潔姫（良房室）		
（後）愛宕墓	藤原良房		
贈左大臣藤原氏墓	藤原長良（陽成天皇外祖父）		
贈正一位藤原氏墓	藤原乙春（長良室）		
拝志墓	藤原総継（光孝天皇外祖父）		
八坂墓	藤原数子（総継室）		
高畠墓	仲野親王（宇多天皇外祖父）		
河嶋墓	仲野親王妃		
次宇治墓	藤原基経（醍醐天皇養母温子の父）		
小野墓	藤原高藤（醍醐天皇外祖父）		
後小野墓	宮道列子（高藤室）		
後宇治墓	操子（基経室、人康親王の女、穏子の母）		

である光孝天皇陵と生母の藤原胤子陵を加える。

『延喜諸陵式』

山科陵。近江大津宮御宇天智天皇。在山城国宇治郡。兆域東西十四町。南北十四町。陵戸六烟。

田原東陵。平城宮御宇天宗高紹天皇。在大和国添上郡。兆域東西八町。南北九町。守戸五烟。

柏原陵。平安宮御宇桓武天皇。在山城国紀伊郡。兆域東八町。西三町。南五町。北六町。加丑寅角二岑一谷。守戸五烟。

高畠陵。皇太后藤原氏。在山城国乙訓郡。兆域東三町。西五町。南三町。北六町。守戸五烟。

八島陵。崇道天皇。在大和国添上郡。兆域東西五町。南北四町。守戸二烟。

深草陵。平安宮御宇仁明天皇。在山城国紀伊郡。兆域東西一町五段。南七段。北二町。守戸五烟。

田邑陵。平安宮御宇文徳天皇。在山城国葛野郡。兆域東西四町。南北四町。守戸五烟。

中尾陵。贈皇太后藤原氏。在山城国愛宕郡鳥部郷。陵戸五烟。山四町五段。四至。東限谷。南限田。西限隍。北限谷。

後田邑陵。光孝天皇。在山城国葛野郡田邑郷立屋里小松原。陵戸四烟。四至。西限芸原岳岑。南限大道。東限清水寺東。北限大岑。

小野陵。贈皇太后藤原氏。在山城国宇治郡小野郷。陵戸五煙。四至。東限百姓口分幷観修院山。南限小栗栖寺山幷道。西限檻尾山岑。北限松尾山尾幷百姓口分。

（中略）

多武岑墓。贈太政大臣正一位淡海公藤原朝臣。在大和国十市郡。兆域東西十二町。南北十二町。無守戸。

高畠墓。贈一品太政大臣仲野親王。在山城国葛野郡。墓戸一烟。

河島墓。贈正一位当宗氏。在山城国葛野郡。墓戸一烟。

八坂墓。贈正一位藤原氏。在山城国愛宕郡八坂郷。墓地十町。墓戸一烟。

拝志墓。贈正一位藤原朝臣總継。在山城国愛宕郡鳥戸郷。墓地四町。墓戸一烟。

次宇治墓。太政大臣贈正一位越前公藤原朝臣。在山城国宇治郡。墓戸一烟。

小野墓。（贈太政大臣正一位藤原朝臣高藤。在二山城国宇治郡小野郷一。）

後小野墓。（贈正一位宮道氏。在二山城国宇治郡小野郷一。）

外戚墓は多武峯・藤原総継・藤原数子以外の二墓（藤原長良とその室藤原乙春）が除かれ、高畠墓（仲野親王、桓武天皇皇子、宇多天皇外祖父）、河島墓（仲野親王室、宇多天皇外祖母）、次宇治墓（藤原基経）、小野墓（藤原高藤、胤子の父、醍醐天皇外祖父）、後小野墓（宮道列子、胤子の母、醍醐天皇外祖母）の五墓が加えられた。ここで注目すべき点は、藤原総継・数子が省除せずに残され、醍醐天皇の外戚系統は高祖父母まで対象とされていることである(45)。続いて延長八年（九三〇）の十陵八墓(46)では、文徳天皇を除き醍醐天皇を加えている。本来なら歴代順に仁明天皇以前の山陵から除くべきであるが、朱雀天皇から見れば仁明天皇は高祖父にあたり、すでに『延喜式』の段階でも外戚系統は高祖父母までが対象とされている点に鑑みても、文徳天皇が一番縁遠いと考えられるのである。これ以後、天皇陵七陵は固定化する。それは延長八年以降に崩御する宇多太上法皇、朱雀天皇以後の歴代天皇は薄葬、国忌・荷前の不設置を遺勅したため(47)と考えられる。また、仁明天皇陵は永世不廃といわれることがある。しかし、これは永世不廃なのではなく、追加される天皇陵がなくなったため、省除されず残った結果と考えられよう。

本節のまとめとして、清和天皇の即位奉告の奉幣は、桓武天皇は清和天皇にとっては高祖父にあたるとしても高祖父までが奉幣対象と認識されるのは『延喜式』以降、天皇に対しては延長八年以降であり、高祖父に対する奉幣とは考えにくい。天智天皇系直系皇統概念では太祖と位置付けられる天智天皇陵に対しては、文徳天皇以前や陽成天皇の即位奉告では奉幣が行われておらず、対象の選定が非常に流動的といえる。清和天皇は、史上初の幼帝の即位に対しての特別措置によって、それまでの父・祖父よりも一世代前である嵯峨天皇までも対象としたと解するのが妥当であろう。清和天皇の即位奉告時に天智・桓武両天皇が対象にされたことは、一概に天智天皇系直系皇統の表れとは言いきれないのではないだろうか。別貢幣の省除基準も、基本は歴代順で、当今天皇からの「親疎」によるものである。国忌や別貢幣は天智・桓武両天皇と共に光仁天皇が加えられ、三天皇が永世不廃とされたことは、奈良時代の即位宣命に見られる「不改常典」の用例や天智天皇陵への奉幣の事例をも含めて考えれば、天智天皇系直系皇統意識のみではなく、三天皇に対する当時の認識の再検討が新たに必要となろう。

二　九世紀以降の天智天皇・桓武天皇に対する認識

前節において、天智天皇系直系皇統意識以外にも天智・光仁・桓武三天皇に対する当時の認識を再検討する必要性を指摘した。三天皇に対する認識を考察する前に、直接的に永世不廃規定に関わるものではないが、『礼記』祭法に興味深い記述があるので参考にしたい。

『礼記』祭法第二十三

夫聖王之制二祭祀一。法施二於民一則祀レ之。以レ死勤レ事則祀レ之。以レ労定レ国則祀レ之。能禦二大菑一則祀レ之。能捍二大患一則祀レ之。是故厲山氏之有二天下一也。其子曰レ農。能殖二百穀一。夏之衰也。周棄継レ之。故祀以為レ稷。共工氏之覇二九州一也其子曰二后土一。能平二九州一。故祀以為レ社。帝嚳能序二星辰一以著□レ衆。堯能賞。均二刑法一以レ義終。舜勤二□衆事一而野死。鯀鄣二鴻水一而殛死。禹能脩二鯀之功一。黄帝正二名百物一以明レ民共レ財。顓頊能脩レ之。契為二司徒一而民成。冥勤二其官一而水死。湯以レ寛治レ民而除二其虐一。文王以レ文治。武王以二武功一去二民之菑一。此皆有レ功二烈於民一者也。及夫日月星辰。民所二瞻仰一也。山林川谷丘陵。民所レ取二財用一也。非二此族一也。不レ在二祀典一。

『礼記』に示された祭祀の対象となるべき君主の基準は、①民に法を施した者、②死をいとわず国事を勤めた者、③苦労して国家を安定させた者、④大きな災害を防ぎきった者、⑤大きな国難を防ぎ退けた者が、対象となると記されている。その例として、厲山氏が天下を治めた時に、その子に農という者があり、百穀を播いて殖することに長じていたが、後に夏王朝が衰えてから周の棄がその道を受け継いだため、周は農を祀り稷と称したことや、その他に帝嚳や尭・舜・禹などの君主の例を示す。結びに「この族（たぐひ）に非ざるや、祀典に在らず」と記され、注には「祀典、謂㆓祭祀㆒也」とあり歴代君主の中でも特筆すべき者だけが祭祀の対象となるとされる。つまり、「祀典」の対象となることは、「永世不廃」となることとも関わると考えられる。また、この『礼記』の文章は、『芸文類聚』（巻三十八、礼部上、祭祀）にも掲載されている。したがって、『礼記』祭法の記述が日本において官人たちに理解されていた可能性を窺い知れる（『礼記』の受容については、第七章で詳述する）。そこで、天智天皇・光仁天皇・桓武天皇の各山陵に奉幣する意味（理由）を、天智天皇系直系皇統意識とは一度切り離して考えてみたい。

天智天皇については、国忌は早くから設置され、奈良時代からすでに奉幣の対象になっていたことが確認される。

『続日本紀』大宝二年（七〇二）十二月二日条

十二月甲午。勅曰。九月九日。十二月三日。先帝忌日也。諸司当㆓是日㆒宜㆑為㆓廃務㆒焉。

『続日本紀』天平勝宝七歳（七五五）十月二十一日条

十月丙午。勅曰。比日之間。太上天皇枕席不㆑安。（中略）遣㆓使於山科。大内東西。安古。真弓。奈保山東西等山陵。及太政大臣墓㆒。奉幣以祈請焉。

天智天皇の国忌は、すでに大宝二年の段階で天武天皇と並んで設置されていた。奈良時代における天智天皇の国忌について藤堂かほる氏は、天智天皇の地位は八世紀初頭にはすでに確立していたと指摘する[48]。天平勝宝七歳十月には聖武太上天皇の病気平癒を祈願して山科の天智天皇陵以下の山陵と藤原不比等の墓に奉幣が行われた。

なお、天平二年（七三〇）九月に渤海郡信物を山陵と藤原不比等墓に献じている例があり、この時点で荷前別貢幣が成立したとする議論がある。[49] しかし、そこには「山陵六所」とあるのみで、天智天皇陵に対して確実に奉幣が行われた否かを断定するには材料不足である。

さらに奈良・平安時代を通じて、即位の宣命にしばしば天智天皇の定めたとされる、いわゆる「不改常典」の用例が見られることに注目する。[50] 「不改常典」については、これまでに多くの研究があり、近江令説・皇位継承法説（天智天皇制定説、仮託皇位継承法説）・共同執政説・天皇大権説・律令的専制君主像説・皇統君臨の大原則説・律令法典に基づく統治の正当化説と分類され整理されている。[51] 「不改常典」論については、第六章において改めて言及するので、本章では詳しく述べることは控えたい。しかし、諸説の根底に共通するものは、「国家成立の根本」という言葉に代表されよう。それは聖徳太子以来の「君臣の別」という意識が受け継がれていることを表していると考えられる。[52]

これらの事例を検討に加えると、光仁天皇以降は天智天皇系皇統を重視という視点からは、天武天皇系皇統の続く奈良時代における天智天皇への認識をどう考えるのかという問題が生じることになる。つまり、直系皇統意識のみで、奈良時代と平安時代における天智天皇に対する認識を別々に考えるのは不自然であり、奈良・平安時代を通じての古代律令国家として天智天皇を考えることが必要であろう。その疑問を解く手がかりとなるのは、天智天皇が近江令の制定者という点にあろう。この点に関して、田中聡氏も、天智天皇が重要とされる理由は、特定の血縁系譜関係の起点＝「太祖」であることに加え、その治世に初めて「法」を立てたことが重視されたと指摘する。[53] また、一条天皇朝の明法家である惟宗允亮は、『政事要略』に「此帝御代始撰二律令一」と記し、天智天皇陵について注記した理由は、律令（正確には近江令）を制定した天皇という認識にある。

『政事要略』巻二十九、年中行事十二月下、荷前山科陵。近江大津宮御宇天智天皇。在二山城国宇治郡一。兆域東西十四町。南北十四町。陵戸六烟。

此帝御代始撰二律令一。年代記云。辛未。此年天皇乗馬行事。幸二山科郷一之間。更不二還御一。交二山林一不レ知二其崩所一。以二沓落地一為レ陵云々。依レ有二奇事一亦別所レ注也。人代卌九。

これは惟宗允亮の興味によって注記されたものであるが、一条天皇朝を代表する明法家者の認識であり、一条天皇朝において、天智天皇は律令を制定した天皇として重要視されていたと考えられる。田中聡氏も天智天皇を近江令制定者として位置付けるが、天智天皇系皇統の太祖とするのは、「不改常典」や奈良時代における奉幣の事例からは矛盾を生じることもあり、本書では単純に近江令を制定した天皇とのみ理解したい。『礼記』にも、祀典の対象となる君主として「民に法を施した者」を挙げており、天智天皇に対する認識としては、皇統意識を超越し、奈良時代・平安時代を通じて、我が国において律令制度を導入して国家の向かうべき大綱を示した天皇として崇敬を受け、古代律令国家において最重要の天皇と考えられていたと推測できるのである。同じく律令を制定した天皇として、天武天皇（浄御原令）・文武天皇（大宝律令）が挙げられるが、この両天皇は別貢幣の対象とはなっていない。『弘仁格』[54]序には次のごとく記されている。

蓋聞。（中略）曁二乎推古天皇十二年一。上宮太子。親作二憲法十七条一。国家制法時レ茲始焉。降至二天智天皇元年一。制二令廿二巻一。世人所謂近江朝廷之令也。爰逮二文武天皇大宝元年一。贈太政大臣正一位藤原不比等奉レ勅撰二律六巻。令十一巻一。養老二年。復同大臣不比等奉レ勅更撰二律令一。各為二十巻一。今行二於世一律令是也。（後略）

『弘仁格』における認識は、推古天皇十二年（六〇四）の憲法十七条に法制度の開始を求め、天智天皇が定めたとされる近江令へと続くというものである。しかし、『弘仁格』には天武天皇が定めたとされる飛鳥浄御原令を欠いている。[55]大宝律令は文武天皇朝ではあるが、その編纂に従事したのは藤原不比等とする。天武天皇・文武天皇も律令を制定した天皇ではあるが、『弘仁格』の認識を踏まえれば、やはり天智天皇こそが律令制度を明確にした起点と考えられよう。

次に桓武天皇については、第一に平安京すなわち現在の宮都を定めた天皇との認識が挙げられる。

『日本後紀』弘仁元年（八一〇）九月十日条

丁未。縁遷都事。人心騒動。（中略）詔曰。天皇詔旨良麻止。勅御命乎親王諸王諸臣百官人等天下公民衆聞食止宣。尚侍正三位藤原朝臣薬子者。挂畏柏原朝廷乃御時尓。春宮坊宣旨止為弖任賜比支。而其為性能不能所乎知食弖。退賜比去賜弖支。然物乎百方趁逐弖。太上天皇尓近支奉流。今太上天皇乃譲国給閇流大慈深志乎不知之弖。己我威権乎擅為止之弖。非御言事乎御言止云都都。褒貶許止任心弖。曽无所恐憚。如此悪事種種在止毛。太上天皇尓親仕奉尓依弖思忍都都御坐。然猶不飽足止之弖。二所朝庭乎母言隔弖。遂尓波大乱可起。又先帝乃万代宮止定賜閇流平安京乎。棄賜比停賜弖之平城古京尓遷左牟止奏勧弖。天下乎擾乱。百姓乎亡弊。（中略）又遣使告于柏原陵曰。天皇御命坐。挂畏支柏原大朝庭尓申賜閇止申久。内侍尚侍正三位藤原朝臣薬子者。初太上天皇乃東宮止坐之時尓。東宮宣旨止為弖任賜比支。而其為性乃不能所乎知食弖。退賜比去賜弖支。然物乎百方趁逐弖。太上天皇尓近支奉弖。非御言事乎御言止云都都。褒貶任意弖。曽无所恐憚。又万代宮止定賜之平安京乎毛。棄賜比停賜弖之平城古京尓遷左牟止奉勧弖。天下乎擾乱。百姓乎亡弊。（後略）

嵯峨天皇が薬子の変の後に出した詔と桓武天皇陵への告文の中で、平安京を棄て平城京に遷都することが天下騒乱の基になると考え、桓武天皇が平安京を「万代宮」として定めたことを継承することが天下安泰につながると認識している。ここで注意したいことは、詔と告文中に平城太上天皇については言及するものの、嵯峨天皇朝の認識として、天智天皇あるいは桓武天皇の皇統ということよりも、桓武天皇を現在の宮都を定めた天皇として重要視し、この都を守ることが国家の安泰につながるとの考えが確認できることである。また、清和天皇朝においても、応天門の変において伴善男を配流する際に桓武天皇陵と仁明天皇陵に奉告が行われた。仁明天皇陵は伴善男が山陵に奉仕していたことによるものであったが、桓武天皇陵への告文には、桓武天皇に対し平安京を造作した天皇であるとの認識を持っていることが確認できる。

『日本三代実録』貞観八年（八六六）九月二十五日条

廿五日丁卯。（中略）是日。遣二使於柏原。深草山陵一。告以レ配二流善男等一。（中略）又曰。天皇我詔旨止。掛畏岐柏原御陵尓申賜へ止申久。去閏三月十日夕尓。応天門幷左右楼等有失火事天。忽然焼尽多。此宮波。掛畏岐天皇朝廷乃営作良之米賜天。万代宮と定賜留処奈り。就中尓八省院波。殊留御意天国乃面止作粧賜岐止奈毛聞賜布留。而不慮之外尓有此事。因。天災人火止毛不知志天。昼夜無間久憂念耻畏末り賜布。纔経三ケ月後尓。或人告言久。大納言伴宿禰善男加所為奈。驚怪比賜比天。令所司勘定尓。正身波固争天不承伏止云止毛。子幷従者等乎拷訊須留尓。事既顕天更無可疑。仍須善男与り始天同謀人等乎随法尓斬罪尓当賜介礼。善男加御代々尓奉仕礼留有旧功尓依天。一等減天同遠流賜布。又善男掛畏支山陵乃兆域乃内尓仏堂乎建天死屍乎埋世止在止申事在。仍今令所司委曲勘定。若事有実者。即破堂撥屍天。浄掃比奉仕志米牟。此状乎参議正四位下行右大弁兼播磨権守大枝朝臣音人乎差使天聞奉出賜布。掛畏支山陵平聞食天。天皇朝廷乎平安尓矜賜止。恐美恐美毛申賜波久止申。

桓武天皇が平安京を定めた天皇であるという認識を、前節で考察した清和天皇の即位奉告の奉幣と関連させれば、天安二年（八五八）の即位の段階で天智天皇と桓武天皇に対して直系皇統意識に基づいて奉幣を行ったと考えた場合に、八年後の貞観八年には桓武天皇に対して平安京を造作した天皇としてのみ認識していることとなり、同じ天皇の御代で、即位奉幣は直系皇統意識、謀反の時は平安京を造作した天皇と、同一の天皇に対して認識が変化するのは不自然といえよう。前節で述べたように、光孝天皇以前の即位奉告時に天智天皇・桓武天皇陵が奉幣の対象となるか否かは流動的であること、別貢幣において天皇陵が固定される延長八年（九三〇）以降の即位奉告奉幣の対象は、若干の変動が見られるが（嵯峨天皇・村上天皇陵）、ほぼ別貢幣の対象と一致している山陵が多いことから、十世紀には即位奉告対象もほぼ固定化しているといえる(56)。即位奉告奉幣において天智天皇陵と桓武天皇陵が対象となるのは、両天皇に対する直系皇統意識ではなく、近江令を制定し国家の大綱を示した天皇と、現在の宮都にして「万代宮」たる平安京を定めた天皇に対しての奉幣と考えることが自然であろう。桓武天皇に対する惟宗允亮の認識は、『政事要略』荷前事に「平安宮移レ都帝也。仍亦載レ之。人代第五十。自余陵可レ見レ式」と、桓武天皇を平安京（現在の宮都）に遷都した天皇として記されることからも、これが傍証されよう。天智天皇・桓武天皇の他には、『政事要略』荷前事には、山陵の始まりとされる神代三陵、第一代天皇として神武天皇陵、神に祀られたとして神功皇后陵と応神天皇陵とが記載されているが、桓武天皇以降の天皇陵は『延喜式』を参考にするように指示が注記されている。

桓武天皇に対する認識の第二に、後世の天皇から模範として崇敬されていた点が挙げられる。

『寛平御遺誡』

延暦帝王。毎日御二南殿帳中一。政務之後。解二脱衣冠一臥起飲食。

『寛平御遺誡』には、桓武天皇は毎日紫宸殿に出御し政務を行っていたことが記されている。『寛平御遺誡』は、宇多天皇が醍醐天皇への譲位に際して当時十三歳の新帝に与えた書き置きで、天皇の日常の行動から学問などについての注意が示されており(57)、そこから天皇の政務に関する桓武天皇に対する認識を窺い知ることができる。

ここで本節をまとめておこう。天智天皇に対する認識は、平安時代の朝廷内部では近江令を制定した天皇ということが第一である。これは大化改新の実施や、白村江の敗戦による亡国の危機から脱して律令制の導入を図り、国家の大綱（律令制の導入）を示したことにより、律令国家にとって最重要の天皇と考えられるためであろう。また桓武天皇に対しては、すでに嵯峨天皇朝から「万代宮」たる平安京を定め、現在の都の基礎を作った天皇として認識されていたことが確認でき、政務に関する面からも、『寛平御遺誡』に引かれるごとく天皇の模範たる天皇としての認識もあったのであろう。

三　光仁天皇に対する認識

最後に光仁天皇に対する認識について考察を加える。光仁天皇の山陵については『政事要略』荷前事には見られず、明法学者惟宗允亮の興味からは光仁天皇に対する認識は確認できない。また、これまで光仁天皇の人物像はあまり触れられずにいた。本節においては、天智天皇系直系皇統意識以外に光仁天皇に対する認識が確認されるか否かを検討したい。

まず、重要と考えられるのが道鏡事件である。道鏡事件に関係して、近年の研究では鷺森浩幸氏が、道鏡の即位は、称徳天皇自身にこれまでの皇統に属する者による皇位継承が途絶えることの認識があってしかるべきとして、称徳天皇主体説によって理解すべきであるという見解を出した(58)。いずれの側が主体であったかということは議論が大きく分かれるところであるが、特に重要なのは、和気清麻呂が「我が国家は開闢以来、君臣定まれり。臣を以て君と為ること、未だ之有らざる也。天つ日嗣は、必ず皇緒を立てよ。無道の人は、宜しく早く掃除すべし(59)」という宇佐八幡の神託を持ち帰ったことによって、道鏡の即位がなくなったということである。道鏡が皇位を狙ったことは、これまでの皇位が皇統に属する者によって継承されるあり方が崩壊しようとする、国家開闢以来の皇統断絶の危機と理解できるのである(60)。

これに関連した白壁王の立太子の状況については、すでに第一章第二節で述べたので、本章では特に光仁天皇即位の宣命に注目する。

『続日本紀』宝亀元年（七七〇）十月朔日条

宝亀元年冬十月己丑朔。即㆓天皇位於大極殿㆒。改㆓元宝亀㆒。詔曰。天皇我詔旨勅命乎親王諸王諸臣百官人等天下公民衆聞食宣。掛母恐伎奈良宮御宇倭根子天皇去八月尓此食国天下之業乎拙劣朕尓被賜而仕奉止負賜授賜伎止勅天皇詔旨乎頂尓受被賜恐美受被賜懼進母不知尓退不知尓恐美坐久止勅命乎衆聞食宣。然此乃天日嗣高御座之業者天坐神地坐祇乃相宇豆奈比奉相扶奉事尓依弖志此座者平安御坐弖天下者所知物尓在良之止奈母所念行須。又皇坐而天下治賜君者賢臣能人乎得而志天下乎波平安治物尓在良志止奈母聞看行須。故是以大命坐勅久。朕雖拙弱親王始而王臣等乃相穴奈比奉相扶奉牟事尓依而志此之負賜授賜食国天下之政者平安仕奉止奈母所念行須。故是以衆浄明心正直言以而食国政奏比天下公民乎恵治倍之止奈母所念行須止勅天皇命衆聞食宣。（後略）

この即位の宣命には「不改常典」の用例が見られず、称徳天皇からの天下を託され即位する旨を冒頭に示している。光仁天皇の即位については、長田圭介氏によって、皇位継承権の順位や朝廷における立場では天武天皇の諸皇子たちに劣りはするものの、けっして皇嗣の範囲から除外されたものではないことが窺え、施基皇子の子である光仁天皇即位が可能であったのも、同腹・異腹に関わらず自身たちを兄弟として助け合うことを誓い、「一母同産」のものとして処遇することを宣言した天武天皇八年五月の、いわゆる「吉野盟約」に天智天皇の皇子たる川島皇子と施基皇子が入っており、この「吉野盟約」を前提とした即位に他ならないという見解が示された(61)。また、光仁天皇の皇后は井上内親王であり、聖武天皇の娘婿という関係となる。

これらの点から、白壁王の擁立を進めた藤原永手は、白壁王が立太子して即位することが皇統を護る唯一の道であると認識し、光仁天皇即位の段階においては、宣命によって示されているように称徳天皇からの天下を託され即位することが、当時の朝廷内部、あるいは光仁天皇自身の共通認識であった考えられる。これは天智天皇系皇統という意識よりも、道鏡の即位を阻止し、皇統に属する者による皇位継承のあり方、すなわち皇統君臨の大原則を護持し、開闢以来の皇統断絶の危機を回避した天皇としての認識であると考えられよう。

さらに光仁天皇への崇敬の様子を断片的であるが窺い知ることができる。まず桓武天皇崩伝に「天皇性至孝。及二天宗天皇崩一。殆不レ勝レ喪。雖レ踰二歳時一。不二肯釈一レ服。(62)」とある。この点に関して村尾次郎氏は、桓武天皇は、学問に正対して理解を深めるための実践を重視し、父帝に養・喪・祭の三孝道を完了し礼を修める、人君が到達した究極と位置付けた(63)。桓武天皇崩伝の他には光仁天皇崩御の際に諒闇三年を望んだことや(64)、諒闇解除の後も元日朝賀儀を停止した例(65)などからも、桓武天皇の光仁天皇に対する崇敬の情が推察される。また、延暦四年（七八五）と同六年に行われた郊祀においても光仁天皇が配主とされた。これらは、父である光仁天皇に対する、子としての「孝」の表れといえよう。「孝」は桓武天皇だけに限定されるものではない。また、郊祀は桓武天皇朝に二回、文徳天皇朝に一回しか実施が確認されないが、郊祀の際に光仁天皇が配主されたことは、天智天皇系皇統を継いだ天皇ということよりも、むしろ、別貢幣の対象となる天皇陵が固定する延長年間以前の、光仁天皇に対する認識を表す材料といえよう(66)。

補足として、中世の史料となるが勘解由小路経光の日記である『民経記』では、宝亀年間は不快なことが多くとも「聖代」として認識されていることに注意したい。

『民経記』宝治元年（一二四七）二月二十七日条

廿七日辛亥。巳刻許著二直衣一先参二殿下一。於二御出居方一入二見参一。改元字事昨日於二仙洞一聊評議。前内府一人祇候歟。経範朝臣撰二申代字一。宝治云々。治字在レ下事。一昨日内府被レ尋レ送之趣歟。宝字事有二御沙汰一。先々沙汰之趣粗所二申入一也。宝亀以後無二其例一。其難太重之故也。光仁御宇雖二聖代一。於二宝亀年中一者不レ快事多レ之。如二国史一粗有レ所レ見歟。大外記師兼参レ会。依レ召忩参云々。経範朝臣日来所二付之勘文一今朝又相替云々。是宝治書入故歟。昨日且仙洞評定之時。彼朝臣依レ召祗候云々。

何をもって「聖代」いう認識を持っているのかは不明である。しかし、宝亀年間における不快なことは、皇后井上内親王が天皇を呪詛したことによって廃后となり、他戸親王も連座によって廃太子された事件などが推測できる(67)。このように政情が不安定な御世であるにもかかわらず、後世から「聖代」と仰がれるということは、光仁天皇が後世から崇敬を受けていた事実を物語っているのである。

鎌倉時代に宝亀年間は「聖代」と考えられていたことが確認できるが、実際には、これがどの段階まで遡ることができるかは不明といわざるをえない。しかし、政治的に不安定でも聖代と認識されることは、光仁天皇の即位が単に天智天皇系皇統の復活と捉えられたことのみで考えてよいのであろうか。

八・九世紀段階において直接的に光仁天皇に対する認識を示す史料は乏しい。しかし、即位の段階では、天智天皇系の皇統に移ったことよりも、即位宣命に天智天皇が定めたとされる「不改常典」を引かず、むしろ称徳天皇から国家を付託され皇位継承して即位したということが明確に表れているといえよう。そして即位の背景には、道鏡事件という、開闢以来、皇位は皇嗣に属する者が継承する「皇統君臨の大原則(68)」が崩れようとする国家の危機にあって、『礼記』に示された「大きな国難を防ぎ退けた」君主としての認識が、光仁天皇を考える際に必要であろう(69)。

おわりに

本書が意図するところは、これまで考えられてきた天智天皇系の直系皇統意識という考え方を完全否定するものではない。それは、天武天皇系から天智天皇系に皇位が移ったことは事実であり、国忌や別貢幣の省除の基準は当今の天皇から見た「親疎」によって決定されることも、広い概念では皇統意識という言葉に当てはまるからである。しかし、「親疎」による皇統意識と直系皇統意識（いわゆる天智天皇系新王朝概念）とは別の概念であって、永世不廃山陵も天智天皇系の直系皇統意識のみに基づいて考えると、矛盾が生じることになる。

天智天皇系直系皇統概念では太祖と位置付けられる天智天皇陵に対しては、文徳天皇以前・陽成天皇の即位奉告では奉幣が行われておらず、別貢幣の省除基準も、基本は歴代順に、当今天皇から見た「親疎」によるものである。清和天皇の即位奉告時に天智・桓武両天皇が対象とされた。高祖父が奉幣対称となるのは、少なくとも『延喜式』以降であることを考えれば、清和天皇の即位の段階で天智・桓武両天皇からの直系という認識を持っていたか否かが焦点となる。光孝天皇以前の即位奉告時には天智天皇・桓武天皇陵が対象となるか否かは流動的であり、別貢幣において天皇陵が固定される延長八年（九三〇）以降の即位奉告奉幣の対象は、若干の変動が見られるが、ほぼ固定化していることを考えれば、『政事要略』に現れた惟宗允亮の認識と一致するものと推測でき、天智・桓武両天皇陵は、直系皇統意識以外の理由から即位奉告の奉幣の対象となっている可能性もあるということである。国忌や別貢幣の際には、この両天皇に光仁天皇も加えられ三天皇が永世不廃と位置付けられたことは、奈良時代の事例をも含めて考えれば、天智系直系皇統意識のみではなく、新たに三天皇に対する認識を検討する必要性が生じることとなる。そこで三天皇に対する認識を考察すれば、次のごとく要約される。

天智天皇は、当時の朝廷内部では近江令を制定した天皇ということが第一の認識である。大化改新の実施や、白村江の敗戦による亡国の危機から脱して、律令制の導入を図り国家の大綱を示したことによって、古代律令国家にとって最重要の天皇といえる。桓武天皇に対する認識は、すでに嵯峨天皇朝から「万代宮」たる平安京を定め、現在の都の基礎を作った天皇として認識され、政務に関する面からも『寛平御遺誡』に引かれるごとく天皇の模範たる天皇としても認識されていたことが確認できる。光仁天皇の即位当時の意識について何より重要なのは、即位宣命によって示されているごとく、天智天皇系の皇統に移ったことよりも、称徳天皇から皇位を継承したということである。道鏡事件は、国家開闢以来、皇位は皇統に属する者が継承する「皇統君臨の大原則」が崩れようとする国家の危機であった。そして光仁天皇こそが『礼記』にも記載される「大きな国難を防ぎ退けた」

天皇であるという認識が必要であり、後世に「聖代」と仰がれたことも検討材料に加えなければならない。
今後とも検討しなければならない課題が多いが、別貢幣や国忌などには様々な要素が複合的に絡み合っており、単純に直系皇統意識のみで考えられる問題ではない。たしかに三天皇は系図上、直系につながるが、古代国家という広い視野で考えれば、そこに現れる認識は皇統意識を超越し、律令国家として偉大な業績のあった天皇を崇敬・顕彰する意味で永世不廃であるという視点も必要であろう。

註

（1）新井喜久夫「古代陵墓制雑考」（『日本歴史』二二二、昭和四十一年）。
（2）岡田精司「律令的祭祀形態の成立」「天皇家始祖神社の研究」（『古代王権の祭祀と神話』、塙書房、昭和四十五年）。
（3）林陸朗「桓武天皇の政治思想」（『平安時代の歴史と文学』歴史編、吉川弘文館、昭和五十六年）。
（4）服藤早苗「山陵祭祀より見た家の成立過程——天皇家の成立をめぐって——」（『家成立史の研究』、校倉書店、平成三年、初出は昭和六十二年）。
（5）田中聡「「陵墓」にみる「天皇」の形成と変質——古代から中世へ——」（日本史研究会・京都民科歴史部会編『「陵墓」からみた日本史』、青木書店、平成七年）。
（6）北康宏「律令陵墓祭祀の研究」（『日本古代君主制成立史の研究』、塙書房、平成二十九年、初出は平成十一年）。
（7）『続日本紀』慶雲四年（七〇七）四月壬子条（元明天皇即位）、同書神亀元年（七二四）二月甲午条（聖武天皇即位）、同書天平勝宝元年（七四九）七月甲午条（孝謙天皇即位）。以後は桓武天皇、淳和天皇、仁明天皇、文徳天皇、清和天皇、陽成天皇、光孝天皇、後三条天皇、安徳天皇、四条天皇、後柏原天皇、中御門天皇の即位宣命に見られる。
（8）『続日本紀』大宝二年（七〇二）十二月二日条。
（9）『続日本紀』天平勝宝七歳（七五五）十月二十一日条。
（10）田中前掲註（5）論文参照。

(11) 岩田真由子「元服の儀からみた親子意識と王権の変質」(『ヒストリア』二一三、平成二十一年)。
(12) 『日本紀略』弘仁十四年（八二三）四月二十五日条。
(13) 『続日本後紀』天長十年（八三三）三月五日条。
(14) 『日本文徳天皇実録』嘉祥三年（八五〇）四月十六日条。
(15) 『延喜式』の段階で外戚は高祖父母までが対象となる。西牟田崇生「山陵祭祀の一考察――十陵四墓の変遷を中心に――」(『神道宗教』九十九、昭和五十五年)を参照。
(16) 『日本三代実録』貞観十八年（八七六）十二月二十七日条。
(17) 『吏部王記』承平元年（九三一）九月四日条（『大鏡』裏書）には、皇太子は第四皇子の惟仁親王（後の清和天皇）と決定していたが、文徳天皇は惟仁親王よりも第一皇子である惟喬親王を望み、天皇は良房に遠慮して言い出せず、良房も惟仁親王に辞退をさせるか否か思案していた。この問題は、源信の建言によって収束した旨が記されている。第二章第三節も参照。
(18) 光孝天皇即位もまた特異的なものであり、なお慎重な検討を要する。角田文衛「陽成天皇の退位」(『王朝の映像――平安時代史の研究――』、東京堂出版、昭和四十五年)、河内祥輔「陽成退位の事情」(『古代政治史における天皇制の論理』、吉川弘文館、昭和六十一年)、瀧浪貞子「陽成天皇廃位の真相――摂政と上皇・国母――」(朧谷寿・山中章編『平安京とその時代』、思文閣出版、平成二十一年）など参照。
(19) 『日本紀略』安和二年（九六九）九月二十二日条。
(20) 『日本紀略』永観二年（九八四）十一月四日条。
(21) 『日本紀略』寛和二年（九八六）七月十七日条。
(22) 『日本紀略』寛弘八年（一〇一一）十月二十二日条。
(23) 『日本三代実録』元慶五年（八八一）十二月二十七日条。
(24) 中村一郎「国忌の廃置について」(『書陵部紀要』二、昭和二十七年)。
(25) 『日本三代実録』貞観十四年（八七二）十二月十三日条。
(26) 堀裕「平安初期の天皇権威と国忌」(『史林』八十七―六、平成十六年)。

(27)　服藤前掲註(4)論文参照。

(28)　吉江崇「荷前別貢幣の成立――平安初期律令天皇制の考察――」(『史林』八十四―一、平成十三年)。

(29)　国忌省除令の引く『礼記』ついて付言すれば、「天子七廟。三昭三穆与二太祖之廟一而七」は王制(巻十二)に、「舎レ故而諱レ新」は檀弓下(巻十)に見られるが、「注曰」以下の文章は『礼記正義』には見られない。しかし、『春秋左氏伝』桓公六年伝(巻六)の杜預注に「舎レ故而諱レ新。謂下舎二親尽之祖一。而諱中新死者上」とある。『続日本紀』の本文からは、すべてが『礼記』の引用と読み取れるが、そこには『春秋左氏伝』の文章が混在している可能性が考えられる。中国における宗廟と山陵については、楊寛『中国皇帝陵の起源と変遷』(西島定生監訳、学生社、昭和五十六年)参照。日本の山陵と中国の宗廟は共に先祖を祀るものとして共通するが、中国においては「陵」と「廟」が明確に区別されていることに注意が必要である。延暦十年(七九一)の国忌省除令に宗廟の例が引かれているのは、中国では国忌と宗廟の入れ替えが一体化しているためであり、日本において別貢幣の対象と国忌省除が関わることで、それをあたかも宗廟制度に類似すると考えることには、本来の山陵と宗廟の性質的な違いからすればもっと慎重でありたい。この点に留意して、本書では山陵祭祀と宗廟祭祀を区別して捉えることとする。

(30)　これ以前の『続日本後紀』承和七年(八四〇)五月六日条に、淳和太上天皇の山中への散骨の遺命に対する藤原吉野の奏上の中に「山陵猶二宗廟一也」との文言が見られる。また、『続日本紀』には皇子降誕・二例の祥瑞出現・太上天皇崩御・諒闇解除の詔に「宗廟」の語が五例確認される。さらに「香椎廟」の例などがある。これら「宗廟」「廟」の記述については第五章参照。

(31)　吉川真司「後佐保山陵」(『続日本紀研究』三三一、平成十三年)。

(32)　仁藤敦史「桓武の皇統意識と氏の再編」(『国立歴史民俗博物館研究報告』一三四、平成十九年)、北康宏「「後佐保山陵」の再検討――桓武天皇皇統意識の一断片――」(『続日本紀研究』三七六、平成二十年)、西本昌弘「後佐保山陵覚書」(『続日本紀研究』三八二、平成二十一年)。

(33)　吉田孝「九―一〇世紀の日本」(岩波講座『日本通史』五、平成七年)。

(34)　村尾次郎「延暦の礼文」(『神道史研究』四十二―四号、平成六年)。

(35)　『続日本紀』霊亀二年(七一六)八月十一日条、『続日本紀』宝亀元年(七七〇)十一月六日条。

(36)『続日本紀』宝亀二年（七七一）五月二十九日条。
(37)『続日本紀』慶雲四年（七〇七）四月十三日条。
(38)『続日本紀』天平宝字二年（七五八）八月九日条。
(39)『続日本紀』天平神護元年（七六五）十月十五日条。
(40)『続日本紀』天平宝字三年六月十六日条。
(41)『漢書』巻一下、高帝紀下、六年十二月甲申条に、「甲申（中略）上帰二櫟陽一。五日一朝二太公一。太公家令説二太公一曰。天亡二二日一。土亡二二王一。皇帝雖レ子。人主也。太公雖レ父。人臣也。奈下何令二人主一拝中人臣上。如レ此。則威二重不一レ行。後上朝。太公擁彗。迎レ門卻行。上大驚。下レ扶二太公一。太公曰。帝。人主。奈三何以レ我乱二天下法一。於レ是。上心善家令言。賜二黄金五百斤一」とある。詳細は第十章参照。
(42)村尾前掲註(34)論文参照。
(43)西本昌弘「東山御文庫所蔵の二冊本『年中行事』について――伝存していた藤原行成の『新撰年中行事』――」（『日本古代の年中行事書と新史料』、吉川弘文館、平成二十四年、初出は平成十年）。
(44)田中聡前掲註(5)論文参照。
(45)西牟田前掲註(15)論文参照。
(46)『政事要略』巻二十九、年中行事十二月下、荷前事、延長八年十二月九日付太政官符。
(47)『日本紀略』承平元年（九三一）七月十九日、二十日条。
(48)藤堂かほる「律令国家の国忌と廃務――八世紀の先帝意識と天智の位置づけ――」（『日本史研究』四三〇、平成十年）。律令国家の国忌は「先帝国忌」であり、八世紀の国忌廃務の制度においては、天武天皇が唯一至高の権威とされていた形跡は見られず、むしろ天智天皇の方が名実ともに最高の地位を示しており、八世紀の先帝意識が、父系の血統に基づく「皇統意識」とは異なったことを示すと指摘する。
(49)『続日本紀』天平二年（七三〇）九月二十五日条。服藤早苗氏は天平二年の例を荷前別貢幣の成立と考える。服藤前掲註(4)論文参照。
(50)註(7)参照。

(51) 長田圭介「「不改常典」考」（『皇學館史学』二十三、平成二十年）。「不改常典」に関しては、これまでに膨大な研究史があり、本来であれば「不改常典」についての議論を必要とする。しかし、その検討のみでも相当の紙面を割くため、「不改常典」論については諸説を分類し、それぞれに検討を加えた長田氏の論考に譲り、本書は長田氏の検討結果に立脚した立場をとる。なお、長田氏以降に不改常典を扱う論考は、中野渡俊治「不改常典試論」（『古代太上天皇の研究』、思文閣出版、平成二十九年、初出は平成二十一年）、熊谷公男「即位宣命の論理と「不改常典」法」（東北学院大学論集『歴史と文化』四十五、平成二十二年）がある。また、中野高行「天智朝の帝国性」（『日本歴史』七四七、平成二十二年）も「不改常典」について触れている。

(52) 『日本書紀』推古天皇十二年（六〇四）四月戊辰条の所謂「憲法十七条」に「三曰。承㆑詔必㆑謹。君則天之。臣則地之。天覆地載。四時順行。万気得㆑通。地欲㆑覆㆑天。則致㆑壊耳」、また、「十二曰。国司。国造。勿㆑歛㆓百姓㆒。国非㆓二君㆒。民無㆓両主㆒。率土兆民。以㆑王為㆑主。所任官司。皆是王臣。何敢与㆑公。賦㆓歛百姓㆒」とある。さらに孝徳天皇即位前紀皇極天皇四年（六四五）六月乙卯条に「告㆓天神地祇㆒曰。天覆地載。帝道唯一。而末代澆薄。君臣失㆑序。皇天仮㆓手於我㆒。誅㆓殄暴逆㆒。今共瀝㆓心血㆒。而自㆑今以後。君無㆓二政㆒。臣無㆑貳㆑朝。若貳㆓此盟㆒。天災地妖。鬼誅人伐。皎如㆓日月㆒也」とある。

(53) 田中前掲註(5)論文参照。

(54) 『類聚三代格』巻一、序事、格式序。

(55) 近江令や浄御原令については田中卓「天智天皇と近江令」（田中卓著作集六『律令制の諸問題』、国書刊行会、昭和六十一年、初出は昭和三十五年）、林陸朗「近江令と浄御原律令」（『国史学』六十三、昭和三十四年）などを参照。

(56) 『朝野群載』第十二には、「告御即位由於九陵宣命書様」があり、山階・柏原・嵯峨・深草・後田村・後山階・村上・香隆寺の八陵と後宇治墓の一墓が対象とされている。

(57) 『寛平御遺誡』については、所功「『寛平御遺誡』の復元」（『平安朝儀式書成立史の研究』、国書刊行会、昭和六十年）、その思想内容と特徴については、石野浩司「『寛平御遺誡』および花園天皇『誡太子書』に見られる皇統思想の新展開――『孟子』受容と仁政徳治主義の台頭――」（『石灰壇「毎朝御拝」の史的研究』、皇學館大学出版部、平成二十三年、初出は平成二十二年）参照。

(58) 鷺森浩幸「道鏡――政界を揺るがせた怪僧か――」(栄原永遠男編『古代の人物三　平城京の落日』、清文堂出版、平成十七年)。
(59)『続日本紀』神護景雲三年(七六九)九月二十五日条。
(60) 清水みき「外戚土師氏の地位――桓武朝の皇統意識に関わって――」(朧谷寿・山中章編『平安京とその時代』、思文閣出版、平成二十二年)。清水氏は桓武天皇が天智天皇系の直系皇統意識を持つと考えているが、道鏡に皇位が移る危険性が残されていること、すなわち、称徳天皇が皇太子を定めない政治状況は、律令制下で直面した最大の国家的危機との認識を示している。
(61) 長田前掲註(51)論文参照。
(62)『日本後紀』延暦二十五年(大同元年、八〇六)四月七日条。
(63) 村尾前掲註(34)論文参照。
(64)『続日本紀』天応元年(七八一)十二月二十三日条。
(65)『続日本紀』延暦元年(七八二)十二月二十四日条。
(66) 第二章参照。山部親王(桓武天皇)立太子の状況などの考察から、桓武天皇の実施した郊祀は天智天皇系新王朝概念に基づくのではないことを示し、光仁天皇は配主とした私見を述べた。
(67)『続日本紀』宝亀三年(七七二)三月二日条、宝亀三年五月二十七日条。
(68) 田中卓「天智天皇の不改常典」(田中卓著作集六『律令制の諸問題』、国書刊行会、昭和六十一年、初出は昭和五十九年)を参照。
(69) 同じく後に聖代と仰がれる村上天皇が別貢幣の対象になっていないのは、宇多天皇以降には、国忌・荷前の不設置が恒例となったためであろう。

第五章　古代日本の宗廟観

——「宗廟＝山陵」概念の再検討——

はじめに

第四章では、山陵への奉幣の事例を中心に皇統意識の問題に焦点を当てた。第四章でも述べたが、『続日本紀』延暦十年（七九一）三月二十三日条に記述される「国忌省除令」によって、国忌の省除が中国の「宗廟」の例に基づいて行われたことで、国忌や山陵祭祀の研究の立場から、宗廟制を日本に導入したと考える見解がある。また、『続日本後紀』承和七年（八四〇）五月六日条には、「山陵猶二宗廟一也」とあることから、天皇陵は「宗廟」であると規定しているという見解が散見され、「宗廟＝山陵」のごとく捉えられてきた。しかしながら、宗廟とは、元来は中国において、氏族が先祖に対する祭祀を行う廟のことである。日本では大江匡房以後に、伊勢の神宮や八幡神に対して宗廟の呼称が使われることを考え合わせると、古代の日本において「宗廟＝山陵」と考えられていたとするならば、山陵に対して用いられた宗廟という呼称を伊勢の神宮や八幡神に対して用いることに対して、違和感を拭い去ることができない。したがって、平安時代初期における「宗廟＝山陵」という概念を再検討する必要があるのではなかろうか。本章では、中国における宗廟の事例を参考にしながら、平安時代初期の「廟」と「陵」との概念について考察を加える。

一　「宗廟＝山陵」概念の再検討の必要性

「宗廟＝山陵」という概念として山陵祭祀のあり方から第一に挙げられるものは、第四章で取り上げた荷前奉幣である。この荷前別貢幣対象陵墓省除と国忌の関係が密接であることは、第四章においてすでに述べたところであるが、一例を挙げれば『日本三代実録』貞観十四年（八七二）十二月十三日条に、高野新笠の国忌が「親尽之義既著」との理由から廃されることにより、別貢幣の陵からも除かれていることがわかる(1)。また、別貢幣対象陵墓省除と国忌が密接に関わるとすれば、延暦十年の国忌改定に伴い、桓武天皇朝において宗廟制度を導入したのか否かが問題となるところであろう。

『続日本紀』延暦十年三月二十三日条

癸未。太政官奏言。謹案二礼記一曰。天子七廟。三昭三穆与二太祖之廟一而七。又曰。舎レ故而諱レ新。注曰。舎二親尽之祖一。而諱二新死者一。今国忌稍多。親世亦尽。一日万機。行レ事多滞。請親尽之忌。一従二省除一。奏可之。

この延暦十年の国忌省除令については第四章でもまとめたが、宗廟制の視点から先学の見解を改めて確認しておきたい。林陸朗氏は、天子七廟制と国忌の結合、桓武天皇による中国政治思想導入という観点から、中国における宗廟制を日本に導入する意図であるとする(2)。服藤早苗氏は、桓武天皇は光仁天皇が天帝の命を受けて新王朝を創めた始祖であるとの認識に基づいて「郊祀」を実施したが定着せず、中国の皇帝祭祀のいま一つの重要な宗廟祭祀を導入したとし、延暦十年の国忌改革は天智天皇を始祖とする直系祖先陵墓祭祀の整備と位置づけ、宗廟祭祀として別貢幣が類似のものであると説く(3)。吉江崇氏は、山陵祭祀が明確な形で宗廟祭祀と類似するものと理解されるのは、桓武天皇朝よりも遅れると考えるのが自然であるとする(4)。北康宏氏は、中国では王朝が長期に永続することがなく山陵数も少ないことから、日唐両者を同列に論ずるわけにはいかず、一斉奉幣となると中国の陵墓祭祀とは明らかに異質であり、模倣では説明がつかないといい、血縁的出自意識が希薄で宗廟制すら受け入れなかった律令国家が、事業を興すのに独自の目的があったと考えるべきであるとの論を展開する。(5)

しかしながら、この国忌省除令の内容は、けっして宗廟制度などの導入を明言したものではなく、国忌が多くなり国政に支障をきたすため「請親尽之忌。一従二省除一」と奏請し裁可されたものであり、注に引く「舎二親尽之祖一。而諱二新死者一」という、国忌の省除基準を明確にしたものと理解できる。

次に、「宗廟＝山陵」と考えられている、承和七年（八四〇）の淳和太上天皇の山中への散骨の遺命に対する藤原吉野の奏上について検討したい。

『続日本後紀』承和七年五月六日条

辛巳。後太上天皇顧二命皇太子一曰。予素不レ尚二華餝一。况擾二耗人物一乎。歛葬之具。一切従レ薄。朝例凶具。固辞奉レ還。葬畢釈レ縗。莫レ煩二国人一。葬者蔵也。欲二人不一レ観。送葬之辰。宜レ用二夜漏一。追福之事。同須二倹約一。又国忌者。雖三義在二追遠一。而絆二苦有司一。又歳竟分二綵帛一。号曰二荷前一。論二之幽明一。有レ煩無レ益。並須レ停状。必達二朝家一。夫人子之道。遵レ教為レ先。奉以行レ之。不レ得二違失一。重命曰。予聞。人歿精魂皈レ天。而空存二冢墓一。鬼物憑焉。終乃為レ祟。長貽二後累一。今宜三砕レ骨為レ粉。散二之山中一。於レ是。中納言藤原朝臣吉野奏言。昔宇治稚彦皇子者。我朝之賢明也。此皇子遺教。自使レ散レ骨。後世効レ之。然是親王之事。而非二帝王之迹一。我国自二上古一。不レ起二山陵一。所レ未レ聞也。山陵猶二宗廟一也。縦無二宗廟一者。臣子何処仰。於レ是更報命曰。予気力綿惙。不レ能二論決一。卿等奏二聞嵯峨聖皇一。以蒙レ裁耳。

藤原吉野の奏上について、吉原浩人氏は、天皇陵は宗廟であるとはっきりと規定しており、(6)『続日本後紀』の文中に、「山陵猶二宗廟一也」との文言が見られ、「山陵＝宗廟」と認識しているかのような解釈が成り立つ。しかし、私見では次のように考える。すなわち、この奏上の趣旨は、かつて宇治稚彦皇子が散骨を命じた例であり、これは親王のことであって帝王がなすべきことではないということを示し、山陵を造営しないことへの諫言である。「山陵＝宗廟」と認識していると考えるよりも、「縦無二宗廟一者。臣子何処仰」とあることからも、むしろ祭祀の場としての山陵を造営すべきであるとの強い意志の表れと考える方が自然であろう。

伊勢の神宮と八幡神に対して「宗廟」という呼称を用いる概念は、中世において突如として発生したものとは考えにくい。古代において山陵祭祀や国忌の省除を宗廟制との関連で考えるならば、古代と中世との時代間で「宗廟」に対して異なった概念を持っていると、いわざるをえなくなる。したがって、古代において「宗廟」と「山陵」とを同一視していたか否かを明確にすることは、日本における宗廟観にとって、とても重要な問題である。「宗廟」と「山陵」とを、概念上、明確に区別することによって、平安時代後期以降の宗廟観の形成事情を明らかにすることが可能となるためである。

二　中国における「陵」「廟」の概念

日本における「宗廟＝山陵」という概念を再検討する前に、中国の宗廟と山陵について概要を理解する必要があろう。中国の宗廟制度は、天子七廟「昭穆の制」といわれている。天子は七廟まで祀ることができ、太祖の廟を中心に太祖廟の右前方に昭廟（二世・四世・六世）を、左前方に穆廟（三世・五世・七世）を配置する。そして、八世の皇帝が崩御すると二世を太祖廟に移し、四世・六世はスライドして四世・六世・八世が三昭となる。九世皇帝が崩御したら、三世を太祖廟に移し、五世・七世がスライドして九世が加わり三穆となる。ちなみに諸侯は五廟までで二昭二穆である。

次に中国における宗廟と山陵との関係は、宮殿構造に一致しているという指摘がある。君主の宮殿には、「朝」

と「寝」とがあり、「朝」とは、君主が群臣を朝見し政務を処理する朝廷の所在地である。また、「寝」とは君主の日常生活の場である。ここから君主にとって死後の世界でも「朝」と「寝」とが必要と考えられ、死後の世界での「朝」として「廟」が、「寝」として「陵」が建設されることになる。死後の「朝」と「寝」との関係について、楊寛氏は「霊魂が生前と同様に政務を処理し飲食し起居すると信じられた」[7]と指摘している。

そこで、楊寛氏の研究を参考に、中国における「廟」と「陵」との概念の変遷を、漢代から唐代に至るまで時代順に四項目にわたって整理確認したい。

①「廟」と「陵」の分離

『漢書』列伝、巻七十三、韋賢伝附韋玄成伝

(前略)凡祖宗廟在二郡国六十八一。合百六十七所。京師自二高祖一下至二宣帝一。与二太上皇。悼皇考一各自居陵旁立レ廟。(後略)

『漢書』韋賢伝附韋玄成伝には、「高祖より下、宣帝に至るまで、太上皇、悼皇考ともども、各自ら陵の居する旁に廟を立つ」とある。これによって漢代では、「廟」と「陵」とが、それぞれ分離し別々の建造物であったことが確認できる。

②上陵の礼(後漢)

上陵の礼とは、後漢において、皇帝の即位後に光武帝の原陵に上って墓祭をした儀礼である。同時に祖先の個々に「廟」を建立して祭祀を行う制度を廃止し、歴代祖先の位牌を一つの堂に集めて祀った。

『後漢書』本紀、巻二、顕宗孝明帝紀第二、永平元年(五八)正月条

永平元年春正月。帝率二公卿已下一朝二於原陵一。如二元会儀一。

『後漢書』本紀、巻二、顕宗孝明帝紀第二、永平十八年八月条

秋八月壬子。帝崩㆓於東宮前殿㆒。年四十八。遺詔無㆑起㆓寝廟㆒。蔵㆓主於光烈皇后更衣別室㆒。

永平元年正月条では、明帝が正月元日に朝賀儀と同じように公卿以下を率いて光武帝陵（原陵）を拝謁した。また、永平十八年八月条では、明帝は永平十八年の崩御の際に遺詔として、宗廟を新たに建立することなく、主（霊璽・位牌に相当）を母の光烈皇后廟の更衣別室に置くように命じている。楊寛氏は、「倹約のために廟を建てないというのは口実にすぎず、上陵の礼が確立したことにより、宗廟はすでに重要な役割を失っている」(8)と指摘する。

③上陵の礼の廃止

『晋書』巻二十、志第十、礼中

魏武葬㆓高陵㆒。有司依㆑漢立㆓陵上祭殿㆒。至㆓文帝黄初三年㆒。乃詔曰。先帝躬履節倹。遺詔省約。子以述㆑父為㆑孝。臣以繋㆑事為㆑忠。古不㆓墓祭㆒。皆設㆓於廟㆒。高陵上殿皆毀壊。車馬還㆑厩。衣服蔵㆑府。以従㆓先帝倹徳之志㆒。文帝自作㆓終制㆒。又曰。寿陵無㆑立㆓寝殿㆒。造㆓園邑㆒。自後園邑寝殿遂絶。

魏武帝は高陵に葬られ、後漢の礼に倣って陵上に祭殿を設けた。しかし、魏文帝によって黄初三年（二二二）に高陵上の祭殿は破却された。『晋書』によれば、古くは墓前祭を行っておらず、上陵制度の廃止を命じたことが窺える。これは、将来王朝が交替した際に陵墓の発掘を防ぐためではないかと推測される(9)。この上陵の礼の廃止により、再び廟が優位に立つこととなる。

④唐代における謁陵と仏寺の建立

唐代に入ると、謁陵儀礼が行われている。来村多加史氏の見解によれば、謁陵とは、葬送儀礼の一環であり、皇帝が葬列に加わらず山陵に赴かないため、後日山陵を拝謁する儀礼のことである(10)。

『新唐書』巻十四、志第四、礼楽四、吉礼四、拝陵貞観十三年。太宗謁二献陵一。帝至二小次一。降レ輿。納レ履。入二闕門一。西向再拝。慟哭俯伏殆不レ能レ興。礼畢。改レ服入二寝宮一。執レ饌以レ薦。閲二高祖及太穆后服御一。悲二感左右一。歩出二司馬北門一。泥行二百歩。

『新唐書』巻十四、志第四、礼楽四、吉礼四、拝陵

（永徽）六年正月朔。高宗謁二昭陵一。行レ哭就レ位。再拝擗踊畢。易レ服謁二寝宮一。入レ寝哭踊。進二東階一。西向拝号。久乃薦二太牢之饌一。加二珍羞一。拝哭奠レ饌。閲二服御一而後辞。行レ哭出二寝北門一。御二小輦一還。

『新唐書』巻十四、志第四、礼楽四、吉礼四、拝陵

（開元）十七年。玄宗謁二橋陵一。至二壖垣西闕一下レ馬。望レ陵涕泗。行及二神午門一。号慟再拝。且以二三府一兵馬供。遂謁二定陵。献陵。昭陵。乾陵一乃還。

唐代における謁陵は、貞観十三年（六三九）の太宗が父の高祖の献陵に拝謁、永徽六年（六五五）の高宗が父の太宗の昭陵に拝謁、開元十七年（七二九）の玄宗が五陵（橋陵・定陵・献陵・昭陵・乾陵）を拝謁した、三回しか確認ができない。玄宗が開元十七年に五陵を巡謁したことを反映するごとく、開元十四年から同十九年にかけて編纂された『大唐開元礼』にも「皇帝拝五陵」が記載されている[11]。来村氏のように「政局の混乱や、皇帝が謁陵のために行幸することに莫大な財政負担がかかることから、謁陵は行われなかったと考える[12]」のが一般的である。しかし、『大唐開元礼』に「皇帝拝五陵」が記載されていることは、唐代において謁陵儀礼は概念的には存在し続けているということの表れになろう。

また、永徽六年の高宗が謁陵を行った際には、昭陵からの還御の途中に、菩提寺たる仏寺を建立している例が見られる。

『旧唐書』高宗紀、永徽六年正月二日条

六年春正月壬申朔。親謁二昭陵一。（中略）甲戌。至レ自二昭陵一。於二陵側一建二仏寺一。

その他、『大蔵経』巻五十二の『弁正論』には、煬帝が文帝太陵と元徳太子楊昭荘陵の近くに仏寺を置いたという記述が見られる(13)。

山陵の近くに仏寺を建立することについて、桓武天皇が延暦五年（七八六）に「七廟に奉ずる」との趣旨から梵釈寺を建立したことは(14)、高宗の例に類似するのではないだろうか。延暦十年の国忌改定において「天子七廟」に準ずるとしても、国忌制度や荷前別貢幣等の山陵祭祀は、中国の宗廟祭祀に類似するものや宗廟制度そのものを導入したのではなく、国忌や対象山陵の省除基準を求めたものであって、「陵祭」という概念で考えなければならないであろう。それは、「廟」と「陵」という二つの概念が存在する中で、中国にあっては「廟祭」が優位に立ち「陵祭」は衰退傾向にあったが、日本にあってはその逆に「陵祭」を重視してきたという相違があるからである。

三　日本の宗廟概念

本節では古代日本における「宗廟」概念の検討を行いたい。少々煩瑣となるが、『日本書紀』以下に見られる「宗廟」の用例を以下に挙げておく。

①『日本書紀』に見える「宗廟」の用例

1、崇神天皇十二年三月丁亥条

十二年春三月丁丑朔丁亥。詔曰。朕初承㆓天位㆒。獲㆑保㆓宗廟㆒。明有㆑所㆑蔽。徳不㆑能㆑綏。是以陰陽謬錯。寒暑矢序。疫病多起。百姓蒙㆑災。然今解㆑罪改㆑過。敦礼㆓神祇㆒。亦垂㆑教而綏㆓荒俗㆒。挙㆑兵以討㆓不服㆒。是以官無㆓廃事㆒。下無㆓逸民㆒。教化流行。衆庶楽㆑業。異俗重㆑訳来。海外既帰化。宜㆘当㆓此時㆒。更校㆓人民㆒。令㆖知㆓長幼之次第。及課之先後㆒焉。

2、景行天皇四十年七月戊戌条

秋七月癸未朔戊戌。天皇詔二群卿一曰。今東国不レ安。暴神多起。亦蝦夷悉叛。屢略二人民一。遣二誰人一以平二其乱一。群臣皆不レ知二誰遣一也。日本武尊奏言。臣則先労二西征一。是役必大碓皇子之事矣。時大碓皇子愕然之。逃二隠草中一。則遣二使者一召来。爰天皇責曰。汝不レ欲矣豈強遣耶。何未レ対レ賊。以予懼甚焉。因レ此遂封二美濃一。仍如二封地一。是身毛津君。守君凡二族之始祖也。於レ是。日本武尊雄誥之曰。熊襲既平。未レ経二幾年一。今更東夷叛之。何日逮二于大平一矣。臣雖レ労之。頓平二其乱一。則天皇持二斧鉞一。以授二日本武尊一曰。朕聞。其東夷也。識性暴強。凌犯為宗。村之無レ長。邑之勿レ首。各貪二封堺一。並相盗略。亦山有二邪神一。郊有二姦鬼一。遮レ衢塞径。多令レ苦レ人。其東夷之中。蝦夷是尤強焉。男女交居。父子無レ別。冬則宿穴。夏則住レ樔。衣レ毛飲血。昆弟相疑。登レ山如二飛禽一。行草如レ走レ獣。承レ恩則忘見レ怨必報。是以箭蔵二頭髻一。刀佩衣中。或聚二党類一。而犯二辺界一。或伺二農桑一。以略二人民一。撃則隠草。追則入レ山。故往古以来。未レ染二王化一。今朕察二汝為レ人也。身体長大。容姿端正。力能扛レ鼎。猛如二雷電一。所レ向無レ前。所レ攻必勝。即知レ之。形則我子。実則神人。是実天愍二朕不レ叡。且国不レ平。令下経二綸天業一。不上レ絶二宗廟一乎。亦是天下。則汝天下也。是位則汝位也。願深謀遠慮。探レ姦伺レ変。示レ之以レ威。懐之以レ徳。不レ煩二兵甲一。自令二臣隷一。即巧レ言而調二暴神一。振レ武以攘二姦鬼一。於レ是。日本武尊乃受二斧鉞一。以再拝奏之曰。嘗西征之年。頼二皇霊之威一。提二三尺剣一。撃二熊襲国一。未レ経二浹辰一。賊首伏レ罪。今亦頼二神祇之霊一。借二天皇之威一。往臨二其境一。示以二徳教一。猶有レ不レ服。即挙レ兵撃。仍重再拝之。天皇則命二吉備武彦与二大伴武日連一。令レ従二日本武尊一。亦以二七掬脛一為二膳夫一。

3、神功皇后摂政前紀仲哀天皇九年四月甲申条

夏四月壬寅朔甲辰。（中略）群臣皆曰。皇后為二天下一計レ所三以安二宗廟社稷一。且罪不レ及二于臣下一。頓首奉詔。

4、仁徳天皇即位前紀

四十一年春二月。誉田天皇崩。時太子菟道稚郎子。譲二位于大鷦鷯尊一。未レ即二帝位一。仍諮二大鷦鷯尊一。夫君二天下一以治二万民一者。蓋之如レ天。容之如レ地。上有二驩心一。以使二百姓一。百姓欣然。天下安矣。今我也弟之。且文献不レ足。何敢継二嗣位一登二天業一乎。大王者風姿岐嶷。仁孝達聆。以歯且長。足レ為二天下之君一。其先帝立レ我為二太子一。豈有二能才一乎。唯愛之者也。亦奉二宗廟社稷一重事也。僕之不レ佞。不レ足二以称一。夫昆上而季下。聖君而愚臣古今之典焉。願王勿レ疑。須レ即二帝位一。我則為レ臣之助耳。（後略）

5、允恭天皇即位前紀

五年春正月。瑞歯別天皇崩。（中略）雄朝津間稚子宿禰皇子曰。奉二宗廟社稷一重事也。寡人篤疾不レ足二以称一。猶辞而不レ聴。於レ是群臣皆固請曰。臣伏計之。大王奉二皇祖宗廟一最宜称。雖二天下万民一皆以為レ宜。願大王聴レ之。

6、継体天皇元年二月甲午条

二月辛卯朔甲午。大伴金村大連。乃跪上二天子鏡剣璽符一再拝。男大迹天皇謝曰。子レ民治レ国重事也。寡人不才。不レ足二以称一。願請廻レ慮択二賢者一。寡人不二敢当一。大伴大連伏レ地固請。男大迹天皇西向譲者参。南向譲者再。大伴大連等皆曰。臣伏計之。大王子レ民治レ国最宜レ称。臣等為二宗廟社稷一計不二敢忽一。幸藉二衆願一。乞垂二聴納一。男大迹天皇曰。大臣大連。将相。諸臣。咸推二寡人一。寡人敢不レ乖。乃受二璽符一。

7、継体天皇七年十二月戊子条

十二月辛巳朔戊子。詔曰。朕承二天緒一。獲レ保二宗廟一。兢兢業業。間者天下安静。海内清平。屢致レ豊レ年。頻使レ饒レ国。懿哉摩呂古。示二朕心於八方一。盛哉勾大兄。光二吾風於万国一。日本色色。名擅二天下一。秋津赫赫。誉重二王畿一。所レ宝惟賢。為レ善最楽。聖化憑レ茲遠扇。玄功藉レ此長懸。寔汝之力。宜レ処二春宮一。助レ朕施レ仁。翼レ吾補レ闕。

8、継体天皇二十四年二月丁未朔条

廿四年春二月丁未朔。詔曰。自二磐余彦之帝。水間城之王一。皆頼二博物之臣。明哲之佐一。故道臣陳レ謨而神日本以盛。大彦申レ略而膽瓊殖用隆。及二乎継体之君一。欲レ立二中興之功一者。曷嘗不レ頼二賢哲之謨謀一乎。爰降小泊瀬天皇之王二天下一。幸承二前聖一隆平日久。俗漸蔽而不レ寤。政浸衰而不レ改。但須二其人各以レ類進一。有二大略一者。不レ問二其所レ短。有二高才一者。不レ非二其所レ失。故獲二奉宗廟一不レ危二社稷一。由レ是観レ之。豈非二明佐一。朕承二帝業一於レ今廿四年。天下清泰内外無レ虞。土壌膏腴。穀稼有レ実。竊恐元元由レ斯生レ俗。藉レ此成レ驕。故令三レ人挙二廉節一。宣二揚大道一。流二通鴻化一。能官之事。自レ古為レ難。爰曁二朕身一豈不レ慎歟。

9、舒明天皇即位前紀

以二卅六年三月一天皇崩。九月葬礼畢之。（中略）。詔曰。朕以二寡薄一久労二大業一。今暦運将レ終。以病不レ可レ諱。故汝本為二朕之心腹一。愛寵之情不レ可レ為レ比。其国家大基是非二朕世一。自レ本務之。汝雖二肝稚一慎以言。乃当時侍之近習者悉知焉。故我蒙二是大恩一。而一則以懼。一則以悲。踊躍。歓喜。不レ知二所如一。仍以為。社稷宗廟重事也。我眇少以不レ賢。何敢当焉。当二是時一思三欲語二叔父及群卿等一。然未レ有二可レ噵之時一。於レ今非レ言耳。吾曽将レ訊二叔父之病一。向レ京而居二豊浦寺一。

10、舒明天皇元年（六二九）正月丙午条

元年春正月癸卯朔丙午。大臣及群卿共以二天皇之璽印一献二於田村皇子一。則辞之曰。宗廟重事矣。寡人不レ賢。何敢当乎。群臣伏固請曰。大王先朝鍾愛。幽顕属レ心。宜下纂二皇綜一光中臨億兆上。即日。即二天皇位一。

これら『日本書紀』に見られる用例は、すでに指摘がなされているように、『漢書』文帝紀・高后紀・成帝紀などに出典が求められるものがほとんどであり、『日本書紀』編者の修飾的意味合いが強いものといえよう。しかし、崇神天皇十二年三月丁亥条の「宗廟」の用例を『日本書紀私記』丙本は「クニノミヤ」と読ませ、国家の意味で理解していることに注意する必要があろう。

②『続日本紀』に見える「宗廟」の用例

1、神亀四年（七二七）十一月二日条

十一月己亥。（中略）詔曰。朕頼二神祇之祐一。蒙二宗廟之霊一。久有二神器一。新誕皇子。宜三立為二皇太子一。布告百官。咸令知聞。

2、天平三年（七三一）十二月二十一日条

乙未。詔曰。朕君二臨九州一。字二養万姓一。日昃忘レ膳。夜寐失レ席。粤得二治部卿従四位上門部王等奏一偁。甲斐国守外従五位下田辺史広足等所レ進神馬。黒身白髦尾。謹検二符瑞図一曰。神馬者河之精也。援神契曰。徳至二山陵一則沢出二神馬一。実合二大瑞一者。斯則宗廟所レ輸。社稷所レ貺。朕以二不徳一何堪二独受一。天下共悦。理允二恒典一。宜下大二赦天下一。賑中給孝子順孫。高年。鰥寡惸独。不レ能二自存一者上。其獲レ馬人進二位三階一。免二甲斐国今年庸一。及出レ馬郡庸調一。其国司史生以上并獲レ瑞人。賜レ物有レ差。

3、天平十一年三月二十一日条

癸丑。詔曰。朕恭膺二宝命一。君二臨区宇一。未レ明求レ衣。日昃忘レ膳。即得二従四位上治部卿茅野王等奏一偁。得二大宰少弐従五位下多治比真人伯等解一偁。対馬島目正八位上養徳馬飼連乙麻呂所レ獲二神馬一。青身白髦尾。謹検二符瑞図一曰。青馬白髦尾者神馬也。聖人為レ政。資服有レ制。則神馬出。又曰。王者事二百姓一徳至二丘陵一。則沢出二神馬一。実合二大瑞一者。斯乃宗廟所レ祐。社稷所レ貺。朕以二不徳一。何堪二独受一。天下共悦。理允二恒典一。宜レ賑下給孝子順孫高年鰥寡惸独。及不レ能二自存一者上。其進レ馬人賜二爵五級并物一。免二出レ馬郡今年庸調一。自余郡之庸一。国司史生以上。亦各賜レ物。宜下体二此懐一聿中遵朕志上焉。

4、天応元年（七八一）十二月二十三日条

丁未。太上天皇崩。春秋七十有三。天皇哀号。擗レ咽不レ能二自止一。百寮中外。慟哭累レ日。詔曰。朕精誠無レ感。奄及二凶閔一。痛酷之情纏レ懐。終身之憂永結。方欲三諒闇三年以申二罔極一。而群公卿士咸倶執奏。宗廟不レ軽。万機是重。不レ可三一日而曠二レ官也。伏乞准二後奈保山朝廷一。総断二万機一一同二平日一者。朕以。霜露未レ変。荼毒尚深。一旦従レ吉甚非二臣子一。宜三天下著レ服六月乃釈一。仍従二今月廿五日一始。諸国郡司於二庁前一挙レ哀三日。若遠道之処者以二符到日一為レ始施行。礼日三度。初日再拝両段。但神郡者不レ在二此限一。

5、延暦元年（七八二）七月二十九日条

庚戌。右大臣已下。参議已上。共奏称。頃者災異荐臻。妖徴並見。仍命二亀筮一。占二求其由一。神祇官陰陽寮並言。雖二国家恒祀依レ例奠レ幣。而天下縞素。吉凶混雑。因レ茲。伊勢大神。及諸神社。悉皆為レ祟。如不二除レ凶就レ吉。恐致二聖体不予一歟。而陛下因心至性。尚終二孝期一。今乃医薬在レ御。延二引旬日一。神道難レ誣。抑有レ由焉。伏乞。忍二曽閔之小孝一。以二社稷一為二重任一。仍除二凶服一以充二神祇一。詔報曰。朕以。霜露未レ変。荼毒如レ昨。方遂二諒闇一。以申二罔極一。而群卿再三執奏。以二宗廟社稷一為レ喩。事不レ獲レ已。一依二来奏一。其諸国釈レ服者。待二秡使到一。秡二潔国内一。然後乃釈。不レ得三飲レ酒作レ楽。并著二雑彩一。

『続日本紀』には、皇子降誕・二例の祥瑞出現・太上天皇崩御・諒闇解除の詔の五例に「宗廟」の用例が確認できる。『続日本紀』の用例について横田健一氏は、「共に国家を護る神としての天照大神と豊受大神をあわせた伊勢神宮を指すと考えられる」[15]と述べている。横田氏のごとく「宗廟＝伊勢」との断定はしかねるが、「宗廟のみたま」や「宗廟のたすくる所」という用例から見れば、日本の神々を念頭に置いた漢語的表現として使用されているものと考えられよう。

③淳和太上天皇の山中への散骨の遺命に対する藤原吉野の奏上

『続日本後紀』承和七年（八四〇）五月六日条

辛巳。後太上天皇顧二命皇太子一曰。予素不レ尚二華餝一。况擾二耗人物一乎。斂葬之具。一切従レ薄。朝例凶具。固辞奉レ還。葬畢釈レ縗。莫レ煩二国人一。葬者蔵也。欲二人不一レ観。送葬之辰。宜レ用二夜漏一。追福之事。同須二倹約一。又国忌者。雖三義在二追遠一。而絆二苦有司一。又歳竟分二綵帛一。号曰二荷前一。論二之幽明一。有レ煩無レ益。並須レ停状。必達二朝家一。夫人子之道。遵レ教為レ先。奉以行レ之。不レ得二違失一。重命曰。予聞。人殁精魂皈レ天。而空存二冢墓一。鬼物憑焉。終乃為レ祟。長貽二後累一。今宜三砕レ骨為レ粉。散二之山中一。於レ是。中納言藤原朝臣吉野奏言。昔宇治稚彦皇子者。我朝之賢明也。此皇子遺教。自使レ散レ骨。後世効レ之。然是親王之事。而非二帝王之迹一。我国自二上古一。不レ起二山陵一。所レ未レ聞也。山陵猶二宗廟一也。縦無二宗廟一者。臣子何処仰。於レ是更報命曰。予気力綿惙。不レ能二論決一。卿等奏二聞嵯峨聖皇一。以蒙レ裁耳。

藤原吉野の奏上については前述（本章第一節「「宗廟＝山陵」概念の再検討の必要性」を参照）した。これは「宗廟＝山陵」と認識していると考えるよりも、山陵を造営すべきであるとの強い意志の表れと考えることができる。

④田邑山陵（文徳天皇陵）失火に関する対処

1、『日本三代実録』貞観十年（八六八）二月十八日条

十八日壬午。野火焼二損田邑山陵北域中之樹木一。

2、『日本三代実録』貞観十年二月二十五日条

廿五日己丑。詔下二公卿及諸儒一。博議三山陵火災並為二礼制一。従四位下行博士兼伊予権守大春日朝臣雄継議曰。礼記曰。有レ焚二其先人之室一。則三日哭。然則当二拠レ礼而行一レ之。文章博士従五位下兼後権介巨勢朝臣文雄議曰。漢書曰。武帝建元六年四月。高園便殿火。帝素服五日。昭帝元鳳四年五月孝文廟正殿火。帝及群臣皆素服。山陵失火。未レ見二故実一。至二于宗廟一。前聞如レ此。公卿本二乎漢家之故事一。斟二酌礼度之所一レ宜。取二文雄議一而奏。於レ是。帝避二正殿一。服二錫紵一撤二去常膳一。進二御蔬菲一。輟レ朝五日。公卿及諸近臣皆去二彩餝一。一准二

凶儀一。遣二使於山陵一。告二以事由一。（後略）

右に挙げた田邑山陵（文徳天皇陵）失火に関する対処は、第四章第一節でも引用したが、中国の宗廟に対処方法を求めた例として参考となる。巨勢文雄の見解は、『漢書』において宗廟から失火の場合は皇帝および群臣は素服であるが、中国において山陵からの失火の例は見られず、「漢家の故事」として宗廟の失火の例を採用し、清和天皇は正殿を避けて錫紵を服し常膳を撤去した。これは、宗廟の例を採用したとしても、中国の故実に山陵失火の例が存在しないためであり、貞観十年の段階においても「宗廟」と「山陵」とは、概念的に明確に区別されていることが確認できる事例である。

⑤八幡神に対する「宗廟」の呼称

『朝野群載』巻第三、文筆下

筥埼宮記　　帥江納言

筥崎宮在二西海道筑前国那珂郡一。蓋八幡大菩薩之別宮也。伝聞。埋二戒定恵之三篋一。故謂二之筥埼一。其処之為レ体也。北臨二巨海一。西向二絶域一。為レ防二異国之来寇一。垂二迹此地一。潮汐之声。常満二宮中一。坤艮卅余里。乾巽七八里。敢無二他木一。只青松而已。長短次序。敢不二参差一。造化之功也。年中恒例。仏事神事。有司存焉。五月騎射。八月放生会。以レ之為二重事一。霊験威神。言語道断。非二紙墨之所一レ及。康和二年。有二三綵幡一。出レ自二御殿一。乗レ虚飛揚。尋二其本体一。応神天皇之神霊也。我朝始書二文字一。代二結縄之政一。即創二於此廟一。論二其聖化一。誰不レ受レ賜。其母神功皇后為レ討二新羅一。幸二於此道一。長降二敵国一。毎年進二八十艘調庸舟一。三韓入貢。百済来朝。仲哀天皇即是大菩薩之孝廟也。称二之三所一。尋二其内験一。昔現二於行教和尚衣上一。非レ書非レ字。写二弥陀三尊像一。然則本国之宗廟也。異二他神霊後世之依怙一也。期二彼迎接一。五畿七道。何国何土。不レ奉レ崇二此神宮一。不レ啻二我朝一。徳及二遐方一。高麗之国。接レ境不レ犯。若有二異心一。瘴烟競起。長元之間。起レ兵欲二来侵一。

忽有二地震一。所レ造之舟船。皆破壊。豈非二掲焉之験一乎

右に挙げた大江匡房撰の『筥埼宮記』には「然則本国之宗廟」とあり、大江匡房以後は伊勢の神宮や八幡神に対して「宗廟」の呼称が使われるようになる(16)。したがって、「宗廟」に関する用例からは、平安時代初期の段階において日本が中国の宗廟祭祀を取り入れたものと断定することは難しく、少なくとも貞観十年の段階までは、「宗廟」と「山陵」とは概念的に明確に区別されており、山陵祭祀は中国の「陵祭」と比較することが妥当と考えられる。

⑥香椎廟の例について

もう一つ注意しなければならないことは、香椎廟の存在である。

1、『続日本紀』天平宝字三年（七五九）八月六日条

八月己亥。遣二大宰帥三品船親王於香椎廟一。奏下応レ伐二新羅一之状上。

2、『続日本紀』天平宝字六年十一月十六日条

庚寅。遣二参議従三位武部卿藤原朝臣巨勢麻呂。散位外従五位下土師宿禰犬養一。奉二幣于香椎廟一。以為下征二新羅一調中習軍旅上也。

3、『延喜式部式』神宮司条

凡諸神宮司。幷橿日廟司。以二六年一為二秩限一。

『続日本紀』天平宝字三年八月六日条に「遣二大宰帥三品船親王於香椎廟一。奏下応レ伐二新羅一之状上」、同書天平宝字六年十一月十六日条にも「奉二幣于香椎廟一」、『延喜式部式』神宮司条に「凡諸神宮司。幷橿日廟司。以二六年一為二秩限一」と見える。その他に「香椎廟」の例は『続日本後紀』に六例(17)、『日本文徳天皇実録』に二例(18)、『日本三代実録』に三例(19)、『日本後紀』は散逸するが『日本紀略』弘仁十四年（八二三）十一月二十四日条に「橿日廟」の

用例が確認できる。

香椎廟とは、現在の福岡県に鎮座する香椎宮のことで、仲哀天皇が祀られている。[20] 仲哀天皇の山陵は、『延喜諸陵寮式』に恵我長野西陵として「在二河内国志紀郡一」と記載され、一人の天皇に対して「廟」と「陵」との両方が使用されている数少ない用例であることに注意する必要があろう。すなわち、香椎廟は九州に鎮座し、天皇の山陵は畿内にあり、それぞれに「廟」と「陵」との呼称が用いられていることは、少なくとも奈良時代以前から『延喜式』に至るまで、「廟」と「陵」との概念が明確に区別されていたと考えられる、重要な根拠といえよう。

おわりに

『日本書紀』以下の宗廟に関する用例を考察すれば、平安時代初期の延暦十年（七九一）の国忌省除令の段階で、中国の宗廟祭祀を取り入れたものと断定することは難しい。それは、その後も祭祀の場としての「宗廟」と「山陵」との概念は明確に区別されているからである。

本来、山陵祭祀と宗廟祭祀とは異なるものである。中国では山陵祭祀が衰退し宗廟祭祀が盛んになり、一方の日本では宗廟制度の明確な導入が行われず荷前奉幣などの山陵祭祀が中心となっていた。中国の宗廟の例を参考にしつつも、あくまで日本においては「山陵」と「宗廟」とは区別されており、「宗廟」の呼称は、国家の守護的な要素を持つ場合に使用されてきた。古代において、この明確な区別があったからこそ、大江匡房以後に至って、伊勢の神宮や八幡神に対して「宗廟」の呼称が使われることが可能なのである。そして、この明確な区別こそが、中世への宗廟観へとつながっていると考えられる。

註

（1）『日本三代実録』貞観十四年（八七二）十二月十三日条に、「十三日己酉。公卿奏三請省二除贈太皇大后宮高野氏十二月廿八日国忌一曰。謹勘二礼経一。前件国忌。親尽之義既著。捨レ故之理斯存。准二諸旧典一。宜レ従二省除一。謹録二事状一。伏聴二天裁一。奏可。先レ是。天安二年十二月九日定二十陵四墓一。献二年終荷前幣一。是日。十陵。除二贈太皇大后高野氏大枝山陵一。加二太皇大后藤原氏後山階山陵一。以足二其数一。在二山城国宇治郡一四墓。加二太政大臣贈正一位藤原朝臣良房愛宕墓一為二五墓一。在二山城国愛宕郡一」とある。

（2）林陸朗「桓武天皇の政治思想」（『平安時代の歴史と文学』歴史編、吉川弘文館、昭和五十六年）。

（3）服藤早苗「山陵祭祀より見た家の成立過程――天皇家の成立をめぐって――」（『家成立史の研究』、校倉書店、平成三年、初出は昭和六十二年）。

（4）吉江崇「荷前別貢幣の成立――平安初期律令天皇制の考察――」（『史林』八十四―一、平成十三年）。

（5）北康宏「律令陵墓祭祀の研究」（『日本君主制成立史の研究』、塙書房、平成二十九年、初出は平成十一年）。

（6）吉原浩人「八幡神に対する「宗廟」の呼称をめぐって――大江匡房の活動を中心に――」（中野幡能編『八幡信仰事典』、戎光祥出版、平成十四年）。

（7）楊寛『中国皇帝陵の起源と変遷』（西島定生監訳、学生社、昭和五十六年）。

（8）楊寛前掲註(7)論文参照。

（9）同前。

（10）来村多加史『唐代皇帝陵の研究』（学生社、平成十三年）。

（11）『大唐開元礼』（巻四十五、吉礼）に「皇帝拝五陵」「皇后拝五陵」「太常卿行諸陵」が規定されている。

（12）来村前掲註(10)論文参照。

（13）『大蔵経』巻五十二、『弁正論』巻三に「又捨二九宮一為二九寺一。於二泰陵荘陵二所一並各造レ寺」とある。

（14）『続日本紀』延暦五年（七八六）正月二十一日条に、「壬子。於二近江国滋賀郡一。始造二梵釈寺一矣」とある。また、『類聚国史』（一八〇、仏道七、諸寺）延暦十四年九月十五日条に、「己酉。詔曰。真教有レ属。隆二其業一者人王。法相無辺。闡二其要一者仏子。朕位膺二四大一。情存二億兆一。導レ徳斉レ礼。雖レ遵二有国之規一。妙果勝因。思レ弘二無上之道一。是以。披二山水名区。草二創禅院一。尽二土木妙製一。荘二錺伽藍一。名曰二梵釈寺一。仍置二清行禅師十人一。三綱在二其中一。施二近江国水田一百町。下総国食封五十戸。越前国五十戸一。以二修理供養之費一。所レ冀還経二馳驟一。永流二正法一。時変二陵谷一。恒崇二仁祠一。以二茲良因一。普覃二一切一。上奉二七廟一。臨二宝界一而増レ尊。下覃二万邦一。登二寿域一而洽レ慶。皇基永固。卜二年無窮一。本枝克隆。中外載逸。綿該二幽顕一。傍及二懐生一。望二慈雲一而出二迷途一。仰二恵日一而趣二覚路一」とある。

(15) 横田健一「奈良朝における国家理念」（『日本古代の国家と宗教』上、昭和五十五年）。

(16) 久保田収「石清水八幡宮の崇敬と正直の理」（『神道史の研究』、皇學館大学出版部、昭和四十八年、初出は昭和三十一年）、高橋美由紀「中世における神宮宗廟観の成立と展開」（『伊勢神道の成立と展開』、大明堂、平成六年、初出は平成四年）、吉原前掲註(6)論文参照。

(17)『続日本後紀』天長十年（八三三）四月五日条、同書承和八年（八四一）五月十二日条（同日条に二箇所の用例がある）、同書承和八年五月二十五日条、同書承和十年十月十八日条、同書嘉祥元年（八四八）十二月二十九日条。

(18)『日本文徳天皇実録』嘉祥三年八月二十三日条、同書仁寿三年（八五三）五月十三日条。

(19)『日本三代実録』貞観六年（八六四）八月十五日条、同書貞観十八年正月二十五日条、同書元慶元年（八七七）二月二十一日条。

(20)『香椎宮略誌』（香椎宮発行）には、「仲哀天皇は、天下を治めんと志し、仲哀天皇八年に熊襲平定の為に筑紫の地に下り、橿日宮を営まれました。しかし、翌仲哀天皇九年、志半ばにして崩御されました。その御遺志を継いだ神功皇后が、自ら祠を建て仲哀天皇の御神霊を祀られたのが当宮の起源です。次いで、神功皇后の宮は元正天皇の養老七年（七二三）に神功皇后御自身の御神託により朝廷が九州に詔して社殿の造営を行い、聖武天皇の神亀元年（七二四）に竣工したもので、この両宮を併せて香椎廟と称しました」と由緒が記されている。

第六章　「不改常典」に関する覚書

はじめに

本書における天智天皇系直系皇統意識の再検討の出発点として、天武天皇系の続く奈良時代の天皇の即位宣命に「不改常典」の文言が見られること、天智天皇の国忌が古くから定められていたり、山科陵が奉幣の対象となっていたりすることなどを挙げた。したがって、「不改常典」に関する筆者の立場を改めて示しておく必要があり、本章において考察をする。

天智天皇が定めたとされる「不改常典」は、元明天皇以降の即位宣命のみに見られ、『日本書紀』には現れない。不改常典の内容については、古く本居宣長[1]が大化改新における諸法令と論じてより、今日に至るまで多くの学説が提唱された。近年では長田圭介氏が諸説の問題点を整理し、以下のように分類している[2]。

A【皇位継承法説】

a天智天皇制定説――直（嫡）系皇位継承法・皇太子制

b天智天皇仮託説――直（嫡）系皇位継承法・譲位制・幼少天皇あるいは女性天皇の即位を可能とするための便宜的特例法

B【近江令説】

・近江令全体を指すもの、近江令継嗣令を前提したもの
・共同執政、天皇大権、律令的な君主像、皇統君臨の大原則、律令法典に基づく新国家統治体系

C【その他の諸説】

本書では、紙幅の関係もあり詳細な研究史整理を繰り返すことはせず、長田氏の整理・分類に従いたい。なお、長田氏以降に不改常典を扱ったものには、中野渡俊治氏(3)、熊谷公男氏(4)、中野高行氏(5)の論考がある。

中野渡氏は、天智天皇の不改常典の法とは、『日本書紀』に載せられた天智天皇の一連の事績であり、天智天皇によって整えられた秩序を指すと考え、幼い首皇子に確立した皇位を伝えるという目的の実現のために持ち出されたのが天智天皇の存在で、天智天皇の娘である元明天皇が発言することにより、「法」としての説得力と権威が説明されるようになると述べる。さらに、不改常典は一貫した法典とはいい難く、奈良時代前半の皇位継承の論理が強く反映された「法」であると指摘する。熊谷氏は、奈良時代初頭を境とする、先帝崩御による皇位継承から譲位への皇位継承方式の変化を主題として、文武天皇・元明天皇・聖武天皇・孝謙天皇の即位宣命を取り上げ、宣命の構成と論理を考察する。不改常典そのものについては、『日本書紀』天智天皇十年（六七一）十月庚辰条の大海人皇子に譲位を伝えたという記事こそが、天武天皇系皇統の正統性の根源で不改常典の実態であるとする、中西康裕氏(6)の説を全面的に支持している。中野氏は、乙巳の変によって「皇親のなかから次の天皇決定する大権を天皇がもつという法」とする吉田孝氏(7)の説を継承し、吉田説が成立するのであれば、皇位継承者を決定する天皇大権が天智天皇朝までに確立したことになると述べる。

これまでの研究の中心であった「不改常典」なるものが、いかなる法典であるかということは重要な問題である。しかし、左記の分類を見れば、今日の学界においても一定の見解を得ていないのが現状であろう。さらに、桓武天皇以降は、「不改常典」という語は見られず、「天智天皇の定めた法」という表現に変化する。これは奈良

時代における「不改常典」法と同一のものなのか否かが問題となり、桓武天皇以降の皇統意識と関わる議論も派生しよう（特に筆者は、桓武天皇自身に明確な天智天皇系新王朝意識はなかったものと考える）[8]。以下、本章において「不改常典」あるいは「天智天皇の定めた法」について『続日本紀』に見られる即位宣命の解釈を行い、「不改常典」がどのように引用されているか検討し、両者の関わりについて考察する。

一　『続日本紀』に見える即位宣命の検討

本節においては、「不改常典」の語を用いた即位宣命の解釈を行う。しかし、史料となるものは『続日本紀』に収められた宣命以外には存在しない。したがって、他の傍証を得るには、当時の政治背景や思想などを判断材料として用いる必要もあろうが、政治的立場と結びつくことにより、かえって宣命解釈を複雑にし、さらにはあらゆる解釈が可能となってしまう危険も伴う。この点については藤堂かほる氏が、天智天皇が定めた「法」が、宣命以外の史料にはいっさい見られないものである以上、解釈は、原則として宣命の範疇で考えるべきであると述べている[9]。本節においても、解釈には原則として宣命以外は用いない。そして、宣命中における「不改常典」が、いかなる意図をもって引用されたかを検討する。

①元明天皇即位宣命（宣命中の記号は筆者による。以下同）

『続日本紀』慶雲四年（七〇七）七月十七日条

詔曰。現神八洲御宇倭根子天皇詔旨勅命。親王諸王諸臣百官人等天下公民衆聞宣。（イ）関母威岐藤原宮御宇倭根子天皇丁酉八月尓。此食国天下之業乎日並知皇太子之嫡子。今御宇豆留天皇尓授賜而並坐而。此天下乎治賜比諧賜岐。是者関母威岐近江大津宮御宇大倭根子天皇乃与二天地一共長与二日月一共遠不レ改常典止立賜比敷賜覇留法乎。受被賜坐而行賜事止衆被賜而。恐美仕奉利豆羅久止詔命乎衆聞宣。（ロ）如是仕奉侍尓。去年十一月尓威加母我王朕子天皇乃詔豆羅久。朕御身労坐故暇間得而御病欲治。此乃天豆日嗣之位者大命尓坐世大坐坐而治可賜止譲賜命乎受被坐賜而答曰豆羅久。朕者不堪止辞白而受不坐在間尓。遍多久日重而譲賜倍婆労美威美。今年六月十五日尓詔命者受賜止白奈賀羅。此重位尓継坐事乎奈母天地心乎労美重美畏坐左久止詔命衆聞宣。（中略）又天地之共長遠不レ改常典止立賜覇留食国法母。傾事無久動事无久渡将去止奈母所念行左久止詔命衆聞宣。

元明天皇即位宣命は、前文に続き、（イ）の箇所において、持統天皇が丁酉年八月[10]に、食国天下の業を日並知皇太子（草壁皇子）の嫡子である文武天皇に授けられて、共に天下を治めてこられた。これは天智天皇が定められた不改常典の法を、諸々が承って仕えてきたと述べている。ここまでは文武天皇の御世の故事であり、これ以降が元明天皇即位に関する（ロ）の部分である。このように仕えてきたが、去年十一月[11]に、私の子である文武天皇が詔して、病気であることを理由に、私に皇位に即き天下を治めるようにと譲位の意向を示され、私は再三固辞した。しかし、日を重ねて譲位の意向を仰せられるので、今年六月十五日に詔をお受けし、即位するに至ったと述べている。

元明天皇即位宣命に引かれる「不改常典」は、持統天皇が草壁皇子の嫡子たる文武天皇に皇位を譲り、共に天下を治めるという故事を述べているものであり、元明天皇の即位に関して直接言及するものではない。元明天皇の即位の経緯は（ロ）の部分に示されているように、文武天皇が病気であることを理由に譲位するというものである。従来の研究では、ここでの「不改常典」は、元明天皇の異例の即位を正当化するために持ち出されたと考えられてきた[12]。しかし宣命の範疇から考えれば、むしろ文武天皇の即位との関連に注意を払うべきであろう[13]。

文武天皇の即位宣命には、「現御神止大八島国所知倭根子天皇命授賜比負賜布貴支高支広支厚支大命乎受賜利恐坐弖[14]」とあり、持統天皇が自分（文武天皇）に授け仰せられた貴い大命を承って即位するに至った旨を述べている。この「持統天皇の大命」は、元明天皇の即位宣命を踏まえれば、「不改常典」と同意義のものを指すと考えられるが、宣命中に明言がないのでこれ以上の言及は難しい。しかしながら、元明天皇即位に際しての認識は、文武天皇の即位は「不改常典」によるものという過去の事実を述べ、自身の即位は文武天皇からの譲位によるものという考え方である。

さらに、元明天皇即位宣命の後半に、「不改常典」を冠する「食国法」という用例が見られる。亀井輝一郎氏[15]は、文章表現として最初に正式名称である「食国法」と表記し、その後で単に「法」と表記することはあっても、その逆はありえないことから、「法」を「食国法」の省略形と見ることはできないと述べており、やはり「不改常典」法とは違うものと考えるべきであろう。

②聖武天皇即位宣命

『続日本紀』神亀元年（七二四）二月四日条

詔曰。現神大八洲所知倭根子天皇詔旨止勅大命乎親王諸王諸臣百官人等天下公民衆聞食宣。高天原尓神留坐皇親神魯岐神魯美命吾孫将知食国天下止与佐斯奉志麻尓麻尓。高天原尓事波自米而四方食国天下乃政乎弥高弥広尓天日嗣止高御座尓坐而（八）大八島国所知倭根子天皇乃大命尓坐詔久。此食国天下者掛畏岐藤原宮尓天下所知美麻斯乃父止坐天皇乃美麻斯尓賜志天下之業止詔大命乎聞食恐美受賜懼理坐事乎衆聞食宣。（二）可久賜時尓美麻斯親王乃齢乃弱尓荷重波不堪自加止所念坐而皇祖母坐志志掛畏岐我皇天皇尓授奉岐。依此而是平城大宮尓現御神止坐而大八島国所知而霊亀元年尓此乃天日嗣高御座之業食国天下之政乎朕尓授賜譲賜而教賜詔賜都良久。挂畏淡海大津宮御宇倭根子天皇乃万世尓不改常典止立賜敷賜閇留随レ法後遂者我子尓佐太加尓牟倶佐加尓無過事授賜止負賜詔賜比志尓依弖今授賜牟止所念坐間尓去年九月天地貺大瑞物顕来理。又四方食国乃年実豊尓牟倶佐加尓得在止見賜而随神母所念行尓于都斯久母皇朕賀御世当顕見留物尓者不在。今将嗣座御世名乎記而応来顕来留物尓在良志止所念坐而。今神亀二字御世乃年名止定氏改二養老八年一為二神亀元年一而天日嗣高御座食国天下之業乎吾子美麻斯王尓授賜譲賜止（ホ）詔天皇大命乎頂受賜恐美持而辞啓者。天皇大命恐被賜仕奉者拙久劣而無所知。進母不知退母不知天地之心母労久重百官之情母辱愧美奈母随神所念坐。

次に「不改常典」が現れるのは、聖武天皇の即位宣命である。前文に続き（ハ）は、元正天皇が、この食国天下は、文武天皇から首皇子に賜る天下であると仰ったことを私（聖武天皇）は畏まって承っている。（ニ）では、引き続き元正天皇の詔を引き、このように賜る天下であったが、首皇子が若かったために文武天皇は荷が重く堪えられまいと考えられて、皇祖母（スメミオヤ）としておられた元明天皇に位を譲られ、元明天皇が天下を治めてこられた。霊亀元年に私（元正天皇）に皇位を譲られ、その時に教示されたことは、「天智天皇が、不改常典として立てられた法に従って、将来、首皇子（聖武天皇）に過ちなく皇位を授けるように」（元正天皇譲位宣命中に元明天皇の詔を引用）と仰せられたので、私（元正天皇）が皇位を継いでいる。そのような間に、去年の九月に祥瑞[16]が現れた。また国内は豊作となっている。しかし、これは私（元正天皇）の御世を寿いで出現したものではなく、今より皇位を継ごうとしている御世（聖武天皇の御世）の名を記し、その徳に応えて出現したものであると考えて、「神亀」の二字を次の御世の年号と定め、養老八年を神亀元年と改めて、天日嗣高御座食国天下の業を首皇子（聖武天皇）に授け位を譲る。以上が元正天皇譲位宣命の引用部分である。（ホ）は、（ニ）のような元正天皇の大命を受けたが、固辞すれば元正天皇の大命であるから畏れ多く、お受け申し上げれば微力で心得もない。進むも知らず退くも知らず、天神地祇にいかように思われるか気懸かりで心重く、諸官の内心を推し量れば、恥ずかしく気おくれがするという、聖武天皇自身の即位へ対する思いを述べている箇所である。

ここでの「不改常典」は、聖武天皇の即位宣命の中に入ってはいるが、厳密にいえば元正天皇譲位詔の中の、さらに元明天皇から元正天皇へと譲位が行われた際に元明天皇が話した故事を引用しているものである。聖武天皇即位について直接的に「不改常典」が引かれるのではない。「不改常典」に従って首皇子を将来皇位に即けるように元明天皇から託され即位したのは、元正天皇である。そして、在位中に祥瑞が現れたのは次の御世を寿いでいると考えた元正天皇が皇太子首皇子に譲位するということが、聖武天皇即位の直接的な理由として宣命に語られている。

③聖武天皇譲位宣命

『続日本紀』天平勝宝元年（七四九）七月二日条

詔曰。現神止御宇倭根子天皇可御命良麻止宣御命乎衆聞食宣。高天原神積坐皇親神魯棄神魯美命以吾孫乃命乃将知食国天下止言依奉乃随遠皇祖御世始而天皇御世御世聞看来食国天ッ日嗣高御座乃業止奈母随神所念行佐久止勅天皇我御命乎衆聞食勅。（へ）平城乃宮尓御宇之天皇乃詔之久。挂畏近江大津乃宮尓御宇之天皇乃不改自伎常典等初賜比定賜部流法随斯天日嗣高御座乃業者御命尓坐世伊夜嗣尓奈賀御命聞看止勅夫御命乎畏自物受賜理坐天食国天下乎恵賜比治賜布間尓万機密久多久志天御身不敢賜有礼随法天日嗣高御座乃業者朕子王尓授賜止勅天皇御命乎親王等王等臣等百官人等天下乃公民衆聞食宣。

聖武天皇から孝謙天皇への譲位宣命は、前文に続き、（へ）の箇所に、元正天皇が詔して、天智天皇が「不改常典」として立てられた法に従って国を治めるようにと仰ったので、その御命を承って皇位に即いた。天下を治めている間は政務が非常に多く、我が身はそれに堪えることができないので、法に従って皇位を阿倍内親王（孝謙天皇）に譲る、と語られている。この譲位宣命で注意すべき点は、「不改常典」の引用方法の変化である。ここでは、元正天皇が詔して聖武天皇に対し、天智天皇が「不改常典」として立てられた法に従って国を治めるようにと仰った、と述べている。しかし、実際の聖武天皇即位宣命では、元正天皇からの譲位の直接的な背景は祥瑞の出現であり、「不改常典」は、元明天皇から元正天皇への皇位継承に際して、将来首皇子へ「不改常典」に従って皇位を継承するように託したもので、聖武天皇に直接的に語られたものではなかった。

即位宣命と譲位宣命の「不改常典」に関する引用の変化は、在位二十五年の間に起きた認識の変化なのか、あるいは、元明天皇から元正天皇に対する皇位継承に際して語られた故事は、首皇子への将来の皇位継承に関わる内容であるから、聖武天皇自身が元正天皇から「不改常典」に関する何らかの教示を受けていたための認識なのかは、定かではない。しかし、この表記の変化は、後述する孝謙天皇の即位が「不改常典」に従ったものか否か、その解釈の判断に関わる重要な注意点である。

さらに、問題と考えられるのは、「随レ法（法のまにまに）」皇太子阿倍内親王へ皇位を譲ると記された「法」が、前段の「不改常典」法と同一のものか、あるいは別の「法」を指すのか、という問題である。藤堂氏は、一般的には漠然とした守るべき規範の意味で使用されると考えながらも、宣命の前段で天智天皇が定めた「不改常典」という表現を冠しているので、この「法」も、それを受けて「不改常典」を指すと考える(17)。熊谷氏は、元明天皇即位宣命で持統天皇による文武天皇への譲位を「不改常典」法によると言っていることと軌を一にしており、「先帝の意志による皇位継承」を意味することになり、譲位宣命に見られる「法」は、内容的にも「不改常典」法のことと見て何ら差し支えないとする(18)。筆者はこの問題を、次の孝謙天皇即位宣命と合わせて考えたい。

④孝謙天皇即位宣命（③と同日条）

又天皇御命良末止勅命乎衆聞食宣。挂畏我皇天皇斯天日嗣高御座乃業乎受賜弖仕奉止負賜閇頂尓受賜理恐末里進毛不知退毛不知尓恐美坐久止宣天皇御命乎衆聞食勅。故是以御命坐勅久。朕者拙劣雖在親王等乎始而王等臣等諸天皇朝庭立賜部留食国乃政乎戴持而明浄心以誤落言無助仕奉尓依弖之天下者平久安久治賜比恵賜布閇支物尓有止奈毛神随所念坐久止勅天皇御命乎衆聞食宣。

『続日本紀』では、「又天皇御命良末止勅命乎衆聞食宣」とあるように、聖武天皇の譲位宣命にそのまま続く形で、孝謙天皇の即位宣命が記されている。そこには「不改常典」法あるいは「随レ法」という表現は見られず、聖武天皇が皇位を受けて即位するように命じられたので謹んで承った、と記されている。熊谷氏は前述のごとく、聖武天皇譲位宣命の「法」が「不改常典」法の省略形と考え、聖武天皇の譲位の意志を根拠とした孝謙天皇への譲位もまた「不改常典」法に則った皇位継承であると指摘する[19]。

聖武天皇譲位宣命に見られる内容は、元正天皇が詔して、天智天皇が「不改常典」として立てられた法に従って国を治めるようにと聖武天皇に対して仰った、というものである。しかし、その具体的な内容は、聖武天皇即位宣命に見られるごとく、元明天皇が元正天皇への皇位継承の際に、「天智天皇が、不改常典として立てられた法に従って、将来、首皇子（聖武天皇）に過ちなく皇位を授けるように」と語った故事である。また、譲位宣命と即位宣命とが『続日本紀』の同日条に掲載されている点にも注意が必要であろう。

ここで、これ以前の譲位と即位の概要をまとめれば、左の通りである。

（1）持統天皇→文武天皇　譲位　持統天皇十一（六九七）八月一日[20]
　即位　譲位と同日[21]
（2）文武天皇→元明天皇　譲位　慶雲三年（七〇六）十一月に譲位の意志[22]
　即位　慶雲四年七月十七日[23]
（3）元明天皇→元正天皇　譲位　霊亀元年（七一五）九月二日[24]
　即位　譲位と同日[25]
（4）元正天皇→聖武天皇　譲位　神亀元年二月四日[26]
　即位　譲位と同日[27]
（5）聖武天皇→孝謙天皇　譲位　天平勝宝元年（七四九）七月二日
　即位　譲位と同日[28]

これを見ると、（2）の文武天皇から元明天皇への譲位の場合を除けば、他はすべて譲位と同日に即位が行われている。（2）の場合は、文武天皇が譲位の意志を示したのは慶雲三年十一月であるが、元明天皇即位宣命には、元明天皇は再三譲位の申出を固辞し、慶雲四年六月十五日に皇位を受ける旨を述べている。文武天皇は同日に崩御[29]、その後、七月十七日に即位式が行われており、特異な例といえよう。（4）の場合は、②の聖武天皇即位宣命に見られるように、譲位に関する先帝の詔が即位宣命中に引用されるに留まっていたが、（5）は譲位と即位の宣命がそれぞれ出され、宣命としては同日に二通が発せられたことになる。

譲位宣命は、聖武天皇が在位中の天皇として皇太子阿倍内親王に対して発し、即位宣命は孝謙天皇が即位式に臨んで出したものと考えるのが自然である。二つの宣命を載録する『続日本紀』天平勝宝元年七月二日条には説明はないが、この二つの宣命は同時に発せられたとは考えにくい。平安時代の「譲国議」[30]のような儀礼が確立されていたか否かは不明であるが、ある程度の時間を置いて別々の儀礼の場で出されたと考えなくては、宣命の発言者が混同し理解が難しくなる。

聖武天皇譲位宣命に見られる「法のまにまに」阿倍内親王に皇位を譲ると述べた「法」が「不改常典」法と同一であるならば、孝謙天皇の即位宣命に「不改常典」が見えないことは、いささか不自然といえよう。「不改常典」法に従って即位したとするならば、孝謙天皇の即位宣命にも、聖武天皇が天智天皇の定めた「不改常典」法に随って即位するように命じたことを改めて明記する必要がある。譲位と即位の儀礼が時間を置いて別々の場で行われたことを考慮しなくてはならないだろう。

したがって、聖武天皇譲位宣命に見られる「不改常典」法は、聖武天皇即位の背景に見られた元明天皇から元正天皇に語られた故事に触れたものと考えられ、「随法」は別のものを指すと推察される。また、聖武天皇から孝謙天皇に対しては、「不改常典」に関する明確な教示はなかったといえよう。

続く淳仁天皇・称徳天皇（孝謙天皇重祚）・光仁天皇即位宣命には「不改常典」に関する記述は見られない。桓武天皇即位宣命に至り、「天智天皇の定めた法」という表現が見られる。

⑥桓武天皇即位宣命

『続日本紀』天応元年（七八一）四月十五日条

詔曰。明神止大八洲所知天皇詔旨良麻止宣勅親王諸王百官人等天下公民衆聞食宣。挂畏現神坐倭根子天皇我皇此天日嗣高座之業乎掛畏近江大津乃宮尓御宇之天皇乃初賜比定賜部流法随尓被賜弖仕奉止仰賜比授賜閉婆頂尓受賜利恐美受賜利懼進母不知尓退母不知尓恐美坐久止宣天皇勅衆聞食宣。

宣命には、光仁天皇は天智天皇が定められた「法に随って」皇位を受け継ぐように命じられたので、謹んで承ったとある。注目されるのは、「掛畏近江大津乃宮尓御宇之天皇乃初賜比定賜部流法随尓」とあるのみで、「不改常典」を冠していない点である。早川庄八氏は、光孝天皇の即位宣命に着目し、「天智天皇の不改常典」と、桓武天皇以降の「天智天皇の定めた法」は同一のものではないと考えて、桓武天皇以降の「法」は近江令を指すと述べる[31]。中西康裕氏は、「不改常典」の語の有無により奈良時代の「法」と平安時代の「法」とを区別することに疑問を呈し、桓武天皇以前に「不改常典」の語を使用できない状況にあったと推測する[32]。中西氏は、天平勝宝八歳五月二日の聖武太上天皇の崩御の日に、太上天皇の遺詔によって道祖王が立太子されたことが、「不改常典」法によるものと考える。そして、道祖王立太子を快く思わない藤原仲麻呂によって翌天平宝字元年三月には廃太子とされたことは「不改常典」が破られたことにあたり、これ以降は「法」に「不改常典」と形容することが困難となったと指摘している。

ここで注目すべきは、桓武天皇の即位宣命でありながら、「天智天皇の定めた法」の直接的な発言者は、先帝の光仁天皇であるという点である。この点は、聖武天皇の譲位宣命に見られる元正天皇が不改常典の発言者であることと共通している。先帝が直接的な発言者になることについては、次節で考察を加えたい。

以上のように、『続日本紀』に見られる「不改常典」の語を用いた即位宣命を検討すると、「不改常典」に関する本来の具体的な内容は、「持統天皇の大命」によって草壁皇子の嫡子たる文武天皇が即位するに至った故事、元明天皇から元正天皇への譲位の際に「不改常典」に従って将来過ちなく首皇子（聖武天皇）が即位するように教示したとされる故事であった。そのため、聖武天皇の譲位の段階になり、先帝から「不改常典」に従って即位するように教示がなされるという引用方法へと変化が見られた点が注目される。

二　「不改常典」と「天智天皇の定めた法」の発言者

前節では、『続日本紀』に見られる「不改常典」の語を用いた即位宣命の検討を行った。その中でも聖武天皇の即位と譲位の宣命に注目すれば、即位の際は、元明天皇から元正天皇への譲位の際に「不改常典」に従って将来過ちなく首皇子（聖武天皇）が即位するように教示したとされる故事であった。しかし譲位の宣命では、先帝である元正天皇から「不改常典」に従って即位するように教示がなされるという引用方法の変化が見られた。

「不改常典」と聖武天皇との関わりについて、すでに亀井輝一郎氏が、聖武天皇の即位は「不改常典の法」と極めて深い関係があると指摘し[33]、武田佐知子氏も、「不改常典」が元明・元正両天皇により天智天皇に仮託されたという認識の下、聖武天皇の即位によってその意図が貫徹されたと述べる[34]。また、長山泰孝氏は、「不改常典」は本来は首皇子への皇位継承を正当化するという限定的な役割を担ったと指摘している[35]。聖武天皇譲位宣命以降の体裁からいえば、聖武天皇の即位に限定的とも考えうるが、桓武天皇以降にも「不改常典」の語こそ用いないものの「天智天皇の定めた法」として、即位宣命に先帝が教示した旨が散見される。本節では、「不改常典」法と「天智天皇が定めた法」の発言者に注目し、先帝からの教示という視点から捉えて、両者の共通点を考えたい。

元明天皇即位宣命によれば、最初に天智天皇の定めた「不改常典」と発したのは、持統天皇ということになる。その内容は、草壁皇子の嫡子である文武天皇が即位することは「不改常典」法による、というものである。元正天皇即位宣命には「不改常典」の語は見られないが、聖武天皇即位宣命には、元正天皇は元明天皇より、「天智天皇が、不改常典として立てられた法に従って、将来、首皇子（聖武天皇）に過ちなく皇位を授けるように」と教示されて即位したとある。ここでは元明天皇から元正天皇に対して「不改常典」の教示が行われ、聖武天皇譲位宣命によれば、さらに元正天皇から聖武天皇に教示したことになる。この点から、具体的内容には変化があるが、「不改常典」は新帝が即位の理由に持ち出すものではなく、必ず先帝が発言者となり、先帝が新帝に教示するという形式は一貫している。ただし、元明天皇は「不改常典」についての認識を持っているが、直接的にいつ、持統天皇あるいは文武天皇から「不改常典」の教示を受けたのかは定かではない。

聖武天皇の譲位宣命には、元正天皇から教示を受け即位すると明記されているが、それが孝謙天皇に対する教示とは直接には関わらないとする筆者の考えを前節で示した。淳仁天皇即位宣命や光仁天皇即位宣命には「不改常典」は見られず、桓武天皇即位宣命に「天智天皇の定めた法」として現れる。これも「不改常典」と同じく、光仁天皇が天智天皇が定められた法に従って皇位を受け継ぐようにと教示したという形式である。しかし、先帝である光仁天皇の即位宣命には「不改常典」あるいは「天智天皇の定めた法」という表現は見られない。

光仁天皇即位宣命には、「掛母恐伎奈良宮御宇倭根子天皇去八月尓此食国天下之業乎拙劣朕尓被賜而仕奉止負賜授賜伎止勅天皇詔旨乎頂尓受被賜恐美受被賜懼進母不知尓退不知尓恐美坐久止勅命乎衆聞食宣」[36]とあり、称徳天皇から天下を託され即位する旨を述べていて、光仁天皇は先帝から教示を受けたとは考えられない。この点に関して、早川庄八氏[37]や関晃氏[38]は、桓武天皇以降の「天智天皇が定めた法」と奈良時代の「不改常典」法との間には、断絶があると考える。しかし、桓武天皇即位宣命には光仁天皇から教示があったことが明確に示されており、宣命の範疇から考えれば、桓武天皇が自らの即位に際して持ち出した表現ではなく、光仁天皇が「天智天皇の定めた法」なるものを認識していたと考えなくてはなるまい。そこで、光仁天皇が「天智天皇の定めた法」の教示を受ける機会があったか否かを検討する必要があろう。その手がかりは、『日本書紀』天武天皇八年（六七九）五月乙酉条である。

天皇詔二皇后及草壁皇子尊。大津皇子。高市皇子。河島皇子。忍壁皇子。芝基皇子一曰。朕今日与二汝等一倶盟二于庭一。而千歳之後欲レ無レ事。奈之何。皇子等共対曰。理実灼然。則草壁皇子尊先進盟曰。天神地祇及天皇証也。吾兄弟長幼幷十余王。各出二于異腹一。然不別同異。倶随二天皇勅一。而相扶無レ忤。若自レ今以後。不レ如二此盟一者。身命亡之。子孫絶之。非レ忘非レ失矣。五皇子以レ次相盟如レ先。然後天皇曰。朕男等各異レ腹而生。然今如二一母同産一慈之。則披レ襟抱二其六皇子一。因以盟曰。若違二盟一。忽亡二朕身一。皇后之盟且如二天皇一。

右の『日本書紀』の記事は、天武天皇と鸕野皇后（持統天皇）に対して、草壁皇子以下の六皇子が兄弟として助け合うことを誓い、天皇も「一母同産」として処遇することを勅した、いわゆる「吉野盟約」と呼ばれるものである。壬申の乱以降光仁天皇までは、いわゆる「天武天皇系」によって皇位の継承が行われてきた。しかし、この吉野盟約に天智天皇の皇子たる河島皇子（川島皇子）と芝基皇子（施基皇子）の名が見られることが興味深い。長田圭介氏は、この二皇子が、皇位継承権の順位や朝廷における立場では天武天皇の諸皇子たちに劣りはするものの、けっして皇嗣の範囲から除外されたものではないことが窺え、施基皇子の子である光仁天皇の即位が可能であったのも、この「吉野盟約」を前提としていたからに他ならないという見解を示している[39]。

そもそも、「不改常典」が最初に見られるのは、元明天皇即位宣命である。そして、その内容は持統天皇が文武天皇の即位に関して語ったものであった。持統天皇・元明天皇は、共に天智天皇の皇女で姉妹の関係にあたる。

元明天皇自身の「不改常典」についての認識は、父である天智天皇より直接教示を受けたのか、文武天皇即位の際に持統天皇が述べた「大命」を引用したものなのか、あるいは文武天皇より譲位の際に教示を受けたものなのか、断定は難しい。光仁天皇の父である施基皇子が、天武天皇の諸皇子とともに、鸕野皇后（持統天皇）を母とする「一母同産」の処遇を受けていたことより推察すれば、実父である天智天皇、あるいは「不改常典」について最初に発言したと考えられる持統天皇より、何らかの教示を受けていた可能性があろう。つまり、「天智天皇の定めた法」に関する光仁天皇の認識は、施基皇子を介してのものと推測され、その根本は、少なくとも奈良時代の「不改常典」法と同じく持統天皇まで遡ることができよう。

光仁天皇自身の即位宣命に「天智天皇の定めた法」の表記が見られないことは、これまでの「不改常典」の発言が先帝からの教示という形式で述べられていることから考えれば、この「法」もまた、あくまで皇位と同じく先帝より継承（教示）されるという前提があったものであろう。光仁天皇にとっての先帝は、あくまでも称徳天皇であり、その称徳天皇は、前節で述べたように、聖武天皇から直接的には「不改常典」に関する教示は受けていないと推測される。「不改常典」法は皇位継承に際して先帝が新帝に教示（継承）すべき事柄であるとすれば、孝謙（称徳）天皇以降は、先帝が「不改常典」を教示することが不可能になるのではないか。そう考えれば、光仁天皇自身は先帝からの教示は受けておらず、父である施基皇子を介して法の内容を認識していようとも、自らの即位宣命にそれを引用することはできなかったのであろう。桓武天皇の即位の際には光仁天皇より「天智天皇の定めた法」の教示が行われた。「不改常典」法あるいは「天智天皇の定めた法」は、あくまで先帝から教示（継承）を受けた場合に即位宣命に引かれるもので、桓武天皇即位に至り、ようやく宣命に見られることになったものであろう。

おわりに

これまでの「不改常典」に関する研究では、本居宣長が大化改新における諸法令と論じてより、実体を伴う「法典」という認識で研究が進められた学説が多く見られる。しかし、宣命以外の史料に傍証を得ることは不可能であり、宣命の文章をその範囲内で解釈すれば、「法典」と明確に述べることは、いささか難しいと考えられる。また、「不改常典」の断片的な内容は、「持統天皇の大命」によって草壁皇子の嫡子たる文武天皇が即位するに至った故事、元明天皇から元正天皇への譲位の際に「不改常典」に従って将来過ちなく首皇子（聖武天皇）が即位するように教示したとされる故事である。しかも、後者の故事は聖武天皇即位宣命に引用されたのであるが、同じ聖武天皇の譲位宣命では、先帝より「不改常典」に従って即位するように教示を受けたというように引用方法が変化していることが、「不改常典」そのものの理解を困難にする一つの要因と考えられる。また、桓武天皇以降に見られる「天智天皇の定めた法」と「不改常典」とが同一のものか否かも、議論の分かれるところである。

本章で述べんとするところは、第一に、「不改常典」「天智天皇の定めた法」の両者とも、その発言者は、あくまでも先帝であり、即位に際して新帝へ教示される「法」であるということ。第二に、「不改常典」法は奈良時代以降断絶したものではなく、また「天智天皇の定めた法」は桓武天皇によって持ち出され、それ以降の天智天皇系皇統意識を積極的に示すものではない。そして、「不改常典」の発言者の根本と同じく、「天智天皇の定めた法」もまた、持統天皇にまで遡れる可能性が考えられること。第三に、光仁天皇は「不改常典」に関する何らかの認識を有し、その認識は、天皇の父である施基皇子が、天武天皇の諸皇子とともに鵜野皇后（持統天皇）を母とする「一母同産」の処遇を受けていたことより、持統天皇―施基皇子―光仁天皇と受け継がれたと考えられることである。

「不改常典」と「天智天皇の定めた法」は、皇位と同じく歴代天皇とともに「皇統君臨の大原則」[40]に従って連綿と継承され、両者とも先帝より新帝の即位に際して教示（継承）されるべき事柄であると考えられよう。「不改常典」と「天智天皇の定めた法」の両者は、皇位継承に伴う先帝からの教示という形式においては、奈良時代と平安時代とでは断絶し、その表記は異なっているが、「法」の根本精神は総体的には同一のものであることを示している。

なお本書では、宣命そのものの解釈に主軸を置き、先行研究を追認した感が強く、不改常典の実体に迫ることまではできていない。また、直接触れることのできなかった先学が多いことは、御海容を請う次第である。

註

（1）本居宣長『続紀歴朝詔詞解』（『本居宣長全集』七、筑摩書房、昭和四十六年）。宣長は『日本書紀』大化元年以降に見える事績を、孝徳天皇と言わず、天智天皇が立てられたと解釈される所以は、孝徳天皇の御世でありながら、皇太子中大兄皇子の御心より発願されたものであるためと指摘する（二一六頁）。
（2）長田圭介「「不改常典」考」（『皇學館史学』二十三、平成二十年三月）。
（3）中野渡俊治「不改常典試論」（『古代太上天皇の研究』、思文閣出版、平成二十九年、初出は平成二十一年）。
（4）熊谷公男「即位宣命の論理と「不改常典」法」（東北学院大学論集『歴史と文化』四十五、平成二十二年）。
（5）中野高行「天智朝の帝国性」（『日本歴史』七四七、平成二十二年）。
（6）中西康裕「『不改常典の法』と奈良時代の皇位継承」（『続日本紀と奈良朝の政変』、吉川弘文館、平成十四年、初出は平成十二年）。中西氏は、天智天皇の後継者は大海人皇子（天武天皇）であり、これは天智天皇によって認められたものだということが、元明天皇朝に編纂中であった『日本書紀』の論理であると述べる。
（7）吉田孝『日本の誕生』（岩波書店、平成九年）。
（8）第一章・第二章・第三章・第四章を参照。

(9) 藤堂かほる「天智の定めた「法」について――宣命からみた「不改常典」――」(『ヒストリア』一六九号、平成十二年)。
(10) 『日本書紀』持統天皇十一年（六九七）八月条、『続日本紀』文武天皇元年（六九七）八月朔日条。
(11) 慶雲三年（七〇六）十一月、『続日本紀』元明天皇即位前紀。
(12) 倉住靖彦「いわゆる不改常典について」(『九州歴史資料館研究論集』一、昭和五十年)、佐藤宗諄「元明天皇論――その即位をめぐって――」(『古代文化』三十一―一、昭和五十三年)。倉住氏は、「文武の死後聖武への皇位継承を志向する元明が目的実現のために創出したもの」という仮託説を唱えた。また、佐藤氏も仮託説の立場から、先帝の意思に基づいて皇位を譲ること、すなわち譲位を「法」的に認めさせようとしたと述べる。これら仮託説は、田中卓氏・長山泰孝氏によって、その難点が明確にされた。田中卓「天智天皇の不改常典」(『田中卓著作集』六、国書刊行会、昭和六十一年、初出は昭和五十九年)、長山泰孝「不改常典の再検討」(『古代国家と王権』、吉川弘文館、平成四年、初出は昭和六十年)を参照。
(13) 熊谷氏は、問題は残るが「日並知所皇太子の嫡子、今御宇しつる天皇に授け賜ひて」の部分が、「不改常典」法の実態に関わると述べる。熊谷前掲註(4)論文参照。
(14) 『続日本紀』文武天皇元年（六九七）八月十七日条。
(15) 亀井輝一郎「不改常典の「法」と「食国法」」(『九州史学』九十一、昭和六十三年)。
(16) 『続日本紀』養老七年十月二十三日条の詔に「今年九月七日」とある。
(17) 藤堂前掲註(9)論文参照。
(18) 熊谷前掲註(4)論文参照。
(19) 同前。
(20) 『日本書紀』持統天皇十一年（六九七）八月条。
(21) 『続日本紀』文武天皇元年（六九七）八月朔日条。
(22) 『続日本紀』元明天皇即位前紀。
(23) 『続日本紀』慶雲四年（七〇七）七月十七日条。

(24)『続日本紀』巻四、霊亀元年（七一五）九月二日条。
(25)『続日本紀』巻五、霊亀元年九月二日条。
(26)『続日本紀』元正天皇紀神亀元年（七二四）二月四日条。
(27)『続日本紀』聖武天皇紀神亀元年（七二四）二月四日条。
(28)『続日本紀』天平勝宝元年（七四九）七月二日条。
(29)『続日本紀』慶雲四年六月十五日条。
(30)『儀式』巻五には、譲国儀が規定されている。
(31) 早川庄八「天智の初め定めた「法」についての覚書」（『天皇と古代国家』、講談社、平成十二年、初出は昭和六十三年）。
(32) 中西前掲註(6)論文参照。
(33) 亀井前掲註(15)論文参照。
(34) 武田佐知子「不改常典について」（『日本歴史』三〇九、昭和四十九年）。
(35) 長山前掲註(12)論文参照。
(36)『続日本紀』宝亀元年（七七〇）十月朔日条。なお、光仁天皇の即位については、第一章第二節・第四章第三節を参照。
(37) 早川前掲註(31)論文参照。
(38) 関晃「いわゆる不改常典について」（『関晃著作集』四、吉川弘文館、平成九年）。
(39) 長田前掲註(2)論文参照。
(40) 田中前掲註(12)論文参照。

第二部　古代正月儀礼の整備と変質

第七章　天地四方拝の受容

——『礼記』思想の享受に関連して——

はじめに

天地四方拝は、元旦四方拝の構成要素のうちの一つである。元旦四方拝とは、元日早朝に天皇がその年の属星および天地四方・山陵を拝して、年災を払い、宝祚を祈る儀式である。四方拝の研究は、これまで成立時期をその焦点としてきた。「元旦四方拝」を記載する『内裏儀式』に基づく嵯峨天皇朝（弘仁九年頃）成立説と、当該祭祀の初見記事である『宇多天皇御記』に基づく宇多天皇朝（寛平二年頃）成立説である。[1] また、『口遊』時節門[2]の記述について、『口遊』の性質や列挙された神名から推測して、おそらく源為憲が中国の通俗類書から引用したもので、少なくとも日本固有の祭礼ではなく、『口遊』こそが元旦四方拝の典拠と解する説[3]、民間の四方拝は、当時すでに宮中のそれと頗る様相を異にするものであったとする説[4]、日本固有の「伝統的祭祀伝承」の要素を重視しつつ、出典検索をさらに深化させて、中国における元旦四方拝成立の可能性を求める説[5]なども展開されている。

元旦四方拝の構成要素の一つである天地四方を拝する（祭る）ことについて、『礼記』には天子のみに許された祭祀であると明記されていることに注目されよう。また、元旦に天皇が属星・天地四方・山陵の三所を拝する祭祀を「元旦四方拝」と称するが、天地四方の「四方」が名称として何ゆえ残されたのであろうか。

本章では、我が国における『礼記』の伝来と朝廷内部における享受に注目し、天子のみに許された「天地四方拝」を組み込んだ「元旦四方拝」成立の背景を考察する。

一　天地四方拝——天子の拝——

天皇が行った「拝四方」の初見記事は、『日本書紀』皇極天皇元年（六四二）八月朔日条である(6)。

『日本書紀』皇極天皇元年八月甲申朔日条

八月甲申朔。天皇幸二南淵河上一。跪拝二四方一。仰レ天而祈。即雷大雨。遂雨五日。溥潤二天下一。〔或本云。五日連雨。九穀登熟。〕於レ是。天下百姓倶称二万歳一曰二至徳天皇一。

『日本書紀』の記述によれば、皇極天皇は南淵の河上に行幸し、跪いて四方を拝し、天を仰いで祈ると、雷鳴が轟き大雨が降った。ついに雨が五日間降り続き、天下を普く潤し（或本には、五日間雨が降り続いたので、九穀が実ったという）、これによって人民は大いに悦び、万歳と称えて「至徳の天皇である」と申したという。これ以前に蘇我蝦夷が仏教的儀礼によって祈雨を行ったが失敗に終わっている(7)。皇極天皇の祈雨の拝礼は、仏教的な儀礼によって行われた蘇我蝦夷の祈雨が成就しなかったことを受けて行われたもので、この時に天皇は神仏を対象とせず、四方および天を直接拝礼したことを重要視したい。

中国において天地・四方を祭ることは、古くは『周礼』『礼記』に記述が見られる。

『周礼』春官大宗伯(8)

以レ玉作二六器一。以礼二天地四方一。以二蒼璧一礼レ天。以二黄琮一礼レ地。以二青圭一礼二東方一。以二赤璋一礼二南方一。以二白琥一礼二西方一。以二玄璋一礼二北方一。

『礼記』曲礼下第二(9)

天子祭二天地一。祭二四方一。祭二山川一。祭二五祀一。歳徧。諸侯方祀。祭二山川一。祭二五祀一。歳徧。大夫祭二五祀一。歳徧。

『礼記』曲礼下第二の鄭玄注(10)

祭二四方一。謂レ祭二五官之神於四郊一也。句芒在レ東。祝融。后土在レ南。蓐収在レ西。玄冥在レ北。

『礼記』曲礼下第二の孔穎達疏(11)

天子祭二天地一者。祭天謂下四時迎レ気。祭中五天帝於四郊上。

『周礼』によれば、玉を以て蒼璧・黄琮・青圭・赤璋・白琥・玄璋の六器を作り、それらを用いて天地四方を祭るとされる。具体的には、天を祭るに蒼璧、地を祭るに黄琮、東方を祭るに青圭、南方を祭るに赤璋、西方を祭るに白琥、北方を祭るに玄璋を用いる。『礼記』では、天子は天地・四方・山川・五祀を祭るとされ、諸侯と比較すれば、特に天地と四方は天子のみが祭ることが許されているといえよう。鄭玄注には、四方の祭りは五官の神(12)を四郊（東・南・西・北）に祭ることと説き、孔穎達疏では天子が天地を祭ることは、四時の気を迎え五天帝を四郊に祭ることを指すと解している。また、『礼記』の思想に基づくか否かは不明であるが、『漢書』に「令下二祠官一祀中天地四方上帝山川上。以レ時祠レ之」と見られるように、前漢の高祖（劉邦）は祠官に命じて天地四方を祭らせており、古くから天子が天地四方を祭る実例も窺い知ることができよう(13)。

『周礼』『礼記』に見える「天地四方」の祭礼は、鄭玄注と孔穎達疏の記述から『大唐開元礼』(14)に記載される「冬至祀圜丘」「夏至祭於方丘」「立春祀青帝于東帝」「立夏祀赤帝于南郊」「季夏土王日祀黄帝於南郊」「立秋祀白帝於西郊」「立冬祀黒帝於北郊」などの郊祀（「昊天上帝」「皇地祇」「五方上帝」を祀る「大祀」）に相当すると考えられ、これを我が国の元旦四方拝における「天地四方拝」と同一視することはできない。しかし、「天地四方」を祭ることができるのは天子のみに限定していることに注目したい。

鷲尾祐子氏は、祭祀を差別化し身分間の序列を明確化する意図で、天地祭祀を天子に限定する思惟が、『礼記』曲礼が成立した紀元前四世紀中葉には存在したと指摘した上で、天子が天地を、諸侯が社稷をまつると規定されたことは、天子が普く天下を支配し諸侯が一地域を支配することに対応し、天子は普遍的な神をまつり、諸侯が地域限定の神をまつるということであると述べている(15)。

以上のように、『礼記』に記載された天子のみが行うことを許される「天地四方拝」が、平安時代の嵯峨天皇朝に至って、いかにして元旦四方拝の構成要素として組み込まれたのかを検討しなければならない。まず前段階として、『礼記』に示された「天子の拝(祭り)」の思想が、朝廷内部の官人にも充分に受容・享受されている必要があろう。その手がかりとなる記事が『続日本紀』に残されているので参考にしたい。

『続日本紀』天平宝字元年(七五七)七月四日条

庚戌。詔。更遣二中納言藤原朝臣永手等一。窮二問東人等一。款云。毎レ事実也。無レ異二斐太都語一。去六月中。期会謀レ事三度。始於二奈良麻呂家一。次於図書蔵辺庭。後於太政官院庭。其衆者安宿王。黄文王。橘奈良麻呂。大伴古麻呂。多治比犢養。多治比礼麻呂。大伴池主。多治比鷹主。大伴兄人。自余衆者闇裏不レ見二其面一。庭中礼二拝天地四方一。共歃二塩汁一。誓曰。将下以二七月二日闇頭一。発レ兵圍二内相宅一。殺刧即圍二大殿一。退中皇太子上。次傾二皇太后宮一而取二鈴璽一。即召二右大臣一将レ使二号令一。然後廃レ帝。簡二四王中一立以為レ君。於レ是追二被レ告人等一。随レ来悉禁著。各置二別処一一一勘問。始問二安宿一。款云。去六月廿九日黄昏。黄文来云。奈良麻呂欲レ得二語言一云尓。安宿即従往。至二太政官院内一。先有二廿許人一。一人迎来礼揖。近著看レ顔。是奈良麻呂也。又有二素服者一人一。熟看レ此小野東人也。登時衆人共云。時既応レ過。宜須二立拝一。安宿問云。未レ知何拝耶。答云。拝二天地一而已云レ爾。安宿雖レ不レ知レ情。随レ人立拝。被レ欺往耳。(後略)

『続日本紀』の記事は、橘奈良麻呂の乱に関与した人々を中納言藤原永手が糾問する内容である。具体的には、まず小野東人に対して詰問した。東人の回答は、上道斐太都の密告の内容をすべて認め、去る六月中頃に橘奈良麻呂の邸宅・図書寮の蔵・太政官院の庭において謀ること三度、参加者は安宿王・黄文王・橘奈良麻呂・大伴古麻呂・多治比犢養・多治比礼麻呂・大伴池主・多治比鷹主・大伴兄人であり、その他の人物については暗闇のため面相までは見なかった。そして、庭中にて天地四方を礼拝し、塩汁をすすって誓いを立てた。その誓いの内容は、七月二日夜に挙兵して紫微内相藤原仲麻呂の田村第を包囲し、仲麻呂を殺害して大殿（田村第に作られた天皇および皇太子の居所）を包囲して皇太子を廃太子に追い込み、皇太后（光明子）の居所を占拠して駅鈴と御璽を奪取し、右大臣藤原豊成を召して号令させた後に天皇を退位させて、塩焼王・道祖王・安宿王・黄文王の中から一人を選び天皇に立てる、という計画であったことを自供した。[16]

続いて藤原永手は、小野東人の自供で名前の出た人々の中で、まず安宿王を喚問する。安宿王の回答は、去る六月二十九日の黄昏に黄文王が来て「橘奈良麻呂がお話ししたいことがあると言っている」と話し、黄文王に従って太政官院庭に向かった。すでに二十数人が参集しており、その内の一人が迎え出て揖礼したので、近づいて顔を見ると、それは橘奈良麻呂であった。また、素服の人が一人おり、よく見れば小野東人であった。その時に衆人が共に、時がすでに過ぎているので立って拝むようにと言った。そこで、安宿王が何を拝礼するのか問うと、天地を拝礼するのみであるとの答えがあった。安宿王は拝礼の真意を知らずに、周りの人々に従って拝礼しただけであり、欺かれて太政官院に赴いたと無罪を主張した。以上が、『続日本紀』に見られた「天地四方の拝」の概略である。[17] 先学諸氏の見解を整理すると、渡部真弓氏は、当時の天地四方への祈誓は、同志結束の信仰的支柱となっていたと述べ、[18] 所功氏は、中国的な天地四方を拝する習俗が、少なくとも孝謙天皇朝（奈良時代後期）の頃には、日本で祈誓の方法として用いられた事実を確かめうると指摘する。[19]

天地四方を拝することは、『礼記』の記述を重要視すれば、本来は天子のみが行うべきことである。しかし、この時は橘奈良麻呂の謀反の企ての際に天地四方に礼拝が行われている。これは、所氏の指摘のごとく、少なくとも奈良時代後期（孝謙天皇朝）の頃までには、中国的な天地四方を拝する習俗が、日本において受容されていたことを示している。換言すれば、天地四方を拝することが受容されているのであれば、『礼記』に見える「天子の拝（祭り）」という思想も理解されていたということになろう。つまり、橘奈良麻呂は、帝を廃して新帝を擁立する謀反を決行するにあたり、天子のみが行う「天地四方拝」を行ったのではなかろうか。安宿王が、何を拝むのかと問い、天地を拝むとの答えに、「安宿雖レ不レ知レ情。随レ人立拝。被レ欺往耳」と弁明し無罪を主張したことを考え合わせれば、当時の知識人階級に『礼記』の思想が充分に浸透していたといえ、天地四方を拝することは、本来は天子のみが行う拝礼と理解されていたと解することが可能となろう。次節以降では、日本における『礼記』の受容について検討を加え、そこから天地四方拝の思想について考察を試みたい。

二　『礼記』の伝来と受容

天子が天地四方を拝する根源を『礼記』に求めるとすれば、日本における『礼記』の伝来と、その思想の受容について考えなくてはならない。我が国への『礼記』の伝来は古く、継体天皇朝の五経博士の渡来にまで遡る。五経とは、儒教で基本経典とされる『詩経』『書経』『礼経』『楽経』『易経』『春秋経』の六経のうち、『楽経』を除いたものである。[20] また五経博士は太常の属官に置かれ、儒家の経典である五経を教学する学官である。これは、前漢の建元五年（紀元前一三六）に五経博士を置いたのが始まりとされる。[21]

『日本書紀』継体天皇七年（五一三）六月条

七年夏六月。百済遣二姐弥文貴将軍。洲利即爾将軍一。副二穂積臣押山一。（百済本記云。委意斯移麻岐弥。）貢二五経博士段楊爾一。

『日本書紀』継体天皇十年九月条

秋九月。百済遣二州利即次将軍一副二物部連一来謝二賜己汶之地一。別貢二五経博士漢高安茂一請レ代二博士段楊爾一。
依レ請代レ之。

『日本書紀』欽明天皇十五年（五五四）二月条

二月。百済遣二下部杆率将軍三貴。上部奈率物部烏等一乞二救兵一。仍貢二徳率東城子莫古一。代二前番奈率東城子
言一。五経博士王柳貴代二固徳馬丁安一。僧曇恵等九人代二僧道深等七人一。別奉レ勅貢二易博士施徳王道良。暦博士
固徳王保孫。医博士奈率王有㥄陀。採薬師施徳潘量豊。固徳丁有陀。楽人施徳三斤。季徳己麻次。季徳進奴。
對徳進陀一。皆依レ請代レ之。

『日本書紀』の記述によれば、継体天皇七年に百済は姐弥文貴将軍・洲利即爾将軍を派遣して、穂積臣押山に付き添わせて五経博士の段楊爾を日本に貢上した。同十年には五経博士の漢高安茂を貢上し、段楊爾と交代させることを請い、要請の通りに交代させている。さらに欽明天皇十五年には、百済は五経博士の王柳貴を固徳馬丁安に交代させている。これら五経博士の渡来によって『尚書』『周易』『詩経』『春秋』『礼記』などの経籍が伝わり、その教えを受けた者があったと、桃裕行氏は述べている[22]。氏は続けて、学校とまではいえないにしても、その萌芽状態が存在していた可能性を指摘している[23]。

次に推古天皇朝における『礼記』思想の影響について触れておく。推古天皇朝の『礼記』受容は、聖徳太子の存在が重要となろう。

『日本書紀』推古天皇元年（五九三）四月十日条

夏四月庚午朔己卯。立二厩戸豊聡耳皇子一為二皇太子一。仍録摂政。以二万機一悉委焉。橘豊日天皇第二子也。母
皇后曰二穴穂部間人皇女一。皇后懐姙開胎之日。巡二行禁中一。監二察諸司一。至二于馬官一。乃当二厩戸一。而不レ労忽産
之。生而能言。有二聖智一。及レ壮一聞二十人訴一。以勿レ失能弁。兼知二未然一。且習二内教於高麗僧恵慈一。学二外典

於博士覚哿一。並悉達矣。父天皇愛之令レ居二宮南上殿一。故称二其名一謂二上宮廐戸豊聡耳太子一。

右は、聖徳太子が推古天皇の皇太子として立太子し、摂政に就任したことを記す『日本書紀』の記事であり、その生誕や、十人の訴えを一度に聞いたなどの逸話で有名である。その一説に「且習二内教於高麗僧恵慈一。学二外典於博士覚哿一並悉達矣」とあることに注目される。内容は、聖徳太子は内教（仏典）を高麗僧の恵慈に習い、外典（仏典以外の儒教などの書）は博士の覚哿から学び、どちらもことごとく習得したというものである。この覚哿は他には見られないため、いかなる人物か詳細は不明であるが、外典を講ずる博士であることから百済系の五経博士ではないかと推測される。

『礼記』を含む経籍が、推古天皇朝までに五経博士によって我が国に伝えられたことは明らかである。しかし、それが朝廷内部でどの程度まで読まれたのか知ることはできない。聖徳太子が外典を博士覚哿から習ったことや、皇極天皇が跪いて四方を拝し天を仰いで祈ったという、『日本書紀』の断片的な史料が残るのみである。したがって一部の知識人の間でのみ流布したものと推測でき、一般の官吏まで受容していたか否かは定かではない。一般の官吏が『礼記』の思想を享受したとすれば、大学寮の成立と大きく関わると考えられる。

大学寮は古代の高等教育機関であり、令制では式部省の被官で、学生を簡試し、釈奠のことを掌り、四等官の他に大学博士・音博士・書博士・学生らが助属していた。大学寮の初見は、天武天皇四年（六七五）である。

『日本書紀』天武天皇四年正月朔日条

四年春正月丙午朔。大学寮諸学生。陰陽寮。外薬寮。及舎衛女。堕羅女。百済王善光。新羅仕丁等。捧二薬及珍異等物一進。

『日本書紀』には、大学寮の諸学生、陰陽寮・外薬寮と舎衛の女・堕羅の女・百済王善光、新羅の仕丁らが、薬や珍しい品々を天皇に進上したとある。これはあくまで「大学寮」という言葉の初見なので、大学寮自体は天武天皇四年以前に成立していたといえよう。大学寮の創設時期については諸説があり、本書では久木幸男氏が提唱された天智天皇九年（六七〇）説に従いたい[24]。また久木氏は「大学寮」の名称について、『礼記』学記篇・大学編からの影響を考える必要性を指摘している[25]。大学寮の制度は、唐制に倣いつつ中国南朝・朝鮮の制度をも参考にしたと考えられ、これは白村江の戦い以後に日本に亡命した百済系氏族の影響によるところであるが[26]、彼らによってさらに多くの大陸の知識がもたらされたといえよう。そして、大学寮の創設こそ、『礼記』の思想が一般の官吏にまで享受されるに至る契機であると考えられる。それは、次に挙げた令に規定されている、大学寮で使用された教科書からも明らかとなろう。

『学令』経周易尚書条（新訂増補国史大系『令義解』。以下同）

凡経。周易。尚書。周礼。儀礼。礼記。毛詩。春秋左氏伝。各為二一経一。孝経。論語。学者兼習之。

『学令』教授正業条

凡教二授正業一。周易鄭玄。王弼注。尚書孔安国。鄭玄注。三礼。毛詩鄭玄注。左伝伝服虔。杜預注。孝経孔安国。鄭玄注。論語鄭玄。何晏注。

『学令』礼記左伝各為大経条

凡礼記。左伝。各為二大経一。毛詩。周礼。儀礼。各為二中経一。周易。尚書。各為二小経一。通二二経一者。大経内通二一経一。小経内通二一経一。若中経。即併通二両経一。其通二三経一者。大経。中経。小経。各通二一経一。通二五経一者。大経並通。孝経。論語。皆須二兼通一。

『学令』先読経文条

凡学生。先読二経文一。通熟然後講レ義。毎レ旬放二一日休仮一。々前一日。博士考試。其試二読者一。毎二千言内一。試二一帖三言一。講者。毎二二千言内一。問二大義一条一。惣試二三条一。通レ二為レ第。通レ一。及全不レ通。斟量決罰。

毎二年終一。大学頭助。国司芸業優長者試之。試者通二計一年所レ受之業一。問二大義八条一。得二六以上一為レ上。得二四以上一為レ中。得二三以下一為レ下。頻二三下。及在レ学九年。不レ堪二貢挙一者。並解退。〈其従レ国向二大学一者。年数通計。服関重任者。不レ在二計限一。〉

右は『学令』に規定された関連条文である。まず、経周易尚書条では教科科目を規定する。『周易』『尚書』『周礼』『儀礼』『礼記』『毛詩』『春秋左氏伝』をそれぞれ一経とする。そして、『孝経』と『論語』については「学者兼習之」とあるように必修科目とされた。

教授正業条では、各経で使用する教科書について規定する。『周易』は鄭玄と王弼の注釈本、『尚書』は孔安国と鄭玄の注釈本、『三礼』（『周礼』『儀礼』『礼記』の三経）と『毛詩』は鄭玄の注釈本、『春秋左氏伝』は服虔と杜預の注釈本、『孝経』は孔安国と鄭玄の注釈本、『論語』は鄭玄と何晏の注釈本を使用すること。注釈本が二種類存するものについては、同条義解に「謂。非三是一人兼習二二家一。或鄭。或王。習二其一注一。若有二兼通者一。既是為二博達一也」とあり、一人で二種類の注釈を学ぶのではなく、鄭玄説あるいは王弼説のいずれか一つを学ぶこととする。しかし、二種類とも学び終えた者は、博達（学芸などに通じる者）とすると記載されている。

礼記左伝各為大経条では、『礼記』と『春秋左氏伝』とを大経、『毛詩』『周礼』『儀礼』を中経、『周易』『尚書』を小経として、二経・三経・五経を選択し学修することを規定する。ここでも『孝経』と『論語』は必修とされている。選択の制限は、二経の場合は、大経から一経、小経から一経の二経、あるいは中経から二経。三経の場合は、大経・中経・小経の各一経を合わせ三経。五経の場合は、大経の二経を必修としている。さらに新訂増補国史大系本『令義解』本条の傍注に、紅本紙背にある「大学弘仁式」の文が記載される。

大学弘仁式云。凡応下講説者。春秋。礼記各限二七百七十日一。周礼。儀礼。毛詩。律各四百六十日。周易三百一十日。尚書。論語。令二百日。孝経六十日。三史。文選各准中中経上。貞観式云。凡応講説云々。律四百六十日云々。令案百八十日。

「大学弘仁式」には、『春秋』と『礼記』の講説期間は七百七十日であり、中経各経の四百六十日と比べても長期間にわたり学修しなくてはならないことが見て取れる。ここから、『礼記』が大経に指定されたことと併せ、『礼記』が重要な経籍と位置付けられていたと理解できよう。

さらに先読経文条では、教授する順序、休暇、博士による試験と及第の決定方法について規定している。学生はまず経文を素読し、これに通じたら解釈の講義を受けることになる。休暇は十日に一日で、休暇の前日には博士の試験が行われる（試験は十日に一回）。その試験の方法とは、素読が千字以上に達した者は千字のうち一箇所を伏せておき、その文字を答えさせる。ただし、千字に達していない者については試験を行うことはない[27]。解釈の講義を受けている者は、大義を問う問題が二千字ごとに一問、合計で三問出題され、全通と二問に通じた者を及第とし、一問のみに通ずる者あるいは全問解答できない者を落第者とした。落第者については博士が適宜罰を加えた[28]。この罰は刑罰ではなく教訓上のものであろう。学年末には大学頭・助、国司による試験が、講者（解釈を授かる者）の中の学業優秀な者に対して行われ、一年間に学んだことについて大義八問が出題される。この八問のうち、六問以上の正答者を「上」とし、四問以上を「中」、三問以下を「下」とした。三回続けて「下」の成績であった者、在学期間が九年となり貢挙（卒業試験＝官吏登用試験）に堪えざる者は、退学となる。国学から大学に来た者は、国学・大学の通算期間を九年と数えるが、ただし、服喪の期間は除外するとされた。

このような詳細な試験等に関する規定もあり、先に述べたごとく『礼記』が重要な経籍と位置付けられていたことも合わせて考えると、『礼記』の内容について充分に学ぶ環境が整っていたと考えられる。さらに、式部省が行った秀才試に次ぐ官吏登用試験である明経試でも『礼記』は重要視されている。

『考課令』明経条

凡明経。試周礼。左伝。礼記。毛詩。各四条。余経各三条。考経。論語。共三条。皆挙二経文及注一為レ問。

其答者。皆須下弁二明義理一。然後為上通。通レ十為二上々一。通二八以上一為二上中一。通一七為二上下一。通レ六為二中上一。通二五及一経一。若論語。考経全不レ通者。皆為二不第一。通二一経一以外。別更通レ経者。毎レ経問二大義七条一。通二五以上一為レ通。

『考課令』明経条は、明経科の試験についての規定である。学令では『礼記』『春秋左氏伝』を大経、『毛詩』『周礼』『儀礼』を中経、『周易』『尚書』を小経と定めていた。この中から『周礼』『春秋左氏伝』『礼記』『毛詩』から四条、その他の『儀礼』『周易』『尚書』のいずれか一経から三条、『孝経』『論語』の中から三条、合計で十条について試問されることになる。この明経道は、大学寮に設置された課程の一つで、算道・書道に対する本科または一般科としての性格を帯びており、経学に限定された専門化したものではなく、官吏として習得すべき一般的教養とされている。

大学寮の学生の定員は四百人[29]で、その資格を有したのは諸王以下五位以上の子孫、東西の史部の子である。ただし、八位以上の子であっても情に願えば学生となることが許された[30]。

以上のように、『礼記』は大学寮の成立、律令制の施行に伴って朝廷内部で重要視され、一般の官吏に至るまで享受されていたことは明らかである。大経と位置付けられた『礼記』は、『学令』先読経文条に規定されるごとく、十日ごとの休日前には二千字ごとに大義が試問されることからも、その内容まで充分に理解される素地は存在したといえよう。つまり、天子のみが天地四方を祭ることが許されているという『礼記』の思想も、『礼記』の受容過程や大学寮の成立とともに、遅くとも大宝令施行の段階においては、充分に理解されていたと考えられる。したがって、天平宝字元年（七五七）七月に橘奈良麻呂が謀反を企てた際に天地四方を拝したことも、天子のみが行う祭祀を行ったということを、参集者は理解していたであろう。

三　元旦四方拝への組み込み

大学寮における『礼記』の講義を通じて、奈良時代の官人にその思想が享受されていたことは明らかであり、天子のみが天地四方を祭ることを許されたことは、一般的な官人たちにも充分に理解されていたといえる。それでは『礼記』の思想に見られる天地四方拝が、嵯峨天皇朝（弘仁九年頃）に至って、何ゆえ、元旦四方拝を構成する要素の一つとなったのであろうか。それには大学頭であった山部王の存在が重要となろう。

山部王は周知の通り、父である白壁王の即位に伴い親王宣下・立太子され、後に桓武天皇となった。立太子あるいは即位した経緯は第一章において詳述したが[31]、桓武天皇は諸王であった時代の天平神護二年（七六六）頃から四年間ほど大学頭に補任されていたことに注目される[32]。大学頭の職掌は、『職員令』大学寮条に「頭一人。掌下簡二試学生一。及釈奠事上」と規定されており、皇親であった山部王が補任されたことは、けっして名目上の大学頭ということではあるまい。山部王は自身の能力を請われて大学頭に補任されたのであろう。この点に関して遠藤慶太氏が、山部王の後に大学頭に補任された人物に淡海三船がおり、この淡海三船は、歴代天皇の漢風諡号を一括して奏上し、また多数の書物を読破し文学や歴史に通じて、奈良時代末期に文人として石上宅嗣と双璧をなした人物で、当時の大学頭は実務に優れ、その能力が秀でている者が補任されており、山部王の補任もそうした中でのものであると指摘した[33]。この指摘は穏当なもので、筆者もその考え方に従いたい。ちなみに、橘奈良麻呂も天平十三年（七四一）七月に大学頭に補任されていた[34]。天平宝字元年（七五七）七月の謀反の際に太政官院庭で天地四方を拝したことは、奈良麻呂自身も、大学頭であったという経歴から漢籍やそれ基づく思想などに熟知しており、『礼記』の思想に見られる「天子の拝（祭り）」と認識していたということが裏付けられよう。

桓武天皇朝において、天皇自身が『礼記』の思想に熟知していたことは、天地四方拝を取り入れた元旦四方拝は実施してはいないものの、新たな祭祀の一つである昊天祭祀を行ったことにその片鱗が見て取れよう。詳細は第二章・第三章において述べたところである。日本における昊天祭祀は、桓武天皇の延暦四年（七八五）[35]・同六年[36]と文徳天皇の斉衡三年（八五六）[37]の三回しか確認されていない。桓武天皇による昊天祭祀の実施は、天智天皇系新王朝意識の創出ではないことを別章で述べているので詳細は省略するが[38]、その概要を簡略に述べれば、桓武天皇自身の立太子当時には、多数の反対勢力が存在しながらも藤原百川によって擁立されたことが、反藤原氏勢力の不満を集結させ、氷上川継謀反事件・藤原種継暗殺事件の要因になったと考えられる。即位当初の桓武天皇の政権運営は、政治的には非常に不安定であり、後ろ盾であった藤原百川はすでに亡く、即位直後の延暦四年には、側近であった藤原種継も暗殺されたことで、さらに政権基盤が弱体化し、崩壊の危機にあったといえよう。また、さらには朝廷を二分しかねない政権抗争に発展する要素も持ち合わせていたというのが、桓武天皇朝の始まりであった。つまり、そのような危機的な状況下にあっては、新王朝意識の創出よりも、政権の安定化と、自身が正統な天子であることを内外に宣明することが必要となる。そこで取り入れられたのが、昊天祭祀という中国的な祭祀であったと考えられるのである[39]。

桓武天皇の皇位継承は、光仁天皇からの譲位（禅譲）という形で、父系の正統性は保証されているはずである。しかし、初めて渡来系氏族を外戚とすることで、立太子の時点から天皇自身が皇権の脆弱性を認識していたと考えられ、また即位直後から謀反事件が度重なるなど、反対勢力が多く存在する朝廷内部にあって、改めて自らが父である光仁天皇の正統な皇位継承者であることを示したのではないだろうか。その時に注目したのが、「天は、天子のみが祭る」とする『礼記』の思想であったといえよう。そこには、かつて諸王時代に大学頭として、『礼記』をはじめとする漢籍に精励していた天皇自身の経験があるものと推察される。

昊天祭祀は、そのような事情から実施されたものの、毎年恒例の儀礼としては定着しなかった。その要因は、文徳天皇の斉衡三年（八五六）度の昊天祭祀から推測が可能である。都城の南郊で行われるこの祭祀は、『大唐開元礼』に「皇帝冬至祀圜丘」と規定され、冬至の日に行われていた。実際に延暦四年と六年の郊祀も冬至の日に行われたことが確認される。(40) しかし、斉衡三年度は十一月二十五日に実施されており、(41) この日は冬至ではない。斉衡三年の冬至は十一月十七日である。(42)『日本文徳天皇実録』によれば、この冬至の日にあたる十七日には辰日節会、前日の十六日は新嘗祭が行われていることから、新嘗祭（神祇祭祀）が郊祀より優先される祭祀であると考えるのが当時の自然な認識だったのであろう。新嘗祭は周知の通り、両度（六月・十二月）の月次祭神今食とともに天皇親祭で行われる重要な祭祀であり、新儀たる昊天祭祀よりも古くからの新嘗祭が優先されるのは当然である。昊天祭祀を行うべき冬至と新嘗祭が重なり合うことが多くなることから、昊天祭祀は定着しなかったと考えられよう。しかし、天地四方は天子のみが祭るとする『礼記』の思想は、桓武天皇朝においても内在しており、それが嵯峨天皇朝の元旦四方拝の立制につながったと考えられるのである。

元旦四方拝には、『内裏儀式』(43) に基づく嵯峨天皇朝（弘仁九年頃）成立説と、当該祭祀の初見記事である『宇多天皇御記』(44) 基づく宇多天皇朝（寛平二年頃）成立説の両説がある。嵯峨天皇朝成立説は、『内裏儀式』の成立および『延喜式』中務省式書司条の金剛寺本頭注「弘」などを論拠とし、一方の宇多天皇朝成立説は、『宇多天皇御記』の初見記事および儀式の内在的考証に基づいている。清水潔氏は両説を詳細に検討され、元旦四方拝の成立は嵯峨天皇の弘仁年間（弘仁十一年以前）かそれ以前に求めるのが妥当とされた。(45) つまり、桓武天皇朝以来内在していた「天子が天地四方を祭る」という『礼記』の思想は、嵯峨天皇朝に至って元旦四方拝を構成する要素の一つに組み込まれたことになるのである。

元旦四方拝の内容は、『内裏儀式』に詳細に記されている。

『内裏儀式』正月拝二天地四方属星及二陵一式

鶏鳴。掃司設二御座三所一。一所此拝二属星一之座。座前焼レ香置レ花燃レ灯。一所此拝二天地一之座。座前置レ花燃レ香。以上二座舗二短畳一。天地一座別舗レ褥。拝二一所此拝レ陵之座舗レ畳天皇端レ笏北向。称二所属之星名字一。当年属星名禄存字禄会。此北斗第三之星也再拝祝曰。賊寇之中。過渡我身。毒魔之中。過渡我身。危厄之中。過渡我身。毒気之中。過渡我身。五兵口舌之中。過渡我身。百病除癒。所欲従心。急急如律令。次北向再二拝天一。西北向再二拝地一。以次拝二四方一。次端レ笏遥向二二陵一。両段再拝。掃司撤二御座一。書司却二香花一。

『内裏儀式』に基づいて儀式次第の内容を概略すれば、天皇は属星を拝するための座に着き、北面して属星の名を唱え再拝する「属星拝」、座を移し、まず北面して天に再拝、次に西北へ向き地に再拝、次に四方を順次拝礼する「天地四方拝」、さらに座を移して二陵を両段再拝して遥拝する「陵拝」の三要素があることが確認される。ここで注意したいのは、この儀礼の名称である。一般的にこの儀礼を「元旦四方拝」と称し、名称には天地四方の「四方」が残っている。また『内裏儀式』では「正月拝二天地四方属星及二陵一式」と、天皇が一番初めに拝礼する属星よりも「天地四方」が先に記載されている点が注目される。これは三つの要素を持っている元旦四方拝の中でも、特に「天地四方拝」が最も重要視されていた拝礼だということの表れではなかろうか。この名称からも、嵯峨天皇にとって、「天地四方拝」は重要視すべき儀礼であったと考えられよう。

桓武天皇朝に行われた昊天祭祀は、反対勢力が多く存在する朝廷内部にあって、政権の安定と自らが父である光仁天皇の正統な皇位継承者であることを内外に宣明する要素が強いことを、先に述べた。そこで元旦四方拝の成立に関連して、嵯峨天皇朝に新儀として『礼記』の思想に基づいた「天地四方拝」を行う必要性が存在したか否かを検討しなければならない。私見では、これは薬子の変と密接に関わっていると考えている。

薬子の変は、弘仁元年（八一〇）に藤原薬子と兄の藤原仲成が主謀して起きた騒乱である。事変の経緯等の詳細は省略するが、大同四年（八〇九）に平城天皇が譲位し、弟の嵯峨天皇が即位すると、権威失墜を恐れた仲成と薬子は、平城太上天皇の重祚を謀る。嵯峨天皇側との対立は、平城旧都への遷都の動きもあり、「二所朝廷」と呼ばれるほどで、それまさに朝廷を二分した国家の危機的な状況であったといえよう。(46)『日本後紀』記事の批判から、平城太上天皇の主体性を強調する学説も見られ、(47)近年は、西本昌弘氏が、弘仁元年九月の官人人事の詳細な検討から、薬子の変は、結果的に大規模な争乱に発展しなかったものの、もし嵯峨天皇側の対応が遅れ、藤原仲成を拘束するなどのことがなければ、大規模な争乱状態に陥っていた可能性は高く、平城太上天皇や仲成・薬子は譲位前後から周到な計画を練ったものであり、その挙兵を「場当たり」「自棄的」などと評するのは妥当ではないと指摘している。(48)あるいは、春名宏昭氏のように、当時の太上天皇の地位を考察し、嵯峨天皇には太上天皇を罰する資格がないことから、歯向かってはならない平城太上天皇に歯向かった嵯峨天皇側のクーデターであったという見解まで出されている。(49)

以上のように、薬子の変に対する見解は様々である。これは事変の史料が『日本後紀』を中心としており、同書の史料的評価をめぐって諸説でその立場が異なるために生じた問題でもある。近年では、『日本後紀』に批判的な立場から「平城太上天皇の変」と称されることもある。(50)本書の目的は薬子の変に対する『日本後紀』の史料的評価ではないため、(51)これ以上の検討は控えるが、この薬子の変が、蔵人所の設置・太上天皇制の成立・後院の在り方など、嵯峨天皇の弘仁年間における宮廷諸制度改革の発端となっていることは周知の通りである。これら諸制度の改革が、弘仁年間における儀礼制度の整備および唐風化、儀式書の編纂事業と、無関係に推進されていたとは考え難いことである。このような背景を慮れば、元正最初の儀礼として元旦四方拝が整備されたことも読み解けてこよう。

薬子の変の勃発は、二十五年にわたり朝廷と政権の安定に努めた桓武天皇の崩御から四年後のことである。平城太上天皇と嵯峨天皇の兄弟を巻き込んでの朝廷を二分した政権抗争は、かつて延暦四年に起こった藤原種継暗殺事件に端を発する謀反事件と類似しているといえ、[52]天皇兄弟を巻き込んでの政権抗争が、父である桓武天皇の御代と、その子である平城太上天皇・嵯峨天皇の二世代に連続して勃発したことになる。桓武天皇は事件後に、政権の安定と自身の皇位継承の正統性を内外に示すために昊天祭祀を実施したが、定着しなかったことは先に述べた。嵯峨天皇は、父の桓武天皇の先例に倣い国家を安泰ならしめるために、『礼記』の思想に基づいて、天子のみに許された「天地四方」を拝することを意図したのではあるまいか。昊天祭祀のように『大唐開元礼』に見られる儀礼そのものではなく、毎年元正に、天皇親らが天地四方を拝し国家と人民の安寧を祈る「元旦四方拝」として、新儀を立制したものと考えられよう。[53]

おわりに

以上、「天地四方拝」について、我が国への『礼記』の伝来およびその受容と、天皇が天子として天地四方を拝する（祭る）必要性に言及しながら論じてきた。その要点をまとめると以下のようになる。

天地四方を祀る祭儀は、『礼記』において天子のみが行うべき祭儀とされる。我が国への『礼記』の伝来は、古く継体天皇朝の五経博士の渡来にまで遡り、聖徳太子が断片的にではあるが儒教の経典を学んだり、『日本書紀』は皇極天皇が南淵河上で行われた拝礼を「拝四方」と記したりと、一部の知識人たちは『礼記』の思想を受容していたと考えられる。その後、大学寮の成立、律令制の施行に伴って、『礼記』は朝廷内部で重要視され、一般官吏に至るまで享受されていたことは明らかである。天子のみが天地四方を拝する（祭る）ことを許されるということは、奈良時代の官人たちには充分に理解されていたといえよう。

さらに、桓武天皇が諸王時代に大学頭を勤めていたことが重要であり、天皇自身は『礼記』の思想を熟知していたと推察できる。桓武天皇朝においては、天地四方拝を取り入れた「元旦四方拝」はまだ創始されないが、政権の安定化と自身が正統な天子であることを内外に宣明することが必要となり、「昊天祭祀」という中国的な祭祀を実施したと考えられる。

その後、嵯峨天皇朝に至って、天皇兄弟を巻き込んでの政権抗争が二世代続けて勃発したことにより、嵯峨天皇は父である桓武天皇の先例に倣い、国家を安泰ならしめるために、『礼記』の思想に基づいて、天子のみに許された「天地四方」を拝することを意図したと考えられよう。それは本格的な昊天祭祀の導入ではなく、毎年元正に、天皇親らが天地四方を拝し国家と人民の安寧を祈る「元旦四方拝」として、新儀を立制したものと考えられる。そして「元旦四方拝」は、天皇の出御がなければ執り行われないという点においても、天地四方は本来天子のみが親ら祭るべきものであるという『礼記』の思想を、天皇親らが元正に具現化しているものと理解されよう。

註

（1）主要な研究史は、所功「「元旦四方拝」の成立」（『平安朝儀式書成立史の研究』、国書刊行会、昭和六十年）、渡部真弓「「元旦四方拝」と魂のまつり」（『神道と日本仏教』、ぺりかん社、平成三年、初出は昭和六十一）、井上亘「元旦四方拝成立考」（『日本古代の天皇と祭儀』、吉川弘文館、平成十年、初出は平成七年）、清水潔「「元旦四方拝」成立考」（『神道史研究』四十六―二、平成十年）、石野浩司「元旦四方拝から見た毎朝御拝の成立」（『石灰壇「毎朝御拝」の史的研究』、皇學館大学出版部、平成二十三年、初出は平成十九年）、渡辺瑞穂子「藤原京跡呪符木簡と元旦四方拝の成立」（『神道宗教』二一五、平成二十一年）などが挙げられる。

（2）『口遊』時節門に「賊寇之中過度我身。毒魔之中過度我身。危厄之中過度我身。毒気之中過度我身。五兵口舌之中過度我身。五厄六害之中過度我身。百病除愈所欲従心。急々如律令。謂下之歳旦拝二天地四方諸神一芳誦上。今案。寅一尅起。先向二生気一。次天道。向レ西五拝。盥洗訖。即向二玉女一拝也。次華蓋。凡欲レ拝二諸神一。先拝二華蓋一。在二玉女前一故亦拝也。訖。向北。皷二天皷一。三通。訖。呼二三属星名字一。合掌当レ額。咒曰云々。訖。即一々再二拝七星一。所属之星七遍。次亦向二北辰一。次西南向拝レ地。更拝二四方一。起東次拝。各再。次拝二大歳一。次大将軍。次歳徳。次天道。次天徳。次月徳。次天一。次大白。次遊年。次生気。次竈神。次内外氏神。次父母若廟」とある。

（3）井上前掲註（1）論文参照。

（4）所前掲註（1）論文参照。

（5）渡部前掲註（1）論文参照。

（6）六国史については、すべて新訂増補国史大系を用いた。

（7）『日本書紀』の記述によれば、皇極天皇元年（六四二）六月に大旱魃となり（『日本書紀』皇極天皇元年六月是月条）、七月二十五日には群臣が相談し、村々の祝部の教えに従い、あるいは牛馬を殺して諸社の神を祭り、あるいは頻りに市を移し、あるいは河伯（河の神）に祈るも効果が無かったことを蘇我大臣（蝦夷）報告し、蘇我大臣は寺々において大乗経典を転読し、罪過を悔いることは仏の説くごとくにし、仏を敬って雨を祈ると答えた（同七月戊寅条）。同二十七日には、大寺の南庭に仏と菩薩の像、四天王の像を奉安し、多くの僧侶を招請して、『大雲経』などを読ませ、この時に蘇我大臣は自ら香炉を執り、焼香して発願した（同七月庚辰条）。翌二十八日には微雨が降ったが（同七月辛巳条）、二十九日に至って雨を乞うことはできず、読経は中止されたという（同七月壬午条）。

（8）十三経注疏整理本八『周礼注疏』（北京大学出版社、二〇〇〇年）。なお、本書で引用している漢籍の原文には返り点はないが、筆者が便宜上返り点を付している。

（9）十三経注疏整理本十二『礼記正義』（北京大学出版社、二〇〇〇年）。

（10）同前。

（11）同前。

（12）五官は五行の官で、木正（句芒）・火正（祝融）・金正（蓐収）・水正（玄冥）・土正（后土）のことを指す。『春秋左氏伝』昭公伝二十九年条に「故有二五行之官一。是謂二五官一。（中略）木正曰二句芒一。火正曰二祝融一・金正曰二蓐収一。水正曰二玄冥一。土正曰二后土一」（十三経注疏整理本十九『春秋左伝正義』、北京大学出版社、二〇〇〇年）とある。

（13）『漢書』高帝本紀二年六月条参照。この『漢書』の記事の取り扱いには注意が必要である。始皇帝により挟書律（医学・占い・農業以外の書物の所有を禁じた命令）が制定されており、漢の高祖（劉邦）は秦を滅ぼしたが、挟書律は継承され、恵帝四年（紀元前一九一）三月になり廃止された。すなわち、劉邦が即位二年六月に天地四方を祭ったとしても、『礼記』に基づく祭儀の実施は難しいと考えられる。したがって本書では、天子が天子四方を祭るという思想が、古代中国に実例として見られるという程度に解しておくこととする。また、『漢書』の記事は、劉邦自らではなく、実際には祀官に行わせている。この点についても、昊天祭祀の日唐比較において、中国においては皇帝親祭、日本は勅使を派遣しての代拝と論じられることが多いが、中国においても通常は有司摂事であり、皇帝親祭には即位後など特定の年度に限られていることは、金子修一氏の研究（「唐代皇帝祭祀の親祭と有司摂事」〈『中国古代皇帝祭祀の研究』、岩波書店、平成十七年〉）によって明らかにされており、この場合も、祭祀を行った主体は劉邦であると理解できる。

(14)『大唐開元礼　附大唐郊祀録』（汲古書院、昭和四十七年）を使用した。

(15)鷲尾祐子「前漢郊祀制度研究序説――成帝時郊祀改革以前について――」（立命館東洋史学会叢書二『中国古代史論叢　初集』、立命館東洋史学会、平成十六年）。

(16)『続日本紀』天平宝字元年七月二日条。

(17)揖は、両手を胸の前で組み、これを上下あるいは前に推し進めて、先方を敬う意を表す礼。

(18)渡部前掲註(1)論文参照。

(19)所前掲註(1)論文参照。

(20)『初学記』巻二十一経典第一に「白虎通曰。五経、易、尚書、詩、礼、楽也。古者以二易、書、詩、礼、楽、春秋一為二六経一。至二秦焚書一楽経亡。今以二易、詩、書、礼、春秋一為二五経一。又礼二有周礼、儀礼、礼記一曰二三礼一。春秋有二左氏、公羊、穀梁三伝一。與二易、書、詩一通数亦謂二之九経一」（『初学記』、中華書局、二〇〇四年）とある。現行の五経は、唐代の『五経正義』以来の『周易』『尚書』『毛詩』『礼記』『春秋左氏伝』である。

(21)『漢書』武帝紀建元五年条に「置二五経博士一」とある。

(22)桃裕行「上代思想・文化」（桃裕行著作集一『上代学制論攷』、思文閣出版、平成五年、初出は昭和十四年）。

(23)桃前掲註(22)論文参照。

(24)久木幸男「草創期の大学寮」（『日本古代学校の研究』、玉川大学出版部、平成二年）参照。久木氏は、天智天皇九年（六七〇）に学識が設置され、後に大学寮に改称されたと指摘する。しかし、水口幹記氏（「引用書名から見た古代の学問」〈『日本古代漢籍受容の史的研究』、汲古書院、平成十七年〉が指摘するごとく、奈良県高市郡明日香村の石上遺跡の天武天皇朝と推定される溝から出土した木簡に「大学官　□」（『木簡研究』二十六、木簡学会、平成十六年）とあり、名称等についての再考が必要と考えられる。

（25）久木前掲註（24）論文参照。

（26）同前。

（27）『学令』先読経文条義解に「若其不㆓満千字㆒者。不㆔復在㆓試限㆒」とある。

（28）義解によれば、鞭で打ち、その数は博士が決めるものとされた。

（29）『職員令』大学寮条に「学生四百人。掌㆑分㆓受経業㆒」とある。

（30）『学令』大学生条に「凡大学生。取㆓五位以上子孫。及東西史部子㆒為之。若八位以上子情願者聴」とある。八位以上の子については嫡庶を論じないことが同条義解に見られるが、五位以上の子孫については、神亀五年（七二八）三月二十八日付の太政官奏（『類聚三代格』巻五）によって、嫡子のみに限定されている。

（31）第一章第三節参照。

（32）実際に大学頭に補任された年月日は不明であるが、山部王は『続日本紀』天平神護二年十一月五日条に「従五位上」に叙された記事がある。『続日本紀』宝亀元年八月二十八日条には「授㆓大学頭諱従四位下㆒」とあり、すでに大学頭に補任されていることが確認される。『令義解』官位令では大学頭は従五位上相当官であることから、天平神護二年（七六六）から侍従に転任する宝亀元年（七七〇）までの約四年間は大学頭であったと推測される。

（33）遠藤慶太「桓武天皇と『続日本紀』」（シンポジウム「桓武天皇とその時代」〈『皇學館大学研究開発推進センター紀要』三、平成二十九年〉）。

（34）『続日本紀』天平十三年（七四一）七月三日条に「従五位上橘宿禰奈良麻呂為㆓大学頭㆒」とある。

（35）『続日本紀』延暦四年（七八五）十一月十日条。

（36）『続日本紀』延暦六年十一月五日条。

（37）『日本文徳天皇実録』斉衡三年（八五六）十一月二十二日・二十三日・二十五日条。

（38）第二章・第三章を参照。

(39) 第一章第四節を参照。
(40) 『日本暦日原典』第四版（雄山閣出版、平成六年）。
(41) 『日本文徳天皇実録』斉衡三年十一月二十五日条。
(42) 『日本暦日原典』第四版（雄山閣出版、平成六年）。
(43) 『内裏儀式』「正月拝二天地四方属星及二陵一式」に詳細な次第がある。
(44) 『宇多天皇御記』寛平二年（八九〇）正月一日条に「正月一日。四方拝云々。向二乾方一。拝二后土一。及二五星一」とある。
(45) 清水前掲註(1)論文参照。
(46) 『日本後紀』弘仁元年（八一〇）九月十日条の詔に、「尚侍正三位藤原朝臣薬子者。挂畏柏原朝廷乃御時尓。春宮坊宣旨止為弖任賜比支。而其為性能不レ能所乎知食弖。退賜比去賜弖支。然物乎百方趁逐弖。太上天皇尓近支奉流。今太上天皇乃譲国給閇流大慈深志乎不レ知之弖。己我威権乎擅為止之弖。非二御言一事乎御言止云都都。褒貶許止任レ心弖。曾无レ所二恐憚一。如レ此悪事種種在止毛。太上天皇尓親仕奉尓依弖思忍都都御坐。然猶不二飽足一止之弖。二所朝庭乎母言隔弖。遂尓波大乱可レ起。又先帝乃万代宮止定賜閇流平安京乎。棄賜比停賜弖之平城古京尓遷左牟止奏勧弖。天下乎擾乱。百姓乎亡弊。（後略）」とある。
(47) 北山茂夫「平城上皇の変についての一試論」（『続万葉の世紀』、東京大学出版会、昭和五十年、初出は昭和三十八年）、橋本義彦「〝薬子の変〟私考」（『平安貴族』、平凡社、昭和六十一年、初出は昭和五十九年）。
(48) 西本昌弘「薬子の変とその背景」（『国立歴史民俗博物館研究報告』一三四、平成十九年）。西本氏は薬子の変の遠因として、南北朝時代の東寺の寺史『東宝記』に記載された、安殿親王・神野親王・大伴親王が各十カ年ずつ皇位継承を行い統治すべしと定めたとする桓武天皇の遺勅に求めるが、筆者は、現段階において桓武天皇の遺勅の存在を想定していない。
(49) 春名宏昭『平城天皇』（吉川弘文館、平成二十一年）。
(50) 前掲註(47)の北山氏・橋本氏の論考の他に、佐藤信「平城太上天皇の変」（『歴史と地理』五七〇、平成十五年）などが挙げられる。
(51) 『日本後紀』記事の解釈については大平和典氏が、「薬子の変」を「平城太上天皇の変」と解釈するためには、事件の重大性および影響を慮って平城太上天皇に非が及ぶことを憚ったという理由のみでは不十分といえ、かなり限定的な要因を考慮する必要があり、当時の政治情勢などなお勘案すべき問題は多いが、『日本後紀』の叙述態度のみを考えてみた場合、素直に『日本後紀』の記事を解釈した方が、より妥当であると指摘している。大平和典「『日本後紀』における平城上皇に対するは叙述――薬子の変を中心として――」（『日本後紀の研究』、国書刊行会、平成三十年、初出は平成二十年）参照。

(52)　第一章第四節参照。

(53)　私見では、元旦四方拝の成立は嵯峨天皇朝と考えているが、宇多天皇の寛平年間成立説をとった場合も、宇多天皇が自身の正統性を宣明するために、天子のみが行う天地四方の祭りを取り入れたと考えられる。宇多天皇は、父である光孝天皇が重態に陥った際に後継を指名しなかったため、藤原基経は天皇の内意が源定省にあるとして、朝議を一決した。源定省は光孝天皇の子であったが、この時すでに臣籍に降下しており、一度皇籍に復帰して親王宣下を受け、その後に皇太子に立てられたという経緯がある。また、醍醐天皇に授けられた『寛平御遺誡』において、宇多天皇は桓武天皇のことを非常に尊崇しており、桓武天皇の故事に倣い、天子のみが行う天地四方拝を開始したと考えても、私見と矛盾なく説明できよう。

第八章　唐帝拝礼作法管見
――『大唐開元礼』に見える「皇帝再拝又再拝」表記について――

はじめに

第七章で考察した元旦四方拝において、天皇は属星と天地四方を再拝した後に、二陵を両段再拝する。[1]「両段再拝」は再拝を二度に分けて行う作法である。[2]天皇の山陵拝について、『北山抄』の或説では、両段再拝とは日本では神に対する拝礼であり、天地四方拝は唐風の儀礼であるため再拝を用いる、という見解を示している。[3]唐代における皇帝の儀礼は、『大唐開元礼』に集約されている。[4]山陵拝については、『大唐開元礼』に「皇帝拝五陵」が記載されている。日本の元旦四方拝で天皇は山陵を遥拝しているが、皇帝は直接山陵まで行幸し拝礼するという明確な相違があり、これまでの四方拝研究において「皇帝拝五陵」に言及は見られるものの、厳密な儀式次第の検討は充分とはいえない。さらにこの儀には、「皇帝再拝」と「皇帝再拝又再拝」という記述があり、後者は再拝を二度繰り返す作法と捉えることも可能であろう。

これまでの儀礼研究の立場では、『北山抄』以来、中国における拝礼作法は「再拝」のみであると考えられてきた。しかし、「皇帝拝五陵」の「皇帝再拝又再拝」という記載を無視することはできず、『大唐開元礼』の「皇帝拝五陵」について、皇帝の動きを中心に、儀式の進み方や拝礼作法の検討が不可欠となろう。本章においては、日本における両段再拝の事例を整理し、「皇帝拝五陵」の儀式次第に検討を加える。そして、『大唐開元礼』全体を通じて「再拝」と「再拝又再拝」の記載の違いついて考察を行いたい。

一　日本における両段再拝の例

『大唐開元礼』に見られる皇帝の拝礼作法の検証を行う前に、日本における両段再拝の主な事例の確認を行いたい。

まず、元旦四方拝において天皇は、正月元旦に属星と天地四方を再拝した後に、二陵を両段再拝する。

『内裏儀式』正朔天地四方属星及二陵式

（前略）天皇端レ笏。北向称二所属之星名字一当年属星名禄存。字禄会。此北斗第三之星也再拝。咒曰（中略）次北向再二拝天一。西北向再二拝地一。以次拝二四方一。次端レ笏遥向二二陵一両段再拝。

属星拝、天地四方拝はもとより山陵拝に至るまで、その淵源が中国に求められることは、所功氏が指摘するところである[5]。また、対象となる山陵「二陵」とは、『江家次第』の「御父母存在之時無二此御拝一歟」[6]との記述から父母の二陵であることが窺い知れる。清水潔氏は、『内裏儀式』にいう「二陵」も父母二陵と考えて問題はないと述べる[7]。

この他に天皇が両段再拝する儀礼が荷前別貢幣に見られる。

『西宮記』巻六、荷前事

（前略）供二御手水一。天皇御拝。両段再拝。御拝了由。内侍告二蔵人一。蔵人令レ告二使等一

『清涼記』荷前事（『政事要略』巻二十九所引）[8]

（前略）皇帝端レ笏再拝。両段訖。闈司出告二執幣者一。

荷前奉幣には、諸陵寮が中心となり全陵墓に対して行われる常幣、特定の陵墓が奉幣対象となる別貢幣がある。

荷前奉幣の成立や変遷については議論が多くなされており、第四章で概要を整理した。『儀式』巻十には「奉頒山陵幣儀」が記載され、別貢幣は建礼門前、常幣は大蔵省正倉院中庭を会場として、幣帛が頒たれる。さらに別貢幣については建礼門に天皇が出御する次第を記している。天皇の具体的な拝礼については、『西宮記』と『清涼記』との記載から、別貢幣の幣帛に対する天皇の拝礼が両段再拝であることが知られる。『儀式』は「奉頒山陵幣儀」の中に二つの儀礼（常幣と別貢幣）を同時進行的に記載していた。しかし、『西宮記』の記載は、まずはじめに建礼門の儀とその雨儀について記し、その後に「班幣十陵外旧陵、献幣儀也」として常幣について記載する。『清涼記』は『政事要略』に残された逸文に拠るしかないが、建礼門における別貢幣の儀とその雨儀についてのみ記し、常幣に関する記載は認められない。

石清水臨時祭における天皇の御拝の回数について、『小右記』には興味深い記述がある。

『小右記』長和五年（一〇一六）三月十四日条(9)

十四日。戊午。（中略）石清水臨時祭。（中略）摂政云。御拝三度歟。四度歟。諸卿申二慥不レ覚由一。摂政云。被レ奉二宇佐神宝一之時。有二三拝一之由側有レ所レ覚。然而又不二慥覚一。為レ之如何者。余申云。今日儀偏被レ用二神明儀一有二何事一乎。有二御幣・東遊等一之故也。摂政云。然事也。仍有二四度御拝一。又申云。被レ奉二宇佐神宝一之事。有二法服一。其時有二三度御拝一。可レ有レ所レ拠歟。深有二諸気一。諸卿不二口入一。可レ尋二日記一。

『小右記』によれば、摂政の藤原道長(10)は、石清水臨時祭における天皇御拝の回数を三度もしくは四度のいずれにすべきか諸卿に問うた。諸卿は確かなことがわからず、道長は続けて宇佐八幡に神宝を奉る時は三拝を行ったと記憶するが定かではないと述べている。これに対して藤原実資(11)は、石清水臨時祭は「神明の儀」であり、御幣・東遊なども行われると主張し、道長も「然事也」と納得して御拝は四度と決定した。さらに実資は続けて、宇佐八幡に神宝を奉る際には法服もあるため三度拝が行われたのではないかとの見解を示している。このように儀礼の拝礼作法が問題となった背景には、諸卿たちにとって石清水臨時祭は、神事・仏事の判断が分かれていたことがあるのだろう。

『小右記』では、天皇の御拝の回数について問題にし、神事は四度、仏事では三度としているので、他の史料において御拝の回数を確認する。

『北山抄』巻一、元日天地四方事

（前略）毎レ陵両段再拝。或云。天地四方之神。皆用二再拝一者。是毎レ陵再拝。総謂二両段再拝一也云々。然而荷前式。両段再拝者。非三是拝二一陵一。総拝二十陵一也。又諸祭式多有二此文一。本朝之風四度拝レ神。謂二之両段再拝一。本是再拝也。而為レ異二三宝及庶人一。四度拝レ之。仍称二両段一也。天地四方。依二唐土風一。只用二再拝一。陰陽家諸祭如レ之。二陵任二本朝例一。各両段再拝也。先天地拝属星、又可レ有二由緒一、依レ如レ此不レ設二御座於一所一歟。

『醍醐天皇御記』延喜五年（九〇五）正月三日条（『西宮記』巻十七臨時五）(12)

参二御寺一。近衛中将已下著二褐獵衣当色接腰等一。如二臨時野行幸一。云々。法皇御座。則把レ笏着レ靴。上南座於二帛上一拝舞。了退出。法皇曰。拝礼宜レ无レ用二笏靴一。又手二度可レ拝。吾受二三部法一。而受二此法一。是毘盧遮那也。拝仏猶可二三拝一。朕対曰。前年参拝時用二三度一。而未レ知二合礼一。仍問二大臣等一。定以為二三日参拝事一。是非二仏法礼一。是則親々礼也。故用二親々平生之礼一也。法皇曰。至二三日拝一不レ可二必有一レ之。

『北山抄』の引く「或説」では、元旦四方拝で山陵拝のみ両段再拝を行うことについて「本朝之風四度拝レ神。謂二之両段再拝一」とあり、日本では神に対する拝礼は両段再拝を用い、天地四方拝は唐風の儀礼であるため再拝を用いるとする。そして、陰陽道諸祭は唐風儀礼の類であるため再拝を用い、二陵拝は本朝の例により両段再拝を行うと認識する。しかし、この「或説」には「本是再拝也。而為レ異二三宝及庶人一。四度拝レ之。仍称二両段一也」とあるように、もともとは再拝であったものが、三法（僧侶）や庶民の拝礼と異なるために四度の拝礼をするようになり、これを「両段再拝」と称するようになったという解釈をしている。

『醍醐天皇御記』の記事は朝観行幸に関するもので、天皇の拝礼について直接的に関連するものではない。しかし、ここで宇多太上法皇は朝覲行幸[13]での天皇の拝礼について、自身は三部法を受けているため、仏を拝む作法である三拝を行うように醍醐天皇に申し入れたことや、前年の延喜四年の朝覲の際には三度拝を行ったが、父である宇多太上法皇を仏として拝むことに対して、醍醐天皇が抵抗感を持っていた様子が窺える[14]。

天皇を拝する作法では、延暦十八年（七九九）には元日朝賀儀の拝礼作法が「両段再拝」から「再拝」に改められた。

『日本後紀』延暦十八年正月丙午朔条

十八年春正月丙午朔。皇帝御㆓大極殿㆒受㆑朝。文武官九品以上蕃客等各陪㆑位。減㆓四拝㆒為㆓再拝㆒。不㆑拍㆑手。以㆑有㆓渤海国使㆒也。諸衛人等並挙㆓賀声㆒。礼訖。宴㆓侍臣於前殿㆒賜㆑被。

この拝礼作法の改定は、通説では、渤海使節が我が国の朝賀儀に参列していたため、日本が蕃国と軽視されないためと考えられてきた。倉林正次氏は、旧儀の作法は、朝賀などの儀式には廃止されたが、大陸儀礼の影響を受けず、この国伝来の古儀を存して行われる宗教儀礼、大嘗祭などに、そのままの形で護り行われていたと述べる[15]。しかし、延暦十八年に改定されたはずの元日朝賀儀の拝礼作法について、『内裏儀式』元旦受群臣朝賀式には「群官倶再拝両段。毎㆓拍手両段㆒揚㆓賀声㆒。両段而興」と記載される。西本昌弘氏は、『内裏儀式』の成立が、少なくとも弘仁初年以前に遡らないとすると、四拝や拍手礼は、延暦年間はいうに及ばず大同年間や弘仁初年に至るまで、引き続き行われたと見るべきであるとし、『内裏儀式』においては通常の朝賀・節会などに用いられる「両段再拝・拍手・（揚）賀聲」と、外国使客来朝時に限って用いられる「再拝・舞踏・無拍手」とが、いわば二つの方式として併存していたとの見解を示している[16]。

本居宣長は延暦十八年の拝礼作法の改定について、『古事記伝』に次のような見解を示している。

『古事記伝』四十之巻（穴穂宮巻）[17]

此時なほ常には四拝と見えたり。【渤海国使の有しに因て手を拍ことを止め四拝をも止められしは、全漢儀に見せむためにていとあぢなきなし。異国人にはことさらにも皇大御国の礼儀をこそ示せまほしきわざなれ。】其後遂に、四拝は止ておしなべて再拝になれるをたゞ神を拝むにのみぞ。後までもなほ四拝は用ひられける。

宣長は四拝を再拝に改め拍手を中止したことについて、漢儀に改めたことは無用のことであって、異国人（ここでは渤海使）には特別に日本の礼儀を示すべきであると主張し、両段再拝は再拝となったたが、神を拝む時には後々まで両段再拝が用いられると述べる。これは前出した『北山抄』或説の「本朝之風四度拝レ神」と共通する認識といえよう。

その他に両段再拝の例としては、『続日本紀』には、天平十二年（七四〇）に藤原広嗣が板櫃川において官軍と対峙した際に、勅使の参着を知り下馬して両段再拝をした例[18]や、『小右記』には、寛弘二年（一〇〇五）三月に大原野御社神殿預の狛茂樹宿禰が禄を賜った際に両段再拝を行い、参集した人々から「如レ拝レ神。太奇々」と認識されている例がある[19]。本居宣長は、広嗣の例について、「当時漢風の拝ながら数はなほ上代のまゝに四度にぞありけむ【四拝と云ずして両段再拝と云は、かの再拝を両度するよしなり。】[20]」として、古くから日本では四度拝が行われており[21]、広嗣の場合は立礼において回数は四度であったことを指摘し、四拝といわず「両段再拝」と称するのは、中国の再拝を二度行うためであると述べている。狛茂樹宿禰の例については、当時から「如レ拝レ神。太奇々」されていたことに触れ、「そのころ既に神を拝むより、外に四拝《よたびおがむ》ことは無かりしが故なり[22]」と述べる。

以上、日本における主な両段再拝の例の確認を行った。神を拝む際には「両段再拝」が「本朝の風」であると明確に指摘するのは、『北山抄』が初見である。しかもそれは藤原公任の説といえるか否かの判断は難しい「或説」であることに注意する必要があろう。さらに、『大唐開元礼』に見られる皇帝の拝礼作法には、「皇帝再拝又再拝」という記載があり、唐帝もいわゆる「両段再拝」を行っていた可能性の有無を、次節以降で検討したい。

二　『大唐開元礼』皇帝拝五陵における皇帝の拝礼作法

唐代における皇帝の山陵拝に関する詳細は、『大唐開元礼』（巻四十五、吉礼）の「皇帝拝五陵」に見られる。本書では皇帝の拝礼作法に関することのみに焦点を絞り、検討材料としたい。

拝謁前一日。皇帝至二行宮一詣二斎室一仗衛如レ式。陵令以玉冊進二御署一。訖近臣奉出。陵令レ受訖。奉礼設二御位於陵東南隅一西向（其有二山谷一隠暎。則随レ地設レ位望陵而拝。）又設二位於寝宮之内寝殿東階之東南一西向。又設二百官位於陵所一。行従官及皇親諸親客使等分二方位一於神道之左右相対為レ首。於二寝宮所大次之前一分レ方序立如レ常。竝随二地之宜一。

まず、皇帝が拝陵を行う前日に、奉礼によって皇帝の御座の設置が行われる。御座は二箇所にあり、山陵の東南の隅に西向きに置かれるものと、寝宮内東階の東南に西向きに置かれるものとの二座である。これにより、『大唐開元礼』において皇帝の謁陵は、山陵そのものを拝する山陵拝と、陵内の寝宮における寝殿拝の二段構成となっていることが確認される。寝殿（寝宮）とは先祖の御霊屋の奥にある衣冠を蔵する部屋のことであり、『漢書』叔孫通伝には「衣冠月出游レ之」(23)とあって、毎月原廟（高廟）での祭祀典礼が挙行される時には、高祖が生前に身に着けていた衣冠を、陵内の寝殿から原廟にまで運んでいた様子を窺い知れる。

拝謁当日の未明五刻には、諸衛が黄麾大仗を陵寝に設け、未明三刻には行従百官および皇親五等以上、諸親三等以上、客使などがその位階に応じた座に着いて、皇帝の出御を待つ。

未明一刻。侍中版二奏外弁一。皇帝素服乗レ馬以出。勅二侍臣一上馬。曲直華蓋・繖・扇・侍衛如二常儀一。詣二陵西南小次所由一。控レ馬以レ入。少頃。侍中版二奏外弁一。皇帝歩出レ次。博士引二太常卿一。太常卿前二導皇帝一至レ位立。太常卿前奏称レ請二再拝一（博士与二太常卿一退立二於後一）皇帝再拝。太常卿又前奏請二更再拝一。皇帝又再拝。（有レ涙無レ哭。）奉礼曰再拝。

賛者承レ伝。倍位者皆再拝又再拝訖。凡賛二引進退一皆通事舎人。賛二相以後一準レ之。少頃。太常卿前奏請レ辞。皇帝再拝又再拝。奉礼曰奉レ辞。賛者承レ伝。陪位者再拝又再拝。太常卿引二皇帝一還二小次一。

未明一刻の出御の際に皇帝は素服で馬に乗っており、山陵の西南に設けられた小次に入る。しばらくして、皇帝は徒歩にて太常卿に先導され拝礼が行われる御座に立つ。太常卿は再拝と奏請し、皇帝は再拝する。再び太常卿が再拝を奏請し、皇帝は再び再拝を行い、陪位の者の拝礼と続く。割中に「有レ涙無レ哭」とあり、この時に皇帝は涙を流すが、泣く声を出すことはないのであろう。

次に太常卿が、皇帝に拝礼のための御座より辞去することを請い、それを奉礼・賛者が陪位者に伝宣する。この時の皇帝の拝礼作法に注目される。それは「皇帝、再拝又再拝」と記載されることである。そして、陪従者も「再拝又再拝」しているのである。この直前に山陵自体を拝する時は、「皇帝再拝。太常卿又前奏請二更再拝一」とあり、皇帝の再拝後にさらに奏請しての再拝であった。しかし、ここでは「再拝又再拝」とあり、皇帝が続けて再拝を二度行ったと読み取れよう。

その後、皇帝は太常卿に先導され小次に還り、山陵づたいに馬に乗って大次に移動し寝殿の儀に望む。

皇帝歩出二大次一。博士引二太常卿一。太常卿前二導皇帝一至二寝宮南門一。仗衛停二於門外一。其応下従入官。臨レ時奏聴中進止上。博士引二太常卿一。太常卿前二導皇帝一入二内門一取二東廊一進至二寝殿東階之東南一西向。立レ定太常卿前奏再拝。訖引二皇帝一升二東階一当二神座前一北面再拝。訖又当二皇后神座前一再拝。訖入レ進。省二服翫・払拭・牀帳一。勅二所司一進二太牢之饌一。加備二珍羞一陳設。若有下太子・諸王・公主陪葬二柏城内一者上。竝於二寝殿東廊下一所司致レ祭。功臣陪葬者於二東廊下一各奠レ饌布レ位量定二献官一行レ事。太常卿引二皇帝一出詣二酒尊所一酌レ酒進。其尊坫陳二於堂戸外之東南一如二常儀一。皇帝入奠二酒三爵一。訖当二神座前一北面立。太祝二人対持二玉冊於室戸外右一東面跪。読二祝文一訖。皇帝再拝又再拝。若更薦奠二服翫一即躬自執陳訖。太常卿引二皇帝一出レ戸当二神座前一北向立。太常卿奏請レ辞。皇帝再拝又再拝訖。太常卿引二皇帝一出二中門一。太常卿前奏請二権停一。其従官及行事官竝出二大次門外一奉候。其守宮使下内侍官一引二内官一帥二寝宮内人一謁見上。皇帝出。侍衛如二常儀一。還二大次一。少頃。若猶宿、即乗レ馬還二行宮一。若更向二前陵一即於二大次一便進発。皆近侍預奏取二進止一与二仗衛一計会。

寝殿の儀は、まず皇帝が大次より出御、太常卿が皇帝を先導し寝宮南門に至る。さらに内門を入り、東廊を寝殿の東階の東南へと進み西を向く。太常卿は再拝を奏し、皇帝を引き東階から昇り、神座の前で北面して「再拝」する。また皇后の神座の前に至り同じく「再拝」[24]する。この時に「服翫・払拭・牀帳」を省みるとあり、神座での皇帝の拝礼作法について来村多加史氏は、普段は匣や篋に収納してある衣服や物品を検分するという印象を受け、皇帝の謁陵に際して一式が展示され、皇帝はそれらを亡くなった帝后に見立てて再拝すると述べている。[25]

次に太牢の饌と珍羞を供える。太牢とは祭祀の時に牛・羊・豚を生贄とするもので、珍羞は珍膳ともいい、珍しいご馳走や優れた料理のことである。これは所司が行い、皇帝は続いて進酒の礼を行う。皇帝は酒尊所に向かい、酒三爵（爵とは雀の形をした杯）を神前に供え北面して立つ。次いで太祝が祝文を読み上げる。祝文が終わると皇帝は「再拝又再拝」する。さらに皇帝自らが服翫（亡き帝后の愛用の品）を陳列する。太常卿は皇帝を引き、戸を出て神座の前に北面して立ち、皇帝に神座の前から辞去することを請うと、皇帝は「再拝又再拝」して大次へ還御となる。

以上のように「再拝又再拝」は、中国においても拝礼作法として再拝を二度繰り返すことが行われていたと読み取ることが可能である。唐代における謁陵は、貞観十三年（六三九）に太宗が父高祖の献陵に拝礼、永徽六年（六五五）に高宗が父太宗の昭陵に拝礼、開元十七年（七二九）に玄宗が五陵に拝礼の三例しか確認できない。[26]また、山陵自体を拝する時のように、太常卿による「更請二再拝一」と奏上したが、記載が省略されているという解釈も可能であろう。したがって「再拝」と「再拝又再拝」が明確に区別されていたことを、謁陵儀礼のみで判断することは控え、次節で『大唐開元礼』の中における皇帝の拝礼作法を細かく検証し、考察を加える。

三　山陵拝以外に見られる「再拝又再拝」の例

『大唐開元礼』に見られる皇帝の拝礼作法は、昊天祭祀をはじめとして多くの場合は単に「再拝」のみを行っている。しかし、前節で紹介したように、山陵拝では「再拝」と「再拝又再拝」が意図的に区別されているような記載があった。『大唐開元礼』には、山陵拝以外にも両者を区別していると思われる記述が数箇所存在する。

それは「皇帝時享於太廟」の饋食の儀（巻三十七）、「皇帝祫享於太廟」の饋食の儀（巻三十九）、「皇帝禘享於太廟」の饋食の儀（巻四十一）の三儀において、参列する官吏の拝礼はすべて「再拝」が行われるのに対し、皇帝の拝礼はすべて「皇帝再拝訖又再拝」とあるごとく、再拝を終えてもう一度再拝を繰り返している。

「時享」とは、天子が四時に祖先を祭り、供物を奉る春祠・夏禴・秋嘗・冬烝のことである[27]。また、この儀は天子諸侯のみならず、庶民に至るまで行われていた[28]。「祫享」とは、祫祭のことであり、先祖および親疎遠近を太祖廟に合わせ祀ることである[29]。「禘享」も宗廟祭祀の名称であり、天子諸侯は三年の喪が終了すれば祫祭を行い、すべての先祖を太祖廟に合祀し、明年さらに禘祭を行って遠近の祖の神主（霊璽・位牌に相当）を奉安するところをまわり、以後は三年ごとに祫祭、五年ごとに禘祭を行うのである[30]。これらの祭祀において行われる「饋食」とは、祭祀の供物として熟食を献ずることである[31]。前掲の三儀が有司摂事で行われる際には[32]、大尉が代拝を行っている。この時も皇帝の拝礼に対応する箇所には「大尉再拝訖又再拝」とあり、その他の官吏は「再拝」と記されている。

「皇帝親征告於太廟」の饋食の儀（巻八十三）においては、皇帝の拝礼は基本的に「再拝」が行われている。しかし、大祝により「親征之意」を告げる祝文の奉読が終わった時の拝礼のみ「皇帝再拝又再拝」とある。親征ではなく大将を派遣する場合には、「制遣大将出征有司於太廟」の儀（巻八十八）において、親征の場合と同じく大祝による祝文の後に「告官再拝又再拝」とある。その他の箇所での告官はすべて「再拝」のみとなっており、皇帝親征告の場合と一致した拝礼作法となっている。

次に皇帝親祭ではないが、「孝敬皇帝廟時享於有司摂事」の饋食の儀（巻四十四）において、やはり祝文奉読の後に「大尉再拝訖又再拝」、「薦新於太廟」の儀（巻五十一）においては「太常卿升レ自二東階一詣、献祖戸前盥二洗酌一、献訖再拝又再拝若無レ酒即但再拝也」とある。

孝敬皇帝とは、高宗の第五子である李弘[33]のことで、母は則天武后、同母弟に李賢（章懐太子）、中宗、睿宗らがいる。李弘は永徽四年（六五三）に代王に封ぜられ、顕慶元年（六五六）に立太子されたが、上元元年（六七四）四月に弱冠二十四歳で薨去した[34]。同年五月に高宗より孝敬皇帝と追贈されている[35]。さらに列伝には、「葬二於緱氏県景山之恭陵一。制度一準二天子之礼一。（中略）中宗践祚。制祔二于太廟一。号曰二義宗一[36]」とあり、孝敬皇帝は歴代には入らないにもかかわらず、祭祀は「天子の礼」に準拠して行われることが定められ、神主は太廟に納められた[37]。有司摂事とはいえ孝敬皇帝に対する祭祀において「大尉再拝訖又再拝」とあることは、皇帝親祭で行われる祖先祭祀と同程度の扱いであると考えられ、まさに「天子の礼」に準拠していると考えられよう。

「薦新於太廟」の儀の「薦新」とは、季節ごとに最初に収穫された果物や穀物などを捧げて祈るものであり、『大唐開元礼』には供えるべき新物についても掲載している[38]。この儀は太常卿が執り行い、新物の奉献が終われば、太常卿は「再拝又再拝」する。ここで注目すべきは、割注に「若無レ酒即但再拝也」とあることであろう。すなわち、通常の太常卿の作法は「再拝又再拝」であるが、奉献物に酒が無かった場合は単に「再拝」を行うように指示が明記されている。これは『大唐開元礼』の中において、「再拝」と「再拝又再拝」とが別の作法であることを明確に区別して認識しているということになろう。また、『大唐開元礼』の「皇帝元服下」（巻九十二）親謁の儀には、「太常卿前奏称レ請二再拝一。皇帝再拝。少頃太常卿又奏称レ請二再拝一。皇帝又再拝」とあるように、この場合も皇帝は二度の再拝を行っているが、太常卿が「再拝」を奏請したため、皇帝は二度目の再拝を行ったものである。これ以前に提起した「再拝又再拝」は、奏請が間に記載されていないので、作法として再拝が一つの単位であり、それをもう一度繰り返すものであろう。この作法は、『大唐開元礼』では先祖祭祀に限って見られることから、通常の再拝をさらに敬意を込めて繰り返すのであろう。第一節で若干触れたが、本居宣長は藤原広嗣が板櫃川において「両段再拝」したことを、「両段再拝と云は、かの再拝を両度するよしなり」(39)と指摘しており、まさに「再拝又再拝」も「かの（唐の）再拝を両度」している事例であり、「両段再拝」と考えて差し支えなかろう。

若干蛇足となるが、「四拝」という語句は、中国の正史において唐より以前には見えない。唐においては『新唐書』（巻二二三下、姦臣下）崔胤伝に「四拝宰相」という一例のみである。宋代に至っては「太上皇帝自宮服履袍即坐。皇帝北向四拝起居訖」(40)とあるように、皇帝が北面して四拝する事例が確認できる。「四拝」の語は、『宋史』にはこのほかに七箇所、『遼史』に九箇所、『金史』に五箇所、『元史』に三箇所、『明史』に九十九箇所、『清史稿』に二箇所の記載が確認される。『明史』には特に多く見えるので、その一例を次に揚げる。

『明史』巻六十、志第三十六、礼十四、凶礼三、謁祭陵廟

万暦八年。謁陵礼如レ旧。十一年。復謁陵。（中略）乃定二長。永。昭三陵。上香。八拝。親奠レ帛。初献。六陵二寝。上香。四拝。其奠レ帛三献一。倶執事官代。（後略）

『明史』によれば、万暦十一年（一五八三）に神宗（万暦帝）の謁陵の際に、長陵（成祖永楽帝）、永陵（世宗嘉靖帝）、昭陵（穆宗隆慶帝）の三陵は「八拝」、他の六陵は「四拝」という記述がある。永楽帝は三代皇帝であり、神宗にとって嘉靖帝は祖父、隆慶帝は父にあたる。六陵は永楽帝以後、また嘉靖帝以前の献陵（仁宗洪熙帝）、景陵（宣宗宣徳帝）、裕陵（英宗正統帝〈天順帝〉）、茂陵（憲宗成化帝）、泰陵（孝宗弘治帝）、康陵（武宗正徳帝）と考え

られる[41]。また、明朝が成立した洪武元年（一三六八）十二月には、三師が朝賀東宮儀について議している。この時に礼官が「唐制。群臣朝賀東宮。行二四拝礼一」[42]と述べていることに注目される。『大唐開元礼』の「皇太子元正冬至受群臣朝賀」（巻百十二）には、「再拝」としかなく、「四拝」を思わせる記述は確認できない。ちなみに日本では、前述したように延暦十八年（七九九）には元日朝賀儀の拝礼作法が「両段再拝・拍手・（揚）賀声」から「再拝・舞踏・無拍手」に改められたことと比較すれば、非常に興味深い記述である。後世の明代において、唐代には「四拝礼」が存在していたと認識していたといえよう。『大唐開元礼』における特定の儀礼（先祖祭祀）のみに「再拝又再拝」との記述があることは、再拝という一つの単位を繰り返すことによって、合計四回の拝礼を行っているといえるのである。

おわりに

「両段再拝」といえば、古く『北山抄』の「或説」に引かれるように、「本朝の風、四度神を拝む。これを両段再拝と謂う」と記され、日本では神に対する拝礼は両段再拝を用い、唐風の儀礼は再拝を用いると考えられていた。しかし、『大唐開元礼』全百五十巻中に十一の儀礼について、「再拝又再拝」あるいは「再拝訖又再拝」という記載が見られた。特に太廟における時享・祫享・禘享あるいは遠征奉告などの饋食の儀、謁陵の儀という先祖祭祀のみに記載があることが、非常に特徴的である。昊天祭祀をはじめとする諸祭祀、朝廷で行われるあらゆる儀礼では「再拝」のみが行われ、先祖祭祀にのみに限って「再拝又再拝」、すなわち「両段再拝」の拝礼作法を行っているといえよう。日本の元旦四方拝において、属星拝・天地四方拝はもとより山陵拝に至るまで、その淵源が中国に求められることは、先学が指摘するところである[43]。その中の山陵拝における「両段再拝」もまた中国皇帝の先祖祭祀の拝礼作法に影響を受けた可能性を、いま一度検討する必要が生まれるのではなかろうか。

例えば、『日本書紀』持統天皇四年（六九〇）正月朔日条に、「皇后即㆓天皇位㆒。公卿百寮羅列。匝拝而拍㆑手焉」と見られるように、「拍手」の存在が日本独特の古儀として重要であると考えられるなど、日本の拝礼作法全体を検討する必要があるといえよう。

『北山抄』の「或説」は、本来は再拝であった神への拝礼が、仏法や庶民の拝礼と区別するため両段再拝を使用するようになり、それが神を拝む時の「本朝の風」へと変化したと理解できるのではなかろうか。また、『小右記』に見られた狛茂樹宿禰が両段再拝を行い、参集した人々から「如㆑拝㆑神。太奇々」と評されたことも、すでに神を拝む作法として両段再拝が定着していたことを示すものであり、中国では先祖祭祀のみで行われる作法が、日本の山陵拝や神事に最高の敬意を込めた拝礼作法に影響を与えている可能性を考える視点も生じてこよう。本章では中国皇帝の、いわゆる「両段再拝」の確認と指摘に留め、日本の両段再拝への影響については、現段階では明言を避けたい。しかし、今後の日唐双方からの儀礼研究の一助としたい。

註

（1）元旦四方拝に関する主な先行研究は、坂本太郎「儀式と唐礼」（坂本太郎著作集七『律令制度』、吉川弘文館、平成二十五年、初出は昭和十六年）、所功「「元旦四方拝」の成立」（『平安朝儀式書成立史の研究』、国書刊行会、昭和六十年、初出は昭和五十年）、渡部真弓「「元旦四方拝」と魂のまつり」（『神道と日本仏教』所収、ぺりかん社、平成三年、初出は昭和六十一年）、井上亘「元旦四方拝成立考」（『日本古代の天皇と祭儀』、吉川弘文館、平成十年、初出は平成七年）、清水潔「「元旦四方拝」成立考」（『神道史研究』四十六―二、平成十年）、石野浩司「元旦四方拝から見た毎朝御拝の成立」（『石灰壇「毎朝御拝」の史的研究』、皇學館大学出版部、平成二十三年、初出は平成十九年）、渡辺瑞穂子「藤原京跡呪符木簡と元旦四方拝の成立」（『神道宗教』二一五、平成二十一年）などが挙げられる。

（2）『神道名目類聚抄』巻五に、「両段再拝、神を拝する時、先再拝し、祈念畢て又再拝して退、是を両段再拝と云」とある。藤森馨氏は、狭義には再拝を二回繰り返すことで拍手を伴わない作法で、一般的には広く拍手を含む作法であると考えられているが、古くは『神道名目類聚抄』に見えるように拍手は含まれない作法であったと思われると述べる。藤森馨「再拝両段小考」（『大倉山論集』四十五、平成十二年）参照。

（3）『北山抄』巻一、元日天地四方事。以下、『内裏儀式』『儀式』『西宮記』『北山抄』『江家次第』については新訂増補故実叢書本を用いている。

（4）池田温「大唐開元礼解説」（『大唐開元礼　附大唐郊祀録』、汲古書院、昭和四十七年）を参照。

（5）所前掲註（1）論文参照。

（6）『江家次第』巻一、四方拝事。

（7）清水前掲註（1）論文参照。清水氏によれば、『江家次第』より約百数十年前の『親信記』天延元年（九七三）正月一日条に、四方拝において皇考（御亡父）と皇妣（御亡母）を拝された記述があり、父母二陵であることは史料的に円融天皇朝まで遡らせることができ、もし四方拝が立制された当時、ある特定の二陵（例えば、荷前奉幣において変わることなく奉幣が続けられた天智天皇・桓武天皇の二陵など）が選ばれたと仮定した場合、その後、円融天皇朝までの間に特定の二陵から父母二陵に変化した理由が説明されなければならないが、そのような意識の変化を認めることは困難であると指摘する。

（8）新訂増補国史大系本。以下、『続日本紀』『日本後紀』『公卿補任』も同じく国史大系本を用いた。

（9）大日本古記録本。以下同。

（10）『公卿補任』長和五年（一〇一六）条によれば、藤原道長は左大臣正二位であり、正月二十九日に摂政を拝命している。

（11）『公卿補任』長和五年条によれば、藤原実資は大納言正二位である。

（12）増補史料大成『歴代宸記』所収。

（13）第十章を参照。

（14）その他、仏式拝が三拝であることは、『儀式』巻五の正月八日講最勝王経儀に「読師三拝」「三拝三礼」などの例が見られる。

(15) 倉林正次「正月儀礼の成立」（『饗宴の研究』儀礼編、桜楓社、昭和四十年）。

(16) 西本昌弘「古礼からみた『内裏儀式』の成立」（『日本古代儀礼成立史の研究』、塙書房、平成九年、初出は昭和六十二年）。

(17) 『本居宣長全集』第十二巻、二二七頁。

(18) 『続日本紀』天平十二年（七四〇）十月九日条。

(19) 『小右記』寛弘二年（一〇〇五）三月十二日条。

(20) 『本居宣長全集』第十二巻、二二七頁。

(21) 『古事記』安康天皇段に「爾大日下王。四拝白之」とあり、また大化前代には跪伏・匍匐礼が行われていたが、この跪伏・匍匐礼が四拝であった傍証は得られない。跪伏・匍匐礼については、岸俊男「朝堂の初歩的考察」（『橿原考古学研究所論集』創立三十五周年記念、吉川弘文館、昭和五十年）、武光誠「古代日本と朝鮮の立礼と跪礼・匍匐礼」（『史学論集』五、昭和五十一年）、尾畑喜一郎「高市皇子尊殯宮挽歌――殯宮の場と匍匐の呪儀をめぐって――」（『國學院雑誌』八十二―五、昭和五十六年）、新川登亀男「小墾田宮の匍匐礼」（『日本歴史』四五八、昭和六十一年）などを参照。

(22) 『本居宣長全集』第十二巻、二三八頁。

(23) 『漢書』叔孫通伝（中華書局本二一二九頁）には、「通曰。（中略）願陛下為二原廟渭北一。衣冠月出游レ之。益広二宗廟一。大孝之本。上乃詔二有司一立二原廟一」とあり、叔孫通が渭水の北に高廟を重築することを建言した理由は、高廟がこれまでよりも長陵（高祖の山陵）に近くなり、高祖の霊魂は陵寝から直ちに宗廟に出て行け、祭祀を受けるのが便利となるためであるとの見解がある。楊寛『中国皇帝陵の起源と変遷』（西島定生監訳、学生社、昭和五十六年）を参照。二十五史については中華書局本を用い、その他の漢籍の引用はそのつど出典を明記する。

(24) 『新唐書』巻十四、志第四、礼楽四、吉礼四、拝陵では「皇帝再拝又再拝」とある。

(25) 来村多加史「唐代皇帝の送終儀礼」（『唐代皇帝陵の研究』、学生社、平成十三年）。

(26) 『新唐書』巻十四、志第四、礼楽四、吉礼四、拝陵

貞観十三年。太宗謁二献陵一。帝至二小次一。降レ輿。納レ履。入二闕門一。西向再拝。慟哭俯伏殆不レ能レ興。礼畢。改レ服

入㆓寝宮㆒。執㆑饌以薦。閲㆓高祖及太穆后服御㆒。悲感㆓左右㆒。歩出㆓司馬北門㆒。泥行二百歩。

（永徽）六年正月朔。高宗謁㆓昭陵㆒。行㆑哭就㆑位。再拝擗踊畢。易㆑服謁㆓寝宮㆒。入㆑寝哭踊。進㆓東階㆒。西向拝号。久乃薦㆓太牢之饌㆒。加㆓珍羞㆒。拝哭奠㆑饌。閲㆓服御㆒而後辞。行㆑哭出㆓寝北門㆒。御㆓小輦㆒還。

（開元）十七年。玄宗謁㆓橋陵㆒。至㆓壖垣西闕㆒下馬。望㆑陵涕泗。行及㆓神午門㆒。号慟再拝。且以㆓三府㆒兵馬供。遂謁㆓定陵。献陵。昭陵。乾陵㆒乃還。


各皇帝の謁陵の事例では、拝礼所作は「再拝」のみであるが、『新唐書』礼楽志拝陵では、これ以前に儀式次第を記している箇所に、「再拝」と「再拝又再拝」との記載が確認できる。

(27)『周礼』春官大宗伯に、「以㆑祠春享㆓先王㆒。以㆑禴夏享㆓先王㆒。以㆑嘗秋享㆓先王㆒。以㆑烝冬享㆓先王㆒」（十三経注疏北京大学本）と見える。また、清代末の孫詒譲が記した『周礼正義』には、「通典吉礼引㆓高堂隆㆒云。天子諸侯月有㆓祭祀㆒。其孟則四時之祭也。其仲月季月。皆薦新之祭也。並与㆓鄭。孔説㆒同」（中華書局本）とある。

(28) 時享が庶民に至るまで行われたことは、『国語』楚語下に、「百姓夫婦。率㆓其子姓㆒。従㆓時享㆒。虔㆓其宗祝㆒。道㆓其順辞㆒。以昭㆓祀其祖先㆒」（台湾中華書局本）とあることより確認される。

(29)『春秋穀梁伝』文公二年に「祫祭者。毀廟之主。陳㆓于大祖㆒。未毀廟之主。皆升合㆓祭于大祖㆒」（十三経注疏北京大学本）とある。

(30)『礼記』王制には、「天子犆礿。祫禘。祫嘗。祫烝」（十三経注疏北京大学本）とあり、その注には「周改㆓夏祭㆒曰㆑礿。以㆑禘為㆓殷祭㆒也。魯礼三年喪畢。而祫㆓於大祖㆒。明年春。禘㆓於群廟㆒。自㆑爾之後。五年而再殷祭。一祫一禘」と記す。

(31)『周礼』天官籩人の「饋食之籩」の注には「饋食。薦㆑孰也」（十三経注疏北京大学本）とある。

(32) 時享於太廟有司摂事の饋食の儀（巻二十八）、祫享於太廟有司摂事の饋食の儀（巻四十）、禘享於太廟有司摂事の饋食の儀（巻四十二）。

(33)『旧唐書』高宗中宗諸子、孝敬皇帝弘伝。

(34)『旧唐書』高宗本紀、上元二年四月己亥条。『旧唐書』、高宗中宗諸子、孝敬皇帝弘伝。

(35)『旧唐書』高宗本紀、上元二年五月己亥条。

(36)『旧唐書』高宗中宗諸子、孝敬皇帝弘伝。

(37)『旧唐書』孝敬皇帝弘伝には、景雲元年（七一〇）の中書令姚元之と吏部尚書宋璟の奏言を引くが、その内容より孝敬皇帝の神主は太廟の第七室に奉安されていたと考えられる。
(38)『大唐開元令』（巻五十一）には、薦新物として冬魚・蕨・筍・蒲・白韭・菫・胥豆・小豆・蘘荷・菱人・子薑・菱索・春酒・桑落酒・竹根・粱米・黄米・粳米・糯米・稷米・茄子・甘薯・芋子・雞頭人・苜蓿・蔓菁・胡瓜・冬瓜・瓠子・春魚・水蘇・枸杞・芡茨・子藕・大麥麵・瓜・油麻・麥子・椿頭・蓮子・栗・冰・甘子・桜桃・李・杏・林檎・橘・椹・菴羅果・棗・兔脾・鼙・鹿・野雞が挙げられている。
(39)『本居宣長全集』第十二巻、二二七頁。
(40)『宋史』礼志第十三（嘉礼一）、上皇太后太妃冊宝儀、紹興三十二年（一一六二）八月十四日条(中華書局本)。
(41)明朝の初代皇帝は太祖洪武帝であり、その山陵は明孝陵として南京の東にある紫金山の南麓に位置する。永楽帝が北京に遷都したため孝陵は遥か遠方にあり、初代皇帝陵でありながら謁陵儀礼には組み込まれていないものと考えられる。また、二代建文帝は、永楽帝と帝位争いに敗れ、清代の乾隆帝の時代になり恭閔恵皇帝と追諡され、明の正統皇帝として認められたため、この時点では対象になっていないものと考えられる。
(42)『明史』巻五十三、礼志、朝賀東宮儀(中華書局本)。
(43)註(1)参照。

第九章　「儀仗旗」に関する一考察

はじめに

儀礼の整備には、儀礼そのものの式次第の整備、儀式書の編纂など様々のものが挙げられる。一方で儀礼の際に使用する威儀物の整備も重要なことである。本章では、即位式や元日朝賀儀などに用いられる「儀仗旗」の整備に関して考察を加える。

この「儀仗旗」とは、宝幢とも呼ばれ、天皇即位や元日朝賀儀などの儀礼の際に、会場の威儀を正すために設置される旗のことであり、『儀式』（巻六）元正受朝賀儀に種類などが詳しく記載されている。これまでの研究は、儀仗旗そのものに関してよりも、儀礼における威儀物の意味、あるいは発掘の成果の立場から行われてきた。それら主だった研究を紹介しておくと、儀礼研究の立場から、新海一氏の「貞観儀式元正受朝賀儀管説――唐礼との比較研究上の二、三の問題――」(1)、橋本義則氏の「朝政・朝儀の展開」(2)、加茂正典氏の「「節旗」考」(3)、発掘の成果からの研究としては、金子裕之氏の「平城宮の宝幢遺構をめぐって」(4)、西本昌弘氏の「孝謙・称徳天皇の西宮と宝幢遺構」(5)、吉川真司氏の「大極殿儀式と時期区分論」(6)などが挙げられる。

本章では、儀仗旗の中でも「四神旗」（青龍旗・朱雀旗・白虎旗・玄武旗）の起源と我が国への受容、『正倉院文書』などに見える儀仗旗について検討を加えたい。

一　儀仗旗の受容

我が国における儀仗旗の文献上の初見は、大宝元年（七〇一）正月一日のことであり、『続日本紀』には次のように記されている。

『続日本紀』大宝元年正月朔日条

大宝元年春正月乙亥朔。天皇御二大極殿一受レ朝。其儀於二正門一樹二烏形幢一。左日像青龍朱雀幡。右月像玄武白虎幡。蕃夷使者陳二列左右一。文物之儀。於レ是備矣。

『続日本紀』の記事に見られるように、大宝元年の元日朝賀儀の際には、烏形幢をはじめ日像・月像・青龍・朱雀・白虎・玄武の各幢が用いられていたことが確認できる。また「文物之儀。於レ是備矣」とあり、これは公式な朝儀の場において整備されたことを意味しているといえよう。四神図や日像・月像は、すでに飛鳥時代から高松塚古墳やキトラ古墳の壁画にも見られることなどから、大宝元年以前に儀仗旗を受容する契機があったか否かを検討する必要があろう。

日本の朝儀の基となった中国においては、古くから朝儀において旗が用いられていたことが察せられ、王沈（?—二六六）は、その様子を次のように詠んでいる。

『全晋文』巻二十八、王沈、正会賦

（前略）

華幄映二於飛雲一兮。朱幕張二於前庭一。絙二青帷于両階一。象二紫極之崢嶸一。曜五旗於二東序一兮。表二雄虹一而為レ旌。

（後略）

（美しい幄は浮雲に照り映え、赤い幔幕は殿庭に張りめぐらされている。青い垂れぎぬは御殿の左右の階に囲繞せられ、宮殿の高きを象徴している。五曜星を表象した旗は東の牆に翻り、雄龍を表して旌としている。）

王沈は、西晋建国の翌年にあたる泰始二年（二六六）に卒去しており、生前は魏王朝に仕えていた人物である。(7)ここでは儀仗旗の個別の名称まではわからないが、西晋あるいは魏王朝において朝儀の会場に旗が翻っていたことを窺い知れる。

次に、青龍・朱雀・白虎・玄武の四神旗について検討を加えると、隋朝に由来すると考えられる。

『隋書』盧賁伝

盧賁字子徴。涿郡范陽人也。（中略）高祖甚然之。及二受禅一。命レ賁清レ宮。因典宿衛。賁於レ是、奏下改二周代旗幟一更為中嘉名上。其青龍・騶虞・朱雀・玄武・千秋・万歳之旗。皆賁所レ創也。（後略）

『隋書』によれば、北周の静帝から禅譲された隋の文帝即位の際に、盧賁が北周の制度を改め、「青龍、騶虞、朱雀、玄武、千秋、万歳」の旗を作成したとある。つまり、四神旗の成立は開皇元年（五八一、日本では敏達天皇十年）のことであると推定できる。この点から推察して、我が国で旗に四神を描くことが始まったのは、おそらく推古天皇朝からではあるまいか。『日本書紀』には次のような記載がある。

『日本書紀』推古天皇十一年（六〇三）十一月是月条

是月。皇太子請二于天皇一。以作二大楯及靫一。靫。此云二由岐一。又絵二于旗幟一。

ここには聖徳太子が天皇に請い、大楯と靫、さらに旗幟に絵を描いたとある。「作二大楯及靫一」というのは、儀仗の武器（儀礼の威儀を正すための武器）の製作、「絵二于旗幟一」とは、まさに儀仗旗の製作と捉えることができる。なぜ聖徳太子は、この時に儀仗旗を製作したのであろうか。『日本書紀』には、この条に続けて次の記事がある。

十二月戊辰朔壬申。始行二冠位一。大徳。小徳。大仁。小仁。大礼。小礼。大信。小信。大義。小義。大智。

小智。幷十二階。並以当色絁縫之。頂撮総如囊。而著縁焉。唯元日著髻華。髻華、此云于孺。

十二年春正月戊戌朔。始賜冠位於諸臣。各有差。

聖徳太子による儀仗旗製作の時期は、冠位十二階の制定直前ということもあり、おそらくは推古天皇十二年正月の冠位授与の場においては、前年の十一月に製作された旗が翻っていたと推測される。史料が限られるので推測の域を出ないが、これは、聖徳太子による冠位十二階、憲法十七条の制定など政治改革と関連し、朝廷における儀礼の場の整備として導入されたものではあるまいか。

隋の文帝即位の際に北周の制を改められた儀仗旗が、我が国に取り入れられる機会として、推古天皇八年に隋に使者を遣わしていること(8)を考え合わせるならば、推古天皇十一年に聖徳太子によって儀仗旗が製作されたとしても年代的な矛盾はなく、我が国において儀仗旗の旗が朝廷の儀礼の場に使用されたのは、推古天皇朝からであると考えられる。

これ以降、大宝元年（七〇一）に至るまで、直接的に儀仗旗を示すような記述は見られない。ただし、『続日本紀』文武天皇二年（六九八）八月二十六日条には、「癸丑。定朝儀之礼。語具別式。」とあり、何を定めたのか具体的にはわからないが、大宝律令制定の三年前ということもあり、朝廷の制度・儀礼など諸々のことが定められたと推測されよう。儀仗旗については、推古天皇朝に聖徳太子によって取り入れられ、その後の律令制定事業と相俟って最終的に整備された形として、大宝元年の元日朝賀儀において現れたと考えられよう。

二　『正倉院文書』に見える儀仗旗

奈良時代において、儀仗旗の製作に関する文書が、『正倉院文書』続々修十八帙六裏に何通か残されており、当時の様子を断片的にではあるが窺い知ることができる。天平宝字二年（七五八）当時、東大寺写経所では三件の大部な写経に取り組んでいた。すなわち、①金剛般若経一千巻、②千手千眼経一千巻・新羂索経十部二百八十巻・薬師経一百二十巻の計一千四百巻、③金剛般若経一千二百巻であり、山本幸男氏・宮﨑健司氏の検討に詳しい。(9)まず、儀仗旗に関連する文書を示しておく。

A、『正倉院文書』続々修一八帙六裏、散位寮牒（大日古十四、二〇八頁）

散位寮牒　東大寺写経所

後家河万呂　十市和万呂　小治田乙成

右。被文部省今月廿五日宣云。坤宮官大弼巨勢卿（堺麿）宣云。件人等為繡儀仗旗。早速喚追進之。今以状牒。々至奉行。故牒。

天平宝字二年十月廿五日正六位上行大属長瀬連広（足）□

正六上行助百済王「利善」（自署）

B、『正倉院文書』続々修一八帙六裏、東大寺写経所牒案（大日古十四、二〇八～二〇九頁）

東大寺写経所　牒散位寮

後家河万呂　十市和万呂　小治田乙成

右。被文部省今月廿五日宣云。[得寮今日牒云。被省今月廿五日] 坤宮官大弼巨勢卿云。件人等為繡儀仗旗。早速喚追進之者。依今牒旨。[雖] 可進。然取帙未畢。[不便交手] 加以不得他手写交。望請三箇間放去。[其事令了。即令参向。] 畢即令向。今具事状。[以] 故牒。

天平宝字二年十月廿五日主典正八位上安都宿禰

C、『正倉院文書』続々修一八帙六裏、散位寮牒（大日古十四、二一〇～二一一頁）

散位寮　牒東大寺写経所

後家河万呂　十市和万呂　小治田乙成

牒。得彼今月廿五日牒偁。件人等雖可参向。□(取)帙未畢。不便交手。三箇日其事令了。令参□(向)。依牒旨。即謁
宣云。写経之事有可廻年。今□(繍)儀仗期限太近。宜停手。早速追進者。今具状□(以カ)牒。々到准。故牒。

　　天平宝字二年十月廿五日正六位上行大属長瀬連広□(足)

正六上行助百済王「利善」(自署)　　使丸部高山

D、『正倉院文書』続々修一八帙六裏、東大寺写経所牒案（大日古十四、二一二頁）

東大寺写経所　　牒散位寮

合進《令参向人》散位三人　一人見参　二人不参

　後家河万呂

右一人。以今月廿四《六》日。依身之病仮《退》日。

十市和万呂

右一人。以今日辰時。参向文部省

小治田乙成

　右一人。見参。

以前。依今日牒旨。見参并不参人。顕注如前。以牒。

　　二年十月廿七日主典安都

A～Dの概要を説明すると、Aは、儀仗旗を製作するので三人の写経生の返還を求める、散位寮の牒。Bは、「帙を取ること未だ畢らず、手を交ふるに便ならず」とあり、三人とも担当の経巻を写し終えておらず、途中から筆跡が変わると困るので三日間待ってほしいとの、写経所の返答。Cは、写経の方は年を廻る（越える）ということがあっても、儀仗旗の製作は期限が近付いており、何が何でも三人が必要であるとの、散位寮からの再度

の通達。Dは、後家河万呂は病気により不参、十市和万呂は辰刻に文部省へ行き、小治田乙成は見参との、写経所の報告である。このうちAとCは散位寮牒の正文であり、写経所側の文書とともに張り継がれて帳簿にされている。(10)

まず、儀仗旗の製作に関して写経所が関わっているのかという問題がある。散位寮が後家河万呂・十市和万呂・小治田乙成の返還を求めたのは、三人が写経所への出向職員であったためである。(11) また、天平宝字二年というこの時期に儀仗旗の製作が急がれた理由としては、写経所の研究の立場から、この年の大嘗祭に関わるとの説(12)が提起されているが、儀礼の立場からの研究は、管見の限り見当たらないのが現状である。

ここで、天平宝字二年の淳仁天皇即位と大嘗祭の記事を示しておく。

『続日本紀』天平宝字二年八月朔日条

天平宝字二年八月庚子朔。高野天皇禅二位於皇太子一。（中略）是日。皇太子受レ禅即二天皇位於大極殿一。（後略）

『続日本紀』天平宝字二年十一月二十三日条

十一月辛卯。御二乾政官院一。行二大嘗之事一。丹波国為二由機一。播磨国為二須岐一。

『続日本紀』によれば、淳仁天皇は八月一日に孝謙天皇からの譲位を受け、同日中に即位式を行い、十一月には大嘗祭を斎行している。しかし、大嘗祭に関する規定は次のようになっている。

『儀式』（巻二）践祚大嘗祭儀上

天皇即位年七月以前即位当年行事。八月以後明年行事。謂二受譲即位一。非レ謂二諒闇登極一。（後略）

『延喜践祚大嘗祭式』定月条

凡践祚大嘗。七月以前即位者。当年行レ事。八月以後者。明年行レ事。此拠二受譲即位一。非レ謂二諒闇登極一。其年預令下二所司一卜中定悠紀主基国郡上。奏可訖即下知。依レ例准レ擬。又定二検校行事一。

『儀式』と『延喜式』とによれば、即位が七月以前なら年内、八月以降ならば翌年に大嘗祭を斎行するとの規定になっているので、本来ならば淳仁天皇の大嘗祭は、天平宝字三年に行われるはずである。大嘗祭が天平宝字二年に斎行されたことについては、藤原仲麻呂の意向が反映されたとの考え方も出されているが、(13) 史料的な限界もあり、本書において検討することは控えたい。

儀仗旗の整備に視点を戻すと、おそらくは孝謙天皇朝においても儀仗旗は使用されていたであろうし、Aの文書に見られるように淳仁天皇即位後の天平宝字二年十月二十五日の段階で製作が確認できるということは、天皇の御代ごとに新たに作り直すべきものであったと考えることができる。しかし、四神等を描いた儀仗旗は、隋の文帝即位に際して盧賁により作成されたものであることを考えれば、天皇の御代ごとに作り替えるならば即位式までに製作すべきである。

天皇が即位する場合、受禅即位と諒闇登極の二例がある。受禅即位の場合は、天皇が譲位する前から次の御代の儀仗旗を製作するとは考えにくい。逆に諒闇登極の場合は、皇位には一日の空位もあってはならず、天皇が崩御した場合は皇太子が直ちに践祚するが、即位式は諒闇が明けてから行われるので、御代が替わってから即位式までに実際には一年以上あり、儀仗旗の製作を急ぐ必要はない。淳仁天皇の即位に関しては、『続日本紀』に見られるように孝謙天皇よりの譲位と即位式とが同日であったために、儀仗旗の製作時間は無かったものと考えられる（この場合、即位式に前の天皇の儀仗旗を使用するか否かは不明）。

さらに注目すべきは、Cの文書である。Cは三人の返還はあと三日間待ってほしいとの写経所の返答に対して、「今、儀仗を繡ふこと期限はなはだ近し」と述べ、散位寮としては、あと三日も待てず、何が何でも三人の返還を求めていることから、翌月に迫った大嘗祭のために製作を急いでいると解することもできる。しかし、「写経の事、年を廻るべきこと有り」との文言に注目すれば、写経は翌年にずれ込んでも儀仗旗の製作を優先していると捉えることができる。なお、金剛般若経一千二百巻は「勅旨金剛般若経」とも称され[14]、天平宝字二年八月より十一月まで書写が続いていた。もし、写経所の返答の通りに、三日間で三人がそれぞれ担当している経巻の書写が終了するならば、大嘗祭終了後に写経したとしても、三人が担当した写経が年を越えることはないのではないか。そう考えるならば、儀仗旗の製作には天平宝字二年の年内いっぱい時間が必要ということになり、この場合の使用目的は、天平宝字三年正月の元日朝賀儀ということになる。

『正倉院文書』に見られる儀仗旗の製作は、文書の解釈によって、大嘗祭に製作を間に合わせたいのか、年内いっぱいの製作時間が必要で元日朝賀儀に使用するためのものかの二通りが考えられるので、現段階で断定することは難しい。しかし、淳仁天皇朝の旗の製作状況を示す史料として、儀式書のみでは知ることのできない儀礼の断片を明らかにしている点において貴重といえよう。

三　儀式書に見える儀仗旗

我が国の朝儀の場において、いかなる旗が翻っていたのか。それを窺い知ることができるのは『儀式』である。

『儀式』（巻六）元正受朝賀儀から抜粋

銅烏幢、日像幢、月像幢、朱雀旗、青龍旗、白虎旗、玄武旗、龍像纛幡、鷹像幡、虎像纛幡、熊像幡、鷲像幡、隊幡、小幡。

また、唐代の朝儀を記した『大唐開元礼』には、儀仗旗の記載は省略されてしまっており、どの儀式にどの儀仗旗が使用されたのかはわからないが、唐代の儀仗旗は、『新唐書』により以下の通り確認できる。

『新唐書』巻二十三上、志十三上、儀衛上

麟旗、角端旗、赤熊旗、鳳旗、飛黄旗、吉利旗、牛旗、飛麟旗、駃騠旗、鸞旗、犀牛旗、鵔鸃旗、騏驎旗、騼䮷旗、朱雀幢、青龍幢、白虎幢、玄武幢、黄龍負図旗、黄鹿旗、騶牙旗、蒼烏旗、応龍旗、玉馬旗、三角獣旗、白狼旗、龍馬旗、金牛旗、辟邪旗、白沢旗、朱雀旗、青龍旗、白虎旗、玄武旗、衙門旗、五兕旗、太平旗。

『新唐書』巻二十三下、志十三下、儀衛下

龍旗、告止旛、伝教旛、信旛。

この他に、『儀式』には見られないが、即位式・元日朝賀儀の場にはさらに「万歳旗」があったことが確認できる。

『儀式』（巻六）元正受朝賀儀

百官共称唯拝舞。武官倶立振㆑旗称㆓万歳㆒。

『西宮記』（巻一）、朝拝事

群官再拝舞踏。武官立振㆓万歳旗㆒。

『儀式』と『西宮記』とを比較すると、『儀式』において武官が振る旗は「万歳旗」であると推定できる。日本における万歳旗の文献上の初見は、『淳和天皇御即位記』（『続群書類従』公事部所収）に「典儀曰。再拝。如㆑先振㆓万歳旗㆒。」との記述である。また、弘仁十二年（八二一）に撰進された『内裏式』の「元正受群臣朝賀式」にも「王公百官共称唯再拝。舞踏再拝。武官倶立振㆑旆称㆓万歳㆒」とあり、『内裏式』においても武官が振る旗は「万歳旗」と推測できるので、弘仁年間まで「万歳旗」の存在は推定しうるが、それ以上に時代を遡ることは史料的に困難である。

「万歳旗」の起源は、隋の文帝即位の時であるので（唐代では万歳旗の記述は見当たらず、即位式で万歳を称すことは、すでに北魏で行われていた）[15]、推古天皇朝に我が国へ伝えられた儀仗旗の一つであると考えられる。また、『儀式』

には、『続日本紀』大宝元年（七〇一）正月朔日条には見られない旗がある。これらは史料での確認はできないが、大宝元年の段階でも朝賀儀の会場には数多くの儀仗旗があり、『続日本紀』の記載は朝儀の場の整備を示すものであって、代表的で重要な旗が記載されていると考えられる。

おわりに

最後に本章の要点を整理すれば、以下の通りである。

儀仗旗は、中国において西晋泰始二年（二六六）以前、おそらくは魏王朝の段階ですでに使用されていたことが確認（個別の旗の名称は不明）でき、日本の儀礼でも使用される四神旗（青龍、朱雀、白虎、玄武）、万歳旗は、隋の文帝が即位した開皇元年（五八一、日本では敏達天皇十年）に盧賁によって北周の制を改定されたものである。そして隋代に定められたものが日本に伝えられ、推古天皇十一年（六〇三）十一月に、儀仗旗は聖徳太子によって製作されていたと考えられる。聖徳太子の儀仗旗製作は、冠位十二階、憲法十七条などの政治改革と関連し、朝儀の場の整備という観点から行われたものと推測できる。

次に『正倉院文書』において、淳仁天皇朝における儀仗旗の製作状況を窺い知ることができる。史料は当該文書のみであるので、天平宝字二年（七五八）十月末に製作されている儀仗旗の使用目的が大嘗祭なのか元日朝賀儀なのかの断定は難しいが、儀式書のみでは知ることのできない儀礼の整備過程を明らかにしている点において貴重であるといえよう。

註

（1）新海一「貞観儀式元正受朝賀儀管説――唐礼との比較研究上の二、三の問題――」（『國學院大學漢文学会々報』十八、昭和四十八年)。

（2） 橋本義則「朝政・朝儀の展開」(『日本の古代』第七巻、中央公論社、昭和六十一年)。

（3） 加茂正典「「節旗」考」(『日本古代即位儀礼史の研究』、思文閣出版、平成十一年)。

（4） 金子裕之「平城宮の宝幢遺構をめぐって」(『延喜式研究』一八、平成十四年)。

（5） 西本昌弘「孝謙・称徳天皇の西宮と宝幢遺構」(『続日本紀の諸相』、塙書房、平成十六年)。

（6） 吉川真司「大極殿儀式と時期区分論」(『国立歴史民俗博物館研究報告』一三四、平成十九年)。

（7） 王沈については、正史にその列伝はない。『全晋文』巻二十八(『全上古三代秦漢三国六朝文』一六一八頁)には略伝が記されている。

（8） 『隋書』倭国伝には、「開皇二十年。倭王姓阿毎。字多利思比孤。号二阿輩雞弥一。遣使詣レ闕。上令三所司訪二其風俗一。使者言倭王以レ天為レ兄。以レ日為レ弟。天未レ明時出聴レ政。跏趺坐。日出便停二理務一。云レ委二我弟一。高祖曰。此太無二義理一。於レ是訓令レ改之」とあり、倭王の政務について、文帝は義理がないとして訓え改めさせたという。ここには政務のあり方についてのみ記されているが、すでに隋において使用されていた儀仗旗が、この時に我が国に伝えられた可能性も考えられる。

（9） 山本幸男「天平宝字二年の御願経書写」(『写経所文書の基礎的研究』、吉川弘文館、平成十四年)、宮﨑健司「天平宝字二年の写経」(『日本古代の写経と社会』、塙書房、平成十八年)を参照。

（10） 山本前掲註(9)論文中の表(1)は、この帳簿の復元案である。

（11） 『正倉院文書』続集別集二〇、東大寺写経所解(大日古四、三〇一〜三一一頁)を参照。

（12） 山本・宮﨑前掲註(9)論文参照。大平聡「正倉院文書の五つの「絵」——佐伯里足ノート——」(『奈良古代史論集』二、真陽社、平成三年)を参照。

（13） 大平前掲註(12)論文参照。八月一日即位の淳仁天皇が同年に大嘗祭を斎行したことについて、大平氏は「八月一日即位だから七月即位として扱って支障ないということで推し進められたのであろうか。それが藤原仲麻呂の意向に基づくものであることは、まず間違いない」と考えている。

（14） 『正倉院文書』続々修十八帙六裏、造東大寺司解(大日古四、三二一三頁)を参照。

（15）『魏書』太祖（道武帝）紀、天興元年（三九八）閏十一月条に「閏月。左丞相驃騎大将軍衛王儀及諸王公卿士詣レ闕。（中略）十有二月己丑。帝臨二天文殿一。太尉司徒進二璽綬一。百官咸称二万歳一。大赦改年。追二尊成帝以下及后号諡一」とある。

第十章　正月朝覲行幸成立の背景

――東宮学士滋野貞主の学問的影響――

はじめに

仁明天皇の御代になって、正月儀礼に「朝覲行幸」が年中行事として成立している。本章においては、その成立の背景を考察する。

「朝覲行幸」とは、天皇が太上天皇や母后などの御所に赴き拝礼を行う正月儀礼である。史料上に見られる朝覲行幸の初見は、大同四年（八〇九）八月である。

　　『類聚国史』帝王八、天皇朝覲太上天皇、大同四年八月三十日条

　帝朝二于太上皇后（ママ）一。右大臣従二位藤原朝臣内麿奉献。宴飲終レ日。賜レ物有レ差。

『類聚国史』の記事にあるように、嵯峨天皇が即位の後[1]に、兄である平城太上天皇に朝したものである。[2]また、正月儀礼として整備されていくのは、承和元年（八三四）以降であり、承和元年の正月二日に仁明天皇から淳和太上天皇[3]、三日に淳和太上天皇から嵯峨太上天皇[4]、四日には仁明天皇から嵯峨太上天皇および皇太后、さらにこの日には嵯峨太上天皇から淳和太上天皇に対しての朝覲が行われたことが確認できる。しかし、初見となる大同四年八月の際には、「朝覲」ではなく「朝」とあり、日本における「朝覲」の語の初見は、延暦十五年（七九六）十月の渤海国王の啓に、「思下欲修二礼勝方一。結二交貴国一。歳時朝覲。梔帆相望上」[5]と見えることにも注意しなければ

ばならない。

これまでの朝覲行幸に関する主な研究の蓄積としては、目崎徳衛氏の「政治史上の嵯峨上皇」(6)、鈴木景二氏の「日本古代の行幸」(7)、佐藤信氏の「摂関制成立期の王権についての覚書」(8)、栗林茂氏の「皇后受賀儀礼の成立と展開」「平安期における三后儀礼について——饗宴・大饗儀礼と朝覲行幸——」(9)、服藤早苗氏の「王権の父母子秩序の成立——朝覲・朝拝を中心に——」(10)、長谷部寿彦氏の「九世紀の天皇と正月朝覲行幸の成立」(11)などが挙げられ、父母子の秩序的な儀礼というのが大方の見解である。

本章においても、これらの見解を踏まえ、先学に導かれながら、中国における朝覲や天子と孝の関係を整理した上で、天皇が太上天皇（母后）に拝謁する儀式が、いかにして仁明天皇の承和元年以降に正月恒例の「朝覲行幸」として整備されるに至ったかという問題について、仁明天皇の皇太子時代の東宮学士であった滋野貞主との関わりから、その成立の背景を探りたい。

一　中国における朝覲

「朝覲」の語は中国の儀礼に基づくもので、古く『漢書』に出典を求めることができる。

『漢書』礼楽志第二

人性有男女之情。妒忌之別。為制婚姻之礼。有交接長幼之序。為制郷飲之礼。有哀死思遠之情。為制喪祭之礼。有尊尊敬上之心。為制朝覲之礼。

『漢書』おいて説かれている内容は、人には男女の情と妒忌の別が有るゆえ婚姻の礼が定められ、交際には長幼の序があるために郷飲の礼があり、死を悼む情があるゆえに喪祭の礼がある。そして、人には尊々敬上の心があるために、朝覲の礼が定められていると考える、というものである。つまり、朝覲とは、相手を敬う心を具現化する儀礼と位置付けられる。

日本の朝覲行幸は、天皇が太上天皇（母后）を謁する儀礼であることから、中国において皇帝が太上皇帝（太上皇）を謁する事例を確認する必要が生じよう。この点に関して、古くは前漢の高祖（劉邦）が、父である劉太公を朝している。

『漢書』巻一下、高帝紀下、六年十二月甲申条

甲申（中略）上帰二櫟陽一。五日一朝二太公一。太公家令説二太公一曰。天亡二二日一。土亡二二王一。皇帝雖レ子。人主也。太公雖レ父。人臣也。奈下何令二人主一拝中人臣上。如レ此。則威重不レ行。後上朝。太公擁彗。迎レ門卻行。上大驚。下レ扶二太公一。太公曰。帝。人主。奈三何以レ我乱二天下法一。於レ是。上心善家令言。賜二黄金五百斤一。

高祖（劉邦）は父である劉太公を五日ごとに朝していた。この時に太公は家令の諫言を聞き入れ、高祖に対して実の子であろうとも皇帝である以上は人主であり、自らは父と雖も臣下であるので、自分のために人主が天下の法を乱すことへの疑問を提起した。その後、高祖は父の太公に太上皇の称号を贈っていることが確認される[12]。

また、唐代では開元四年（七一六）に、玄宗が父の睿宗に対して朝していることが『冊府元亀』により確認できる。

『冊府元亀』巻三十八、帝王部、尊親

玄宗開元四年正月戊寅朔。帝御二正殿一受二朝賀一畢。親朝二太上皇於西宮一。

玄宗は、開元四年正月一日の朝賀儀の終了後に、父である睿宗のいる西宮を訪れた。睿宗はこの年の六月に五十五歳で崩御しており[13]、これ以前に玄宗が父を謁したことは確認できない。この他には『大唐開元礼』に、皇帝が元服した際に、太后に謁見することが規定されている。

『大唐開元礼』巻九十一、嘉礼、皇帝加元服上、謁見太后

其日冠訖。著二通天冠服一詣二太后所レ御殿一。如二常朝見之式一。尚宮引就二殿前一北面再拝。訖尚宮引出。還レ宮如

レ常。

中国における事例は少ないが、その中で注目すべき点は、皇帝が太上皇などに謁する場合、「朝」「詣」の語が使用されているが、「朝覲」の語の使用がいっさい見られないということである。『礼記』楽記には「朝覲。然後諸侯知レ所ニ以臣一」とあって、「朝覲」とは臣下が天子に謁する場合に使用される語という認識が確認される。日本においても、「朝覲」の用例の初見は、延暦十五年（七九六）の渤海国王の啓に対して、「思下欲修ニ礼勝方一。結ニ交貴国一。歳時朝覲。梔帆相望上」[14]とあることから、本来の「朝覲」の儀礼は「臣下の礼」を表すものであったと考えられる。

ここで、中国において太上皇帝（太上皇）を謁する儀礼を行うべき環境が整っていたか否かを検討するため、太上皇帝（太上皇）についての概要をまとめたい。中国における皇帝経験者で太上皇の称号が贈られたのは、西晋の恵帝が最初である。なお、恵帝以前に、帝位には即かなかったものの、歿後もしくは存命中に子息が皇帝となって王朝を開いたことにより尊号を贈られた太上皇の例として、秦の始皇帝の父である荘襄王、漢の高祖の父である劉太公の例がある。しかし、本章で挙げる太上皇帝は皇帝経験者に限ることとし、西晋の恵帝、唐の高祖・睿宗・玄宗・順宗について検討することとする。

西晋の恵帝は、泰始三年（二六七）に立太子し、太熙元年（二九〇）四月に武帝が崩御すると即位した[15]。永康二年（三〇一）正月に司馬倫は恵帝に迫って譲位させ、恵帝は太上皇とされ、金墉城（なお、この時に永昌宮と改称された）に幽閉される[16]。そして、光熙元年（三〇六）十一月、洛陽の顕陽殿において四十八歳で崩御した[17]。唐の高祖は、武徳元年（六一八）五月、煬帝が殺されたことを知ると、恭帝から禅譲を受けて自ら皇帝として即位する[18]。武徳九年の玄武門の変により、皇太子李建成と斉王李元吉は李世民の発動した兵変により殺害された。高祖も軟禁され、その後、李世民（太宗）に対して譲位して太上皇となり[19]、貞観九年（六三五）に七十歳にて崩御する[20]。睿宗は、嗣聖元年（六八四）に兄の中宗が母の則天武后によって廃位されたことにより即位する。しかし、その実態は則天武后の傀儡であり、政治的な実権は皆無であった。載初元年（六九〇）には則天武后が自ら皇帝に即位すると廃位され、神龍元年（七〇五）に至って則天武后の死去直前に中宗が復位し、安国相王に封じられた[21]。景龍四年（七一〇）にはその中宗が韋后により毒殺され、形式的には韋后によって擁立された殤帝からの譲位を受けて、睿宗は再び即位した[22]。景雲三年（七一二）に玄宗に譲位して太上皇帝を称し[23]、四年後の開元四年（七一六）に五十五歳で崩御した[24]。玄宗は、景雲三年に睿宗から譲位を受け即位し[25]、至徳元年（七五六）に太子の李亨（粛宗）に位を譲り太上皇となる[26]。この間に、安禄山の叛乱により、玄宗は蜀（現在の四川省）へと避難を余儀なくされる。避難の途中で兵士たちにより楊国忠が殺害され、また楊貴妃も玄宗により殺されることとなった。そして、上元二年（七六二）に七十八歳にて崩御した[27]。順宗は、永貞元年（八〇五）に徳宗の崩御により即位するも[28]、わずか七カ月で長男の李純に譲位し、自らは太上皇となった[29]。そして、翌元和元年（八〇六）に四十七歳で崩御している[30]。

これら中国の太上皇帝（太上皇）の概要から見ると、中国の皇帝は原則的に終身であり、譲位は政変や内乱などによる例が多い。また、譲位後は軟禁される例もあることなどから、皇帝が太上皇を謁する儀礼を恒例的に行うことは困難な状況であるといえよう。

さらに、『大唐開元礼』の、皇帝が元服した際に太后に謁見する儀礼の規定について検討を加えたい。唐代において、在位中に元服儀礼を行った皇帝は確認できない。また、若年にて即位した皇帝は、殤帝の十六歳、敬宗の十六歳、僖宗の十二歳、哀帝の十三歳である。殤帝は景龍四年に父である中宗の崩御後に、継母の韋后により、韋后に譲位するための傀儡として帝位に即けられた。しかし、韋后が殺害された後に叔父にあたる睿宗に譲位し、自らは温王に戻された[31]。なお、殤帝は列伝に配され、歴代皇帝には数えられていない。敬宗は穆宗の崩御により即位するが、相撲などの遊興に耽った上、宦官を粛清するなどしたために、これに不満を持った宦官の劉克明らによって、十九歳の時に寝所で暗殺された[32]。僖宗は、懿宗が崩御すると宦官たちに擁立されて即位した。乾符元年（八七四）、濮州で王仙芝が叛乱を起こす。また翌年には黄巣も冤句（現在の山東省曹県西北）で決起、後に両者は合流し、大規模な農民叛乱（黄巣の乱）となる。当時は地方に軍閥が割拠し、唐の統治権が及ばない状況となっており、唐は実質的に河西・山南・剣南・嶺南西道数十州を統治する地方政権となっていた[33]。哀帝は唐朝最後の皇帝であり、昭宗が朱全忠により殺害されると、その朱全忠により擁立させられたが、まもなく禅譲し済陰王に降格されている[34]。

皇帝は原則として成年者が即位し、これらの若年の皇帝が即位する場合は、政情が不安定なことが多いと推察される。これらの事情を踏まえれば、唐代において『大唐開元礼』に規定される皇帝元服に関する儀礼は、規定のみ存在し、実際には運用されていなかったものと推測される。唐朝以前にも幼帝が存在していたことから、皇帝元服の規定が受け継がれたものであろう[35]。いずれにせよ、中国において皇帝が太上皇帝（太上皇）や太后を謁する儀礼は、国内の政治情勢などから、恒例儀式としての環境整備も困難な状況であったと考えられる。さらに、中国において「朝覲」は、臣下が天子に拝謁する儀礼に用いられる語であるため、これと日本における「朝覲」とは、区別して考える必要があろう。

二　正月朝覲行幸の整備と滋野貞主

嵯峨天皇が最初に行った朝覲行幸は、大同四年（八〇九）八月である。また正月朝覲行幸が確認できるのは、承和元年（八三四）以降である。奈良時代に「朝覲行幸」のような儀礼が確認できないのは、天皇と太上天皇の御在所が共に内裏にあったことによると考えられる[36]。朝覲行幸成立の前提条件としては、太上天皇・皇太后の御所が宮外に遷る形態が必要であることを、すでに鈴木景二氏が指摘している。[37] 一般的に「朝覲行幸」と呼ばれる正月儀礼は、本来の「朝覲」の意味から考えたならば、不自然な名称といえよう。中国における「朝覲」の儀礼は、『礼記』楽記の「朝覲。然後諸侯知レ所二以臣一」という記述から明らかなように、諸侯が天子に拝謁し、臣たる所以を知る儀式である。したがって、これを天皇が行う儀礼の名称に採用することはふさわしくないといえるのである。

史料の表記に着目すれば、大同四年八月三十日は「朝」[38]、天長十年（八三三）八月十日は「謁覲」[39]、承和元年正月二日は「朝覲」[40]、同年正月四日は「朝謁」[41]、承和二年正月三日は「謁覲」[42]、承和三年正月三日は「拝賀」[43]、承和四年正月三日は「朝覲」とあり[44]、以後の表記は「朝覲」に統一されている。

正月朝覲行幸が行われるのは承和元年以降であるが、その表記は一定せず、「朝覲」と一定して表記されるのは承和四年以降ということが、史料上から確認できる。仮に『続日本後紀』が編纂された貞観十一年（八六九）の段階の名称を使用していたならば、天長十年八月十日の儀より、すべて「朝覲」と記載する方が自然である。この点から、名称についても承和初年の段階で実際に使用されていた名称と考えられ、正月儀礼として整備られる過程において、最終的に「朝覲」の語が名称に採用されたものと推測できる。後にも触れるが、嘉祥三年（八五〇）正月の朝覲行幸の際[45]には、「左大臣源常朝臣。右大臣藤原良房朝臣」とあることにも注目される。これは当時の儀礼記文的な記載であり、国史ならば「源朝臣常」「藤原朝臣良房」と記載することが通常であろう。さらに、天皇が範を垂れて孝道を実践しようとの記事は、客観的立場をとる国史の記事を逸脱している。これらの点に関して坂本太郎氏は、『続日本後紀』の撰者は熱心な儒教の信奉者、礼文礼讃の文化人であり、春澄善縄が承和の御代の「礼文の治」のめでたさを確信し、理想の「礼儀国」を歴史に再現したものと指摘した。[46]

これまでの研究では、「朝覲行幸」について「孝」との関係から論じられることが多い。そこで天子と孝の関係を確認したい。

『孝経』巻一、開宗明義章

子曰。先王有二至徳要道一。以順二天下一。民用和睦。上下無レ怨。汝知レ之乎。

『孝経』巻一、天子章第二

子曰。愛レ親者不三敢悪二於人一。敬レ親者不三敢慢二於人一。愛敬尽二於事レ親。而徳教加二於百姓一。刑二于四海一。蓋天子之孝也。甫刑云。一人有レ慶。兆民頼之。

『孝経』の開宗明義章では、古代の聖王が至徳要道を体得し、それにより天下を統治したと考え、天子の徳の体得とその実践が天下の安定につながると説く。天子章第二では、天子の徳の実践を通して民の教化を行うことが、天下の安定につながる。それこそが、天子の孝であると説いている。

『礼記』祭儀篇

先王之所三以治二天下一者五。貴二有徳一。貴レ貴。貴レ老。敬レ長。慈レ幼。此五者。先王之所三以定二天下一也。貴二有徳一何為也。為三其近二於道一也。貴レ貴為三其近二於君一也。貴レ老為三其近二於親一也。敬レ長為三其近二於兄一也。慈レ幼為三其近二於子一也。是故。至孝近二乎王一。至弟近二乎覇一。至孝近二乎王一雖二天子一必有レ父。至弟近二乎覇一。雖二諸侯一必有レ兄。先王之教因而弗レ改。所三以領二天下国家一也。

『礼記』祭儀篇には、至孝は王たるに近く、天子と雖も必ず父がおり、父を敬い仕えることが孝であって、天子の至孝こそが万民を感化し天下を領治する所以であると説いている。

以上のように、『孝経』や『礼記』には、天子の孝の実践が説かれている。また、坂本氏の述べるような儒教的な理想の礼儀国を意識したことや、中国の用例を考え合わせれば、本来は天皇の儀礼に用いるはずのない「朝覲」の語を名称に採用したことは、正月恒例の「朝覲行幸」が承和初年において「孝の実践の儀礼」として整備される段階に、儒教や儀礼に通じた人物が存在したということを考えざるをえない。そして、仁明天皇に対して学問的に強く影響を及ぼしたと考えられるその人物は、皇太子時代に東宮学士であった滋野貞主と推定されるのである。

滋野貞主とその家系については、『日本文徳天皇実録』に残された貞主の卒伝(47)をAとBに区切って、検討を加える。

A、乙巳。参議正四位下行宮内卿兼相摸守滋野朝臣貞主卒。貞主者。右京人也。曽祖父大学頭兼博士正五位下楢原東人該二通九経一。号為二名儒一。天平勝宝元年為二駿河守一。于レ時土出二黄金一。東人採而献レ之。帝美二其功一曰。勤哉臣也。遂取二勤臣之義一。賜二姓伊蘇志臣一。父尾張守従五位上家訳。延暦年中賜二姓滋野宿禰一。

貞主の曽祖父は大学頭兼博士正五位下楢原東人であり、名儒と賞賛された人物であった。東人は、天平勝宝二年（七五〇）駿河守の時に黄金を献上し、姓を勤臣と賜った(48)。『新撰姓氏録』第十七巻の大和国神別には「伊蘇志臣。滋野宿禰同祖。天道根命之後也」とある。栄原永遠男氏によって、『続日本紀』に東人は「勤臣」と「伊蘇志臣」の用字があり、他の人はすべて「伊蘇志臣」と表記され、『日本後紀』『新撰姓氏録』『正倉院文書』でも同様であることが確認され、東人についてのみ「勤臣」と表記することがあると指摘されている(49)。祖父については記載を欠くが、父は尾張守従五位上家訳である。家訳は伊蘇志臣から滋野宿禰に改姓される。その時期については、貞主卒伝には延暦年中と記すのみである。しかし、弟の滋野貞雄卒伝(50)によれば、滋野宿禰への改姓は延暦十七年（七九八）のことである。

B、貞主身長六尺二寸。雅有二度量一。涯岸甚高。大同二年奉二文章生試一及第。弘仁二年為二少内記一。六年転為二大内記一。十一年授二外従五位下一。兼為二因幡介一。十二年授二従五位下一。遷為二図書頭一。因幡介如レ故。十四年。仁明天皇初在レ儲之日。遷二東宮学士一。因幡介如レ故。天長八年。勅与二諸儒一撰二集古今文書一。以レ類相従。凡有二一千巻㆒。名㆓秘府略㆒。九年兼為㆓下総守㆒。太子登祚之初。拝㆓内蔵頭㆒。下総守如㆑故。数月遷為㆓宮内大輔㆒。承和元年。授㆓従四位下㆒。兼為㆓相摸守㆒。二年遷為㆓兵部大輔㆒。六年兼為㆓大和守㆒。七年遷為㆓大蔵卿㆒。大和守如㆑故。八年罷㆓大和守㆒。兼㆓讃岐守㆒。九年遷㆓式部大輔㆒。讃岐守如㆑故。其秋拝㆓参議㆒。十一年春。捨㆓城南宅㆒為㆓伽藍㆒。名㆓慈恩寺㆒。貞主坐禅之余。歴㆓遊其間㆒。時人慕㆑之。其夏。上㆑表譲㆓式部大輔㆒。不㆑許焉。十二年陳㆓便宜十四事㆒。事多不㆑載。議亦不㆑行。嘉祥二年春兼㆓尾張守㆒。（中略）其秋為㆓宮内卿㆒。三年夏授㆓正四位下㆒。兼為㆓相摸守㆒。仁寿二年春毒瘡発㆓唇吻㆒。詔賜㆓医薬㆒。中使相㆓望於路㆒。道俗来問者。日属㆓街巷㆒塡咽。遺㆓戒子孫㆒云。殯歛之事。必従㆓倹薄㆒。徂歿之後。子孫斎供而已。卒㆓于慈恩寺西書院㆒。時年六十八。時人知与㆑不㆑知。莫㆑不㆓流涕愍惜㆒。貞主天性慈仁。語恐㆑傷㆑人。推㆓進士輩㆒。随㆑器汲引。長女縄子。心至和順。進退中㆑規。仁明天皇殊加㆓恩幸㆒。生㆓本康親王。時子内親王。柔子内親王㆒。少女奥子頗有㆓風儀㆒。閫訓克脩。為㆓天皇所㆑幸。生㆓惟彦親王。濃子内親王。勝子内親王㆒。時人以為。外孫皇子。一家繁昌。乃祖慈仁之所㆑及也。

滋野貞主は卒年の六十八歳より逆算すれば、延暦四年（七八五）に誕生した。大同二年（八〇七）には文章生試に及第している。宿禰から朝臣への改姓は卒伝には見られないが、貞主が参議に昇進した承和九年（八四二）の『公卿補任』では、弘仁十四年（八二三）正月のこととする。また、弘仁十四年四月二十八日には、淳和天皇の即位に伴って立太子した正良親王（後の仁明天皇）の東宮学士となった[51]。東宮学士とは、東宮職員令に「掌㆓執㆑経奉説㆒」[52]とあるごとく、皇太子に儒教の講説を行うことを職掌とする。天長八年（八三一）には、勅により諸儒と古今の文書を撰集して『秘府略』一千巻を録した[53]。この他にも、弘仁十二年撰進の『内裏式』には撰者として序文に名を連ね[54]、天長四年に撰進の『経国集』の撰者でもあり、また自らがその序文を記している[55]。さらに貞主と後宮とのつながりは、娘の縄子は仁明天皇のもとに入内して本康親王・時子内親王・柔子内親王を産み、奥子は文徳天皇に入内して惟彦親王・濃子内親王・勝子内親王を産んだことが確認できる。

以上のことから滋野貞主は、曽祖父が大学頭兼博士であったことや、自身は『内裏式』『経国集』『秘府略』の編纂を行ったことから、漢籍や儀礼を熟知していた学者の系譜であると考えられる。そして、仁明天皇の東宮学士という経歴を持ち、さらに娘を仁明天皇・文徳天皇に入内させていることから考えても、貞主は仁明天皇の側近であったといえよう。承和年間以降の朝覲行幸においても父子・母子の関係が主とされることからも察せられるように、儀礼の整備に「天子の孝の実践」が重視されたものといえる。貞主自身が儀礼の整備に関与していたとの断定は難しいが、承和元年（八三四）以降に正月儀礼として朝覲行幸が整備される背景には、仁明天皇が皇太子時代に学士であった滋野貞主の講説を受け、「天子の孝」について貞主の学問的影響を受けている可能性が考えられよう。

つまり、中国において、一般的には臣下が天子に拝謁する儀礼に使用される「朝覲」という名称を、我が国の天皇の儀礼の名称として採用したことについては、天皇が太上天皇（母后）に拝謁することにより孝を天皇自らが天下に示す儀礼として、『漢書』礼楽志に尊敬の心より「朝覲の制」があることを説く記述が存在することを滋野貞主が進言し、それが採用され定着して「朝覲行幸」という不可思議な名称を持つ儀礼が誕生したと考えられる。しかし、これは断定的な史料を欠くため推論の域を出ない。いずれにしても、本来の「朝覲」が「臣下の礼」を意味することを念頭に置けば、太上天皇制や後世の治天の君についても問題が波及することとなろう。

四　朝覲行幸の儀式次第

朝覲行幸の儀式次第が最初に確認されるのは、『西宮記』（巻一）の「有二上皇及母后一者三日朝覲事」である。

『西宮記』巻一、有二上皇及母后一者三日朝覲事

有上皇及母后者三日朝覲

旧式三后宮皆有二拝舞一。而依二新式一止レ舞。今天子拝二母后一。有二舞踏儀一。

行幸如レ常。御二鳳輦一。其宮外一町停二警蹕一。所司装束入二門内一。鋪二縁道一立二屏幔一。臨二其門下一。自二御輿一歩行。有二莚道一。御二休所一。内侍持二御剣等一。或次将可レ持。天皇進二正殿一拝舞。以二白幅帛一為二地敷一。上皇母后坐二倚子一。還二御休所一。重依二仰旨一。渡二正殿一供二御酒一。上皇給レ盃者。撤レ盃後可レ有二御拝一。有二贈物・被物一。天皇拝。群臣賜レ禄。次還御。此日。供奉王卿以下付二魚袋一。

『西宮記』に記されている儀式次第を簡潔にまとめると以下の通りとなる。

①天皇が鳳輦に御して行幸。
②太上天皇（母后）の宮の一町手前で警蹕をやめる。
③所司装束が門内に入り、縁道を鋪き、屏幔を立てる。
④天皇は門にて鳳輦を降り、歩行する。この時、敷設された筵（むしろ）の上を歩く。内侍が御剣を奉持。あるいは、次将のこともあり。
⑤天皇が休所に御す。
⑥天皇は正殿に進み拝舞。この時、天皇は地敷の座、太上天皇（母后）は倚子。
⑦天皇が休所に還御。
⑧太上天皇の仰せにより、天皇は再び正殿に渡り、御酒を供す。この時、太上天皇に盃を給はば、盃の後に御拝あり。
⑨贈物・被物。この時、天皇が拝礼。
⑩群臣に禄を賜う。
⑪天皇は御所へ還御。

　また、『西宮記』以前には、『儀式』『延喜式』ともに朝覲行幸の儀式次第は見られない。これは、『儀式』『延喜式』が天皇を頂点とする律令制の枠組みの中で成立したもので、元日朝賀儀などと異なって「孝」を成立の基盤とする朝覲行幸は、律令制の枠組みで捉えることのできない儀礼であることが要因の一つとして考えられる。しかし、『西宮記』の記載する儀式次第は形式的なものであって、実際には様々なあり方があったことが確認できる。嘉祥三年（八五〇）正月四日に仁明天皇が行った朝覲行幸の例を挙げておく。

　『続日本後紀』嘉祥三年正月四日条

癸未。北風切吹。白雪紛紛。天皇朝㆓観太皇太后於冷然院㆒。親王以下。飲宴酣楽。賜㆑禄有㆑差。須臾　天皇降㆑殿。於㆓南階下㆒端㆑笏而跪。召㆓左大臣源常朝臣。右大臣藤原良房朝臣㆒。勅曰。被㆓大后命㆒偁。吾処㆓深宮之中㆒。未㆔嘗見㆓我帝御㆑輦之儀㆒。今日事。須㆓眼下登㆑輿。使㆑得㆓相見㆒者。朕再三固辞。遂未㆑得㆑命。於㆓卿等意㆒如何。大臣等奏云。礼敬而已。如㆑命而可。天皇即登㆑殿。至㆓御簾前㆒。北面而跪。于時鳳輦差車㆓於殿階㆒。天皇下㆑殿。御㆑輦而出。左右見者攬㆑涙。僉曰。天子之尊。北面跪㆑地。孝敬之道。自㆓天子㆒達㆓庶人㆒誠哉。

『続日本後紀』の内容は、雪が舞う中、仁明天皇が北面して跪くという、「孝」の表れとして有名な場面である。この時に母后である橘嘉智子は仁明天皇に対して、天皇が鳳輦に乗る儀を見たことがないから、階の下から鳳輦に乗るように願うが、仁明天皇は再三固辞した。『西宮記』の儀式次第より推察を加えれば、天皇は門の外で鳳輦から降りて歩くのが原則である。したがって、内裏へ還御の際も門まで歩くことが原則と考えられ、仁明天皇もその原則に従おうとする様子が窺える。そこで、大臣たちに意見を求めたところ、「礼敬而已。如㆑命而可」とのことであったため、殿下から鳳輦に御して還御したと考えられる。

　次に延喜五年（九〇五）正月三日の醍醐天皇の例を確認する。

『醍醐天皇御記』延喜五年正月三日条（『扶桑略記』）

三日。行二幸仁和寺一。召二左大臣一。仰云。参二御寺一時。輦入二寺門内一事。是不便也。此度必可レ留二門外一。未三刻。御レ輦。近衛中将已下。皆着二褐獵衣当色接腰一。如二臨時野行幸一。出レ自二殷富門一。直行至二仁和寺西門一。留二輦門外一。諸衛及侍臣等皆膝レ地。左大臣侍二門下一。時菅根朝臣出二候門下一。告二左大臣一曰。法皇仰曰。入二御軽幄一間。寺門内可レ用二腰輿一。朕曰。此最不可。如レ此則下レ輦歩行。所司鋪二筵道一。自レ門至レ幄。右近中将仲平朝臣。左近少将定方持二御剣璽一。左大臣幷右大将藤原朝臣従レ之。朕把レ笏著レ靴。歩レ自二筵道一。入二東寝門一。持二御剣等一。留在二戸外一。至二御室一。上二南廂一。拝舞訖退出。左大臣奉二仰旨一曰。可レ入則進即二御前座一。云々。法皇御座鋪二一枚一。上加二菅円座一。予座当二母屋第一間南頭一。鋪二錦端畳二枚一。畳上加二菅円座一。此御室所レ設。拝談既訖。退出還二軽幄一。御厨子所供二酒肴一。事畢還レ宮。

『扶桑略記』に残された『醍醐天皇御記』の逸文によれば、宇多太上法皇は醍醐天皇に対して、「入二御軽幄一間。寺門内可レ用二腰輿一」とあるように寺門から幄まで腰輿に乗り進むことを許した。鳳輦が乗り入れるには仁和寺の門内が不便であったという立地にも関わりがあるが、醍醐天皇は「朕曰。此最不可。如レ此則下レ輦歩行。所司鋪二筵道一。自レ門至レ幄」とあるように、鳳輦から降りて門から幄まで歩いている。これは、天皇が頑なに「門から幄まで歩く」という原則を遵守する気持ちの表れであろう。

この時の拝礼作法について、『西宮記』に同日の御記逸文が残されている。

『醍醐天皇御記』延喜五年正月三日条（『西宮記』巻十七臨時五）

参二御寺一。近衛中将已下著二褐獵衣当色接腰等一。如二臨時野行幸一。云々。法皇御座。則把レ笏着レ靴。上南座於二帛上一拝舞。了退出。法皇曰。拝礼宜レ无レ用二笏靴一。又手三度可レ拝。吾受二三部法一。而受二此法一。是毘盧遮那也。拝仏猶可二三拝一。朕対曰。前年参拝時用二三度一。而未レ知二合礼一。仍問二大臣等一。定以為二三日参拝事一。是非㆓仏法礼㆒。是則親々礼也。故用㆓親々平生之礼㆒也。法皇曰。至㆓三日拝㆒不㆑可㆓必有㆒㆑之。

宇多太上法皇は三部法を受けているので、三拝を行うように天皇に申し入れた。醍醐天皇は前年の延喜四年（九〇四）の朝覲の際には三度拝を行ったが、疑問が残ることから大臣たちに問うたところ、朝覲行幸は「仏法の礼」ではなく、「親々の礼」であるから、「親々平生之礼」を用いて拝礼することにしたと答えた。しかし、宇多太上法皇は、「至㆓三日拝㆒不㆑可㆓必有㆒㆑之」とあるように、必ずしも「親々平生之礼」を用いるべきではないとの考えを示し、自身の希望を持ち続けている。天皇と太上法皇との意見の相違について、山中裕氏は「法皇と天皇の意見の相違が見られ、朝覲行幸という儀式は形式上、整備されて行われたものの、複雑な宇多・醍醐二人の、上皇と天皇の関係がその儀の裏にしのばれるのも興味深い」[56]と述べている。

朝覲行幸は、仁明天皇朝以降に正月儀礼として整備されていく過程において、儀式次第については一定の基準を設けてそれを原則としながらも、拝礼を受ける側（太上天皇や母后）の状況や考えによって、その儀式次第に若干の変更が加えられる例が確認できた。また、『論語』陽貨篇に、「子曰。礼云礼云。玉帛云乎哉。楽云楽云。鐘鼓云乎哉」とあり、儀礼や雅楽は形式よりもその精神こそが大切であると説くことからも考えられるように、儀式次第も、天皇が太上天皇・母后に対して「孝」を示す儀礼ということを基盤として整備されたものであろう。

おわりに

「朝覲」は、中国を発祥とする儀礼である。しかし、「朝覲」の語は、中国においてはあくまで臣下が天子を拝謁する場合の儀礼であり、皇帝が太上皇帝（太上皇）を謁する場合には「朝覲」の語は使用されていないことが確認された。また、皇帝が譲位する例が極めて少なく、政変や内乱により譲位した例がほとんどであり、太上皇帝を称するも軟禁状態に置かれることが多い。これでは皇帝が太上皇帝を謁することは、恒例行事として整備されるのが難しい状況であったと察せられる。

「朝観行幸」は、承和元年（八三四）以降に正月儀礼として整備される。しかし、その成立期において、「朝謁」「謁観」「拝賀」と名称の表記が一定せず、「朝観」と固定されるのは承和四年以降である。「朝観行幸」という名称を考えれば、本来は臣下が天子に拝謁する儀礼である「朝観」という名称を、天皇の儀礼に採用したことは不自然に感じられる。この「太上天皇を謁する儀」は、承和初年の段階において様々な呼び方があり、ふさわしい名称を模索して最終的に「朝観」の名称が採用されたものであろう。正月恒例の儀礼として「朝観行幸」が整備されることには、仁明天皇の皇太子時代の東宮学士であった滋野貞主の学問的な影響が強いと考えられる。滋野貞主の曽祖父は、大学頭兼博士であり、自身は『内裏式』『経国集』『秘府略』の編纂を行っていることから、漢籍や儀礼を熟知する学者の系譜であると考えられる。また、娘を仁明天皇・文徳天皇のもとに入内させたことや、学者でありながら最後は参議にまで昇進したことを踏まえれば、貞主は仁明天皇の側近であったことが窺えよう。仁明天皇は、皇太子時代に学士の滋野貞主より「天子の孝」に関する講説を受けていた可能性があり、即位後の正月朝観行幸の整備には、「天子の孝の実践」が重視されたものと考えられる。これ以降の朝観行幸も、父子・母子の関係において行われていることが確認され、承和年間の正月朝観行幸は滋野貞主が主導して儀礼整備を行い、成立したと断定することは難しいが、その学問が天皇に影響し、朝廷の恒例儀礼として整備されたものと推測されよう。

儀式次第は『西宮記』に見られ、そこには一定の基準を設けている。しかし、拝礼を受ける側（太上天皇や母后）の状況や考えによって儀式次第の変更が起こりうる儀式であったことも、「天子の孝の実践」という視点から理解することができる。

名称のみを見れば、日本において「天子の孝」を表す「朝観」は、中国における本来の意味からは、天皇が太上天皇に「臣下の礼」をとる儀礼と解することも可能となってしまう。本章では、「朝覲」の意味を中国と比較すれば、「朝覲行幸」とは不可思議な名称を持つ儀礼であることを指摘したにすぎない。しかし、これが太上天皇制や後世の「治天の君」に関連する問題ともつながることになる。また、中国における「孝の思想」の流布の状況や、皇帝の「孝の実践」の状況を具体的に検証すること、日本における「孝の思想」の受容と変遷を踏まえて天皇の「天子の孝の実践」という概念をより深化させることなど、多くの課題が残されている。

註

(1)『日本紀略』大同四年（八〇九）四月十四日条に、嵯峨天皇の即位記事が見られる。

(2)『類聚国史』には「太上皇后」とあるが、『日本紀略』大同四年八月三十日条には、「太上皇」とある。また、「太上皇后」の尊号も不自然であり、該当すると考えられる人物を推定しても、平城太上天皇と嵯峨天皇の生母たる藤原乙牟漏は延暦九年（七九〇）に、安殿親王妃であった藤原帯子（百川女）は、平城天皇即位とともに大同元年に、贈皇后となるも、すでに延暦十三年に逝去していて、該当する人物は見当たらない。

(3)『続日本後紀』承和元年（八三四）正月二日条。

(4)『続日本後紀』承和元年正月三日条。

(5)『日本後紀』延暦十五年（七九六）十月二日条。

(6) 目崎徳衛「政治史上の嵯峨上皇」（『貴族社会と古典文化』、吉川弘文館、平成七年、初出は昭和四十四年）。仁明天皇が父嵯峨太上天皇よりも淳和太上天皇に対して先に朝覲したことは、仁明天皇が父母に朝覲する新例を開くについて、まず淳和太上天皇に儀礼的了解を求めたにすぎず、朝覲行幸の理念は、父子間の道徳意識に基づくものであったからであると論じた。さらに、承和二年（八三五）以後に淳和太上天皇への朝覲は見られないことについて、新しい行事の成立は、天皇の国政的権威が上皇の家父長的権威より下に置かれるに至った変化を最もよく象徴するのであると述べ、天長・承和年間の一帝二上皇による宮廷の繁栄、嵯峨太上天皇という家父長的権威の存在は、国政への直接的干渉によって劇的な政治危機をもたらすことはなかったが、かえって深く潜かに律令制解体の気運を醸成したと指摘する。

(7) 鈴木景二「日本古代の行幸」(『ヒストリア』一二五、平成元年)。
嵯峨天皇が唐風を好み、儀式を整備したことから考えれば、朝覲行幸がこの時より始まったことも、この流れの中で捉えられると述べ、朝覲行幸成立の前提条件として、太上天皇・皇太后の御所が宮外に遷るという形態が必要と指摘する。その理由としては、天皇と上皇の関係は王権の分裂を引き起こす要素が潜在的に保持されていると考え、上皇御所の中には、宮や京と異なり律令的秩序が貫徹せず、儒教の孝道思想に基づくいわば家父長制的な関係が成立しうる空間であり、朝覲行幸とは、天皇が群臣を率いてそうした上皇御所を訪れ、天皇と太上天皇、および臣下が宴や賜禄などを通じて、人格的結合を固めるという機能を果たしていたと論じる。

(8) 佐藤信「摂関制成立期の王権についての覚書」(山中裕編『摂関時代と古記録』、吉川弘文館、平成三年)。
朝覲行幸は、そこに見える家父長的権威が、実の父子関係に裏付けられたものであることに注意する必要があると述べ、正月の朝覲行幸が恒例化する承和元年(八三四)には、仁明天皇がまず淳和太上天皇に朝し、また同日に嵯峨太上天皇が淳和太上天皇を淳和院に訪れるという儀礼的な往復を行ったが、承和二年からは仁明天皇が嵯峨太上天皇と太皇太后を嵯峨院に朝覲することを恒例としたことは、朝覲行幸の対象は太上天皇一般ではなく、実の父母にあたる太上天皇・太皇太后に限られているのであると指摘する。

(9) 栗林茂「皇后受賀儀礼の成立と展開」(『延喜式研究』八、平成五年)、「平安期における三后儀礼について――饗宴・大饗儀礼と朝覲行幸――」(『延喜式研究』十一、平成七年)。
朝覲行幸の時期区分を第一期は仁明天皇から文徳天皇朝(嵯峨太上天皇崩御以降は母后に対してのみ。天皇が母と同居している場合は儀礼として成立しない)、第二期は醍醐天皇朝(対象を宇多太上法皇に限定)、第三期は村上天皇から後三条天皇朝(母系に対する朝覲が多い。大饗と朝覲の両方を実施)、第四期は堀河天皇朝以降(対象を一の院に限定)とし、朝覲行幸の儀礼的意義は、天皇家における家父長的秩序を明確化する儀礼(家人之礼)を一般群臣の前で行うことで、天皇家内部における家父長的権威を君臣関係まで及ぼすことにあると結論付けた。

(10) 服藤早苗「王権の父母子秩序の成立――朝覲・朝拝を中心に――」(十世紀研究会編『中世成立期の政治文化』、東京堂出版、平成十一年）。

九世紀中頃に、太上天皇宣下制と同時期に朝覲行幸という家父長的家的父母母子秩序儀礼が開始され、時を同じくして皇太子や親王との正月親族拝が始まると述べ、十世紀以降には、父母への朝覲行幸、各種親族拝が定着し、父上皇没後は母が代行的に拝舞を受ける存在として力を発揮し、母の権威を背景に母方親族の外戚が力を持ち、摂関政治が行われると論じた。

(11) 長谷部寿彦「九世紀の天皇と正月朝覲行幸の成立」（『国史学研究』三十一、平成二十年）。

天子たる天皇が父母への敬意を表すために正月に朝覲行幸を行い、父母へ北面して拝舞する臣下の行為を行うことも、天子の孝の実践と位置付け、正月朝覲行幸の成立は、儒教思想の礼制受容を通して天皇の国制上の地位を唯一絶対の存在として位置付け、九世紀の天皇のあり方と矛盾するものではなく、むしろそれを反映したものと整合的に理解する。そして、天皇自身も儒教思想を前提にした行動が要請され、周囲に強く示すことが必要となる状況が存在したと論じる。

(12)『漢書』巻一下、高帝紀下、六年五月丙午条。なお、高帝六年紀は十月より始まり、十二月に大公を朝し、その後の五月に太上皇の称号が贈られる。『史記』始皇本紀二十六年条において建亥月（十月）を歳首としており、武帝の太初元年（紀元前一〇四年）に建寅月（正月）を歳首とするまで、建亥月（十月）が年頭にあたっていた。第二章第二節参照。

(13)『旧唐書』巻七、本紀第七、睿宗、開元四年六月甲子条。

(14)『日本後紀』延暦十五年（七九六）十月二日条。

(15)『晋書』巻四、帝紀第四、恵帝即位前紀。

(16)『晋書』巻四、帝紀第四、恵帝、永甯元年春正月条。

(17)『晋書』巻四、帝紀第四、恵帝、光熙元年十一月庚午条。

(18)『旧唐書』巻一、本紀第一、高祖、武徳元年五月条。

(19)『旧唐書』巻一、本紀第一、高祖、武徳九年六月・八月条。

(20)『旧唐書』巻一、本紀第一、高祖、貞観九年五月条。

(21)『旧唐書』巻七、本紀第七、睿宗、即位前紀。

(22)『旧唐書』巻七、本紀第七、睿宗、景龍四年夏六月条。
(23)『旧唐書』巻七、本紀第七、睿宗、景雲三年八月庚子条。
(24)『旧唐書』巻七、本紀第七、睿宗、開元四年六月条。
(25)『旧唐書』巻八、本紀第八、玄宗即位前紀。
(26)『旧唐書』巻九、本紀第九、玄宗下、天宝十五載八月条。
(27)『旧唐書』巻九、本紀第九、玄宗下、上元二年四月甲寅条。
(28)『旧唐書』巻十四、本紀第十四、順宗、永貞元年年正月条。
(29)『旧唐書』巻十四、本紀第十四、順宗、永貞元年八月庚子条。
(30)『旧唐書』巻十四、本紀第十四、順宗、元和元年正月甲申条
(31)『旧唐書』巻七、中宗、景龍四年（七一〇）六月壬午・丁亥条。『旧唐書』巻八十六、列伝第三十六、高宗中宗諸子、殤帝重茂。
(32)『旧唐書』巻十七上 本紀第十七上、敬宗本紀。
(33)『旧唐書』巻十九下、僖宗本紀。
(34)『旧唐書』巻二十下、哀帝本紀。
(35)北周の静帝は、七歳で即位したことが確認される。『北史』本紀巻十、周本紀下、第十、静帝を参照。
(36)太上天皇の御在所の問題については、宮内庁書陵部編『皇室制度史料』太上天皇二（吉川弘文館、昭和五十四年）、橋本義則「天皇宮・太上天皇宮・皇后宮」（荒木敏夫編『ヤマト王権と交流の諸相』、名著出版、平成六年）、同『平安宮成立史の研究』（塙書房、平成七年）、瀧浪貞子「上皇別宮の出現」（『史窓』三十八、平成三年）を参照。
(37)鈴木前掲註(7)論文参照。
(38)『類聚国史』帝王八、天皇朝覲太上天皇、大同四年（八〇九）八月三十日条。
(39)『続日本後紀』天長十年（八三三）八月十日条。
(40)『続日本後紀』承和元年（八三四）正月二日条。
(41)『続日本後紀』承和元年正月四日条。

(42)『続日本後紀』承和二年正月三日条。
(43)『続日本後紀』承和三年正月三日条。
(44)『続日本後紀』承和四年正月三日条。
(45)『続日本後紀』嘉祥三年（八五〇）正月四日条。
(46)坂本太郎「続日本後紀」（坂本太郎著作集三『六国史』、吉川弘文館、昭和四十五年）。
(47)『日本文徳天皇実録』仁寿二年（八五二）二月八日条。
(48)『続日本紀』天平勝宝二年（七五〇）三月十日条にも「三月戊戌。駿河守従五位下楢原造東人等。於二部内盧原郡多胡浦浜一。獲二黄金一献レ之。練金一分。沙金一分。於レ是。東人等賜二勤臣姓一。」とあって同様の内容が確認できる。
(49)栄原永遠男「滋野氏の家系とその学問――九世紀における改氏姓の一事例――」（『紀伊古代史研究』、思文閣出版、平成十六年）。
(50)『日本三代実録』貞観元年（八五九）十二月二十二日条。
(51)『公卿補任』承和九年（八四二）条。
(52)『令義解』東宮職員令東宮学士条。
(53)『秘府略』については、飯田瑞穂「『秘府略』に関する考察」（飯田瑞穂著作集三『古代史籍の研究』中、吉川弘文館、平成十二年、初出は昭和五十年）を参照。
(54)『内裏式』序に、「乃詔二正三位守右大臣兼行左近衛大将臣藤原朝臣冬嗣、（中略）従五位下行大内記臣滋野宿禰貞主等一、令二修定一焉。於レ是抄二摭新式一」と見える。
(55)『日本紀略』天長四年（八二七）五月二十日条に、「庚辰。（中略）詔二中納言良岑朝臣安世・東宮学士従五位下滋野朝臣貞主等一、撰二近代詩人所レ作之詩一、勒成二廿巻一、名曰二経国集一」と見え、『経国集』序（『群書類聚』第八輯、文筆部）に「東宮学士従五位下臣滋野朝臣貞主上」とあり、以下に滋野貞主の序文が記されている。
(56)山中裕『平安朝の年中行事』（塙書房、昭和四十七年）。

第十一章　朝賀儀と天皇元服・立太子

――清和天皇朝以降の朝賀儀を中心に――

はじめに

元日朝賀儀は「ミカドヲガミ」とも称され、皇太子以下の群臣百官が正月元日に大極殿に出御した天皇に対して拝礼を行い、新年の賀を奏上する年中最大の儀式である。『延喜左近衛府式』大儀条、『延喜左兵衛府式』大儀条(1)、『延喜左衛門府式』大儀条(2)には、それぞれ天皇即位儀・受蕃国使表と同じく「大儀」と位置付けられており、法的にも、元日朝賀儀は即位と並ぶ律令国家としての最も重要な儀式であった。(3)

このように元日朝賀儀は、国家としての重要な儀式であるという性格から、朝賀儀に関する研究も少なくない。以下に代表的な先学の研究成果を挙げた。

朝廷儀礼の全体を研究し、その中で朝賀について研究を行った倉林正次氏の『饗宴の研究』儀礼編(4)、天皇即位儀を分析する前提として元日朝賀儀を詳細に検討した藤森健太郎氏の「日本古代元日朝賀儀礼の特質」(5)、我が国の朝賀儀の成立と変化について儀式文を検討した所功氏の「「朝賀」儀式文の成立」(6)、即位式と朝賀儀との比較検討を行った和田萃氏の「タカミクラ――朝賀・即位儀をめぐって――」(7)、儀式関係史料などをもとに儀式における天皇のあり方を中心に研究した古瀬奈津子氏の「平安時代の『儀式』と天皇」(8)、その他には、楊永良氏の「元正朝賀儀における諸問題――その法的意義――」(9)や、新海一氏の「貞観儀式元正朝賀儀管説――唐礼との比較研究上の二、三の問題――」[10]など、諸氏の様々な視点から論じられてきた。

これら先学の研究対象は、唐朝の『大唐開元礼』に規定された朝賀儀のあり方と、我が国の『儀式』などに規定された朝賀儀のあり方についての比較、あるいは日本国内においての朝賀儀に関する規定の変遷など、元日朝賀儀の規定上の諸問題であることが多い。古代の朝廷においていかに朝賀儀が執り行われたのかという、具体的な朝賀の例と朝賀儀規定との比較は未だ検討の余地があるといえよう。特に清和天皇朝以降、朝賀儀は毎年は行われないようになる。しかし、最後に朝賀儀の実施が確認される一条天皇の正暦四年（九九三）までは、断続的ではあるが朝賀儀は途絶えることはなかった。そして、この時期に朝賀儀が実施された背景については、分析されていない。

本章では、先学の研究成果に導かれながら、とりわけ清和天皇朝以降に幼年で天皇が即位したことで、その在位中に天皇元服儀を行う必要が生まれたことと、朝賀儀がどのような関わりを持つのかを考察する。

一　天皇元服と朝賀儀の関係

古くから指摘が見られるように、元日朝賀儀と天皇即位儀は同構造の儀礼である。この点に関して和田萃氏は、飛鳥・奈良時代の朝賀儀について述べる中で、日本古代の律令制国家では、いわば天皇を頂点とする小世界が観念されており、正月元日に、天皇に対し朝賀儀を行うことで服属を誓うといった意識が存在し、朝賀儀がこうした儀礼構造を有するからこそ、即位式と朝賀儀がまったく同じ意義を担うに至ったと指摘する。[11]藤森健太郎氏も、朝賀儀の意義について、即位儀礼で確認される秩序の、毎年年頭における再確認であり、律令国家最大級の儀礼であると述べる。[12]つまり、元日朝賀儀の本質は、天皇と臣下との「君臣の関係」を確認する儀式であり、天皇の御代の始めに行われるものが即位式であり、毎年正月元日に行われるものが朝賀儀であると理解される。

表4　桓武天皇朝以降における朝賀儀実施一覧

天　皇	実施年月日	主な停止理由	備　考
桓武天皇	延暦４．正．１	・大極殿が未完成 ２回(延暦13・14年) ・天候上の問題 １回(延暦21年) ・天皇不予 ２回(延暦24・25年)	
	11．正．１		
	12．正．１		
	16．正．１		
	17．正．１		
	18．正．１		
	19．正．１		
	20．正．１		
	22．正．２		
	23．正．１		10回／在位25年
平城天皇		・諒闇 １回(大同２年) ・天候によるもの １回(大同３年)	０回／在位３年
嵯峨天皇	弘仁２．正．１	・天皇不予 １回(大同５年) ・天候上の問題 １回(弘仁10年)	
	３．正．１		
	４．正．１		
	５．正．１		
	６．正．１		
	７．正．２		
	８．正．１		
	９．正．１		
	11．正．１		
	12．正．１		
	13．正．１		
	14．正．１		12回／在位14年
淳和天皇	15．正．１	・御薬を候ずため ２回(天長２・４年)	
	天長３．正．１		
	５．正．１		
	６．正．１		
	７．正．２		
	８．正．１		
	９．正．１		７回／在位10年

仁明天皇	天長11．正．1	・諒闇 ２回(承和８・10年) ・喪 １回(承和６年) ・天候上の問題 ４回(承和11・12・14年、嘉祥３年) ・洪水により不作のため １回(嘉祥２年)	
	承和２．正．1		
	３．正．1		
	４．正．1		
	５．正．1		
	７．正．1		
	９．正．1		
	13．正．1		
	15．正．1		９回／在位17年
文徳天皇	仁寿２．正．1	・諒闇　１回(嘉祥４年) ・天候上の問題 ４回(仁寿４年、斉衡２・３年、天安２年) 理由明記なし １回(斉衡４年)	
	３．正．1		２回／在位８年
清和天皇	貞観６．正．3	・諒闇 １回(天安４年) ・喪 １回(貞観14年) ・天候上の問題 ９回(貞観２・３・４・５・７・13・15・16・18年) ・理由明記なし ６回(貞観８・９・10・11・12・17年)	１回／在位18年
陽成天皇		・諒闇 １回(元慶５年) ・天候上の問題 ５回(元慶２・４・６・７・８年) ・理由明記なし １回(元慶３年)	０回／在位８年
光孝天皇	元慶９．正．1	・天候上の問題 １回(仁和３年)	２回／在位３年
	仁和２．正．1		
宇多天皇	寛平８．正．1	・諒闇１回(仁和４年) ・理由明記なし １回(寛平２年)	１回／在位10年
醍醐天皇	延喜２．正．1	・天候上の問題 五回(延喜８・９・12・15年、延長３年) ・日食　１回(延喜18年) ・疫病、災害、不作 ４回(延喜10・11・14・16年)	
	５．正．1		

	13．正．1	・理由明記なし 3回(昌泰2年、延喜6・7年)	3回／在位33年
朱雀天皇	承平5．正．1 7．正．5	・諒闇　1回(延長9年) ・天候上の問題 1回(承平6年) ・理由明記なし 1回(承平3年)	2回／在位16年
村上天皇	天慶10．正．1	・天候上の問題 2回(天暦2年、応和3年) ・理由明記なし 2回(応和2年、応和3年)	1回／在位21年
冷泉天皇		朝賀儀の実施の有無に関する記載なし	0回／在位2年
円融天皇		・天候上の問題 1回(天禄2年)	0回／在位15年
花山天皇		朝賀儀の実施の有無に関する記載なし	0回／在位2年
一条天皇	正暦4．正．1	正暦4年以外、朝賀儀の実施の有無に関する記載なし	1回／在位25年

※出典は『続日本紀』『日本後紀』『続日本後紀』『日本文徳天皇実録』『日本三代実録』『日本紀略』『類聚国史』を用いた。
※改元の年の朝賀儀は、改元前の元号を用いた。
※陽成天皇朝は、公式には朝賀儀の実施はない。しかし、本文で述べるように、元慶6年(882)正月3日の「群臣上賀及寿儀」が朝賀儀とも認識されていた。
※『日本紀略』の段階になると、朝賀儀の有無についても毎年明記されているわけではないので、明記されているものから作成した。

清和天皇朝以降になると、元日朝賀儀は朝廷にとって重要な意義を持つ行事でありながら、次第に実施されなくなる。しかし、清和天皇朝以降になって朝賀儀が突然実施されなくなったのではなく、御代に一度から多くて三度（まったく行われない天皇もあった）の頻度で行われ、一条天皇の正暦四年（九九三）まで実施されたことが確認される。そこで、重要な儀礼である朝賀儀が、なぜ毎年ではなく特定の年度に限って、断続的に実施されたのかを分析する必要があろう。

平安時代における朝賀儀の実施状況は、表4の通りである。桓武天皇朝は十回、平城天皇朝は〇回であるが、次の嵯峨天皇朝には十二回、淳和天皇朝は七回、仁明天皇朝は九回とあるように、この表から、平安時代の初期の段階においては、諒闇や気象条件などにより停止されることはあったものの、ほぼ毎年の実施が確認できる。

それ以降になると、文徳天皇朝は二回、清和天皇朝は一回、陽成天皇朝は〇回、光孝天皇朝は二回、宇多天皇朝は一回、醍醐天皇朝は三回、朱雀天皇朝は二回、村上天皇朝は一回、冷泉天皇・円融天皇・花山天皇朝は〇回、一条天皇朝は一回の実施が記録されている。表4からも明らかなように、文徳天皇以降は極端に朝賀儀の回数が減り、衰退していくと読み解ける。文徳天皇朝における朝賀儀の停止は、これまでと同じく諒闇や気象条件によるものである。しかし、清和天皇朝における朝賀儀の停止は、『日本三代実録』には諒闇と気象条件以外は、単に「停止」と記載されるのみで、停止理由が明記されていない記事が多く見受けられる。

この朝賀儀が衰退した要因は、まず小朝拝の成立との関連が考えられる。小朝拝とは、元日に皇太子・王卿以下の殿上人が清涼殿東庭において天皇に拝賀する儀式である。その成立についての概要と筆者の見解は第十三章で言及するが、小朝拝の実施が朝賀儀の衰退と関わりがあることは、所功氏[13]や古瀬奈津子氏[14]などがすでに指摘しており、本章では深く触れることは控えたい。

次に朝賀儀衰退の原因として考えられることは、清和天皇をはじめ、それ以降にしばしば幼帝が即位することが関連していると推察されよう。清和天皇・陽成天皇と幼帝が続き、天皇が幼いために朝賀儀を実施することが困難になったのではないだろうか。それが先例となり、すでに元服を終えてから即位した天皇も朝賀儀を実施することが少なくなったと考えることも可能であろう。

特に醍醐天皇朝に着目すると、三回の朝賀儀が記録されている。『醍醐天皇御記』延喜五年（九〇五）正月一日条には、「是日有レ定。止二小朝拝一。仰曰。覧二昔史書一。王者無レ私。此事是私礼也云々」とあり、私礼である小朝拝を停止したこの年には、朝賀儀の実施が確認できる。しかし、醍醐天皇も「王者無レ私」との認識を持っていたにもかかわらず、朝賀儀がかつてのように毎年恒例の儀式として復興されることはなかった。

清和天皇朝以降に衰退してゆく中で実施された朝賀儀は、その本質である「君臣秩序の再確認」という視点から考えると、特定の意味合いを持っていたといえよう。例えば、醍醐天皇のように私礼である小朝拝を停止し公式の儀式である朝賀儀を復興したなど、朝賀儀の実施には、それぞれ確かな理由があったと考えられるのである。特に清和天皇が貞観六年（八六四）の元服の年に一度だけ、元日ではなく正月三日に実施した朝賀儀が注目される。しかも、なぜ貞観六年であったのかという疑問を解決する必要があろう。この天皇元服の年に朝賀儀を実施したことについては、詫間直樹氏が、元服後数日以内に八省院において朝拝が行われると指摘しているが(15)、それ以上の言及はしていない。本章では、まず清和天皇から円融天皇までのうち、幼年で即位した天皇について、元服の年と朝賀儀の関係について一例ずつ検討する。

①清和天皇

『日本三代実録』貞観六年正月朔日条

六年春正月戊子朔。大雨㆑雪。天皇加㆓元服㆒。御㆓前殿㆒。親王以下五位已上入㆑自㆓閤門㆒。於㆓殿庭㆒拝賀。（後略）

『日本三代実録』貞観六年正月三日条

三日庚寅。天皇御㆓大極殿㆒受㆓朝賀㆒。礼畢還㆓東宮㆒。御㆓前殿㆒賜㆓宴侍臣㆒。雅楽寮奏㆓音楽㆒。宴畢賜㆓御被㆒。

清和天皇は天安二年（八五八）十一月七日に九歳にて即位(16)しているので、貞観六年での年齢は十五歳となる。ここで注目すべきことは、朝賀儀が元日ではなく、正月三日に実施されているという点である。元日に天皇の元服儀を終え、元服後に初めて朝賀儀を行っている点から考えても、元服を終えた天皇と臣下との君臣の関係を再確認する必要があったから朝賀儀を行ったと考えられる。また、『儀式』（巻六）元正受朝賀儀に掲載されている奏賀文には、割注の形で「若皇帝加㆓元服㆒在㆓賀正之前㆒有㆓賀元之詞㆒」と記載され、賀正（朝賀）の前に天皇の元服が行われたならば、「元服を賀す」という意味の「賀元」の言葉を用いるように指示している。この点からも、『儀式』編纂の際にも、清和天皇の元服儀と朝賀儀との関係を踏まえているといえよう。したがって朝賀儀と天皇元服とが関わりを持っていたことが確認でき、清和天皇朝における朝賀儀の意義は、元服を終えた成年の天皇としての即位式の意味合いが込められていたと推察できよう。

②陽成天皇

『日本三代実録』元慶六年（八八二）正月朔日条

六年春正月甲辰朔。烈風大雨レ雪。平地二尺。天皇不レ受二朝賀一。七曜暦・蔵氷様・腹赤魚等、所司付内侍奏。

『日本三代実録』元慶六年正月二日

二日乙巳。雪未レ止。是日。天皇加二元服一。其儀。天皇御二紫宸殿一。従二位行大納言兼左近衛大将源朝臣多。執二御冠筥一。昇レ自二東階一。度二御前一。置二御座西一。帰当二東階西面一而立。太政大臣。昇レ自二西階一。当二西階東面一而立。小選。太政大臣。進執二御冠一。再拝膝行。跪奉レ加二天皇一。膝行退二立本所一。大納言膝行。進理二皇帝御鬢一。膝行退二立本所一。皇帝起御二後殿一。太政大臣。降レ自二西階一。大納言。降レ自二東階一。俄頃。皇帝御二紫宸殿一。太政大臣昇レ自二西階一。立二前所一。大納言昇レ自二東階一。度二御前一。立二太政大臣南一。並東面。采女執二御盞一。授二太政大臣一。々々々々。受酌二御酒一。膝行進奏二寿詞一。奉レ置二皇帝御前一。再拝膝行。退二立本所一。大納言。執二御盞一。酌二御酒一。膝行進奏寿詞。奉レ置二御前一。膝行退二立本所一訖。太政大臣。降レ自二西階一。大納言。度二御前一。降レ自二東階一。皇帝御二後殿一。小時。御二紫宸殿一。左右近衛府開二閤門一。親王已下参議已上。入立二宜陽殿西廂一。四位五位相分。入立二春興安福両殿前一。群臣共拝舞。行訖退出。百官六位主典已上。於二承明門外一拝舞。（後略）

『日本三代実録』元慶六年正月三日

三日丙午。天皇御二紫宸殿一。従二位行大納言兼左近衛大将源朝臣多。行二内弁事一。親王已下参議已上。入レ自二閤門一。立二宜陽殿西廂一。四位五位相分。立二春興安福両殿前一。内弁大納言。降レ自レ殿就レ列。正三位行中納言兼民部卿藤原朝臣冬緒相代。自二東階一昇レ殿。度二御前一。当二西階一。北面而立。采女一人。執二御盞一授。中納言跪受。采女一人酌二御酒一。入二御盞一。中納言膝行。進奏二寿詞一。采女受二御盞一。奉レ置二天皇御前一。中納言小退。再拝奏二寿詞一訖。東度降レ殿。立二東階下一。西面再拝。奏二寿詞一訖。親王已下参議已上。称唯再拝。中納言再拝称二万歳一。次群臣共称二万歳一。再拝舞踏訖。中納言昇レ殿。親王已下参議已上昇レ殿。四位已下侍レ座。宴楽竟レ日。極レ歓而罷。賜二御被一。宣制曰。天皇我詔良万止宣大命乎衆諸聞食与止宣。今日波正月朔日乃豊楽聞食須日尓在。又時毛寒尓依天御被賜止波久宣。今日兼二行元日之宴礼一。故詔文称。正月朔日。諸仗服二上儀一。

陽成天皇は、貞観十八年（八七六）十一月二十九日に九歳で清和天皇よりの譲位を受けて即位したので[17]、元服は元慶六年、十五歳の時である。陽成天皇元服のこの年、『日本三代実録』によれば、元日の朝賀儀は雪によって中止された。元日に朝賀儀が予定され、二日に天皇元服の儀が行われるというのは、元服を終えた天皇と臣下の君臣の関係を再確認するという視点からすると矛盾を生ずるように見える。しかし、以下のごとく考えれば、その矛盾は解消されよう。

まず、正月三日に紫宸殿において「上儀」として実施された儀式に注目する。この儀式は『儀式』（巻六）元正受朝賀儀に規定された次第とは明らかに異なっている。「万歳」を称するなどの共通点は確認できるが、完全に元日朝賀儀と同構造ではない。しかし、三日に実施された儀式について、『西宮記』（臨時七）には、天皇元服儀に付随する「朝拝事」として記載されている。

『西宮記』臨時七、天皇元服朝拝事

宴会。近衛陣二階下一。上儀。天皇出御。警蹕。内弁着レ座。内侍出。内弁謝座。昇開レ門。長楽・永安。闈司出。内弁召二舎人一。少納言参入。内弁云。大夫達召セ。少納言称唯。出召。王卿已下参入。内弁下加。元慶。立二宜陽殿廂一。上寿人昇。納言已下長老者。元慶。中納言冬緒。昇度二御前一。当二西階一北面立。東階詣二酒台所一北面立。采女奉レ盃。元慶入レ酒。上寿人指レ笏受レ盃。進到二御座前一。授二陪膳采女一。采女受レ盃進置二御前一。上寿人執レ笏北面跪。元慶再拜。奏云。掛毛畏支天皇我朝庭仁仕奉留親王等諸王等諸臣等。恐美恐美毛申賜は久、掛毛畏支天皇我朝庭。今月乃吉日爾、御加冠賜比天、百礼備利、万民同悦多天万ツリ、不レ勝二此大慶一之天。謹上二万千歳寿一と。恐美恐美毛申賜は久止奏。俛伏再拜。群臣上下再拜。陣起。采女取二御盃一奉二天皇一。天皇挙レ酒。群臣上下舞踏。三称二万歳一。天皇挙レ酒畢。陪膳采女進。受二虚坏一授二采女一。采女受置二台上一。上寿者退下。加二本列一。王卿着二殿上一。（後略）

正月三日に実施された儀式は、「上儀」であって「大儀」ではない。また、儀礼の場所も紫宸殿である。元慶六年正月三日に行われた儀式は、『西宮記』に記載されている「天皇元服朝拝」と同一の儀礼であると考えても差し支えがなかろう。『北山抄』には「群臣上二賀及寿一儀」が記載され、「上レ賀儀。同二元日一。仍不二更注一」とあることに注目される。(18) 式次第は『儀式』の元日朝賀儀とは異なっているが、『北山抄』に「上レ賀儀。同二元日一」とあることからも、元服後の朝拝は朝賀儀と同等の性格を有している儀式であるという認識が読み取れる。また、『日本三代実録』の記載から、「天皇元服朝拝」の後に元日宴が兼行されていたことがわかる。『儀式』（巻六）元日御豊楽院儀に「皇帝受二群臣賀一訖遷二御清暑堂一。少時御二豊楽院一」とあるように、儀式次第の上からも、元日朝賀儀を前提として、その後に行われるのが元日節会（元日宴）であることが確認される。この点からも「天皇元服朝拝（群臣上二賀及寿一儀）」は、元日朝賀儀の系譜を引く儀式であると見ることができよう。これは、正月二日に天皇元服儀を行い、翌日の三日には元日朝賀儀に準ずる「天皇元服朝拝」が行われ、その後に元日節会（元日宴）が実施された、という構造になるのである。つまり、正月三日に元服後の朝賀儀を実施したと考えても差し支えがないといえよう。ちなみに、第三節で詳述するが、後一条天皇の時代には、これを朝拝（朝賀儀）として認識している。(19) したがって、陽成天皇朝においても、朝賀儀は天皇元服の後に行うものと認識されていたと読み取ることができるのである。

③朱雀天皇

『日本紀略』承平七年（九三七）正月四日条

四日丁巳。雨降。天皇御二紫震殿一加二元服一年十五。太政大臣奉二仕其事一。（後略）

『日本紀略』承平七年正月五日条

五日戊午。天皇幸二大極殿一受二朝賀一。還レ宮。賜レ禄有レ差。

朱雀天皇の元服の時には、四日に元服儀が行われ、翌五日に朝賀儀が実施されている。『北山抄』には、朱雀天皇の元服と朝賀儀との関係について次のように記載されている。

『北山抄』（巻四、拾遺雑抄下）群臣上二賀及寿一儀

上レ賀儀。同二元日一。仍不二更注一。但其詞在レ別。承平六年十二月廿八日宣旨。正月一日朝拝停止。四日有二御元服事一。五日幸二八省院一、可レ受二百官賀一。其儀同二元日一。宜レ召二仰供奉所司一。（後略）

『北山抄』の記述によると、承平六年十二月二十八日に宣旨が下され、翌七年正月元日の朝賀儀は停止されている。そして、元服儀の後に改めて五日に朝賀儀が行われており、四日の天皇元服儀に付属して朝賀儀を実施するという当時の認識が読み取れる。しかし、前掲の表4からも明らかなように、朱雀天皇は元服前の承平五年に朝賀儀を実施している。この承平五年の朝賀儀は、元服との関係で説明することができない。天皇元服は朝賀儀の実施理由の一つであって、元服以外の年に実施された朝賀儀には別の理由があったと考えるべきである。

承平五年の朝賀儀について考察すると、前年の承平四年には、朝廷は西国の海賊討伐に力を注いでいる[20]。また、承平五年二月には東国で平将門が挙兵している[21]。戦乱が本格化する天慶年間には朝賀儀の記録がないので、停止されたものと考えられる。承平五年正月に朝賀儀を実施したのは、承平四年から五年にかけて国内情勢が不安定であることから、君臣の関係を再確認し朝廷内の士気を高めることによって、不安定な政情を打開するという狙

いがあったのではなかろうか。しかしながら、史料的な限界により推論の域を出ないので、これ以上の言及は控えたい。

　ともかく、承平七年正月一日の朝賀儀を延期して元服儀の後に行っていることは、天皇元服と朝賀儀が密接な関わりを持っていたことを表す傍証の一つとなる。

④円融天皇

『日本紀略』天禄三年（九七二）正月三日条

三日甲午。天皇於㆓紫宸殿㆒加㆓元服㆒。御年十四。太政大臣加㆓御冠㆒。左大臣理㆓御髪㆒。（後略）

『日本紀略』天禄三年正月五日条

五日丙申。雨降。仍停㆓朝拝㆒。去年十二月廿五日可㆑有㆓朝拝㆒之由、所㆑召㆓仰所司㆒也。但於㆓紫宸殿㆒有㆓御元服宴㆒。天皇出御。太政大臣候㆑之。左大臣為㆓内弁㆒。親王諸卿為㆓外弁㆒。権中納言文範為㆓上寿者㆒有㆓音楽㆒。

円融天皇の元服に際して行われるべき朝拝は、五日に予定されていたが雨で中止となった。しかし、前年の十二月二十五日の段階で元服儀の後に朝拝（朝賀）の実施を予定していたことは明らかである。朝拝は中止されたが紫宸殿において元服宴のみが行われたことも知ることができる。

　以上のように、清和天皇から円融天皇まで、幼年で即位した四人の天皇の元服と朝賀儀との関係を考察した。その結果、天皇元服の後に朝賀儀の実施が確認され、朝賀儀は元服儀の後に行うものと認識されていたことが明らかとなった。これは天皇の元服が天皇個人の人生儀礼ではなく、国家として重要な儀礼と位置付けられるためであろう。即位儀と同様に、元服の年は成年となった天皇と君臣との関係を改めて確認するべき年にあたり、朝賀儀を実施したものと考えられる。そして、元服後の朝賀儀は、成年天皇として初めて群臣の賀を受ける場であり、それは成年天皇としての即位式に相当する意義を有していたと考えられるであろう。

二　一条天皇の元服と朝拝（朝賀）

本節では、最後の朝賀儀が確認される一条天皇朝について考察する。

『日本紀略』正暦元年（九九〇）正月五日条

五日壬午。天皇元服。年十一。

『日本紀略』正暦四年正月一日

癸巳四年正月一日庚寅。於二八省院一有二朝拝事一。天皇出御。還御之後宴会如レ恒。内弁内大臣。

『日本紀略』によると、一条天皇の元服は正暦元年であり、朝賀儀は正暦四年である。これだけでは、清和天皇から円融天皇までのごとく天皇元服儀と朝賀儀との関係を導くことができない。また、一条天皇の元服に関して、詫間直樹氏は、元服後に八省院において朝拝が行われなかったと述べている[22]。しかし、前節のごとく天皇元服の後に朝賀儀を実施するという先例が存在したと考えるのが自然であろう。そこで筆者は、『日本紀略』正暦元年正月七日条と『北山抄』群臣上賀及寿儀に注目してこの問題を検討したい。

『日本紀略』正暦元年正月七日条

節会。公卿上表。賀二御元服一。詔賜二人爵一。賜レ物。大辟以下罪。常赦所レ不レ免者咸赦除。又老人賜レ物。又免レ傜。人給二冠位一。同日。後宴。

『北山抄』（巻四、拾遺雑抄下）群臣上二賀及寿一儀 承平六年十二月廿八日宣旨、正月一日朝拝停止。四日有二御元服事一。五日幸二八省院一、可レ受二百官賀一。其儀同二元日一。宜レ召二仰供奉所司一。又習礼事。

上レ賀儀、同二元日一。仍不二更注一。但、其詞在レ別。

以二三日一可レ行者。天禄。依レ雨止二此儀一。唯有二宴会一。正暦元年、依レ无二其日一、不レ御二八省一。七日上二賀表幷寿一。

（後略）

『日本紀略』に見られる正月七日の記事を整理すると、七日節会・天皇元服の賀・後宴と三つの儀礼に分けられる。『北山抄』よれば、一条天皇の元服後には、朝賀儀を行うべき日がなく八省院に天皇が出御することはなかったと記載されている。しかし、正月七日に「上二賀表幷寿一」が行われていることに注目されよう。この「群臣上二賀及寿一儀」は「上レ賀儀。同二元日一」との記述から、元日朝賀儀と同等の性格を有していたと考えられることは、前節の陽成天皇・朱雀天皇の元服に関連して述べた通りであり、一条天皇以前にも朝拝（朝賀）と見なされていた。

以上のことから、一条天皇の元服時には朝拝（朝賀）が実施されなかったのではなく、七日節会と同日に「群臣上二賀及寿一儀」が実施されたが、いかに「群臣上二賀及寿一儀」が元日朝賀儀と同等の性格を有しているとしても、それを朝拝（朝賀）と称することはできなかったものと推測される。それは、前節の陽成天皇の元服に関連して述べたように、元日朝賀儀と元日節会とは密接な関連を持っているため、七日節会と元日節会とを同等に扱わない、当時の公卿たちの認識も関係していよう。

次に、最後の朝賀儀となる正暦四年の例について検討する。元服時の天皇の年齢は、清和天皇・陽成天皇・朱雀天皇は十五歳、円融天皇は十四歳であった。しかし、一条天皇は十一歳で元服しており、他の天皇と比べても早い元服であったといえよう。そして正暦元年五月二十六日には、天皇がすでに元服しているにもかかわらず、関白であった藤原道隆を摂政に任命している[23]。正暦四年に朝賀儀が実施された背景として、倉本一宏氏は、一条天皇や東三条院詮子、中宮定子と並んで大極殿に南面し百官の賀を受けたいという、藤原道隆の権力欲を読み取るべきであると指摘し[24]、道隆の権力欲を浮かび上がらせている。しかし、はたしてそれだけであろうか。仮に権力を示すために朝賀儀を実施したとすれば、道隆以降に摂政の地位にあった人物も、道隆の例に倣って自らの権力を示すために朝賀儀を実施することができたはずである。しかし実際には、この正暦四年に実施された朝賀儀が最後であり、これ以後、朝賀儀は断絶してしまう。

正暦四年に朝賀儀が行われた背景を考えるときに、第一の理由としては、十一歳で元服した一条天皇ではあったが、それ以前の天皇の元服は十四・十五歳に行ったという先例が重視され、一条天皇が十四歳となり成年の天皇となって、改めて君臣の関係を確認する、というあり方が意識されていたのではあるまいか。そのことは、正暦四年四月二十二日に、正暦元年に摂政とした藤原道隆を改めて関白に任命していることでも推知され[25]、正暦四年こそが一条天皇朝において大きな転期であったということになろう。倉本氏は、関白であった藤原道隆が天皇元服後に摂政となり、正暦四年に再び関白に任命されたことについて、「後に後一条天皇以降に十五歳未満の成人天皇の際に置かれる准摂政につながる措置」と述べている[26]。

以上のことから、藤原道隆の摂政就任が倉本氏の述べるごとく准摂政的な役割であるならば、一条天皇が十四歳となった正暦四年に実施された朝賀儀は、道隆の権力欲の表れというよりも、一条天皇はすでに元服していたが、これまでの天皇元服の先例を尊重・踏襲して実施されたと理解することが可能であろう。また第二の理由としては、正暦二年二月十二日に父である円融太上法皇が崩御したために[27]、その諒闇期間が明け、本格的に一条天皇朝がスタートする時期として、正暦四年が選ばれたと考えることもできる。

三　後一条天皇の元服と朝賀

一条天皇の次に幼年で即位した天皇は、後一条天皇である。その後一条天皇の元服は、寛仁二年（一〇一八）である。しかし、朝賀儀は正暦四年（九九三）を最後として、それ以降に朝賀儀が実施されることはなかった。筆者があえて後一条天皇の元服と朝賀儀にも言及するのは、後一条天皇の元服に関連して、天皇元服と朝賀儀の関係を解明する重要な手がかりを得られるからである。

『日本紀略』寛仁二年正月三日条

三日丁酉。天皇於㆓一条内裏㆒加㆓御元服㆒。春秋十一。理髪摂政内大臣。加冠太政大臣。能冠修理権大夫源済朝臣。（後略）

『日本紀略』寛仁二年正月五日条

五日己亥。御元服後宴。其儀如㆓元日節会㆒。

『日本紀略』の記載だけでは、元日節会に准じて元服宴が行われたというのみで、明確に朝賀儀との関係を導くことは難しい。しかし、寛仁二年に朝賀儀が実施されなかったことについては、『小右記』『御堂関白記』に詳細に記載されている。以下にこのことに関する部分を抜粋して挙げておく。

『小右記』寛仁元年十二月十三日条

十三日丁丑。（中略）参内。左大臣。大納言斉信。中納言行成。教通。能信。参議兼隆。道方。朝経参入。蔵人頭定頼伝㆓摂政命於左府㆒云、御元服年可㆑有㆓朝拝㆒乎。亦御元服儀有㆓其式㆒。而上達部座在㆓右仗㆒若可㆑移㆓左仗㆒歟。可㆓定申㆒者。諸卿申云。元慶・承平等皆有㆓朝拝㆒。天禄当日雨、俄停止。只南殿有㆓宴会㆒。正暦共無㆓朝拝・宴会㆒。遠不㆑可㆑尋㆓元慶等㆒。近可㆑依㆓天禄等例㆒歟。（後略）

『御堂関白記』寛仁元年十二月十三日条

十三日丁丑。参㆓大内㆒。左大臣以下着㆓陣座㆒。令㆑定㆓申御元服後宴幷朝拝事㆒。定申云。御元服朝拝必無㆑有。近一条院・円融院御時無㆓朝拝㆒。准㆓彼等例㆒。（後略）

『小右記』では、天皇の元服の年に朝拝を行うべきか否か（『御堂関白記』には「御元服後宴幷朝拝事」）が論議されている。この時の結論は、朝拝が行われた元慶（陽成天皇）・承平（朱雀天皇）の例は遠き先例として採用されず、行われなかった天禄（円融天皇）・正暦（一条天皇）の近例を採用すべきであるとする意見に落着している。

円融天皇の元服の時は、予定されていた朝拝が雨で中止されたこと、一条天皇の元服では「群臣上㆓賀及寿㆒

儀」は実施されたものの、それを朝拝（朝賀）と称さなかったことは、前節の通りである。しかし、一条天皇の十一歳での元服は、それまでの天皇元服が十四・十五歳であったことを考えれば、先例よりも早い元服になる。一条天皇が十一歳で元服した時、「群臣上二賀及寿一儀」を実施しながらも七日節会と同日であったために朝拝（朝賀）と称さなかったことが、寛仁二年の段階に至ると、正式な朝拝（朝賀）が実施されなかったと認識されていたことになる。それが先例として後一条天皇の元服に反映されたといえよう。そして、以後の先例となったと考えられる。しかし、『小右記』や『御堂関白記』に見られる後一条天皇の元服までの経緯や、『日本紀略』に見られる「御元服後宴。其儀如二元日節会一」との記述から、後一条天皇の元服の時においても朝賀儀が意識されていたことが読み取れる。第一節でも述べたように、そこには前提として、元日節会は朝賀儀の後に実施されるという認識があったものと考えられる。

天皇元服とは、天皇が子供から成年となる国家として重大な儀礼である。したがって、元服儀礼の後には、成年となった天皇と君臣の関係を確認するために朝賀儀を実施すること、または朝賀儀が意識されていたということは、当時の認識として両者が密接な関わりを持っていたことの証であろう。

四　朝賀儀における皇太子の奏賀

天皇元服と朝賀儀とが密接に関わっていたことは、前節までに詳細に述べた。本節では、この問題に関わる朝賀儀の儀式次第の変化について確認する。『儀式』と『西宮記』とを比較すると、『儀式』では詳細に皇太子奏賀の式次第を記載しているのに対し、『西宮記』では『儀式』に対応する皇太子奏賀の部分に、該当の儀式文は見られず、「此間可レ有二太子一事」(28)と注記するのみである。それでは、なぜ編者である源高明は『西宮記』を編纂する際に、皇太子奏賀を正式な式次第として記載しなかったのかという疑問が生じよう。

表5　清和天皇以降の立太子と朝賀儀の関連

天　皇	立太子の年月日	朝賀儀の実施日	皇太子の年齢
清和天皇		貞観6．正．3	
	貞観11．2．1		誕育3ヶ月
陽成天皇	立太子儀なく譲位	朝賀儀なし	
光孝天皇		元慶9．正．1	
		仁和2．正．1	
	仁和3．8．26		21歳
宇多天皇	寛平5．4．2		9歳
		寛平8．正．1	
醍醐天皇		延喜2．正．1	
	延喜4．8．10		2歳
		延喜5．正．1	
		延喜13．正．1	
	延喜23．4．29		3歳
	延長3．10．21		3歳
朱雀天皇		承平5．正．1	
		承平7．正．5	
	天慶7．4．22		19歳
村上天皇		天慶10正．1	
	天暦4．7．23		誕育2ヶ月
冷泉天皇	康保4．9．1	朝賀儀なし	9歳
円融天皇	安和2．8．13	朝賀儀なし	2歳
花山天皇	永観2．8．27	朝賀儀なし	5歳
一条天皇	寛和2．7．16		11歳
		正暦4．正．1	

※改元の年の朝賀儀は、改元前の元号を用いた。
※出典については『日本三代実録』と『日本紀略』を用いた。

これは、『西宮記』の編纂段階での朝賀儀において、皇太子の奏賀を儀式次第本文に明記する必要性が薄れたからではないかと推測される。そこで立太子の時期と朝賀儀の実施時期から考察を進めたい。

表5は、清和天皇から一条天皇までの朝賀儀と立太子に関して『日本三代実録』と『日本紀略』とをもとに一覧にしたものである。この表を参考にして整理すると、清和天皇から一条天皇までの間で朝賀儀が実施されたのは全部で十一回、すでに皇太子が立てられた状況で実施された朝賀儀は、寛平八年（八九六）・延喜五年（九〇五）・延喜十三年・正暦四年（九九三）の四回である。また、この時の皇太子の年齢は、十二歳（寛平八年）・三歳

（延喜五年）・十一歳（延喜十三年）・十八歳（正暦四年）である。しかし、正暦四年の朝賀儀については、源高明が天元五年（九八二）に六十九歳で薨去しているため、[29]朝賀儀が実施された時に皇太子が立てられていても、『西宮記』の記載に影響を及ぼすことはない。

次に実際に源高明が参列したと思われる朝賀儀について推測すると、源高明は六十九歳で薨去しているので、これから逆算すると、誕生したのは延喜十四年となる。したがって源高明は三回（承平五年、承平七年、天慶十年）の朝賀儀に参列していたことになる。表5から明らかなように、この三回の朝賀儀は、いずれも立太子が行われる前に実施されている。したがって、この時の朝賀儀では、皇太子不在であることから皇太子奏賀が実施されていないと推測される。

皇太子奏賀が、『西宮記』の儀式次第に記載されなくなった問題は、源高明の自身が経験している皇太子不在の状況で実施された朝賀儀を参考にしたことが『西宮記』の編纂に影響を及ぼしている、ということを視野に入れて考えなければならない。また、古瀬奈津子氏の述べる「平安中期に皇太子の地位が変化したこと」[30]とも関わりの深い問題であろう。

おわりに

清和天皇朝以降に朝賀儀が衰退を見せる時期において、毎年恒例の行事としては行われなくなった朝賀儀の意義について考察することが、本章の目的であった。その点に注目して考察を加えると、朝賀儀が衰退を始める時期に現れた大きな変化は、清和天皇をはじめとして、それ以降に幼年で即位する天皇が出現することである。この視点に立てば、清和天皇以降に特定の年度に朝賀儀が実施されることは、確実な理由があると推測され、とりわけ天皇元服の年と朝賀儀が密接な関わりを持っていることが明らかとなった。この天皇元服の年に実施される朝賀儀には、成年の天皇として初めて群臣たちの前に出御することで君臣の関係を再確認するという意義を導き出すことができ、本来の即位とは意味が異なるが、まさに成年の天皇としての「即位式」に相当するような意味を持っていたと考えられよう。正暦四年（九九三）が最後の朝賀儀となったことも、天皇元服の視点から見ると、先例主義社会の中で、一条天皇朝を契機に天皇元服とそれに伴う朝賀儀に関する先例が変化したことも、要因の一つと考えられる。

また、その時期に関係する儀式書において注目すべきは、『儀式』とそれ以降の私撰儀式書では皇太子奏賀の記載に変化が見られたことである。特に『西宮記』は、源高明が実際に経験した朝賀儀と立太子の時期とが影響し、ここから『儀式』以降の私撰儀式書において皇太子奏賀が正式の儀式次第に明記されなくなった可能性があると考えられる。また、立太子が即位よりもかなり遅れて行われたことを深く考察する必要性があろう。

本章においては朝賀儀実施の理由を天皇元服にしか求めておらず、今後の課題としては、清和天皇朝以降に実施されたその他の朝賀儀についても、その実施理由や意味合いを、一つずつ詳細に検討しなければならないという問題を生ずることとなった。また、皇太子奏賀が『西宮記』以降の儀式書には明記されなくなる問題に関連して、『儀式』以降の朝賀儀規定の変化や、実際に朝賀儀がどのように行われたかという問題を検討する余地が、依然として残っている。

註

（1）『延喜左近衛府式』大儀条に、「大儀謂元日即位。及受蕃国使表」とある。
（2）『延喜左兵衛府式』大儀条に、「大儀謂元日。即位。及受蕃国使表」とある。
（3）『延喜左衛門府式』大儀条に、「大儀謂元日。即位。及受蕃国使表」とある。

（4）倉林正次『饗宴の研究』儀礼編（桜楓社、昭和四十年）。
元日朝賀儀の成立について、わが国の朝賀創始の時期については疑問が残るとし、『日本書紀』に確かめられる正月朝拝は大化二年（六四六）と述べた上で、「朝拝には『ミカドヲガミ』という国訓があり、『ミカドヲガミ』は大嘗祭にも同類の行事がみとめられ、朝賀と大嘗祭との関連から、朝賀の儀は単に漢土輸入の儀式として考えるだけではすまなくなり、朝賀の儀礼もこの国の習俗文化的土台があって、その上に乗って築かれたものといえそうで、朝賀にも前代儀礼の基盤があった」と論じる。また、日唐両国の朝賀儀の比較については、『大唐開元礼』と『儀式』との寿詞の相違に注目して、わが国には古くから寿詞奏上の伝統習俗があると指摘した上で、大嘗祭の辰日に奏上される天神寿詞や出雲国造が称する神賀詞の例を示し、これらはけっして大陸渡来の輸入習俗ではなく、詞章に多少の影響はあるにしても、その根底の本質的なものにおいては模倣であるとはいえない、と言及するにとどまっている。

（5）藤森健太郎「日本古代元日朝賀儀礼の特質」（『古代天皇の即位儀礼』、吉川弘文館、平成十二年、初出は平成三年）。氏は『大唐開元礼』と『儀式』との奏賀・宣制の相違について次のように整理している。
①奏賀者は、大極殿中階前の奏賀位に立って奏賀を行う。ここで君主のいる殿舎に昇らない点、跪かず立って奏賀する点がすでに『開元礼』と異なる。
②奏賀が終わると、天皇は奏賀者を呼ぶ。奏賀者はふたたび奏賀位に就く。ここからは唐礼と大きく異なる。
③天皇が直接奏賀者に勅する。両者の間に侍従などは介在しない。
④奏賀者は大極殿の前から退出し、さらに龍尾壇から降りて一転「宣命者」になってしまう。そして龍尾壇の下に就く。
⑤奏賀者＝宣命者は、宣命位から王公百官へ宣制する。
朝賀儀の中でも重要視されている奏賀・宣制について、『大唐開元礼』の上公が奏賀のみをする者であって、宣制に対しては一方的な受信者であるのに対し、日本の『儀式』の奏賀者は、発信者と受信者の仲介をしているという。氏の述べる発信者・受信者とは、奏賀の発信者となり宣制の受信者となるのは臣下であり、奏賀の受信者・宣制の発信者となるのは君主であると位置付けられている。

（6）所功「『朝賀』儀式文の成立」（『平安朝儀式書成立史の研究』、国書刊行会、昭和六十年、初出は昭和五十八年）。
朝賀儀の成立については、朝賀の起源は漢代に遡りうるが、日本でそれを採り入れ公式に行うようになったのは大化以降であると述べ、『日本書紀』大化二年正月朔日条以下、朝賀が断片的に実施されたことを知りうる史料（『日本書紀』大化四年正月朔日条、五年正月朔日条、白雉元年正月朔日条、三年正月朔朔条、天智天皇十年正月庚子〈二日〉条、天武天皇四年正月丁未〈二日〉条、五年正月朔朔条、十年正月癸酉〈三日〉条、十二年正月庚寅〈二日〉条、十四年正月朔日条、朱鳥元年正月癸卯〈二日〉条、持統天皇三年正月朔日条、四年正月己卯〈二日〉条、『続日本紀』文武天皇二年正月朔日条、大宝元年正月朔日条）を挙げた上で、わが国の朝賀の儀は、改新詔の打ち出された大化二年（六四六）に始まり、その後半世紀余り断続的に行われている間に形を整え、律令法の完成する大宝元年（七〇一）頃、大極殿における年頭の朝儀として、名実ともに完備するに至ったのであると述べている。また、日唐の朝賀儀比較をする上で、まず『大唐開元礼』と『内裏式』とを比較し、『内裏式』が『開元礼』の骨子を受け継いでいることは確かであるが、『内裏式』は『開元礼』の「皇帝元正冬至受皇太子朝賀」と「皇帝元正冬至受群臣朝賀」を巧みに一本化するのみならず、皇后受朝賀をも採り込んでおり、『内裏式』の方が版位の鋪設位置や当日の儀式次第などもわかりやすく書かれ、賀詞などは日本独自の文面になっていると指摘し、改めて『内裏式』と『儀式』とを比較検討して、元日朝賀の儀式文は、すでに『内裏式』の段階で基本形が出来上がり、その骨子を忠実に継承しながら細部に若干の修訂増補を加えたものが『儀式』の「元正朝賀儀」に他ならないと述べている。

（7）和田萃「タカミクラ――朝賀・即位儀をめぐって――」（『日本古代の儀礼と祭祀・信仰』上、塙書房、平成七年、初出は昭和五十九年）。

天皇即位儀と元日朝賀儀とが同構造の儀式であることから、即位儀を論ずる過程で朝賀儀についても論じてり、我が国の朝賀儀成立について、朝賀儀の成立を孝徳天皇朝に開始されたと考えるものの、『日本書紀』大化二年正月甲子条については、大化改新詔をめぐる諸問題を考える時に、はたしてこの記事を朝賀の初見例と見なしうるかどうか、問題が残ると指摘する。しかし、その他の孝徳天皇朝における朝賀記事（『日本書紀』大化四年正月朔日条、五年正月朔日条、白雉元年正月朔日条、三年正月朔日条）については、具体的に記載されていることを考慮して、大化二年（六四六）の賀正礼はともかくとして、孝徳天皇朝に朝賀の儀が開始されたと見て、ほぼ間違いないと結論付ける。

（8）古瀬奈津子「平安時代の『儀式』と天皇」『日本古代王権と儀式』、吉川弘文館、平成十年、初出は昭和六十一年）。

平安時代における元日朝賀儀の変遷について、平安時代前期には公的儀式としては朝賀のみが行われ、平安時代中期になると小朝拝が公的儀式として認められるようになり、朝賀と並行して行われ、平安時代後期に至ると朝賀はまったく行われなくなり小朝拝だけになるという変化について、朝賀儀の基盤となっていた律令制の官僚機構が次第に衰退し、逆に、小朝拝の基盤となっている、殿上人に代表される天皇と私的関係にある政治機構が、優勢となってきたことを表していると論じる。

（9）楊永良「元正朝賀儀における諸問題――その法的意義――」（『明治大学大学院紀要』二十一―一、昭和五十七年）。日唐の朝賀儀比較において『大唐開元礼』には記載がない焼香儀礼に注目し、『唐会要』（巻二十四）受朝賀を引用して、『大唐開元礼』を完成奏上した開元二十年（七三二）から会昌二年（八四二）にかけての百十年の間に、焼香儀礼が唐の朝廷の儀に取り入れられたわけであり、日本の朝廷は、儀式書を編纂する際、あえて『大唐開元礼』によらず、その後の唐に新しく成立した焼香儀礼を採用したのは、唐帝国を中心とする国際社会にその国際儀礼の先進性を示すのと、仏教国である日本の国情に適応するからであると論じる。また、日本の皇后が唐の皇后と異なり朝賀儀に列席することに関して、古代の日本は、推古天皇以降六人八代の女帝が現れたことに触れ、推古天皇は敏達天皇の皇后、皇極（斉明）天皇は舒明天皇の皇后、持統天皇は天武天皇の皇后であったことに注目し、六人の女帝のうち四人が帝妃または皇太子妃なので皇后は控えの天皇を意味し、天皇と同列であり、元正朝賀儀に皇后（控えの天皇）も群臣の賀を受けるのは少しも不思議ではないと述べる。さらには、唐以外に『遼史』や『元史』の朝賀儀における皇后の立場を検討し、古代の日本、契丹、十二・十三世紀以降のモンゴルは、母権制の遺風が残っている民族であるという共通点を見出すことができることを指摘する。

（10）新海一「貞観儀式元正朝賀儀管説――唐礼との比較研究上の二、三の問題――」（『國學院大學漢文学会々報』十八、昭和四十八年）。
『儀式』に詳しく『大唐開元礼』に省略されている幢旗について検証し、旌幢類は古くから朝儀には不可欠の備品であったと推察する。

（11）和田前掲註（7）論文参照。

（12）藤森健太郎「元日朝賀儀礼の衰退と廃絶」（『古代天皇の即位儀礼』、吉川弘文館、平成十二年、初出は平成九年）。

（13）所前掲註（6）論文参照。所氏は、小朝拝も公的な儀式と認識し、朝賀の衰退に反比例して盛んになったと述べている。

(14) 古瀬前掲註(8)論文参照。
(15) 詫間直樹「天皇元服と摂関制——一条天皇元服を中心として——」(『史学研究』二〇四、平成六年)。
(16) 『日本三代実録』天安二年(八五八)十一月七日条。
(17) 『日本三代実録』貞観十八年(八七六)十一月二十九日条。
(18) 『北山抄』(巻四、拾遺雑抄下)に「御元服儀」の次に「群臣上二賀及寿一儀」があり、「上レ賀儀。同二元日一。仍不二更注一」と断った上で、以下に儀式次第を掲載している。
(19) 『小右記』寛仁元年(一〇一七)十二月十三日条。
(20) 『日本紀略』承平四年(九三四)五月九日条に「詔奉二幣使於山陽南海道諸神一、祈レ平二海賊一」、同年十月廿二日条に「定二追捕海賊死一」とある。
(21) 『歴代皇紀』には「将門合戦状云(中略)承平五年二月与二平国香幷源護一合戦」(『改定史籍集覧』第十八冊)と見える。
(22) 詫間前掲註(15)論文参照。
(23) 『日本紀略』正暦元年(九九〇)五月二十六日条に、「廿六日。詔以二関白内大臣一改二関白一摂二行政事一。如二昭宣公。貞信公故事一」とある。
(24) 倉本一宏『一条天皇』(吉川弘文館、平成十五年)。
(25) 『日本紀略』正暦四年四月二十二日条に、「廿二日庚辰。摂政上表。即有二勅答一。詔止二摂政一。為二関白万機一。如二天慶故事一」とある。
(26) 倉本前掲註(24)著書参照。
(27) 『日本紀略』正暦二年二月十二日条に、「十二日癸丑。(中略)法皇崩。年卅三逃位之後八年」とある。
(28) 『西宮記』(恒例第一、正月)朝拝を参照。
(29) 『日本紀略』天元五年(九八二)十二月十六日条に、「十六日癸酉。前大宰権帥正二位源朝臣高明薨。六十九」とある。
(30) 古瀬前掲註(8)論文参照。

第十二章　延長七年元日朝賀儀の習礼

――『醍醐天皇御記』『吏部王記』に見る朝賀儀の断片――

はじめに

第十一章では、清和天皇朝以降の元日朝賀儀の衰退は、幼帝が頻出することと、それに伴って儀式次第が当時の実情に即して変化したことを指摘した。しかし、今後の課題を挙げた中で、天皇元服以外の年に実施された朝賀儀について、その実施理由や意味合いを一つずつ詳細に検討しなければならないという問題を生ずることになったと述べた。本章では、実際に朝賀儀がどのように行われたかという問題を考察する。

そこで、『政事要略』所引『吏部王記』と『西宮記』所引『醍醐天皇御記』とを手がかりとして、かなり断片的ではあるが、延長七年（九二九）正月一日に行われた朝賀儀の実像に迫りたい。

一　『政事要略』所引『吏部王記』に見る朝賀習礼

『政事要略』（巻二十八）の「年中行事十二月上」には、「十三日預点二元日侍従及奏賀等一事」が掲載されている。これは年末に翌年正月一日に行われる元日朝賀儀において、侍従や奏賀・奏瑞者を選定するためのものである。

『儀式』（巻六）元正受朝賀儀

元正受朝賀儀

大臣預点（十二月十三日点定。即日奏文）殿上侍従四人。（三位二人。或以二親王一為レ之。四位二人並左右各一人）少納言左右各一人。（若有レ闕者権任）奏賀奏瑞各一人。（簡二四位以上堪レ事者一為レ之）典儀一人。（通二用四位五位一）並奏聞定レ之。

『儀式』によれば、大臣はあらかじめ元日朝賀儀の諸役として、殿上の侍従四人・少納言二人・奏賀者一名・奏瑞者一名・典儀一名を選び、天皇に奏上して定めるものとされる。その選定の期日は十二月十三日で、即日奏上される。諸役を選ぶ基準は、殿上の侍従の四人のうち、三位が二人（ただし、親王を充てることもある）・四位が二人、少納言は欠員があれば権官を充て、奏賀・奏瑞者は四位以上でその事に堪えられる者を選び、典儀は四位・五位から通用して選ぶというものである。太政官式(1)にも同様の内容が規定されている。

さらに『政事要略』は、この十三日の儀に「付出朝拝習礼」として、醍醐天皇の皇子重明親王の日記である『吏部王記』を引き、延長七年（九二九）の元日に実施される朝賀儀に備えて、前年の延長六年年末に朝賀の習礼の様子を掲載している。以下、『吏部王記』の内容を見ることとする。

吏部記。延長六年十二月廿八日。朝拝習礼。所司供二其事一。公卿依二雨湿一用二後日一。

延長六年十二月二十八日には、所司が朝賀の習礼を行い、当日の所作についての確認が行われたものと考えられる。本来ならば、この日に公卿たちも出席して習礼が行われる予定であったことが推察されるが、雨湿によって公卿の当日の参加は見合わされ、後日に行われることとなった。

廿九日。左侍従陽成院二親王及奏賀按察大納言集二八省院一習礼。即共升二大極殿一。合二外記日記一。定二位程歩儀一。外記曰。先年日記。侍従進二南栄一。西折入二第二間一。立二台右一亦如レ之。外記右侍従進二南栄一。到二第五間西柱一。南北向レ傍。行跪膝行。称二礼畢一。按察大納言云。先例左侍従進。未レ到二馳道一間。一二三間歩儀漸差俯。外記同跪二御前一。膝行北上。称二之奏賀一。即降レ殿。習礼畢。

十二月二十九日の主な参加者は、日記を残した重明親王の他に、侍従として陽成院二親王、奏賀者として按察大納言がいる。陽成院二親王とは、その記載から陽成天皇第二皇子である元平親王のことであろうと推測される。また、按察大納言(2)とは、藤原基経の二男の藤原仲平であり、時平の弟で、忠平の兄にあたる。『儀式』に「侍従四人三位二人。或以二親王一為レ之。四位二人並左右各一人」とあることから、『吏部王記』の著者である重明親王もまた、元平親王とともに侍従であったことが確認できる。そして、外記を含めたこれらの人物が、大極殿において習礼に臨んだ。

習礼には、『内裏式』や『儀式』などの公的な儀式書ではなく、『外記日記』によって版位や歩程などの確認が行われている。その『外記日記』の内容によると、先年の日記の内容は、侍従が大極殿の南栄（栄は軒の意）を進み、西に折れて第二間（二番目の柱の間）から入って台の右に立つ。右侍従が南栄に進み第五間の西柱に至り、跪いて高御座の下まで膝行し、天皇に朝賀儀が終了したことを伝える、というものであったことがわかる。

「先年日記」とは、延喜十三年（九一三）のものである可能性が高い。習礼が行われた延長六年十二月以前の朝賀儀は、延喜十三年まで遡らなくてはならないからである(3)。本来ならば、朝賀儀は毎年恒例の儀礼であるから、細かな習礼は必要がないように考えられる。しかし、清和天皇朝以降には、ほぼ御代に一度の割合でしか行われず、翌延長七年は十六年ぶりの朝賀儀にあたり、事前に公卿たちも含めた習礼を行う必要があったのであろう。外記日記では「右侍従」が天皇に儀礼の終了を奏上しているが、『儀式』の当該箇所は「左侍従在レ南者。進当二御前一。跪膝行俛伏曰。礼畢。還復レ位(4)」と「左侍従」が奏上すると記述されている。この点は「按察大納言云。先例左侍従進」とあり、藤原仲平も「左侍従」が奏上することが先例であると指摘している。

　廿九日。（中略）就二東廊座一。飲数巡。余問二礼服装束法一。按察大納言曰。摺上袴端三許寸。袍上摺六七許寸。差見為レ善。左綬々帯真結。自レ下返如二剣結一。右玉□佩小進当二膝上一。欲二行歩一時。当レ膝有レ声。准二佩剣法一。不二慥憶記一。唯綬或帯著。或自二帯下一而上帯寸許云々。数巡後起着二殿上一。侍見二御綬一。其色目綬袴帯。即定二此説一為レ善。

習礼の終了後には、東廊座において飲酒が行われた。その席において、重明親王は藤原仲平に「礼服装束法」について尋ねている。仲平は、摺上袴で端が三寸ばかりのもの、袍は上摺で六、七寸ばかりのもので、少し見えているものが善であると答えた。この他に、玉佩は膝上に当たり、歩く際には膝に当たって音が鳴るようにするなど、仲平は装束の作法にも通じた人物であったことが窺える。重明親王は再び殿上に昇り、天皇の御綬を見て色目や綬・袴・帯などを確認し、仲平の説を善としている。

廿九日。（中略）按察大納言曰。今式部立㆓壁下位㆒。誤立㆓右大丞位於左大臣位後㆒。其説云。省式。无㆓太政大臣㆒時。右大臣度㆓東者㆒云々。是案誤也。所以者。式部式意。太政大臣内弁。左大臣外弁位。須㆑在㆓共東㆒。左大臣無㆓太政大臣㆒之時。左大臣内弁。右大臣外弁之位。須㆑在㆑東。在㆑西不㆑宜。然則右大臣不㆑就㆓本位㆒。左大臣位。就㆓行外弁大臣㆒度㆑東。又立㆓右大臣位於左大臣南㆒。甚乖㆓式意㆒。

続けて、仲平は、式部が右大丞位（右大弁位）を左大臣位の後に設けているのは誤りであることを指摘する。式部の主張は、省式に太政大臣がいない場合は、右大臣は東側に版位が設けられることを例としている。

『延喜式部式』元正行列次第条

凡元正行列次第。参議以上在㆑左。（太政大臣就㆑列之時。右大臣在㆑西。）（後略）

『延喜式』では、参議以上の版位は左に在るという規定から、版位は東に置かれることになる。しかし、太政大臣がいる場合には、右大臣の版位のみが西に置かれ、左右大臣が相対するような配置となる。『儀式』の当該規定では、東に太政大臣・左大臣・大納言・中納言・参議、西には親王・右大臣・非参議の順で版位が置かれる。しかし、右大臣の版位については「若無㆓太政大臣㆒者立㆓左大臣左㆒」（5）との注記があることなどから、太政大臣が闕ける場合は、右大臣の版位も東に置かれることになる。延長六年、延長七年には太政大臣は置かれておらず、左大臣は藤原忠平、右大臣は藤原定方である（6）。すなわち、延長七年の朝賀儀において右大臣版は東に置かれていたことになる。仲平は、内弁・外弁をどの大臣が勤めるかによる版位の移動を細かく陳べた上で、右大臣の版位規定に基づいて、右大丞（右大弁）の版位を東に設けるのは誤りであることを指摘した。

以上が、『吏部王記』に残された延長六年十二月の朝賀習礼である。ここで注目すべきことは、藤原仲平が儀式作法に精通する人物であったという点である。『外記日記』が先例と異なることをすぐに指摘し、重明親王の礼服装束に関する質問にも的確に答えている。さらには版位の誤りについても、様々な事例を考え合わせ、その誤りを指摘した。これまでの仲平は、弟の忠平よりも参議任官は九年、大臣任官は二十年と出世がかなり遅れ、あまり高い評価を受けてはいない。しかし、『吏部王記』を見る限り、仲平は朝廷儀式の細かな内容まで把握していたと考えられる。『吏部王記』の記述は、あくまでも断片的な史料にすぎず、他の古記録を調査の上でなければ明言はできないが、朝廷の儀礼に精通していた人物であるという藤原仲平の再評価につながる材料の一つといえよう。

二　『西宮記』所引『醍醐天皇御記』に見る延長七年（九二九）の朝賀儀

延長六年（九二八）十二月に行われた朝賀儀の習礼は、延長七年正月一日の元日朝賀儀のためのものであった。しかし、『日本紀略』では延長七年は正月二十一日条から始まり、正月一日の記事を欠く。この年に朝賀儀が行われたことは、次に挙げる『西宮記』所引の『醍醐天皇御記』延長七年正月一日条により確認される。

延長七年正月一日御記云。四位以上命婦。无下可レ供二威儀一者上。仍検二前例一。寛平八年。正五位下藤善直為二四位代一。又蕃客時。諸衛督佐代。皆以二五位六位官人一権充レ之。各服二本職位服一。以二此事一仰二左大臣一。令二定申一云。男官皆用二代官一。於二女官一何无二其事一。況有二寛平例一。被二循行一可レ無二何事一。仍以二五位一。為二四位代一。各着二其色服一令二供奉一。又奏賀者仲平進。奏瑞者玄上不レ進。内裏式云。奏賀奏瑞者共進云々。其注云。無レ瑞者無二奏詞一。案二此式一。雖レ無レ瑞猶與二奏賀一共進可レ就レ位。仍検二前例一。弘仁□年。仁寿三年。奏賀瑞共進。依レ無レ瑞不レ奏。貞観六年日記云。承前之例。雖レ無二奏瑞事一。猶置二其人一。而別有二新式一。不レ置二其人一。亦無二其位一。其外年々不レ見二奏瑞人々奏否由一者。但寛平八年朝拝時。四位侍従忽闕。以二奏瑞人一補二侍従一。即知奏瑞不レ進者。延喜二年。奏賀独進。然則仁寿以前。依レ式行レ之。貞観六年已後。無レ瑞不レ設二其人一。而今設二其人一。置二其位一。而又不レ進。皆無レ所レ拠。須二後日一定一云々。

まず醍醐天皇は、朝賀儀の際に威儀に供える四位以上の命婦が欠けていたことを問題視した。そして寛平八年（八九六）の先例において、正五位下藤原善直を四位代としたこと、蕃客の時に諸衛督佐代として五位・六位官人を仮に充てたことを引き、男官は代官を用いる例があることから、女官においても五位を四位代として用いるように、左大臣藤原忠平に仰せている。しかし、『儀式』には、命婦は四人で「以二内親王以下五位以上一為レ之」(7)とあることから、命婦は四位に限られることはなく、五位の者であっても用いることができる。

次に奏賀者仲平が一人で進み、奏瑞者玄上は進み出なかったと指摘した。仲平は前節でも出た大納言藤原仲平のことであり、玄上とは、参議正四位下藤原玄上のことである。この時に玄上は、刑部卿と近江守とを兼任しており、七十四歳であった(8)。天皇も「内裏式云。奏賀奏瑞者共進云々」と指摘している。『内裏式』を確認すると「奏賀奏瑞者共進。北折進レ自二馳道一。不レ至二宣命位一一丈東折経二左兵衛陣南一。更北折昇レ自二龍尾道東階一。就二行立位一」(9)とあって、本来は奏賀者・奏瑞者が二人共に進み出て、龍尾壇上東側に設けられた行立位において控え、そこから一人ずつ進み出て奏賀・奏瑞が行われる。しかし、この時に藤原玄上は行立位には進み出なかったことが問題となっている。ちなみに『吏部王記』に見られる習礼に藤原玄上の出席は確認できない。

『内裏式』には「無レ瑞者無二奏詞一」(10)と注記があり、醍醐天皇の解釈では、奏瑞がなくとも行立位までは共に進むというものである。その前例として弘仁年間と仁寿三年（八五三）には、奏賀・奏瑞者が共に進んだが、瑞はなく奏上は行われなかったことを挙げる。貞観六年（八六四）は新式により奏瑞者を置かなかったという。これは『儀式』には「若無レ瑞者無二此儀一」[11]という注記があり、貞観六年の内容と一致する。天皇の結論としては、仁寿以前は『内裏式』によって朝賀儀が行われていたため瑞がなくても奏瑞者を置き、貞観六年以後は瑞がない場合は奏瑞者を置かなくなった。しかし、奏瑞者とその版位を設けていても、行立位まで進むことがなかったため、今（延長七年）は準拠するところがなく、後日これを一定するように求めている。

『醍醐天皇御記』の内容も断片的なものであり、延長七年に行われた元日朝賀儀の全体像をつかむことはできない。しかし、これによって、この年に朝賀儀が行われたことを確認でき、儀式文だけでは浮かび上がることのない朝賀儀の実像にせまる、重要な手がかりとなろう。

おわりに

これまでの元日朝賀儀研究は、『内裏式』や『儀式』などの儀式書をもとにして、日唐の儀礼比較や時代に伴う儀式文の変遷などに焦点が当てられていた。しかし、本章では、『醍醐天皇御記』と『吏部王記』に共通して見られる延長七年（九二九）正月一日の朝賀儀について、断片的ではあるが、その様子を窺い知ることができた。まず、この年の朝賀儀は、延喜十三年（九一三）以来、実に十六年ぶりの実施にあたり、前年末に公卿以下も習礼を行わなければ朝賀儀を行うことができないような状況であったと推測できる。本来ならば、元日朝賀儀は毎年恒例の儀礼である。しかし、文徳天皇朝より毎年恒例としては行われなくなり、清和天皇朝以降は御代にほぼ一回（多いときは三回行う御代もあった）の割合で行われていたため、その実施前には習礼が必要となったのであろう。

さらに習礼の際には、『内裏式』や『儀式』などの公的な儀式書ではなく、『外記日記』が用いられていたことも確認できた。これは、儀式書よりも『外記日記』の方が、より詳細に先例を記しているために参考にされたのであろう。さらに藤原仲平は『外記日記』の先例や版位が間違っていることを指摘し、さらに装束についても速やかに重明親王の質問に答えている。これまでの研究で、藤原仲平は、兄の時平や弟の忠平に比べて、あまり高い評価を受けてはいない。しかし、『吏部王記』の記述からは、当時の儀礼作法に精通していた人物であることが窺え、仲平の再評価にもつながる材料の一つといえる。ただし、今後は他の古記録も調査の上で慎重に検討を進めたい。

『醍醐天皇御記』の記す朝賀儀の様子は、威儀命婦が欠けること、奏賀者・奏瑞者が共に進まないなど、特定の事項に限るものである。醍醐天皇は、正式な儀式次第が記された『内裏式』をもとに先例と異なる点を指摘している。実際の習礼では『外記日記』が用いられていることから、ある時点で儀式書と異なった作法が行われて、それが『外記日記』に記され、それ以降はその『外記日記』を先例として使用したために、本来の儀式次第と異なった作法が行われるようになっていたのではあるまいか。このように、儀式書の内容と実際の朝賀儀での所作が若干異なっていることということも、朝賀儀が毎年行われなくなったことが原因と考えられる問題の一つであろう。

註

（1）『延喜式太政官式』朝賀条に、「凡元日天皇受皇太子及群臣朝賀。弁官預仰諸司。弁備庶事装束。弁史等行事。余節准此。前月十三日。大臣預点殿上侍従四人。左右各二人。三位二人。或以親王為之。四位二人。少納言二人。若有闕者権任。奏賀奏瑞各一人。簡四位已上堪事者為之。奏聞定之。事見儀式。」とあり、『儀式』に見える「典儀一人」の選定は記載されていない。

（2）『公卿補任』延長六年（九二八）・同七年条。

(3)『日本紀略』延喜十三年（九一三）正月一日条。
(4)『儀式』（巻六）元正受朝賀儀。
(5)同前。
(6)『公卿補任』延長六年・同七年条。
(7)『儀式』（巻六）元正受朝賀儀。
(8)『公卿補任』延長七年（九二九）条。
(9)『内裏式』元正受群臣朝賀式。
(10)同前。
(11)『儀式』（巻六）元正受朝賀儀。

第十三章　小朝拝の成立

はじめに

小朝拝とは、元日に殿上人以上の限られた人々が、清涼殿の東庭において天皇に拝賀する儀式である。朝賀儀が大極殿に出御した天皇に文武百官が参集して行われる大規模な儀礼であるのに対し、小朝拝は内裏の清涼殿で行われ、参列者も限られた小規模なものである。その初見は、延喜五年（九〇五）正月一日である。

『醍醐天皇御記』延喜五年正月一日条（『西宮記』所引）

一日。是日有レ定。止二小朝拝一。仰曰。覧二昔史書一、王者無レ私。此事是私礼也云々。

『醍醐天皇御記』によると、延喜五年正月の小朝拝は停止された。醍醐天皇は停止の理由として、王者に「私」は無く、小朝拝は「私礼」であるためと考えていることが読み取れる（ただし、皇太子の小朝拝は停止されていない）(1)。

『貞信公記』延喜十九年正月一日条

一日、節会如レ例。殿上侍臣有二小朝拝一。先年依レ仰停止。而今日臣下固請二復旧一。有二此礼一。所以者何当代親王有二拝賀一。臣下何無レ礼。此臣子之道義同云々。

『貞信公記』では、親王は拝賀を行い臣下の拝賀は行わないということについて、「臣子の道義」は同じであるとして、先年停止された小朝拝の復興を藤原忠平が奏請したため、延喜十九年に小朝拝が再び行われるようになった事情を記している。これらの記述は、小朝拝の成立を示すものではなく、延喜五年以前から小朝拝が行われていたことを確認できる史料にすぎない。

その成立を、どの時点まで遡らせることができるのか、それが小朝拝研究の主な焦点となっていた。その一部を挙げれば、山中裕氏の『平安朝の年中行事』(2)、古瀬奈津子氏の「平安時代の「儀式」と天皇」(3)、岡田莊司氏の「「私礼」秩序の形成――元日拝礼考――」(4)、酒井信彦氏の「小朝拝の変遷」(5)、所功氏の「「朝賀」儀式文の成立」(6)、藤森健太郎氏の「元日朝賀儀の変質と小朝拝の成立」(7)など多くの研究成果がある。

小朝拝の成立に関しては、延喜五年以前には明確な史料がない。したがって様々な状況から、その成立の問題を議論しなければならないというのが現状である。そこで本書では、文徳天皇朝以降に朝賀儀が毎年恒例の行事としては行われなくなることとの関連を視野に入れながら、小朝拝の成立について考察を試みたい。

一　拝礼と日常政務の場

小朝拝は、清涼殿東庭において行われる。その式次第を最初に記したのは『西宮記』である。

『西宮記』（恒例第一、正月）小朝拝事

小朝拝延喜初無二此儀一。

天暦七年。依二中宮御薬一。止二此儀一。有二朝拝一之時。還宮後有二此儀一。或無レ之。

殿上王卿已下六位已上。着レ靴立二射場一。貫主人以二蔵人一令二奏事一由。主上御出。着レ靴撤二御帳内御座一。立二御倚子一。太子不レ参時立二東廂一。太子参上於二孫廂一拝。着レ靴。召後。王卿已下。入レ自二仙華門一列二庭中一。王卿一列。四位五位一列。六位一列。立定拝舞。左廻退出。雨日王卿立二仁寿殿西砌中一。侍臣立二南廊中一。太子依レ召参上。給二一酒禄一。拝舞退下。座在二御座南一。

『西宮記』記載の儀式次第によると、殿上・王卿以下六位以上の者が仙花門から参入し、清涼殿にいる天皇に拝礼をする次第が確認される。この中に「清涼殿」という文言はない。しかし、「仙花門」から参入し列立すること、退出の際には「左廻退出」とあること、雨儀の場合には、王卿は「仁寿殿西砌」の中に列立することから、清涼殿に向かって拝礼が行われていたことを窺わせる。

清涼殿が天皇の御在所として定まるのは、一般的に宇多天皇朝以降と考えられているので[8]、『西宮記』の儀式次第が「清涼殿」に向かって小朝拝を行っていることを示唆する記述は、ごく自然なものである。しかし、これだけでは、御在所が清涼殿と定まる以前に小朝拝が成立していないとは、必ずしも言いきれないのではないだろうか。小朝拝は「私礼」との概念があったためか、官撰儀式書には見られず、前述のように『西宮記』が儀式次第としては初見である。この『西宮記』の儀式次第は、第十一章第四節でも述べたように、編者である源高明自身の経験に基づいて記載された儀式次第である可能性が高い。源高明の参列は、延長八年（九三〇）十一月に従四位上に叙任されてから[9]、安和二年（九六九）三月に安和の変によって大宰権帥に左降されるまでの間に限られる[10]。本章末の表6を参考にすれば、天慶四年（九四一）、同八年・同九年・天暦十一年（九五七）・天徳四年（九六〇）・康保三年（九六六）・同四年の七回と推測され、この時代の天皇の御在所は清涼殿に固定されている。

「清涼殿」は「御在所」の一つであり、小朝拝の本義は「御在所」に居る天皇に対する年頭の拝礼をするための儀礼と捉えることができよう（例えば御在所が仁寿殿の場合は、仁寿殿に居る天皇への拝礼）。『西宮記』が記載する儀式次第は、源高明の時代の御在所である清涼殿において拝礼を行ったということである。さすれば「小朝拝＝清涼殿における拝礼儀式」とは言いきれなくなるのではないだろうか。天皇の御在所での拝礼儀式と捉えれば、その成立は、宇多天皇朝より以前に遡っても何ら問題はないと考えられる。

それでは小朝拝の成立は、どの時点まで遡りうるのだろうか。その背景を元日朝賀儀と天皇の日常政務の場との関係から考察する。まず、表6は、桓武天皇の天応元年（七八一）から後一条天皇の長元九年（一〇三六）までの正月一日を中心に、元日朝賀儀・小朝拝・元日節会について一覧にしたものである。この表から、元日朝賀儀の変化は、仁明天皇とその次の文徳天皇を境にして起きていることがわかる。すなわち、仁明天皇以前には、ほぼ毎年恒例のごとく朝賀儀を実施しているのに対して、文徳天皇以降は朝賀儀の回数が減り、衰退傾向が認められる。

これは朝賀儀だけの問題ではなく、この時期に拝礼を受ける天皇に、何らかの大きな変化があったと考えるのが自然である。その一つとして天皇の日常政務の変化が考えられる。

『日本三代実録』貞観十三年（八七一）二月十四日条

十四日庚寅　天皇御㆓紫宸殿㆒視㆑事。承和以往、皇帝毎日御㆓紫宸殿㆒。視㆓政事㆒。仁寿以降。絶無㆓此儀㆒。是日、帝初聴㆑政。当時喜㆑之。

『日本三代実録』の記事は、清和天皇が紫宸殿に出御して政事を聴いたというものである。仁明天皇以前の天皇は毎日紫宸殿に出御して政事を視ていたが、文徳天皇以降はその儀は絶えてしまい、この日に清和天皇が出御したことを当時の公卿は喜ばしいことと考えていたことを記している。この記事の内容と表6と対比させてみると、天皇が毎日紫宸殿に出御しなくなる時期と、朝賀儀が衰退を始める時期とが、一致していることがわかる。文徳天皇は、崩伝に「聖体羸病。頻廃㆓万機㆒。撫運不㆑長」(11)とあるように、大変病弱であった。また、清和天皇は九歳にて即位(12)した幼帝であった。したがって文徳天皇・清和天皇は共に、天皇親らが日常の政務を執ることは難しかったといえよう。

ここで、平安時代初期に天皇がどこで日常政務を執っていたか確認したい。

①『類聚符宣抄』延暦十一年（七九二）十月二十七日宣旨

五位已上上日事

右右大臣宣。太政官所㆑送五位已上上日。自今以後。宜㆑通㆓計内裏上日㆒。勿㆔独点㆓朝座上日㆒而已。

延暦十一年十月廿七日

即日面召㆓式部大丞藤原友人㆒宣告了。

②『寛平御遺誡』

延暦帝主。毎日御㆓南殿帳中㆒。政務之後。解㆓脱衣冠㆒臥起飲食。

③『類聚符宣抄』弘仁五年（八一四）七月月二十日宣旨

右大臣宣。少納言依㆑例所㆑奏請印官符。理須㆚候㆘御㆓南大殿㆒時㆖即奏㆙。而比来怠慢。至㆑廻㆓御北大殿㆒乃奏。遂煩㆓聴覧㆒。甚乖㆓道理㆒。自今以後。仰㆓少納言㆒。莫㆑令㆓更然㆒。

弘仁五年七月廿日　大外記豊宗宿禰広人奉

①は朝座の上日以外に内裏の上日も通計せよとの宣旨である。この宣旨から、桓武天皇は、長岡宮の大極殿に出御せずに内裏で日常政務を執っていたと考えられる。それを補う史料が②である。②は宇多天皇が醍醐天皇に残した『寛平御遺誡』である。そこにおいても、桓武天皇は毎日紫宸殿に出御したことが記されている。③は、請印官符を奏上するのは、本来は南大殿（紫宸殿）に天皇が出御している時に行うべきであるという内容の、嵯峨天皇の御代の宣旨である。これらの史料から、天皇の政務は紫宸殿において行われていたことが窺える。これらの点に関して古瀬奈津子氏は、長岡宮以降の、内裏と朝堂院の分離という宮の構造の変化に対応すると指摘する(13)。

さらに、中国皇帝の日常政務の場についても確認しておく。

『大唐六典』（巻七）工部郎中員外郎条

若㆘元正冬至大陳設・燕会・赦過宥罪・除旧布新・受㆓万国之朝貢㆒・四夷之賓客㆖、則御㆓承天門㆒以聴㆑政。蓋古之外朝也。其北曰二太極門一。其内曰二太極殿一。朔望則坐而視レ朝焉。蓋古之中朝也。（中略）又北曰二両儀門一。其内曰二両儀殿一。常日聴レ朝而視レ事焉。蓋古之内朝也。

『大唐六典』によると、唐朝の皇帝は元日・冬至や万国の朝貢を受けるなどの儀礼の際は承天門に、朔望に政事を視るなどの場合は太極殿に、日常の政務は両儀殿に出御するというように、儀式と政務の内容により、それぞれ場所が分化していることが確認される。古瀬氏は、天皇の日常政務の場と国家的儀礼の場が分化することで、唐と同一レベルに達したと考察している(14)。

古瀬氏が述べるように、天皇が毎日紫宸殿に出御することで、日本の律令制が唐と同一レベルに達したと考えるならば、仁明天皇以前の紫宸殿に毎日出御している時期には毎年恒例の行事として元日朝賀儀が行われ、文徳天皇以降の紫宸殿に出御しなくなる時期になると元日朝賀儀が衰退を始めることには、何らかの関連性が考えられよう。これは文徳天皇のように病弱であったり、清和天皇のように幼帝であったりするなど、政治を視、拝礼を受ける主体の天皇の状況にも一因があるといえる。清和天皇が紫宸殿に出御して政事を視たことで公卿たちが喜んだというのは、やはり、天皇が紫宸殿において日常政務を執ることが律令制の正しい運用と認識されていたためといえよう。正しい律令制のあり方として、天皇に対して年頭に行われる拝礼こそが、律令制最大の儀式である元日朝賀儀であると考えられるのである。天皇が病弱や幼少のため元日の出御がかなわない場合でも、臣下の心情を慮れば、元日には天皇に対して拝礼を行いたいという気持ちがあったとしても不思議ではない。ただし、これはあくまでも推測の域を出ず、現段階で傍証を示すことは難しい。

以上のように小朝拝は、天皇が毎日紫宸殿に出御しなくなる時期、すなわち元日朝賀儀へ天皇の出御が極端に少なくなる文徳天皇・清和天皇朝の頃の、御在所に居る天皇への年頭の拝礼に、その原型が求められるのではなかろうか。その後、宇多天皇以降は清涼殿において日常政務を視るようになったことに伴い、紫宸殿での日常政務と元日朝賀儀との関係のごとく、日常政務と年頭の拝礼が結び付き、「清涼殿での日常政務と小朝拝」という形に整備されるに至ったと考えられよう。

二　元日朝賀儀と小朝拝

小朝拝の成立を考えるとき、いま一度、元日朝賀儀との関係を押さえなくてはならない。朝賀儀と小朝拝との関係は、『国史大辞典』などに見られるように、「元来は朝賀の後に実施された」といわれるのが一般的である。(15)改めて元日朝賀儀と小朝拝の関係を確認すると、表6を参照すれば、朝賀儀と小朝拝が初めて文献上同日に記されているのは、『日本紀略』承平元年（九三一）正月一日条である。

『日本紀略』正月一日条

承平元年正月一日庚申。止二朝賀・小朝拝一。依二諒陰一也。諸節会等停二止之一。

承平元年の正月は醍醐天皇の諒闇期間にあたるため、朝賀と小朝拝、その他の諸節会が停止されたと記載されているが、これだけでは朝賀儀と小朝拝が並行して実施されていたと傍証することは難しい。朝賀儀と小朝拝が並行して実施されたことが確認できるのは、正暦四年（九九三）の一度だけであり、そのことは左に示した『小右記』のみに記載される。

『小右記』正暦四年正月一日条

正月一日。庚寅。小雪不レ及レ寸。鶏鳴拝二□星諸神墓等一如レ例。幸二八省一。有二朝拝一。依□不二参入一。伝聞。右大臣重信。内弁云々・大納言道長奏賀・□(伊)周・中納言顕光・時中・道頼・参議惟仲以上□(礼カ)服也。（中略）秉燭有二少朝拝一。摂政・内符以下列也。在二朝堂一之公卿或参。或不レ産。小朝拝畢出二御南殿一。内弁内大臣也。（後略）

ただし、この正暦四年が最後の朝賀儀であり、これ以降は小朝拝のみが行われるようになる。

次に、元日朝賀儀と小朝拝の儀式次第の比較をしたい。なお、朝賀儀の儀式次第は『儀式』（巻六）に詳しいが、小朝拝との比較という観点から、同じ『西宮記』を用いる。

『西宮記』（恒例第一、正月）朝拝事

朝拝三日間用下无二雨湿一日上。弁官二人、相分行レ事。執物具在二内蔵寮一。四所人先一日受レ之、列二殿左右一。承平七年、五日有二朝拝一。御元服後。此日行列公卿職掌輩着二礼服一。余必不レ着。辰刻。天皇御二南殿一。掃部司舁二出太刀契等一、置二殿南簀子西二間一。内侍二人。剣有二御前一。璽有二御後一。置二輦中一之後候二御供一。天皇立二御帳正南一。内侍候二左右一。公卿列立。西面北上。不二列立一。鈴奏。闈司出レ自二左腋門一、就二版位一。勅令レ申（与）。闈司退。少納言奏云々。勅取（礼）。唯召二主鈴一如レ常。進二鳳御輦一。将等相副。皆着二甲胡籙等一。掃部頭敷レ莚。主殿頭撤二輿幄一。次将中将開レ輦。内侍置二御剱輦中一。天皇御レ之。大将警蹕。以二璽匣一置二輦中一。東竪取二御插鞋一。左右近将監令レ持二太刀等一、候二御前一開レ門。近衛開レ内。兵衛開レ外。出二承明門一之間。左大将（召二大舎人一。令二兵衛開二外門一。）大舎人張二御綱一。兵衛陣警蹕。御二大極殿後房一。内侍取二御剣一如二置儀一。天皇下。天慶不二警蹕一。旧例云々。御二大床子一。此間可レ供二御薬一。兵部巡二検諸陣一。近衛陣二南階一。供奉陣居也。威儀陣在二左右楼下一。執翳居二東西戸内一。二八立二床子一。褰帳即位用二女王一朝拝代。威儀命婦四人着レ座。用二嚢床子一。典儀立。賛者二人相従。入レ自二光範門一。内弁着二軽幄一。入レ自二明訓門一。打二外弁鼓一。上卿仰二兵庫一。開二腋門一。佐・伴入開二南門一。佐・伴立二壇下一、令下一門部一開上。侍従・少納言分立槌二召鼓一。群官列入。天皇就二高座一。即位時不レ待二次第一。吉時登レ座。着二冕冠・礼服・大袖・小袖・褶・烏皮沓・御笏等一。玉佩有二一旒一。綬垂二中間一。命婦四人着二礼服一。分在二御前一。内侍二人着二礼服一。持二神璽等。列二左右一。命婦四人亦候二御後一。礼服可レ在二内侍所一。而給二内蔵寮一各有レ徴。鉦三下。兵庫申行。執翳分進。出レ自二左右一。（或二間）一間入レ自二中央間一。褰レ帳。以二大針糸等一褰。女竪等相従褰、形如二八字一。命婦復レ座。昇レ自二左右階一。天皇正レ笏。近仗警蹕。此間可レ有二太子賀事一。図書・主殿焼レ香。典儀称二再拝一。頻歩動称。賛者承伝。群臣再拝。奏賀奏瑞。進二自位一。無レ瑞不レ瑞。不レ進レ位。或書云、无レ瑞又无二奏賀一。謙退時歟。无レ瑞尚設二其人一。奏賀。親王・納言・参議間。進就レ版奏云々。申了復レ位。群臣再拝。奏瑞就レ版、勅云、参来。奏賀称唯、就レ位。勅云。橋立音云々了。奏賀称唯。退復二行立位一。奏賀下宣レ命。以レ詞仰。群臣唯々再拝、更宣云々。群臣再拝舞踏。武官立振二万歳旗一。宣命者復二本列一止。典儀称二再拝一。如レ初。群臣再拝。東侍従・親王進二御前一。跪称二礼畢一。復二本位一。撃レ鉦三下。如レ初。執翳進如レ初。垂レ褰。或記云、近仗称二警蹕一云々。（或不レ称。）天皇入御徹二礼服一、給二内蔵一。還レ宮。鈴奏等、如レ常。

『西宮記』（恒例第一、正月）小朝拝事

小朝拝延喜初無二此儀一。

天暦七年。依二中宮御薬一。止二此儀一。有二朝拝一之時。還宮後有二此儀一。或無レ之。

殿上王卿已下六位已上、着レ靴立二射場一。貫主人以二蔵人一令三奏事一由。主上御出。着レ靴撤二御帳内御座一。立二御倚子一。太子不レ参時立二東廂一。太子参上於二孫廂一拝。着レ靴。召後、王卿已下、入レ自二仙華門一列二庭中一。王卿一列。四位五位一列。六位一列。立定拝舞。左廻退出。雨日王卿立二仁寿殿西砌中一。侍臣立二南廊中一。太子依レ召参上。給二一酒禄一。拝舞退下。座在二御座南一。

右の儀式次第をそれぞれ整理すると以下のようになる。ただし、元日朝賀儀については、『儀式』と共通する部分である小安殿出御以降についてまとめておく。

元日朝賀儀

①天皇、大極殿後房（小安殿）出御。②近衛、南階に陣す。③執翳が東西の戸内に居る。④威儀命婦が着座。⑤典儀が立つ。⑥内弁が着座。⑦外弁が鼓を打つ。⑧佐伯・伴氏が南門を開く。⑨侍従・少納言が分立し、召鼓を打つ。⑩群官列入。⑪天皇、高御座出御。⑫鉦三下。⑫執翳が分進。⑭褰帳。⑮命婦復座。⑯近仗が警蹕。⑰図書寮・主殿寮が香を焚く。⑱群臣再拝。⑲奏賀。⑳群臣再拝。㉑奏瑞。㉒群臣再拝。㉓勅して参来と云う。㉔奏賀者が称唯して位に就く。㉕奏賀者に宣命を下す。㉖群臣再拝。㉗宣制。㉘群臣再拝。㉙宣制。㉚群臣再拝し舞踏。㉛武官が万歳旗を振る。㉜群臣再拝。㉝東侍従親王が御前に進み、礼が終わったことを奏上。㉞鉦三下。㉟執翳が進む。㊱垂褰。㊲天皇入御。㊳還宮。

小朝拝

①殿上王卿以下、六位以上が靴を着けて射場（弓場殿）に列立。

②蔵人が奏上。

③天皇出御（皇太子参上の時は御帳内、皇太子不参の時は東廂）。

④王卿以下、仙華門から参入し列立（王卿一列、四位一列、五位一列、六位一列）。
⑤拝舞、左に廻り退出。

右の儀式次第を比較すると、天皇に対する拝礼という点では同じである。しかし、小朝拝は拝舞のみが行われ、奏賀・奏瑞がないこと、天皇から宣命が下されないことなど、単純に朝賀儀を簡略にしたとはいいにくい。また、仮に朝賀儀を簡略にしたものであるならば、朝賀儀の後に重複して行う必要性はあるのかという疑問を生じる。

つまり、朝賀儀と小朝拝とは、本来はまったく性質の異なった拝礼であった可能性があるといえよう。それは前節で述べたごとく、天皇の日常政務の場と関連していると、筆者は考えている。そもそも朝賀儀は律令制最大の儀式であり、小朝拝は天皇の御在所での拝礼であったという概念と関わる問題であろう。そもそも『養老儀制令』元日条に「凡元日、不㆑得㆑拝㆓親王以下㆒。[16]」とあるように、元日には親王以下に対して拝礼を行うことを禁じている。換言するならば、元日には天皇を拝するということが第一義といえる。つまり朝賀儀と小朝拝とは、我が国古来の「ミカドヲガミ」という概念では同一のものであるといえる。しかし、小朝拝の本義は、元日朝賀儀に出御が難しくなった天皇に対して、臣下たちの「内々の私的な拝礼」として成立したと考えられるのではないだろうか。また、所功氏が述べられたように、朝賀儀と小朝拝が反比例するかのごとく変遷してゆく[17]ことには、政務とそれに伴う拝礼の変化が関わっていると考えられ、儀礼の変化のみならず、平安時代の政治体制の変遷をも含めた儀礼の整備・変遷をも考える必要があろう。

おわりに

最後に本章の要点をまとめておくと以下の通りである。

小朝拝は、清涼殿東庭で行われるという儀式次第である。しかし、天皇御在所での拝礼儀礼と考えることによって、清涼殿が御在所として定着する宇多天皇朝以前にその成立を求めることが可能である。また、元日朝賀儀の視点から小朝拝を捉えると、天皇の日常政務の場との関係が考えられる。天皇が毎日紫宸殿に出御し政務を執る時期には、毎年ほぼ恒例行事として元日朝賀儀が行われていることが確認される。換言すれば、天皇が紫宸殿に毎日出御しなくなる文徳天皇朝と、朝賀儀の実施が減少する時期とが一致しているということである。中国皇帝の執務のあり方と比較しても、天皇が毎日紫宸殿に出御することは、古瀬氏が述べるごとく律令制が唐と同じレベルに達したといえ[18]、律令制下最大の年中行事が元日朝賀儀であるという認識が持てる。紫宸殿で毎日政務を執る天皇に対する年頭の拝礼が、正式な朝賀儀と考えることができる。

小朝拝は、毎日の紫宸殿への出御が無くなり、御在所に居る天皇に対して、臣下たちの「内々の私的な拝礼」として行われたことに原型を求めることができよう。拝礼を受ける天皇を主体にして、文徳天皇は病弱であり、清和天皇は幼帝であったことなどを考え合わせれば、大極殿における朝賀儀への毎年の出御が難しい状況の中で、御在所（文徳・清和天皇の御在所は仁寿殿）での拝礼が創始される時期としてふさわしい。仁寿殿に居る天皇に拝礼することを「小朝拝」と称したとしても、何ら問題はないと考えられる。つまり、後の小朝拝の「原型」は、文徳天皇・清和天皇朝において成立したと考えられ、宇多天皇朝を画期として正月儀礼として整備されたものと推察されよう。これは、第十四章で述べる皇后拝賀儀から二宮大饗への変化と、密接に関わっていると考えられる。

註

（1）『日本紀略』延喜十七年（九一七）正月一日条に、「正月一日辛亥。小朝拝。皇太子参上。有二宴会一」とあり、皇太子の小朝拝は実施されている。

（2）山中裕『平安朝の年中行事』（塙書房、昭和四十七年）。
小朝拝の起源については、文徳天皇・清和天皇頃から始まっていると述べるが、明確な根拠は示されていない。

（3）古瀬奈津子「平安時代の「儀式」と天皇」（『日本古代王権と儀式』、吉川弘文館、平成十年、初出は昭和六十一年）。
小朝拝に参列するのは、原則的に殿上人以上だが、昇殿制自体は弘仁年間に成立したと考えられるので、小朝拝も当時からあった可能性はあると指摘する。昇殿制は、元来天皇の私的側近の制度だったのが、宇多天皇朝を境に政治的に重要性を増し公的な性格を備えるようになり、小朝拝が史料に現れてくる時期と一致し、宇多天皇朝以前には、あくまでも公的儀式として朝賀儀が行われ、小朝拝が行われたとしてもそれは天皇の私的儀式であったと述べ、それが宇多天皇朝を境に、昇殿制が公的な性格を備えるようになるとともに、小朝拝も公的な儀式として表面化したと指摘する。しかし、古瀬氏の考えるように、宇多天皇朝を境にして小朝拝が公的な儀式となったのであれば、小朝拝は「私礼」であるという醍醐天皇の認識と矛盾してしまう。この点に関して、古瀬氏は小朝拝も宇多天皇朝以後すぐに公的儀式として定着したわけではないと補足する。また、小朝拝の意義については、平安時代前期には、公的儀式としては朝賀儀のみが行われたが、平安時代中期になると小朝拝が公的儀式として認められ、朝賀儀と並行して行われるようになり、平安時代後期に至ると朝賀儀はまったく行われず小朝拝だけになるという変化は、朝賀儀の基盤となっていた律令制の官僚機構が次第に衰退し、逆に小朝拝の基盤となっている殿上人に代表される天皇と私的関係にある政治機構が優勢になったことを表していると考察する。

（4）岡田荘司「「私礼」秩序の形成――元日拝礼考――」（『平安時代の国家と祭祀』、続群書類従完成会、平成六年、初出は昭和六十二年）。
『養老儀制令』元日条の「凡元日。不ㇾ得ㇾ拝二親王以下一」との規定を踏まえて、天皇に対する朝賀儀を最優先とし、三后・皇太子に対する拝賀については、これを厳しく禁制していたと指摘した上で、律令制がよく実施されていた時期の臣下の間の元日拝礼は、自ずと制限が働いていたことが想像できるが、その制が次第に崩れゆく中で、私的な拝礼が相互に行われるようになるのは自然の成り行きであり、その端緒になったのが天皇への私的な拝礼とされている小朝拝であると定義付け、殿上に侍することのできた公卿・殿上人・蔵人ら限られた人々による「私礼」であり、昇殿・殿上制が整備され充実する宇多天皇朝にその成立期を求めることが最も妥当であると述べる。また、その意義については、十世紀以降の新たな国制機構の中心には公卿・殿上人層が据えられていくが、その象徴的儀礼となる小朝拝は、これに参加できる貴族層自らの特権的地位を確認し合い、またそれを表示する「礼」秩序の場となったと考察する。

(5)　酒井信彦「小朝拝の変遷」(『儀礼文化』九、昭和六十二年)。
小朝拝の成立に関しては深く論じられていないが、朝賀儀からその中核である拝舞の動作を取り出し、天皇に対する殿上人のみの私的な挨拶儀礼として、清涼殿の東庭上で行われるようになったのが、すなわち小朝拝であると述べる。さらに小朝拝の起源は明確ではないが、元来は朝賀儀と並存する性格のものであり、朝賀儀の後に行われていたが、朝賀儀が行われなくなると、小朝拝が朝廷における正式な年始の挨拶儀礼となっていったと考察する。

(6)　所功「「朝賀」儀式文の成立」(『平安朝儀式書成立史の研究』、昭和六十年、初出は昭和五十八年)。
元日朝賀儀との関係や、『醍醐天皇御記』と『貞信公記』との記述から、小朝拝は私礼として一時、廃止されたが、延喜十九年に右大臣右大臣藤原忠平らの申請によって復活し、その後は小朝拝も公的な儀式と認識され、朝賀儀の衰退と反比例して盛んになったと指摘する。

(7)　藤森健太郎「元日朝賀儀の変質と小朝拝の成立」(三田古代史研究会編『法制と社会の古代史』、慶応義塾大学出版会、平成二十七年)。
文徳天皇・清和天皇期の儀礼の原型と宇多天皇・醍醐天皇期の儀礼の段階差は大きく、「原型」的な前史の推定を認めるにしても、小朝拝の成立に関しては、通説通り九世紀末の宇多天皇期あたりに最大の画期を求めることが穏当であると指摘する。

(8)　目崎徳衛「仁寿殿と清涼殿」(『宇津保物語会会報』三、昭和四十五年)。
天皇の御在所に関して、変則的状態があまりにも多いことを考慮しつつも、大観すれば光孝天皇朝までは仁寿殿が常御殿として考えられていたことを指摘し、宇多天皇は、即位から三年半後に関白藤原基経が歿してからは、東宮雅院から内裏の清涼殿に遷り、醍醐天皇は、昌泰・延喜・延長の三十余年間、終始清涼殿を用いたことは、村上天皇の常住と相俟って、清涼殿を永く常御殿として確定する十分な既成事実をなしたと述べる。

(9)　『公卿補任』天慶二年(九三九)条。同条には「延木八十一廿一従四上」とあるが、源高明の誕生は延喜十四年(九一四)であることから、「延木」は「延長」の誤りであろう。

（10）『日本紀略』安和二年（九六九）三月二十五日条。
（11）『日本文徳天皇実録』天安二年（八五八）九月六日条。
（12）『日本三代実録』天安二年十一月七日条に「天皇即≡位於大極殿一。時年九歳」とある。
（13）古瀬奈津子「宮の構造と政務運営法」（『日本古代王権と儀式』、吉川弘文館、平成十年、初出は昭和五十九年）。
朝堂院と内裏の分離について、平城宮までは、天皇は儀式の時だけでなく、毎日大極殿に出御して政務を視るのが原則であり、長岡宮の延暦十一年（七九二）十月二十七日宣旨によって、公的に天皇が日常は内裏で政務を行うこととなり、大極殿に出御するのは即位・朝賀など国家的儀式の時だけとなったという変化は、内裏と朝堂院との分離という宮の構造の変化に対応すると述べる。
（14）古瀬前掲註(13)論文参照。
内裏と朝堂院の分離の意義は、天皇の日常政務の場と国家的儀式の場とが明確に分化したことにあり、従来のように天皇が毎日大極殿に出御することが律令政治の本来的なあり方で、内裏で政治を行うようになることは政治の内廷化・矮小化であり、律令政治の弛緩であると考えるのは誤りといえ、平城宮までは、宮の構造にも表れているように、大化前代の宮のあり方を色濃く受け継いでいたが、長岡宮以降にそれが払拭され、天皇の日常政務の場と国家的儀式の場とが分化したという点で、唐と同一レベルに達したと理解することができると結論付ける。
（15）『国史大辞典』には「元日に清涼殿東庭において天皇に拝賀する儀式。「こじょうはい」ともいう。朝賀（朝拝）が百官を集めて行う大規模な歳首の拝賀の式であるのに対して、これは殿上人以上を対象とする小規模の式であるところから小朝拝と称した。元来は朝賀の終わった後に行われたが、重複するために朝賀のない年だけに実施されるようになった。ところが延喜五年（九〇五）に至り、公卿・殿上人だけが参加する小朝拝は私礼であり、王者に私なしという見解から廃止された。しかし、同十九年に臣下の奏請により復興された。一方、朝賀は一条天皇の時代以後行われなくなり、この小朝賀だけが毎年続け行われた。その後、応仁・文明の乱に及び中絶したが、後土御門天皇の延徳二年（一四九〇）には元日節会とともに再興された。しかし、明治以後は行われない。儀式の大要について『公事根源』に「清涼殿の東庭に、四位・五位・六位に至るまで、袖をつらねて舞踏するなるべし、（中略）人々祗候の由をまづ无名門の前、弓場殿に立ち列なりて、上首の人、蔵人頭を以て奏聞す、その後に帝は出御になりて、小朝拝の儀式は侍るなり」と述べている。（倉林正次氏稿）」とある。

(16) 新訂増補国史大系『令義解』。

(17) 註(6)参照。

(18) 註(14)参照。

表6　元日朝賀儀、小朝拝、元日節会一覧

(1)○印は実施、△印は元日停止で延引され実施、×印は停止である。

(2)同日の史料に複数の出典がある場合は、引用時にも史料名を記した。

天皇	年月日	朝賀	小朝拝	節会	停止理由	記事、その他	出典
光仁天皇	天応元年正月一日 正月一日に改元						
桓武天皇	二年正月一日 八月十九日、延暦と改元						
	延暦二年正月一日	×			諒闇	廃朝也。	『続日本紀』
	三年正月一日						
	四年正月一日	○		○		天皇御大極殿受朝。其儀如常。石上榎井二氏、各竪桙楯焉。始停兵衛叫閤之儀。是日、宴五位已上於内裏。賜禄有差。	『続日本紀』
	五年正月一日			○		宴五位已上於内裏。	『続日本紀』
	六年正月一日						
	七年正月一日						
	八年正月一日	×			日食	日有蝕。	『日本紀略』
	九年正月一日	×			朕有所思	延暦八年十二月二十三日条を参照。	『続日本紀』
	十年正月一日	×			中宮周忌	延暦九年十一月十六日条を参照。	『続日本紀』
	十一年正月一日	○				皇帝御大極殿受朝賀。	『類聚国史』

	正月二日			○		宴侍臣於前殿。賜御被。	『類聚国史』
	十二年正月一日	○		○		皇帝御大極殿受朝賀。宴侍臣於前殿。賜被。	『類聚国史』
	十三年正月一日	×				廃朝。以宮殿始壊也。	『類聚国史』
	正月二日			○		宴侍臣。賜禄有差。	『類聚国史』
	十四年正月一日	×		○		廃朝。以大極殿未成。宴侍臣於前殿。奏大歌及雑楽。宴畢賜被。	『類聚国史』
	十五年正月一日	○		○		皇帝御大極殿受朝賀。石見国献白雀。長門国献白雉。宴侍臣於前殿。賜被。	『類聚国史』
	十六年正月一日	○		○		皇帝御大極殿受朝賀。大宰府献白雀。宴侍臣已上於前殿。賜被。	『日本後紀』
	十七年正月一日	○		○		皇帝御大極殿受朝賀。宴侍臣前殿。賜被。	『類聚国史』
	十八年正月一日	○		○		皇帝御大極殿受朝賀。文武官九品以上蕃客等各陪位。減四拝為再拝不拍手。以有渤海国使也。諸衛人並挙賀声礼訖。宴侍臣於前殿。賜被。	『日本後紀』
	十九年正月一日	○		○		皇帝御大極殿受朝賀。宴侍臣於前殿。賜被。	『類聚国史』
	二十年正月一日	○		○		皇帝御大極殿受朝賀。宴侍臣於前殿。賜被。	『類聚国史』
	二十一年正月一日	×			雪	廃朝。雪也。	『類聚国史』
	正月三日			○		百官儀設。有勅議之。宴侍臣於前殿。賜被。	『類聚国史』
	二十二年正月二日	△		○	一日は雨	受朝賀。美作国献白鹿。豊後国白雀。宴侍臣於前殿。賜被。	『類聚国史』
	二十三年正月一日	○		○		御大極殿受朝賀。武蔵国言。有木連理。近江国献白雀。宴次侍已上於前殿。賜被。	『日本後紀』
	二十四年正月一日	×			聖体不予	廃朝。聖体不予也。	『日本後紀』
	二十五年正月一日 五月十八日、大同と改元	×		○	聖体不予	廃朝。聖躬不予也。宴次侍已上於前殿。賜被。	『類聚国史』
平城天皇	大同二年正月一日	×		×	諒闇	上不受朝。諒闇也。	『類聚国史』

天皇	年月日	朝賀	小朝拝	節会	停止理由	記事、その他	出典
	三年正月一日	×			風寒異常	廃朝。以風寒異常也。宴五位已上於前殿。賜物有差。	『類聚国史』
	四年正月一日						
嵯峨天皇	五年正月一日 九月十九日、弘仁と改元	×		○	皇帝不予	廃朝。以皇帝不予也。賜侍臣已上衣被。	『類聚国史』
	弘仁二年正月一日	○				皇帝御大極殿臨軒。皇太弟、文武百官、蕃客朝賀如常儀。	『日本後紀』
	三年正月一日	○		○		皇帝御大極殿受朝賀。宴侍臣於前殿。賜御被。	『日本後紀』
	四年正月一日	○				皇帝御大極殿受朝賀。	『日本後紀』
	五年正月一日	○		○		皇帝御大極殿受朝賀。宴侍臣於前殿。賜被。	『類聚国史』
	六年正月一日	○		○		皇帝御大極殿受朝賀。蕃客陪位。宴侍臣於前殿。賜御被。	『日本後紀』
	七年正月二日	△		○	一日は雨	皇帝御大極殿受朝賀。宴侍臣於前殿。賜被。	『類聚国史』
	八年正月一日	○		○		皇帝御大極殿受朝賀。宴次侍従於前殿。賜被。	『類聚国史』
	九年正月一日	○		○		皇帝御大極殿受朝賀。宴侍臣於前殿。賜被。	『類聚国史』
	十年正月一日	×		○	風寒忩殺	廃朝。縁風寒忩殺也。宴侍臣於前殿。賜御被。	『類聚国史』
	十一年正月一日	○		○		皇帝御大極殿受朝。文武王公及蕃客朝賀如常儀。宴侍臣於豊楽殿。賜禄有差。	『類聚国史』
	十二年正月一日	○				皇帝御大極殿受朝賀。	『類聚国史』
	十三年正月一日	○		○		皇帝御大極殿受朝。京官文武王公以下及蕃客朝集使等、陪位如儀。是日、御豊楽殿、宴侍臣。賜禄有差。	『類聚国史』
	十四年正月一日	○		○		皇帝御大極殿受朝賀。宴侍臣於豊楽殿。賜被。	『類聚国史』
淳和天皇	十五年正月一日 正月五日、天長と改元	○		○		皇帝御大極殿受朝賀。宴侍従於紫宸殿。賜被。	『類聚国史』
	天長二年正月一日	×			御薬	廃朝賀以候御薬也。	『類聚国史』
	正月三日			○		宴侍臣於前殿。賜衾。	『類聚国史』
	三年正月一日	○		○		皇帝御大極殿受朝賀。宴侍臣於内裏。賜被。	『類聚国史』

	四年正月一日	×			御薬	停朝賀為候御薬也。	『類聚国史』
	正月二日			○		於宜陽殿廂下、召親王已下侍従已上。命酒食、賜被。	『類聚国史』
	五年正月一日	○		○		皇帝御大極殿受朝賀。宴侍臣於内裏。賜被。	『類聚国史』
	六年正月一日	○		○		皇帝御大極殿受朝賀。事畢宴侍従已上於紫宸殿。賜被。	『類聚国史』
	七年正月二日	△		○	一日は雨	御大極殿受賀。左衛門督清原真人長谷奏治部卿従四位源朝臣信等所奏阿波国景雲。幷越前国木連理等瑞。奏畢還。御紫宸殿、宴侍臣。賜御被。	『類聚国史』
	八年正月一日	○				皇帝御大極殿受朝賀。	『類聚国史』
	九年正月一日	○		○		御大極殿受朝賀。畢御紫宸殿。中務省進七曜暦。宮内省献氷様、例也。吉野国栖奏歌笛。但依新誕皇子薨、不奏音楽。賜親王已下五位已上被。	『類聚国史』
	十年正月二日	△		○	一日は雨	皇帝御大極殿受朝賀。午時乗輿還宮。御紫宸殿。宴親王以下侍従以上。賜御被也。	『類聚国史』
仁明天皇	十一年正月一日 正月三日、承和と改元	○		○		天皇御大極殿受群臣朝賀。宴侍従以上於紫宸殿。賜御被。	『続日本後紀』
	承和二年正月一日	○		○		天皇御大極殿受群臣朝賀。皇太子不朝。以童小也。還御紫宸殿。宴侍従已上。賜御被。	『続日本後紀』
	三年正月一日	○		○		天皇御大極殿受群臣朝賀。畢宴侍従以上於紫宸殿。賜御被。	『続日本後紀』
	四年正月一日	○		○		天皇御大極殿受群臣朝賀。畢宴侍従以上於紫宸殿。賜御被。	『続日本後紀』
	五年正月一日	○		○		天皇御大極殿受朝賀。畢宴侍従以上於紫宸殿。賜御被。	『続日本後紀』
	六年正月一日	×		○	服喪	廃朝賀。縁天皇之同産芳子内親王去月薨背也。是日天皇不御紫宸殿。但於陣頭賜侍従已上酒及禄。	『続日本後紀』
	七年正月一日	○		×		天皇御大極殿受朝賀。畢宴侍従以上於紫宸殿。賜御被。	『続日本後紀』
	八年正月一日	×			諒闇	廃朝賀諒闇也。	『続日本後紀』

天皇	年月日	朝賀	小朝拝	節会	停止理由	記事、その他	出典
	九年正月一日	○		○		天皇御大極殿受朝賀。畢宴侍従以上於紫宸殿。賜御被。	『続日本後紀』
	十年正月一日	×			諒闇	廃朝賀諒闇也。	『続日本後紀』
	十一年正月一日	×		○	大雪	廃朝賀大雪也。天皇御紫宸殿。宴侍従以上。賜御被。	『続日本後紀』
	十二年正月一日	×		○	大雪	廃朝賀大雪也。天皇御紫宸殿。宴侍従以上。賜御被。	『続日本後紀』
	十三年正月一日	○		○		天皇御大極殿受朝賀畢。廻御紫宸殿。宴侍従以上。賜御被。	『続日本後紀』
	十四年正月一日	×		○	大雪	廃朝賀大雪也。天皇御紫宸殿。宴侍従以上。賜御被。	『続日本後紀』
	十五年正月一日 六月十三日、嘉祥と改元	○		○		天皇御大極殿受朝賀。皇太子不朝縁病也。廻御紫宸殿。宴侍従以上。賜御被。	『続日本後紀』
	嘉祥二年正月一日	×		○	水害凶作	廃朝賀。縁去年天下有洪水秋稼不登也。天皇御紫宸殿。宴侍従以上。賜御被。	『続日本後紀』
	三年正月一日	×		○	大雨	終日雨降。停朝賀。先是、去月廿九日亦大雨焉。因停朝賀。天皇御紫宸殿。宴侍従以上。賜御被。	『続日本後紀』
文徳天皇	四年正月一日 四月二十八日、仁寿と改元	×			諒闇	帝不受歳賀。以諒闇終也。	『日本文徳天皇実録』
	仁寿二年正月一日	○		○		帝御大極殿受歳賀。還御南殿。賜宴侍臣。皆如旧儀。	『日本文徳天皇実録』
	三年正月一日	○		○		帝御大極殿受歳賀。還御南殿。賜宴侍臣。皆如常儀。	『日本文徳天皇実録』
	四年正月一日 十一月三十日、斉衡と改元	×		○	雨後泥深	停朝賀以雨後泥深也。帝御南殿。賜宴侍臣。皆如常儀。今日朔旦立春也。	『日本文徳天皇実録』
	斉衡二年正月一日	×		○	雪後泥深	帝不御大極殿。以雪後泥深。仍停朝賀。勅公卿、賜宴侍臣如常。	『日本文徳天皇実録』
	三年正月一日	×		○	陰雨	停朝賀。以陰雨也。帝御南殿。賜宴侍臣如旧。唯不作音楽。	『日本文徳天皇実録』
	四年正月一日 二月二十一日、天安と改元	×		○		天皇不受朝賀。南殿不巻御簾。宴飲群臣。賜禄如常。	『日本文徳天皇実録』

	天安二年正月一日	×			陰雪	天皇不聴朝賀。以陰雪也。	『日本文徳天皇実録』
清和天皇	三年正月一日 四月十五日、貞観と改元	×			諒闇	天皇不受朝賀諒闇也。中務省七耀暦。宮内省蔵氷様。大宰府腹赤魚等付内侍奏。	『日本三代実録』
	貞観二年正月一日	×		○	雨	天皇不受歳賀。雨也。御前殿。宴侍臣。賜御被。所司各奉職。奏七曜暦、蔵氷厚薄、腹赤魚。挙音楽。並如旧儀。于時天皇御東宮。是日、廃朝賀。故宴於前殿。	『日本三代実録』
	三年正月一日	×		○	雨	天皇不受朝賀雨也。御前殿。宴侍臣。奏七曜暦、蔵氷厚薄、腹赤魚。挙音楽。賜被。並如常儀	『日本三代実録』
	四年正月一日	×		○	雨	天皇不受朝賀雨也。御前殿。宴侍臣。賜被。如常儀。	『日本三代実録』
	五年正月一日	×		○	雨	天皇不受歳賀雨也。御前殿。宴侍臣。賜被如常。七曜暦、蔵氷様、腹赤魚。所司緩怠。不奏於庭。付内侍奏。	『日本三代実録』
	六年正月三日	○		○		天皇御大極殿受朝賀。礼畢。還東宮。御前殿。賜宴侍臣。雅楽寮奏音楽、宴竟賜被。（一日に天皇元服）	『日本三代実録』
	七年正月一日	×		○	雨雪地湿	天皇不受歳賀以雨雪地湿也。天皇御前殿。七曜御暦、蔵氷様、腹赤御贄等、所司付内侍奏進。親王已下、侍仗下飲宴。賜御被。	『日本三代実録』
	八年正月一日	×		○		天皇不受朝賀。七曜暦、蔵氷様、腹赤御贄等、所司付内侍奏。賜親王以下飲於宜陽殿西廂。賜御被。	『日本三代実録』
	九年正月一日	×		○		天皇不受朝賀。七曜暦、蔵氷様、腹赤魚等、所司付内侍奏。天皇御紫宸殿。宴于侍臣。賜被。	『日本三代実録』
	十年正月一日	×		○		天皇不受朝賀。七曜暦、蔵氷様、腹赤魚等、所司付内侍奏。帝御紫宸殿。賜宴侍臣。宴竟賜被。	『日本三代実録』
	十一年正月一日	×		×	源信薨去	天皇不受朝賀。停賜宴侍臣之儀。以去年閏十二月廿八日左大臣薨也。	『日本三代実録』
	十二年正月一日	×		○		天皇不受朝賀。宴群臣於紫宸殿。賜被。七曜暦、蔵氷様、腹赤魚等、所司付内侍奏。	『日本三代実録』
	十三年正月一日	×		○	雨	天皇不受朝賀雨也。宴侍臣於紫宸殿。賜被。	『日本三代実録』

天皇	年月日	朝賀	小朝拝	節会	停止理由	記事、その他	出典
	十四年正月一日	×		×	諒闇	天皇不受朝賀。以太皇太后崩。心喪未畢也。	『日本三代実録』
	十五年正月一日	×		○	雨後地濕	天皇不受朝賀。以雨後地濕也。天皇御紫宸殿。賜宴侍臣。停雅楽寮音楽幷吉野国栖風俗歌。以去年太政大臣薨也。宴竟賜被。	『日本三代実録』
	十六年正月一日	×		○	雨後地濕	天皇不受朝賀。以雨後地濕也。御紫宸殿。宴于侍臣。賜被。	『日本三代実録』
	十七年正月一日	×		○		天皇不受朝賀。御紫宸殿中。引親王公卿於殿上。侍従侍於殿庭幄座。飲宴奏楽。賜御被。	『日本三代実録』
	十八年正月一日	×		○	雨	天皇不受朝賀雨也。賜宴侍臣於紫宸殿。雅楽寮奏楽。賜被如被。	『日本三代実録』
陽成天皇	十九年正月一日 四月十六日、元慶と改元						
	元慶二年正月一日	×		○	澍雨降雪	天皇不受朝賀澍雨降雪也。七曜暦、蔵氷様、腹赤魚等、所司付内侍奏。宴侍臣於紫宸殿。雅楽寮奏楽。日暮賜被。	『日本三代実録』
	三年正月一日	×		○		天皇不受朝賀。御紫宸殿。賜侍臣。所司献剛卯杖。奏七曜暦、蔵氷様、腹赤魚等。雅楽寮奏楽如常儀。宴竟賜被。	『日本三代実録』
	四年正月三日	×		○	雨	天皇不受朝賀雨也。所司献剛卯杖、七曜暦、蔵氷様、腹赤魚等。付内侍奏。天皇御紫宸殿。賜宴侍臣。雅楽寮奏音楽。宴竟賜被。	『日本三代実録』
	五年正月一日	×			諒闇	天皇不受朝賀諒闇也。	『日本三代実録』
	六年正月三日			○		今日兼行元日之宴礼。故、詔文倆、正月朔日。諸仗服上儀。 （一日に天皇元服、朝賀と元日宴を兼行したものか）	『日本三代実録』

	七年正月一日	×		○	雨	天皇不受朝賀雨也。七曜暦、蔵氷様、腹赤魚等、所司付内侍奏。御紫宸殿。宴於侍臣。雅楽寮奏音楽。宴竟賜被。	『日本三代実録』
	八年正月一日	×		○	雪	天皇不受朝賀雪也。御紫宸殿。賜宴侍臣。雅楽寮奏音楽。如常儀。賜被。	『日本三代実録』
光孝天皇	九年正月一日 二月二十一日、仁和と改元	○		○		天皇御大極殿受朝賀。太政大臣行内弁。太政大臣、儀不可行内弁。是日、別有勅行之。是権時之事也。先是山城、伊勢、尾張、遠江、上総、美濃、信濃等国上言。木連理。甲斐国獲嘉禾。是日、奏於庭焉。礼畢鑾輿還宮。宴侍臣於紫宸殿。雅楽寮奏音楽。並如旧儀。宴竟賜被。	『日本三代実録』
	仁和二年正月一日	○		○		天皇御大極殿受朝賀。受朝賀如常儀。礼畢御紫宸殿。賜宴侍臣。雅楽寮奏楽。賜五位已上被。	『日本三代実録』
	三年正月一日	×		○	雨	廃朝。雨也。天皇御紫宸殿。賜宴侍臣。雅楽寮奏音楽。日暮賜日。是日、七曜暦、蔵氷様、腹赤御贄等、所司付内侍奏。縁雨濕不奏於庭。	『日本三代実録』
宇多天皇	四年正月一日	×			諒闇	天皇不受朝賀。依諒闇也。	『日本紀略』
	五年正月一日 四月二十七日、寛平と改元						
	寛平二年正月一日	×				停朝賀。天皇御南殿。	『日本紀略』
	三年正月一日			○		南殿節会。	『日本紀略』
	四年正月一日						
	五年正月一日						
	六年正月一日						
	七年正月一日	×			雪	延喜八年正月一日条、依雨雪停朝賀。依寛平七年例也。 (『日本紀略』)	『日本紀略』『西宮記』

天皇	年月日	朝賀	小朝拝	節会	停止理由	記事、その他	出典
	八年正月一日	○		○		天皇於大極殿受朝賀儀。訖廻御紫宸殿、賜宴。(『日本紀略』)	『日本紀略』『西宮記』
	九年正月一日						
醍醐天皇	十年正月一日 四月二十六日、昌泰と改元						
	昌泰二年正月一日	×		○	風雪	停朝賀縁風雪。天皇御南殿、宴群臣。	『日本紀略』
	三年正月一日						
	四年正月一日 七月十五日、延喜と改元				日食	日有蝕。	『日本紀略』
	延喜二年正月一日	○		○		天皇幸大極殿受朝。御南殿宴群臣。(『日本紀略』)	『日本紀略』『西宮記』
	三年正月一日			○		不拝。午四刻御南殿。(『日本紀略』)	『日本紀略』『西宮記』
	四年正月一日						
	五年正月一日	○	×		私礼	是日有定。止小朝拝。仰曰、覧昔史書、王者無私。此事是私礼也。(『醍醐天皇御記』)	『日本紀略』『醍醐天皇御記』
	六年正月一日	×		○		無朝賀。但御南殿、有宴会。(『日本紀略』)	『日本紀略』『西宮記』
	七年正月一日	×		×	八省院未修	天皇不受朝賀。以八省院修理未成也。復不御紫宸殿。以識子内親王薨。(『日本紀略』)	『日本紀略』『貞信公記』『西宮記』
	八年正月一日	×		○	雨雪	依雨雪停朝賀。依寛平七年例也。未剋御紫宸殿。儀式如常。有絃歌事。(『日本紀略』)	『日本紀略』『西宮記』
	九年正月一日	×			雨	依雨濕停朝賀。	『日本紀略』
	十年正月一日	×		○	疫災	停朝賀事。依去八年旱九年疫灾也。今日雨濕也。御南殿、有宴会事。(『日本紀略』)	『日本紀略』『貞信公記』『西宮記』
	十一年正月二日	×		○	一日は日食 早損	停朝賀。依去年早損也。於南殿有宴会。(『日本紀略』)	『日本紀略』『貞信公記』『西宮記』

十二年正月一日	×		○	雨湿	依雨湿無朝賀。御南殿宴会。（『日本紀略』）	『日本紀略』『貞信公記』『西宮記』
十三年正月一日	○		○		天皇幸大極殿受朝賀。還宮宴会。（『日本紀略』）	『日本紀略』『貞信公記』『西宮記』『北山抄』
十四年正月一日	×			凶作	停朝賀依去年不登也。（『日本紀略』）	『日本紀略』『貞信公記』『扶桑略記』
十五年正月一日	×		○	雨湿	依雨湿停朝賀。（『日本紀略』）	『日本紀略』『西宮記』
十六年正月一日	×		○	疱瘡	止朝賀。依去年疱瘡之災也。御紫宸殿垂御簾。不警蹕。（『日本紀略』）	『日本紀略』『西宮記』
十七年正月一日		○	○		小朝拝。皇太子参上。有宴会。（『日本紀略』）	『日本紀略』『西宮記』
十八年正月一日	×		×	日食	日蝕。仍止朝賀、宴会。（『日本紀略』）	『日本紀略』『貞信公記』『扶桑略記』
十九年正月一日	×	○	×	日蝕	節会如常。殿上侍臣有小朝拝。先年依仰停止。而今日臣下固請復旧、有此礼。所以者何。当代親王有拝賀。臣下何無礼。此臣子之道義同云々。（『貞信公記』）	『日本紀略』『醍醐天皇御記』『貞信公記』『西宮記』『年中行事秘抄』『年中行事抄』
二十年正月一日				日蝕		
二十一年正月一日						
二十二年正月一日	×		○	雨湿	天皇御南殿。依雨湿止朝拝。	『扶桑略記』
二十三年正月一日 閏四月十一日、延長と改元			○		蓋供例、内膳六人、進物所膳部六人、幷十二人供之。而今日有四人、違也。	『醍醐天皇御記』
延長二年正月一日			○		雪降。節会如常。雨儀也。（『貞信公記』）	『貞信公記』『西宮記』『小野宮年中行事』
三年正月一日	×		○	雪	雪下。无朝賀。（『日本紀略』）宴会如常。（『貞信公記』）	『日本紀略』『貞信公記』
四年正月一日		○	○		此御物忌。而御南殿。但小朝拝之事、内宿侍臣供奉之。（『醍醐天皇御記』）	『日本紀略』『醍醐天皇御記』

天皇	年月日	朝賀	小朝拝	節会	停止理由	記事、その他	出典
	五年正月一日			○		節会如常。	『貞信公記』
	六年正月一日			○		延長六年正月一日、不巻御簾。（『西宮記』）	『扶桑略記』『西宮記』『小野宮故実旧例』
	七年正月一日	○		○			『醍醐天皇御記』『西宮記』『北山抄』『政事要略』
	八年正月一日		○	○		小朝拝、宴会。	『日本紀略』
朱雀天皇	九年正月一日 四月二十六日、承平と改元	×	×	×	諒闇	止朝賀小朝拝。依諒陰也。諸節会等停止之。（『日本紀略』）	『日本紀略』『貞信公記』『西宮記』『北山抄』
	承平二年正月一日			○		申二刻主上御南殿。三献之後還御本殿。自余雑事如例。（『貞信公記』）	『貞信公記』『愚管抄』『妙音院相国白馬節会次第』『宣胤卿記』
	三年正月一日	×		○		止朝賀。於南殿宴会。（『日本紀略』）	『日本紀略』『西宮記』
	四年正月一日			○		承平四年正月一日。外弁右大臣。	『妙音院相国白馬節会次第』
	五年正月一日	○		○		有朝賀。（『日本紀略』）	『日本紀略』『愚管記』
	六年正月一日	×			雨濕	止朝賀。依雨濕也。	『日本紀略』
	七年正月五日	○		○		天皇幸大極殿受朝賀。受朝賀還宮。賜禄有差。（『日本紀略』） （一日に天皇元服）	『日本紀略』『主上御元服上寿作法抄』『西宮記』『北山抄』
	八年正月一日 五月二十二日、天慶と改元						
	天慶二年正月一日			○		上御南殿。諸司緩怠。左近称無当色。遅開門。陰陽官人遅参。中務輔乍□不参進。依如此之事、刀祢遅引。	『貞信公記』
	三年正月一日			○		宴会。無音楽。依東国兵乱也。（『日本紀略』）	『日本紀略』『貞信公記』『本朝世紀』

	四年正月一日		○	○		有小朝拝事。依雨王卿列立仁寿殿西廂(北上)。侍臣立長橋中(東上北面)。六位立其後。拝舞畢。	『吏部王記』
	五年正月一日	×		○		天慶四年十二月廿九日甲寅、召権少外記多治文正。被仰来年元日朝賀停止宣旨。文正承之。召仰所司了。(『本朝世紀』)	『本朝世紀』『妙音院相国白馬節会次第』『江次第抄』
	六年正月一日						
	七年正月一日			○		天慶七年例、同日雨濕時、不謝座昇殿。内弁仰云、莫謝。近代無此儀。(『西宮記』)	『西宮記』『妙音院相国白馬節会次第』『江次第抄』
	八年正月一日		○	○		小朝拝了。(『吏部王記』)上御南殿。皇太弟参上。節会如常。太弟不及禄時退下。(『貞信公記』)	『吏部王記』『貞信公記』
	九年正月一日		○	○		小朝拝、節会如例。(『日本紀略』)	『日本紀略』『貞信公記』
村上天皇	十年正月一日 四月二十二日、天暦と改元	○		○		天皇幸大極殿受朝。還宮之後、有宴会。(『日本紀略』)	『日本紀略』『貞信公記』『吏部王記』『九暦』『西宮記』『北山抄』
	天暦二年正月一日	×	×	○		無朝賀。天皇御南殿。宴会。有音楽。右丞相奉仕内弁。又依雨止小朝拝。(『日本紀略』)	『日本紀略』『貞信公記』『小野宮年中行事』
	三年正月一日	×			諸国異損	天暦二年十二月廿八日条、今年諸国申異損。其数甚多。宜停止来年朝拝者。	『日本紀略』
	四年正月一日			○		正月一日、節会。(『吏部王記』)	『吏部王記』『三節会次第』
	五年正月一日						
	六年正月一日						
	七年正月一日		×	○	穏子病	依中宮御薬止此儀。	『西宮記』
	八年正月一日			○		不出御南殿云々。	『北山抄』
	九年正月一日						
	十年正月一日						

天皇	年月日	朝賀	小朝拝	節会	停止理由	記事、その他	出典
	十一年正月一日 十月二十七日、天徳と改元		○	○		参内、暫著陣座。即参東宮梅壺。申刻経藤壺並後涼殿東廂等参上給。奉抱兼家自侍北壁辺進給。此間王公不動座。是若理歟。東宮拝礼畢。暫著給侍座。供円座。其後小朝拝。已及秉燭。拝了。儲君還参給。有御肴六打敷。余又蒙召候御前、給酒肴。此間引列。不御南殿。以如礼被行宮御禄。青色於御衣下襲於袴。又御拝舞。余不著南殿退出。（『九暦』）	『日本紀略』『九暦』
	天徳二年正月一日			○		節会。	『日本紀略』
	三年正月一日					節会。	『日本紀略』
	四年正月一日		○	○		酉刻小朝拝。入夜引列。（『九暦』）	『日本紀略』『九暦』『西宮記』『年中行事抄』
	五年正月一日 二月十六日、応和と改元		×		御物忌	止小朝拝。依当御物忌。兼延喜之始、勅停此礼也。（『村上天皇御記』）	『村上天皇御記』『西宮記』『権記』
	応和二年正月一日	×				無朝賀。是日也。皇太子参観。	『日本紀略』
	三年正月一日	×			雨	無朝賀。依雨也。	『日本紀略』
	四年正月一日 七月十日、康保と改元			○		依忌月、不出御南殿。（『西宮記』）	『西宮記』『北山抄』
	康保二年正月一日			○		節会。	『日本紀略』
	三年正月一日	×	○	○		不受朝賀。有小朝拝、宴会。但無御出。依御忌月也。（『日本紀略』）	『日本紀略』『西宮記』
	四年正月一日		○	○		康保四年正月一日庚寅。小朝拝并節会也。（『兵範記』）	『西宮記』『兵範記』
冷泉天皇	五年正月一日 八月十三日、安和と改元			×	諒闇	止宴会。依諒闇也。	『日本紀略』
	安和二年正月一日			○		節会。（『日本紀略』）	『日本紀略』『年中行事抄』

円融天皇	三年正月一日 三月二十五日、天禄と改元						
	天禄二年正月一日			○		節会。天皇出御。有音楽	『日本紀略』
	三年正月一日			○		節会如恒。（『日本紀略』）	『日本紀略』『蜻蛉日記』
	正月五日	×				雨降。仍停朝拝。去年十二月廿五日可有朝拝之由、所召仰所司也。（三日に天皇元服）	『日本紀略』
	四年正月一日 十二月二十日、天延と改元			○		節会。	『日本紀略』
	天延二年正月一日			○		宴如恒。	『日本紀略』
	三年正月一日			○		節会。天皇出御南殿。	『日本紀略』
	四年正月一日 七月十三日、貞元と改元			○		有宴会。天皇不出御。依御不予也。	『日本紀略』
	貞元二年正月一日						
	三年正月一日 十一月二十九日、天元と改元			○		宴会如恒。（『日本紀略』）	『日本紀略』『小右記目録』
	天元二年正月一日		○	○		小朝拝、節会。（『日本紀略』）	『日本紀略』『小右記目録』
	三年正月一日		○	○		小朝拝、節会。天皇出御南殿。（『日本紀略』）	『日本紀略』『小右記目録』
	四年正月一日		×	○		節会。（『日本紀略』） 天元四年正月一日、小朝拝可停事。（『小右記目録』）	『日本紀略』『小右記目録』
	五年正月一日		○	○		節会（『日本紀略』）左右大臣以下於陣座令奏小朝拝事。勅答、去年皇居非例、（去年御太政官）仍停止、頗似私礼、延喜間已被停此礼、依彼跡所停、還御本宮之後、永（停）此礼如何。公卿等尚請不停此礼。仍有天許。公卿須奏慶由、而無奏。其詞不存旧事歟。（『小右記』）	『日本紀略』『小右記』

天皇	年月日	朝賀	小朝拝	節会	停止理由	記事、その他	出典
	六年正月一日 四月十五日、永観と改元		○	○			『小右記目録』
	永観二年正月一日			○		節会。(『日本紀略』)	『日本紀略』『小右記目録』
花山天皇	三年正月一日 四月二十七日、寛和と改元		×	○		是日無小朝拝。延喜比有此事。殊賜仰事於諸卿。其由具存。而無仰事。黙而停之。未知其由。是或卿相之所奏云々。不知先例歟節会。天皇出御南殿。(『小右記』)	『日本紀略』『小右記』
	寛和二年正月一日			○			『小右記目録』
一条天皇	三年正月一日 四月五日、永延と改元			○		節会。	『日本紀略』
	永延二年正月一日		○	○		小朝拝、節会。左右大臣以下参。	『日本紀略』
	三年正月一日 八月八日、永祚と改元		○	○		小朝拝、節会。(『日本紀略』)	『日本紀略』『小右記』
	永祚二年正月一日 十一月七日、正暦と改元					(正月五日、天皇元服)	『日本紀略』『小右記』
	正暦二年正月一日						
	三年正月一日		×	×	諒闇	依諒陰、無節会、小朝拝。(『権記』)	『日本紀略』『権記』
	四年正月一日	○	○	○		於八省院有朝拝事。天皇出御。還御之後、宴会如恒。内弁内大臣。(『日本紀略』)	『日本紀略』『小右記』『権記』
	五年正月一日		○	○		小朝拝、宴会。(『日本紀略』)	『日本紀略』『権記』
	六年正月一日 二月二十二日、長徳と改元			○		節会。	『日本紀略』
	長徳二年正月一日			○		節会。天皇依御物忌、不出御南殿。(『日本紀略』)	『日本紀略』
	三年正月一日			○		節会。(『日本紀略』)	『日本紀略』『小右記』『栄華物語』

	四年正月一日						
	五年正月一日 一月十三日、長保と改元			○		節会。天皇出御南殿。	『日本紀略』
	長保二年正月一日			×	諒闇	停止節会。依去年太皇太后宮崩也。	『日本紀略』
	三年正月一日			×	諒闇	停節会。依去年十二月皇后崩也。(『日本紀略』)	『日本紀略』『権記』
	四年正月一日			×	諒闇	長保三年閏十二月廿九日丙申、被下明年正月節会停止之宣旨。(『日本紀略』)	『日本紀略』『権記』
	五年正月一日		○	○		参左府。参内。有小朝拝。就陣。右大臣以下著外弁。節会如常。(『権記』)	『日本紀略』『権記』『本朝世紀』
	六年正月一日 七月二十日、寛弘と改元		○	○		節会如常。申一刻小(朝)拝、三刻御出。(『御堂関白記』)	『日本紀略』『御堂関白記』『権記』『北山抄』『和泉式部日記』
	寛弘二年正月一日		○	○		小朝拝。雨儀之後、左大臣被退出。右大臣内弁。一献之後還御、御酒勅使大蔵卿。宣命予。事了退出。大雪。(『権記』)	『日本紀略』『御堂関白記』『権記』『小右記』
	三年正月一日		○	○		小朝拝、節会如常。(『権記』)	『日本紀略』『御堂関白記』『権記』『北山抄』
	四年正月一日		×	○	御物忌	依御物忌、無小朝拝。節会如恒。(『日本紀略』)	『日本紀略』『御堂関白記』『権記』
	五年正月一日		○	○		小朝拝。節会如恒。(『日本紀略』)	『日本紀略』『権記』『栄華物語』
	六年正月一日		○	○		小朝拝、節会如常。(『権記』)	『日本紀略』『権記』
	七年正月一日		○	○		四方拝如常。参内。小朝拝。申刻出御南(殿)。(『権記』)	『日本紀略』『御堂関白記』『権記』
	八年正月一日		○	○		四方拝及拝礼如常。参内。節会。(『御堂関白記』)	『日本紀略』『御堂関白記』『小右記』

天皇	年月日	朝賀	小朝拝	節会	停止理由	記事、その他	出典
三条天皇	九年正月一日 十二月二十五日、長和と改元			×		無節会。依諒闇也。（『日本紀略』）	『日本紀略』『御堂関白記』『小右記目録』『栄華物語』
	長和二年正月一日		○	○		小朝拝等如常。日晩節会初。無御出。依御忌月也。（『御堂関白記』）	『日本紀略』『御堂関白記』『小右記』『栄華物語』
	三年正月一日		○	○		二日己丑。昨日節会案内問達右衛門督。報云。昨日々入之間、有小朝拝。（『小右記』）	『日本紀略』『小右記』
	四年正月一日			○		節会。天皇不出御南殿。（『日本紀略』）	『日本紀略』『御堂関白記』『小右記目録』
	五年正月一日		×	○		参東宮幷大内。無小朝拝。節会不出御。人々遅参。（『御堂関白記』）	『御堂関白記』『小右記』『左経記』『日本紀略』
後一条天皇	六年正月一日 四月二十三日、寛仁と改元		○	○		参内。小朝拝、節会如常。（『御堂関白記』）	『日本紀略』『御堂関白記』『年中行事抄』
	二年正月一日		○	○		参大内。小朝拝。及秉燭御出南殿。供膳。後入御。即退出。（『御堂関白記』）（3日に天皇元服）	『日本紀略』『御堂関白記』『左経記』『小右記』『小右記目録』
	三年正月一日		○	○		供御薬、小朝拝如常。入夜節会初。（『御堂関白記』）	『日本紀略』『御堂関白記』『左経記』『小右記』
	四年正月一日		○	○		先供御薬。次有小朝拝。次坐御南殿、宴会如常。（『左経記』）	『小右記』『左経記』
	五年正月一日 二月二日、治安と改元		○	○		於射場以左頭中将朝任被奏事之由、有小朝拝。（『小右記』）	『小右記』『左経記』
	治安二年正月一日		○	○		小朝拝事、雨儀。（『小右記目録』）	『日本紀略』『小右記目録』『小右記』
	三年正月一日		×	○		無小朝拝。	『小右記』

	四年正月一日 七月十三日、万寿と改元		○	○		小朝拝如恒（中略）節会如恒。	『小右記』
	万寿二年正月一日		○	○		列立仁寿殿西廂下、侍臣列立南廊中、拝舞。事次第退出。次御南殿、入夜宴会始。（『左経記』）	『左経記』『小右記目録』
	三年正月一日		○	○		小朝拝。次出御南殿。節会儀如常。（『左経記』）	『日本紀略』『左経記』
	四年正月一日		○	○		余左方股疼痛、舞踏之間進退多憚。仍候陣。（『小右記』）	『日本紀略』『小右記』
	五年正月一日 七月二十五日、長元と改元			×	穢	節会去冬入道前太政大臣薨後、穢中停止之。（『日本紀略』）	『日本紀略』『小右記』
	長元二年正月一日		○	○		飛雪不止。小朝拝雨儀云々。（『小右記』）	『小右記』『左経記』
	三年正月一日			○		節会。（『日本紀略』）	『日本紀略』『小右記目録』
	四年正月一日		○	○		供御薬了。小朝拝。（『左経記』）	『日本紀略』『左経記』『小右記』『小右記目録』
	五年正月一日		○	○		小朝拝如例。（『左経記』）	『日本紀略』『左経記』『小右記目録』
	六年正月一日			○		節会。	『日本紀略』
	七年正月一日			○		節会。	『日本紀略』
	八年正月一日		×	○		有議小朝拝。（廂中依湿也。）（『左経記』）	『日本紀略』『左経記』
	九年正月一日			○		節会。依雨議。近衛次将候宜陽殿壇上。称警。	『日本紀略』

第十四章　皇后拝賀儀礼と二宮大饗

はじめに

天皇に対しての拝賀儀礼としては、元日朝賀儀が行われる。皇后・皇太子に対しても『儀式』（巻六）には、「正月二日朝㆓拝皇后㆒儀」「二日拝㆓賀皇太子㆒儀」が記載され、延喜年間以降には「二宮大饗」として現れてくる。

この二宮大饗は、正月二日に近臣が皇后（中宮）と皇太子（東宮）とに対して、それぞれの本所（居所）において拝礼をし、その後に玄暉門の東西廊において饗宴が行われる儀式で、儀式次第が初めて見られるのは『西宮記』である。それ以前の成立である『儀式』には、拝賀儀礼は記載されているが、「二宮大饗」の語およびその次第は見られない。このことは、単に『儀式』記載の拝賀儀礼と「二宮大饗」の名称および儀式次第の内容についての比較検討においてだけではなく、皇后拝賀儀礼成立の背景、さらに当時の朝廷における儀礼構造の変化とも関わる問題を提起しているといえよう。この二宮大饗の研究としては、倉林正次氏の「正月儀礼の成立」[1]、太田静六氏の「大饗儀礼——二宮大饗と大臣大饗——」[2]、栗林茂氏の「皇后受賀儀礼の成立」[3]、田村葉子氏の「二宮大饗の成立と背景」[4]、東海林亜矢子氏の「中宮大饗と拝礼」[5]、中本和氏の「中宮大饗と東宮大饗」[6]などが挙げられる。

二宮大饗は、単に皇后拝賀儀・東宮拝賀儀との関連性だけではなく、正月儀礼全体の変遷の中で捉えるべき問題であろう。以下、朝賀儀と皇后との関係などに視点を当てながら考察する。

一　皇后の正月儀礼

古代の朝廷において、正月には年中最大の儀礼である元日朝賀儀をはじめとして、元日節会、二日には皇后や東宮への拝賀儀礼が行われる。本節では、その中でも正月二日に着目し、皇后・東宮拝賀儀から二宮大饗へと、儀式次第がいかにして移り変わったかということに重点を置き、検討する。その前提として『儀式』と『大唐開元礼』とにおける正月儀礼について簡単に確認しておく。

『大唐開元礼』に見られる正月拝賀儀礼は、「皇帝元正冬至受皇太子朝賀」「皇后元正冬至受皇太子朝賀」「皇帝元正冬至受皇太子妃朝賀」「皇后元正冬至皇太子妃朝賀」「皇帝元正冬至受群臣朝賀」「皇后正至群臣朝賀」「皇后正至受外命婦朝賀」「皇太子元正冬至受群臣賀」「皇太子元正冬至受宮臣賀」である。我が国の『儀式』には、「元正受朝賀儀」「正月二日朝拝皇后儀」「二日拝皇太子儀」が記載されている。

皇后の拝賀儀は、日本も『大唐開元礼』の皇后拝賀儀礼を取り入れたかのごとく考えられよう。しかし、元日朝賀儀に着目すると『大唐開元礼』と『儀式』との明らかな相違点を認めることができる。それは『儀式』（巻六）元正受朝賀儀には「皇帝服㆓冕服㆒就㆓高御座㆒（中略）皇后服㆓礼服㆒後就㆑座」とあるように、日本の皇后は元日朝賀儀にも天皇と揃って列席することが規定されているのである。坂本太郎氏は、この点をすでに指摘している。(7)しかし、皇后が元日に天皇と共に群臣の賀を受けているとすれば、二日に改めて皇后拝賀儀を実施する必要があるのかという疑問が生じよう。

皇后が天皇と共に元日朝賀儀に列席することは、『儀式』以前の『内裏式』(8)や『内裏儀式』(9)の段階でも確認できる。この点から、弘仁年間以前から皇后も朝賀儀に列席する慣習が出来上がっており、『内裏儀式』において明文化されるに至ったと推測される。『内裏儀式』の成立については、西本昌弘氏が詳細に検討されているので[10]、本書では深く触れることは差し控えるが、皇后も古くから朝賀儀に列席していたことが確認される事例であろう。『儀式』に二日の皇后の拝賀儀を記載するのは、元日朝賀儀において群臣の賀を受ける主体はあくまでも天皇であり、皇后は単に同席するのみで拝賀の対象にはなりえなかったためとの考え方も成り立とう。しかし、『本朝法家文書目録』に記載される『内裏儀式』の篇目や[11]『内裏式』において、皇后拝賀儀の記載を確認することはできない。これは、天皇と共に皇后が朝賀儀に列席するために、古くは、改めて二日に皇后への拝賀を行わなかったとの解釈ができるのではないだろうか。

それでは、日本の皇后拝賀儀が『大唐開元礼』に倣ったとする考え方に立つと、中国において皇后拝賀儀が成立した背景を考察しなければならない。

『通典』（巻七十、礼三十）元正冬至受朝賀

初。永徽五年十一月。武后立。群臣群臣命婦朝二皇后一。旧儀。冬至元日。百官不下於二光順門一朝中賀皇后上。

『資治通鑑』（巻二〇二）高宗儀鳳三年（六七八）正月辛酉条

春正月辛酉。百官及蛮夷酋長朝二天后于光順門一。

『通典』は、永徽五年（六五四）十一月に武后が皇后に冊立された際に、皇后への拝賀儀が行われたと記載する。さらに続けて、旧儀では元日・冬至に百官が光順門において皇后に対して朝賀を行うことはなかったと伝えている。しかし、『資治通鑑』によると、儀鳳三年正月には百官等が光順門において皇后に対して朝賀を行っていることが確認できる。ここから、中国における皇后拝賀儀が武后の時代に成立したと考えて差し支えないといえよう。新城理恵氏によって、中国における皇后拝賀儀の成立は、皇后武氏の権威付けのために利用され、それが『大唐開元礼』規定として残され、唐代前半期における皇后の権威の強さの名残を留めたという考えが提起され

ている。(12)

日本の皇后の地位についての研究は、楊永良氏の「元正朝賀儀における諸問題——その法的意義——」(13)、鈴木織恵氏の「八世紀の皇后像とその地位」(14)、大津透氏の「律令制と女帝・皇后の役割」(15)などがある。

日唐の皇后の立場の相違は、皇后拝賀儀の儀式文からも読み取れよう。『儀式』の「正月二日朝拝皇后儀」では、参列者について「列二立玄暉門一」とあるのみで、皇后がどの殿舎に居たかなど具体的なことは明記されず、拝賀を受けるべき主体である皇后の座の設置についても記されていない。しかし、『大唐開元礼』の「皇后正至受群臣朝賀」には、「皇后首飾褘衣以出。即御位南向坐」とあり、皇后の動きについての具体的な記述が認められる。唐の儀礼では皇后に直接拝礼するのに対して、日本では皇后に直接拝礼するのではなく、皇后の居る後宮（殿舎）に対して拝礼する形式をとっているといえよう。これは、律令国家における儀礼の本質が、やはり天皇に対するものであることと関わっているためと考えられる。つまり、日本の皇后拝賀儀は、中国でそれが成立した武后の時代のように権威を確立するような意味合いはなく、臣下から皇后への敬意を表す儀礼と考えるべきではないだろうか。ただし、朝賀儀に皇后が天皇と共に列席することと合わせて考えれば、皇后は天皇と一体をなしているような存在であることから、皇后も朝賀儀に列席したのであろう。この点は鈴木織恵氏の述べるごとく、皇后が「皇位継承の紛争の際には即位すること」(16)と関わりがあると考えられる。

国史の記事では、「天皇（皇帝）受二朝賀一」というような記載であるため、皇后が実際に列席していたか否かを確認することは難しい。また、いかに皇后が朝賀儀に列席して天皇と一体をなしているような存在であったとしても、朝賀儀において拝礼を受ける主体は天皇であることを失念してはならない。皇后は、もともと元日朝賀儀に列席していたが、『内裏式』の成立以降に『大唐開元礼』に基づいた儀礼が整えられていく過程において、改めて二日に皇后に直接にではなく後宮に拝礼するという形で、皇后拝賀儀を取り入れたのではあるまいか。

さすれば、淳和天皇朝において正月二日に皇后拝賀儀が確認できることは[17]、それ以前の弘仁年間において、嵯峨天皇が主導した唐風儀礼の整備を行う過程で編纂された『内裏式』には見られない皇后拝賀儀を、『大唐開元礼』に倣って取り入れながらも、日本古来の皇后の立場も考慮して儀礼の内容を整備し成立させたものと考えられ、それが『儀式』の段階において皇后拝賀儀として明文化されたのであろう。

二　拝賀儀と二宮大饗の関連性

「皇后拝賀儀」と後の「二宮大饗」が同一の儀式次第ではない以上は、『儀式』に記載される皇后拝賀儀・東宮拝賀儀が、『西宮記』に記載される二宮大饗と、どのように関わっているのかを考察する必要がある。まず、それぞれの儀式次第を示した上で検討を加える。

『儀式』（巻六）正月二日朝二拝皇后一儀

当日早朝掃部寮設二式部省輔已下座於縫殿寮東道一。史生已上東面北上。省掌北面東上。設二弾正弼已下座於同寮側近便処一。式部輔以下進就レ座。五位以上就レ版。受レ点。録一人率二史生省掌一置二版位一。自二玄暉門壇東端一北去一丈五尺東置二典儀一西面。北去四尺東折三尺置二賛者位一用レ録。自二同門東扉一北去一丈置二職大夫位一。北去六尺立二親王標一。次太政大臣標。次大臣標。次大納言標。次中納言標散三位及王四位参議在二此列一。次四位参議標。次王四位五位標。次臣四位標。次臣五位標。次六位標二一。次七位標二一。次八位標二一。次初位標二一。次無位標二一相去各六尺。巳刻。省丞録已下列二立於寮南道一南面西上。于時史生執レ簿。唱二列五位以上一。随レ唱称唯。列二立同道南辺一先レ是参議已上在二玄暉門西廊一。省掌趨進云、大夫等参進二声。五位已上以レ次参入録立二朔平門内一称二容止一。列二立玄暉門外一南面西上。丞録率二六位以下刀禰一入列二立五位之後一省掌且称二容止一。次弾正忠以下在二式部次一。立定時典儀云。再拝。賛者承伝親王以下再拝。訖職大夫出就二版位一。賀寿者進レ自レ列南向称レ寿詞見二元日儀式一。復レ列。職大夫参入令下二内侍一啓上。即参入奉二令旨一退出。伝宣大夫退出就レ位宣二令旨一。親王及群臣称唯。拝訖大夫参入。典儀曰、再拝。賛者承伝王公百官再拝。訖以レ次退出。

『儀式』（巻六）同日拝二賀皇太子一儀

当日后宮礼畢掃部寮設二式部輔已下座於監物曹司東道一。設二弾正弼已下座於大膳職便処一。式部録率二史生一入レ自二西門一立レ標。自二寝殿南階中一南去一丈東折七尺立二太政大臣標一。南去立二左大臣標一。南去立二大納言一標。南去立二中納言標一（三位参議及王四位参議在二此列一。）南去立二四位参議標一。南去立二王四位五位標一。南去立二臣四位標一。南去立二五位標二一（相去各六尺。）自二同階中一西折七尺当二太政大臣標一立二親王標一。南去立二右大臣一。南去立二散一位二位標一。南去立二散三位標一（四位参議者可レ敵無レ色闕二一標一。）南去一丈二尺立二王四位五位標一。南去立二臣四位一。南去立二五位標二一（相去四尺並立西面。）訖式部輔已下省掌已上率二五位已上六位已下一列二立南門左右一（左西上北面。右東上北面。）于時開門。省丞録史生分二頭東西一。搢レ笏執レ版参入、各置二標下一退出。次省掌二人執二六位已下版一。置二於外門屏幔東西端一。訖掌儀師二賛者一。参入就レ版。于時皇太子着二御座一。坊亮升二西階一向二東北一立。親王以下五位已上次参入就レ版省（掌二人立二門外左右一称二容止一。）次省丞録史生省掌相二分左右一。引二六位已下一就二門外位一。立定皇太子起立二御座後一。掌儀云。再拝。賛者承伝群官内外倶再拝。賀寿者出レ自レ列升レ自二西階一東面跪レ寿（称詞如二元日内裏儀一。）訖復二本位一。群官倶拝。皇太子召レ亮。称唯東面跪奉二令旨一。降レ自二西階一至二于南階西一。東面宣二令旨一。云々。訖群官拝舞。皇太子着二御座一。亮復レ位。掌儀云、再拝。賛者承伝群官再拝。訖以レ次退出。亮亦退出。訖掌儀師二賛者一退出。省丞録史生如レ初参入。執レ版退出。

『西宮記』（恒例第一、正月）二日二宮大饗事

王卿以下参二本宮一拝礼。（近代二拝。）於二玄暉門辺一着レ靴。着二中宮饗一。（西北廊。）東上（五位幄在二庭中一。）大夫・亮献レ盃。（両行唱レ平。）一献餛飩。三献飯汁。次楽舞。（各二曲。）莖立・苞焼・蘇・甘栗・七八巡。宮司給レ禄。（就二内侍候所一給。）五位侍従一人。召レ名給二侍従禄一。次宮司給二王卿禄一。次着二東宮饗一。（西上殿上人益送。）

『儀式』と『西宮記』とを比較すると、明らかに同一の儀式次第ではないことが確認できる。『儀式』の皇后拝

賀儀・東宮拝賀儀では、共に前段は会場設営が記され、傍線を付した後段からは、拝礼が儀式の主体であったことが読み取れ、饗宴に関する記述はまったく確認できない。饗宴に関する儀式次第は、もっぱら『西宮記』だけに見ることができる。

『儀式』の皇后拝賀儀と『西宮記』の二宮大饗は、両者共に主たる会場を「玄暉門」とすることが共通している。さらに『西宮記』にも「王卿以下参二本宮一拝礼」と記載されることから、二宮大饗においても皇后に対する拝賀は行われていたことが確認される。また、「大饗」という言葉は、延喜五年（九〇五）以降に用いられていることが確認できる(18)。しかし、延喜五年に見られる「大饗」は大臣大饗であり、皇太子（東宮）に対しては延喜十二年(19)、皇后に対しては延長二年（九二四）(20)以降に「饗・大饗」の語が確認される。また、次に挙げた『延喜式』には、「大饗」の言葉は見られず、むしろ拝礼を儀礼の中心に置く規定が見られる。

『延喜中宮式』群官朝賀条

同日朝早朝受二群官朝賀一。

同日早朝。所司鋪二設於玄暉門外西廊一。親王以下諸王於二廊上一。諸臣五位於二廊下一南面。式部置二典儀位於同門東一。差東北退設二賛者位一。並西面南上。設二職大夫位於門西南面一。依二時尅一式部引二五位以上六位以下一、列二於同門外一南面。典儀曰、再拝。賛者承伝、群官再拝。職大夫出就レ位。為レ首者南向跪称二賀詞一。訖復レ位。群官再拝。職大夫入申二内侍一。内侍奉二令旨一伝宣。大夫奉二令旨一退出。就レ位南面伝宣。群官称唯。再拝訖退出。（以下、省略）

延喜年間以降、すでに「大饗」の言葉が用いられていることは確認されているが、延長五年撰進・康保四年（九六七）施行の『延喜式』には、拝礼を中心にする儀礼として規定されていることが注目されよう。これは二宮大饗の場合でも、本来は拝礼が主体であったとの推察が可能となる。つまり、『西宮記』に記載された「二宮大饗」の儀式次第の冒頭に、「王卿以下参二本宮一拝礼」の記述があることは、『儀式』に記載された皇后拝賀儀に見られるような拝礼が行われ、拝礼の終了後に、『儀式』には見られない饗宴に関する部分が付け加えられたと推察されるのである。

それでは、『西宮記』の段階において、「拝賀」を中心とした儀礼になぜ「饗宴」が付け加えられたのかを考えなくてはならない。

『日本三代実録』貞観十七年（八七五）正月二日条

二日丙戌。親王以下次侍従已上奉レ参二皇太后宮東宮一賜レ宴。雅楽寮挙レ楽。賜二衣被一。凡毎年正月二日。親王公卿及次侍従以上奉レ参二三宮一賜レ宴。例也。而年来不レ書。史之闕也。今此記レ之。他皆効レ此。

『日本三代実録』によれば、貞観十七年年の時点で（この場合は皇太后と東宮への拝賀）すでに宴が恒例になっていたことが確認される。しかし、これまでは歴史書に記載されておらず、この貞観十七年に初めて記したとされている。正月二日の皇后に対する一連の儀礼は、皇后への拝礼が主体であり、賀寿者が皇后に対して賀詞を啓している。その賀詞については、『儀式』の皇后拝賀儀には「詞見二元日儀式一」と注記するのみで、元日朝賀儀において天皇に対して行われる奏賀文と同じような内容の賀詞が、皇后に対して啓されたと推定される。貞観十七年といえば、『儀式』の編纂が進められている年代であり、それを考慮すれば、すでに恒例となっている饗宴部分を『儀式』は記載しなかったということになろう。これは、皇后拝賀儀が本来は元日朝賀儀と関連した一連の正月拝賀儀礼であったという推測を可能とする。さらに貞観十七年の段階において、すでに拝賀とは別に饗宴が付随する儀礼が行われていたと考えられるのである。

これは先学の指摘する通り(21)、「元日朝賀儀と元日節会」の関係のように、皇后拝賀儀も、饗宴部分が付随して形成された可能性が読み取れよう。本来は拝礼が儀礼の中心であった。しかし、それが時代状況の変化とともに、拝礼から大饗に中心が移ったと考えられる。拝賀儀から大饗への変化は、第四節において詳述する。

三　二宮大饗と大臣大饗

前節において、「元日朝賀儀と元日節会」の形に倣って、「皇后拝賀儀」に饗宴が付随して行われる形が形成された可能性があると述べた。それでは、いかにして拝礼から饗宴が中心となる儀礼に変化したのかという問題について考察する必要があろう。倉林正次氏は、拝賀から大饗への変化を、大臣大饗と関連させて考えている。[22]二宮大饗についての先行研究では、倉林氏のように拝賀から大饗への変化という形で捉えるよりも、二宮大饗独自の成立を述べているものが多く見られる。しかし、倉林氏が、二宮大饗の成立を大臣大饗との関わりから考えていることを踏まえ、本書においても大臣大饗について簡単に確認したい。

大臣大饗とは、大臣の邸宅において毎年正月と大臣任官の際に行われるものである。正月の大臣大饗は、正月に摂関やそれぞれの大臣が私邸に宴を設け、親王・公卿を招いて饗宴が行われた。この大臣大饗の成立について、山中裕氏は『平安朝の年中行事』の中で「延喜年間ごろにはじまったらしい」[23]と述べている。大臣大饗の初見は、元慶八年（八八四）に藤原基経が行ったものである。

『九暦』承平六年（九三六）正月三日条

癸巳。天晴。巳時依レ召参レ殿。太閤仰云。所レ煩未レ平。明日大饗事不レ定。検二前例一去元慶八年太政大臣殿大饗如レ常。但主人大臣不レ出二客亭一。右大臣源多早到行事。是所レ注二外記日記一也。依二彼例一欲レ行二明日饗事一。而太政大臣家例也。我非二其職一。何追二彼例一饗。此事如何。（後略）

『九暦』によれば、藤原忠平は煩うところがあり、明日の大饗の事を未だ定めていなかった。前例を探してみると、元慶八年に藤原基経が行った大饗は、主人である基経が客亭に出ることはなく、右大臣の源多が行事を取り仕切ったとしている。この他に『西宮記』所引『貞信公記』承平六年正月四日条[24]、『北山抄』承平六年勘物[25]、

『年中行事秘抄』所引『吏部王記』承平六年正月四日条に元慶八年の例が引用されている。[26]元慶八年の例を大臣大饗の初見とすることに関して、川本重雄氏は、九世紀後半のこの段階で、正月大饗が貴族住宅での饗宴としてすでに定着していたと推察している。[27]また、この大臣大饗の席次については、『類聚雑要抄』（巻一）に永久四年（一一一六）正月二十三日に内大臣藤原忠通が開いた大饗[28]について記載されており、また藤原頼長が仁平二年（一一五二）正月二十六日に行った大饗が『台記』[29]と『兵範記』[30]に詳しい。『台記』『兵範記』のいずれも、母屋には大臣・大納言・中納言・参議の座、南庇に主人である頼長の座、西庇に弁・少納言の座、西北渡殿に外記・史の座、南庭に面していない北西渡殿に散三位・殿上人の座、西中門廊に侍従・諸大夫の座が置かれていたことが確認される。この座の配置については、川本氏から、正月大饗は太政官の構成や秩序を色濃く反映していたとの考え方が提起されている。[31]

ここで二宮大饗と合わせて考えてみたい。皇后に対する拝賀儀礼に饗宴が付随していたことは、前節で述べたように、貞観十七年（八七五）の段階ですでに恒例となっていたことが確認される。大臣大饗の初見とされる元慶八年の例と比較しても、大臣大饗よりも古くから饗宴が行われていたと考えることができる。また、大臣大饗において太政官の官吏が優遇されることも、皇后拝賀儀・二宮大饗・大臣大饗の三者の性質の違いを示す特徴の一つであろう。前節で示したように、『儀式』皇后拝賀儀の儀式文では、親王以下、無位に至るまでが、順次玄暉門前に整列する。また『西宮記』に見る二宮大饗の儀式文においても、王卿以下が玄暉門辺において饗宴についていることがわかる。この点からも、太政官の官人が優遇される大臣大饗と、王卿以下が等しく宴を賜る二宮大饗とは、その性質が異なっていると考えられる。

二宮大饗と大臣大饗との関わりは、名称は「大饗」と同一である。しかし、皇后・皇太子（東宮）の儀礼に対して「大饗」の語を用いたのは、「大臣大饗」に倣ってのことだったとしても、その成立は大臣大饗よりも古く、貞観十七年以前にすでに饗宴が行われていることを考慮して考える必要があろう。饗宴の付随は元日朝賀儀の変化が原因の一つと考えられるため、次節において詳しく検討を加える。

四　拝賀儀から大饗へ

拝賀から大饗への変化については、前節で述べたごとく、大臣大饗と関連させた見方がある(32)。しかし筆者は、朝廷における正月拝賀儀礼は元日朝賀儀と相互的な関わりがあると考えており、皇后・東宮拝賀儀が二宮大饗へと変化した一因についても、やはり元日朝賀儀との関係から検討を加えたい。

皇后・皇太子（東宮）に対する正月の「拝賀」の語は、第一節で述べたように淳和天皇の天長年間に頻出する(33)。前述のごとく、『日本三代実録』貞観十七年（八七五）正月二日条には、「凡毎年正月二日。親王公卿及次侍従以上奉レ参二三宮一賜レ宴。例也。而年来不レ書。史之闕也。今此記レ之。他皆効レ此」とあることからも、貞観十七年の段階ではすでに、毎年三宮（皇后・皇太后・東宮）のもとに参上し宴を賜ることは恒例となっていたことが確認でき、それが国史の記事には闕けていたということである。

ここで元日朝賀儀の変遷を簡略に述べる。仁明天皇以前は、ほぼ毎年恒例の行事として朝賀儀と元日節会が共に行われていることが、本章末の表7からも確認できる。しかし、文徳天皇以降は朝賀儀が行われなくなり、もっぱら元日節会のみが行われていることが確認できる。

文徳天皇朝から天皇の出御がなく朝賀儀が行われなくなること、朝賀儀が行われなくても元日節会のみが実施されること、貞観十七年の段階では皇后に対する拝礼の後に饗宴を行うのが恒例となっていること、の三点は、何らかの関連を持っていると考えられないであろうか。

第二節においても若干触れたが、これらの関わりを明らかにするために、皇后拝賀儀・東宮拝賀儀において、それぞれの皇后と皇太子に啓する文言に注目したい。以下に『儀式』『延喜式』から当該部分を抜粋して挙げておく。

『儀式』（巻六）正月二日朝拝皇后儀
賀寿者進レ自レ列。南向称レ寿。詞見二元日儀式一。

『儀式』（巻六）二日拝賀皇太子儀
賀寿者出レ自レ列。升レ自二西階一。東面跪称レ寿。詞如二元日内裏儀一。但不レ注二年〔新カ〕月一。

『延喜春宮坊式』群官賀条
其詞曰。新年能新日尓万福乎持参来岐拝供奉良久登申。

『儀式』（巻六）元正受朝賀儀
明神止御二大八洲一日本根子天皇我朝廷爾仕奉流親王等王等臣等百官人等天下百姓衆諸新年乃新月乃新日爾与二天地一共爾万福乎持参来天皇我拝仕奉事乎恐美恐美毛申賜止申。

『儀式』では「正月二日朝拝皇后儀」「二日拝賀皇太子儀」のいずれも、「見二元日儀式一」「如二元日内裏儀一」と注記がある。この元日の儀式とは、すなわち元日朝賀儀のことと推察され、『延喜式』に見る東宮拝賀儀には、具体的な賀詞が記載されている。皇后拝賀儀においても、元日朝賀儀における天皇に対する奏賀文に準拠あるいは類似した文言が啓されていたことが考えられる。この賀詞の関係からも、『儀式』に見られる皇后・東宮拝賀儀は、元日朝賀儀と相互的な関係になっているといえよう。

朝廷では朝賀儀が次第に行われなくなり、殿上人以上が元日に天皇を拝する小朝拝が行われるようになる[34]。百官すべてが元日朝賀儀で天皇を拝していないのに、皇后・皇太子を拝するということは考えにくい。朝賀儀が行われないことで、『儀式』の規定にある皇后・東宮拝賀儀を行うことが不可能となってしまうのではあるまいか。

つまり、皇后・東宮拝賀儀が、朝賀儀の実施を前提とした儀礼構造である以上は、天皇への年頭の拝礼が朝賀儀から小朝拝へと変化することに連動して、『儀式』の規定通りの拝賀儀礼が行えないことに伴って儀式次第を変化させて実施するしかない、ということになろう。『儀式』は官撰の儀式書として成立しているため、元日朝賀儀と皇后・東宮拝賀儀が相互に関わる規定が残されている。しかし、当時の実情としては、貞観十七年の段階で饗宴の実施が恒例化していたことを考慮しても、拝賀儀から大饗（饗宴儀礼）への変化は、元日朝賀儀が衰退を見せはじめ元日節会のみが行われるようになる時期、すなわち文徳天皇朝以降であると推測するのが妥当であろう。それが、延喜年間以降に大臣大饗が成立し定着するようになると、皇后・皇太子への拝賀もすでに饗宴が中心となっていたため、その名称も「二宮大饗」として史料上に現れるようになったものであろう。

『西宮記』に記載された二宮大饗の儀式次第は、朝賀儀よりも元日節会が行われるという時代状況に応じ、皇后・東宮拝賀儀も饗宴に儀礼の中心が移行した実態を記しているといえよう。元日朝賀儀の衰退とともに皇后・東宮拝賀儀も衰退を見せ、『儀式』の規定する拝礼部分を受け継ぎながらも、拝賀儀から大饗へと儀礼の中心が変化したことを窺い知ることができるのである。

おわりに

『儀式』（巻六）に記載された皇后拝賀儀と東宮拝賀儀とは、元日朝賀儀と密接な関りを持った儀礼であった。その成立は中国の武后に対して行われた拝礼に端を発している。日本においては、古くから皇后は天皇と共に元日朝賀儀に列席していた。そして、唐風儀礼整備の中で、淳和天皇朝において正月二日に皇后拝賀儀が行われるようになる。しかし、これは完全に唐の儀礼を模倣したものではないと考えられよう。それは唐の皇后拝賀儀が武后の権威付けのために成立したのに対し、日本においては、『儀式』に拝礼を受ける主体である皇后の座の明記などはなく、後宮を拝する形式であること、皇后拝賀儀の成立以降にも朝賀儀に皇后が列席する規定になっていることが挙げられるからである。この二点に注目すれば、元日朝賀儀は、皇后が列席したとしても、拝賀の対象はあくまで天皇であることから、改めて正月二日に臣下が皇后に敬意を表す儀礼として皇后拝賀儀が成立したといえよう。

本来の拝礼を中心としていた儀礼に、『儀式』の規定には見られない饗宴部分が付け加えられたのは、貞観十七年（八七五）以前（おそらくは文徳天皇朝以降）と推測される。これは、朝賀儀と元日節会の関係のごとく、皇后拝賀儀の後にも饗宴を行うという構成になったものであろう。しかし、饗宴部分が付随したとしても、『延喜式』などでは、儀礼の中心は拝礼にあったことが確認できる。

『西宮記』の段階に至ると、儀礼の中心が饗宴部分に移っている。これは、文徳天皇朝以降に天皇に対する朝賀儀が行われずに元日節会のみが行われるようになると、皇后拝賀儀もそれに伴って儀礼の中心が饗宴に移行したのであろう。貞観十七年の段階では、すでに饗宴が恒例化していたことが確認され、延喜年間以降に大臣大饗が正月の儀礼として成立・定着すると、その名称に倣って「二宮大饗」として史料上に現れるようになったものと考えられる。もともとの皇后・東宮拝賀儀は元日朝賀儀と密接な関わりがあり、拝賀から大饗への変化は、小朝拝で天皇に拝賀を行ったとしても朝賀儀を実施していないため、朝賀儀に伴う皇后・東宮拝賀儀を行うことができないという、当時の状況によるものと考えられる。これは第十三章で述べた小朝拝の成立とも密接に関わっているといえよう。

なお、本書では、元日節会について検討が加えられなかったので、今後は元日節会も含めて、正月儀礼全体の変遷から儀礼構造の変化について考察するという課題が未だ残っている。

註

（1）倉林正次「正月儀礼の成立」（『饗宴の研究』儀礼編、桜楓社、昭和四十年）。

（2）太田静六「大饗儀礼――三宮大饗と大臣大饗――」（『寝殿造の研究』、吉川弘文館、昭和六十二年）。

（3）栗林茂「皇后受賀儀礼の成立」（『延喜式研究』八、平成五年）。

（4）田村葉子「二宮大饗の成立と背景」（『史学研究集録』十九、平成六年）。

（5）東海林亜矢子「中宮大饗と拝礼――男性官人と后――」（『平安時代の后と王権』、吉川弘文館、平成三十年、初出は平成十八年）。

（6）中本和「中宮大饗と東宮大饗」（『続日本紀研究』四〇四、平成二十五年）。

（7）坂本太郎「儀式と唐礼」（坂本太郎著作集七『律令制度』、吉川弘文館、平成二十五年、初出は昭和十六年）。日唐の元日朝賀儀の相違について、唐礼は、皇帝が大極殿に朝賀を受け群臣に宴を賜う儀に、皇后が列することを記しておらず、日本の朝賀儀では、大極殿に高御座とともに皇后の座が設けられ、天皇の後から皇后の出御があり、豊楽殿の宴に移っても皇后が同列であることは重要な相違で、わが皇后の位置が唐の皇后の位置と相違していることの表れであると察せられると述べている。

（8）『内裏式』元正受群臣朝賀式には「皇帝服二冕服一就二高座一。（中略）皇后服二礼服一後就二御座一」とある。

（9）『内裏儀式』元旦受群臣朝賀式に「設二皇后御座於高座東幔之後一」とある。

（10）西本昌弘「古礼からみた『内裏儀式』の成立」（『日本古代儀礼成立史の研究』、塙書房、平成九年、初出は昭和六十二年）。これまでの研究成果を踏まえて『内裏儀式』の成立を、「弘仁九年三月以前に成立した儀式書である可能性が高く」、これが弘仁十二年撰進の『内裏式』に先行することは疑いないと指摘する。

（11）『本朝法家文書目録』（『続々群書類従』十六）を参照した。

（12）新城理恵「唐代における国家儀礼と皇太后――皇后・皇太后・受朝賀儀礼を中心に――」（『社会文化史学』三十九、平成十年）。中国における皇后拝賀儀は、皇后としての立場を逸脱しない範囲内の儀礼を最大限利用した上で、儀鳳三年の朝賀で皇后に許された領域から一歩踏み出し、皇后の存在を広く知らしめることを目的に皇后の受朝賀を創設し、皇后武氏の権威付けに利用した儀礼であり、『開元礼』に残されたこの儀礼の規定は、唐代前半期における皇后の権力の強さの名残を留めるものであると指摘する。

(13)楊永良「元正朝賀儀における諸問題――その法的意義――」(『明治大学大学院紀要』二十一一、昭和五十七年)。
坂本氏の所論を妥当であると評価して、古代の日本で推古天皇以降に六人八代の女帝が現れたことについて、推古天皇は敏達天皇の皇后、皇極(斉明)天皇は舒明天皇の皇后、持統天皇は天武天皇の皇后であると、六人の女帝のうち四人が帝妃または皇太子妃であることを確認した上で、皇后は控えの天皇を意味しているとの見解を示し、元日朝賀儀の時に天皇と同列で皇后(控えの天皇)も群臣の賀を受けるのは少しも不思議ではないと述べる。さらには唐以外に『遼史』や『元史』の朝賀儀における皇后の立場を検討して、日本、契丹、十二・十三世紀以降のモンゴルは皆、母権制の遺風が残っている民族であるという共通点を見出すことができると指摘する。

二日の皇后拝賀儀については、天皇・皇后(控えの天皇)が同列に朝賀を受けるのが最も自然な形であるが、後世に至って儀式書を編纂する際に、唐を意識して皇后受朝賀を無理に取り入れたことは、日本にとってはいわば蛇足のごときものであったと述べる。

(14)鈴木織恵「八世紀の皇后像とその地位」(『駒沢史学』五十七、平成十三年)。
大化前代の大后との比較から、律令制下における皇后は、これまでの大后が持っていたような、天皇から自立した経済基盤を保証され、一族の尊長として政治に関わる役割に加え、新たに所生男子を最有力の次期皇位継承者と位置付ける存在となり、皇位継承の紛争の際には即位すること、また安定的に皇位を継承するための統治能力ではなく血統の貴卑を重視した結果、皇后は皇女であることを出自の大前提にしていたと考えられることを指摘する。しかし、光明子の立后によって、臣下が立后することが当然となり、九世紀になると、皇后は、天皇として即位することを前提として紛争を解決するような政治能力を発揮する存在ではなく、中国的な「嫡妻」としての権力の発揚を志向する存在となったと述べている。

(15)大津透「律令制と女帝・皇后の役割」(『古代文化』一一九、平成十六年)。
皇后が朝賀儀に列席することに着目し、おそらく奈良時代以前にも天皇だけでなく皇后もいたと推定できるから、皇后もまた、朝拝を受け、天皇と同じく帛衣を着用していたのであり、群臣の宗教的拝礼の対象であったと述べ、皇后も天皇と同じく、ヤマト王権・律令国家の中核となる宗教的機能を持っていたと考えられると考察している。

（16）鈴木前掲註(14)論文参照。

（17）皇后拝賀儀の実施は、淳和天皇朝から確認される。『類聚国史』（巻七十一、歳時二、二宮大饗）には、「淳和天皇天長五年正月己未。皇太子已下奉二賀後宮一。賜レ物有レ差」と記載されるのをはじめとして、天長七年（八三〇）、八年、九年に皇后に対する拝賀儀の記事が見られる。

（18）『日本紀略』延喜五年（九〇五）正月四日条に「左大臣家大饗」、同四日条に「右大臣家大饗」の語が見られる。また前年の延喜四年正月四日条には「左大臣家饗」の語が見られる。

（19）『日本紀略』延喜十二年正月四日条に「東宮大饗」とある。

（20）『貞信公記』延長二年（九二四）正月二日条には「二日。参二仁和寺・陽成院一。宮饗。后宮饗在二玄輝門西廊一」とあり、また『小野宮年中行事』（正月）皇后宮及東宮拝賀事には「故殿御日記云。延長二年正月二日。昨日依二節会一着二吉服一。今日装束独身難レ定。仍令レ賜二気色一。報命云。今日猶可レ着二軽服一」と見える。

（21）倉林前掲註(1)論文・田村前掲註(4)論文参照。

倉林氏は、節会に先行する朝拝の儀があり、これが元正儀礼の主体をなすものであったと指摘し、二宮大饗においても同様のことがいえ、饗宴に先行する儀として拝賀があり、「拝賀—饗宴」という構成であったと述べる。そして、本来の中心は前段の拝賀の儀にあったが、我が国の儀礼には不思議な一面があって、儀礼は饗宴に重点を置く傾向をたどり、饗宴化の方向に向かうのが習わしであったと指摘する。さらに元正儀礼については、朝賀の儀礼は次第に小朝拝に取って代わられる形となり、朝賀は大儀、その後の宴会は小儀という格付けがあったはずであるのに、いつか元日の行事の主体はその小儀の元日の宴に置かれるようになったと述べる。そして、これは二宮大饗においても事情は同じであり、拝賀よりも饗宴部分の方が主体性を持ち、「二宮大饗」という名称は、この儀礼がそうした経過をたどった後に与えられた名前であると指摘する。

田村氏は、二宮大饗を正月二日に内裏（後宮）に居る中宮・東宮に対して拝礼と饗宴を行う儀式であると位置付け、また儀式の意義は王権中枢に居る中宮・東宮と上部の官人との人格的な関係の再生産であり、この点で、正月一日に天皇と上部の官人が人格的な関係を再生産する小朝拝と近似性を持つと指摘する。二宮大饗は醍醐天皇朝の延長年間に成立時期が求められ、十世紀の支配者層は二宮大饗を朝賀の系譜を引くものと認識しており、拝礼に対応して成立した饗宴であったと見られると述べる。さらに二宮大饗が成立した背景は、十世紀以降に特定氏族による官司請負制とそれに伴う家格の形成が本格的に進行したことと関係があり、この動きと合わせて王権内部の政治秩序が再編制され、それを体現する正月儀礼も変化して、天皇・皇后・皇太子朝賀に替わって小朝拝・二宮大饗が成立したと考えている。

(22) 倉林前掲註(1)論文参照。

二宮の大饗という名称には、大臣大饗と関連があったことを指摘する。それは直接的な関係ではなくても、社会的・時代的に関連を持っていたと思われると述べ、二宮大饗という呼び名がつけられるようになると、この二宮に関する儀礼も饗宴の部分に重点が置かれるようになり、儀礼は大臣大饗に接近した形をとるようになって、正月二日の二宮の儀礼が、成立当時の重点をなした拝賀の部分を減少させて次第に饗宴部分を拡大してきたことは、一面新しい儀礼形態への変化といえるかもしれないが、他面、逆にわが国古来の固有儀礼体制への復帰、換言すれば、国風化の傾向を表してきたものということができるかもしれないと述べている。

(23) 山中裕『平安朝の年中行事』（塙書房、昭和四十七年）。

(24) 『西宮記』（恒例第一、正月、臣家大饗）所引『貞信公記』承平六年（九三六）正月四日条に、「承平六年正月四日貞信公記云。家饗。心神不レ調。不レ出二簾前一。是依二元慶八年堀川院例一所レ行也。（後略）」とある。

(25) 『北山抄』（巻三、拾遺雑抄上、大饗事）に「同六年。有二所労一。無二御出一。元慶八年例也。（後略）」とある。

(26) 『年中行事秘抄』（『群書類従』第六輯所収）に「李部《ママ》王記云。承平六年正月四日。詣二左大臣家饗所一。主公称レ病不レ出。語曰。近日雖二更廃一。不レ能二束帯一。仍令三外記二先例一。旧記□損。先例頗不二委曲一。元慶七年記云。主人大臣称レ病不レ出二客亭一。右大臣早到行レ事。今日准二彼例一。（後略）」とある。

(27) 川本重雄「正月大饗と臨時客」（『日本歴史』四七三、昭和六十二年）。

元慶八年（八八四）に太政大臣藤原基経の邸で開かれた大饗の記録が見られることから、正月大饗が遅くともこの時期までには成立していたことは確かであり、また、この元慶八年の正月大饗の記録が、主人が病のために客亭（宴席）に同席せずに大饗を行った例として引かれているところを見ると、九世紀後半のこの段階で、正月大饗が、貴族住宅での饗宴としてすでに定着していたことが推察できると述べる。

(28)　『類聚雑要抄』（『群書類従』第二十六輯所収）に「母屋大饗。永久四年正月廿三日」とあり、以下に「内大臣殿忠通母屋大饗寝殿指図」が掲載されている。

(29)　『台記』仁平二年（一一五二）正月二十六日条。

(30)　『兵範記』仁平二年正月二十六日条。

(31)　川本前掲註(27)論文参照。
饗宴の対象となる人々も実は太政官の官職に就く役人であることから、正月大饗とは、太政官の長たる大臣が太政官の官人をもてなすために開く饗宴であるということが知られると指摘した。また、殿上人や諸大夫の座が饗宴の会場からまったく隔離して設けられているように、太政官に属さない人々が饗宴に参加しようとすると舞台裏に廻らざるをえないほど、この正月大饗は太政官の構成や秩序を色濃く反映していたと考えられると述べている。

(32)　註(22)参照。

(33)　註(17)参照。

(34)　小朝拝は正月一日に内裏清涼殿東庭において、殿上人が天皇に拝賀する儀礼である。その初見は『醍醐天皇御記』延喜五年（九〇五）正月一日条に「停二小朝拝一」と見られることから、延喜五年以前には行われていたことが確認でき、文徳天皇・清和天皇朝にその原型があったと思われる。第十三章参照。

表7　桓武天皇朝以降の元日朝賀儀・元日節会・皇后拝賀・二宮大饗・立后・立太子一覧

○印は実施、△印は元日停止で延引され実施、×印は停止である。

天皇	年月日	朝賀	元日節会	拝賀儀	大饗	停止理由	関連事項	出典
光仁天皇	天応元年正月一日 正月一日、改元							
桓武天皇	四月三日						早良親王、立太子。	『続日本紀』

	二年正月一日 八月十九日、延暦と改元							
	延暦二年正月一日	×				諒闇		『続日本紀』
	四月十八日						藤原乙牟漏を皇后となす。	『続日本紀』
	三年正月一日							
	四年正月一日	○	○					『続日本紀』
	十一月二十五日						安殿親王（後の平城天皇）、立太子。	『続日本紀』
	五年正月一日		○					
	六年正月一日							
	七年正月一日							
	八年正月一日	×				日食		『日本紀略』
	九年正月一日	×				朕有所思		『続日本紀』
	十年正月一日	×				中宮周忌		『続日本紀』
	十一年正月一日	○						『類聚国史』
	正月二日		○					『類聚国史』
	十二年正月一日	○	○					『類聚国史』
	十三年正月一日	×						『類聚国史』
	正月二日		○					『類聚国史』
	十四年正月一日	×	○					『類聚国史』
	十五年正月一日	○	○					『類聚国史』
	十六年正月一日	○	○					『日本後紀』
	十七年正月一日	○	○					『類聚国史』
	十八年正月一日	○	○					『日本後紀』

天皇	年月日	朝賀	元日節会	拝賀儀	大饗	停止理由	関連事項	出典
	十九年正月一日	○	○					『類聚国史』
	二十年正月一日	○	○					『類聚国史』
	二十一年正月一日	×				雪		『類聚国史』
	正月三日		○					『類聚国史』
	二十二年正月二日	△	○			一日は雨		『類聚国史』
	二十三年正月一日	○	○					『日本後紀』
	二十四年正月一日	×				聖体不予		『日本後紀』
	二十五年正月一日 五月十八日、大同と改元	×	○			聖体不予	三月十七日、桓武天皇崩御。	『類聚国史』
	五月十九日						神野親王（後の嵯峨天皇）、立太子。	『日本後紀』
平城天皇	大同二年正月一日	×	×			諒闇		『類聚国史』
	三年正月一日	×				風寒異常		『類聚国史』
	四年正月一日							
嵯峨天皇	四月十四日						高丘親王、立太子。	『日本紀略』
	九月十三日						大伴親王（後の淳和天皇）、立太子。	『日本後紀』
	五年正月一日 九月十九日、弘仁と改元	×	○			皇帝不予		『類聚国史』
	弘仁二年正月一日	○						『日本後紀』
	三年正月一日	○	○					『日本後紀』
	四年正月一日	○						『日本後紀』
	五年正月一日	○	○					『類聚国史』
	六年正月一日	○	○					『日本後紀』
	七月十三日						橘嘉智子を皇后となす。	『日本後紀』

	七年正月二日	△	○			一日は雨		『類聚国史』
	八年正月一日	○	○					『類聚国史』
	九年正月一日	○	○					『類聚国史』
	十年正月一日	×	○			風寒忿殺		『類聚国史』
	十一年正月一日	○	○					『類聚国史』
	十二年正月一日	○						『類聚国史』
	十三年正月一日	○	○					『類聚国史』
	十四年正月一日	○	○					『類聚国史』
淳和天皇	四月十八日						正良親王（後の仁明天皇）、立太子。	『日本紀略』
	十五年正月一日 正月五日、天長と改元	○	○					『類聚国史』
	天長二年正月一日	×				御薬		『類聚国史』
	正月三日		○					『類聚国史』
	三年正月一日	○	○					『類聚国史』
	四年正月一日	×				御薬		『類聚国史』
	正月二日		○					『類聚国史』
	二月二十七日						正子内親王を皇后となす。	『日本紀略』
	五年正月一日	○	○					『類聚国史』
	正月二日			○			皇太子以下か後宮を賀し奉る。	『類聚国史』
	六年正月一日	○	○					『類聚国史』
	七年正月二日	△	○			一日は雨		『類聚国史』
	正月三日			○			群臣、皇后宮に拝賀し、また皇太子に賀す。	『類聚国史』
	八年正月一日	○						『類聚国史』

天皇	年月日	朝賀	元日節会	拝賀儀	大饗	停止理由	関連事項	出典
	正月二日			○			群臣、皇后宮に拝賀す。次に東宮に拝賀す。	『類聚国史』
	九年正月一日	○	○					『類聚国史』
	正月二日			○			群臣、皇后宮・東宮に拝賀す。	『類聚国史』
	十年正月二日	△	○			一日は雨		『類聚国史』
仁明天皇	二月三十日						恒貞親王、立太子。	『続日本後紀』
	十一年正月一日 正月三日、承和と改元	○	○					『続日本後紀』
	承和二年正月一日	○	○					『続日本後紀』
	三年正月一日	○	○					『続日本後紀』
	四年正月一日	○	○					『続日本後紀』
	五年正月一日	○	○					『続日本後紀』
	六年正月一日	×	○			服喪		『続日本後紀』
	七年正月一日	○	×					『続日本後紀』
	八年正月一日	×				諒闇		『続日本後紀』
	九年正月一日	○	○					『続日本後紀』
	八月四日						道康親王（後の文徳天皇）、立太子。	『続日本後紀』
	十年正月一日	×				諒闇		『続日本後紀』
	十一年正月一日	×	○			大雪		『続日本後紀』
	十二年正月一日	×	○			大雪		『続日本後紀』
	十三年正月一日	○	○					『続日本後紀』
	十四年正月一日	×	○			大雪		『続日本後紀』

	十五年正月一日 六月十三日、嘉祥と改元	○	○					『続日本後紀』
	嘉祥二年正月一日	×	○			水害凶作		『続日本後紀』
	三年正月一日	×	○			大雨		『続日本後紀』
文徳天皇	十一月二十五日						惟仁親王（後の清和天皇）、立太子。	『日本文徳天皇実録』
	四年正月一日 四月二十八日、仁寿と改元	×				諒闇		『日本文徳天皇実録』
	仁寿二年正月一日	○	○					『日本文徳天皇実録』
	三年正月一日	○	○					『日本文徳天皇実録』
	四年正月一日 十一月三十日、斉衡と改元	×	○			雨後泥深		『日本文徳天皇実録』
	斉衡二年正月一日	×	○			雪後泥深		『日本文徳天皇実録』
	三年正月一日	×	○			陰雨		『日本文徳天皇実録』
	四年正月一日 二月二十一日、天安と改元	×	○					『日本文徳天皇実録』
	天安二年正月一日	×				陰雪		『日本文徳天皇実録』
清和天皇	三年正月一日 四月十五日、貞観と改元	×				諒闇		『日本三代実録』
	貞観二年正月一日	×	○			雨		『日本三代実録』
	三年正月一日	×	○			雨		『日本三代実録』
	四年正月一日	×	○			雨		『日本三代実録』
	五年正月一日	×	○			雨		『日本三代実録』
	六年正月三日	○	○				正月一日、清和天皇元服。	『日本三代実録』
	七年正月一日	×	○			雨雪地濕		『日本三代実録』
	八年正月一日	×	○					『日本三代実録』

天皇	年月日	朝賀	元日節会	拝賀儀	大饗	停止理由	関連事項	出典
	九年正月一日	×	○					『日本三代実録』
	十年正月一日	×	○					『日本三代実録』
	十一年正月一日	×	×			源信薨去		『日本三代実録』
	十二年正月一日	×	○					『日本三代実録』
	十三年正月一日	×	○			雨		『日本三代実録』
	十四年正月一日	×	×			諒闇		『日本三代実録』
	十五年正月一日	×	○			雨後地濕		『日本三代実録』
	十六年正月一日	×	○			雨後地濕		『日本三代実録』
	十七年正月一日	×	○					『日本三代実録』
	正月二日			○			親王以下次侍従以上、皇太后宮・東宮に参り奉る。	『日本三代実録』
	十八年正月一日	×	○			雨		『日本三代実録』
	正月二日			○			親王以下次侍従以上、皇太后宮・東宮に参り奉る。	『日本三代実録』
陽成天皇	十九年正月一日 四月十六日、元慶と改元							
	元慶二年正月一日	×	○			澍雨降雪		『日本三代実録』
	三年正月一日	×	○					『日本三代実録』
	四年正月二日						親王公卿および侍従、太皇太后宮・中宮に参る。	『日本三代実録』
	四年正月三日	×	○			雨		『日本三代実録』
	五年正月一日	×				諒闇		『日本三代実録』
	六年正月三日		○					『日本三代実録』
	七年正月一日	×	○			雨		『日本三代実録』

	八年正月一日	×	○			雪		『日本三代実録』
光孝天皇	九年正月一日 二月二十一日、仁和と改元	○	○					『日本三代実録』
	正月二日			○			群臣、太皇太后・皇太后宮に参り新年を賀す。	『日本三代実録』
	仁和二年正月一日	○	○					『日本三代実録』
	三年正月一日	×	○			雨		『日本三代実録』
	八月二十六日						定省親王（後の宇多天皇）、立太子。	『日本三代実録』
宇多天皇	四年正月一日	×				諒闇		『日本紀略』
	五年正月一日 四月二十七日、寛平と改元							
	寛平二年正月一日	×						『日本紀略』
	三年正月一日		○					『日本紀略』
	四年正月一日							
	五年正月一日							
	四月二日						敦仁親王（後の醍醐天皇）、立太子。	『日本紀略』
	六年正月一日							
	七年正月一日	×				雪		『日本紀略』『西宮記』
	八年正月一日	○	○					『日本紀略』『西宮記』
	九年正月一日							
醍醐天皇	十年正月一日 四月二十六日、昌泰と改元							
	昌泰二年正月一日	×	○			風雪		『日本紀略』
	三年正月一日							

天皇	年月日	朝賀	元日節会	拝賀儀	大饗	停止理由	関連事項	出典
	四年正月一日 七月十五日、延喜と改元					日食		『日本紀略』
	延喜二年正月一日	○	○					『日本紀略』『西宮記』
	正月二日				○		二宮大饗	『撰集祕記』
	三年正月一日		○					『日本紀略』『西宮記』
	四年正月一日							
	二月十日						保明親王、立太子。	『日本紀略』
	五年正月一日	○				私礼	小朝拝停止。	『日本紀略』『醍醐天皇御記』
	六年正月一日	×	○					『日本紀略』『西宮記』
	七年正月一日	×	×			八省院未修		『日本紀略』『貞信公記』『西宮記』
	八年正月一日	×	○			雨雪		『日本紀略』『西宮記』
	九年正月一日	×				雨		『日本紀略』
	十年正月一日	×	○			疫災		『日本紀略』『貞信公記』『西宮記』
	十一年正月二日	×	○			一日は日食　早損		『日本紀略』『貞信公記』『西宮記』
	正月四日				○		東宮大饗	『日本紀略』『貞信公記』
	十二年正月一日	×	○			雨濕		『日本紀略』『貞信公記』『西宮記』
	正月二日				○		東宮大饗	『日本紀略』
	十三年正月一日	○	○					『日本紀略』『貞信公記』『西宮記』『北山抄』
	正月二日				○		院宮大饗	『貞信公記』
	十四年正月一日	×				凶作		『日本紀略』『貞信公記』『扶桑略記』
	十五年正月一日	×	○			雨濕		『日本紀略』『西宮記』

	十六年正月一日	×	○			疱瘡		『日本紀略』『西宮記』
	十七年正月一日		○					『日本紀略』『西宮記』
	十八年正月一日	×	×			日食		『日本紀略』『貞信公記』『扶桑略記』
	十九年正月一日	×	×			日蝕		『日本紀略』『醍醐天皇御記』『貞信公記』『西宮記』『年中行事秘抄』『年中行事抄』
	正月二日				○		東宮大饗	『貞信公記』
	二十年正月一日					日蝕		
	二十一年正月一日							
	二十二年正月一日	×	○			雨濕		『扶桑略記』
	二十三年正月一日 閏四月十一日、延長と改元		○					『醍醐天皇御記』
	四月二十六日						藤原穏子を中宮となす。	『日本紀略』
	四月二十九日						慶頼王、立太子。	『日本紀略』
	延長二年正月一日		○					『貞信公記』『西宮記』『小野宮年中行事』
	正月二日				○		二宮大饗	『貞信公記』『西宮記』『小野宮年中行事』『北山抄』
	三年正月一日	×	○			雪		『日本紀略』『貞信公記』
	正月二日				○		二宮大饗	『貞信公記』『西宮記』
	十月二十一日						寛明親王（後の朱雀天皇）、立太子。	『日本紀略』
	四年正月一日		○					『日本紀略』『醍醐天皇御記』
	正月二日				○		二宮大饗	『貞信公記』『西宮記』
	五年正月一日		○					『貞信公記』
	正月二日				○		二宮大饗	『西宮記』『北山抄』『小右記』
	6年正月一日		○					『扶桑略記』『西宮記』『小野宮故実旧例』

天皇	年月日	朝賀	元日節会	拝賀儀	大饗	停止理由	関連事項	出典
	七年正月一日	○	○					
	八年正月一日		○					『日本紀略』
	正月二日				○		二宮大饗	『西宮記』
朱雀天皇	九年正月一日 四月二十六日、承平と改元	×	×			諒闇		『日本紀略』『貞信公記』『西宮記』『北山抄』
	承平二年正月一日		○					『貞信公記』『愚管抄』『妙音院相国白馬節会次第』『宣胤卿記』
	三年正月一日	×	○					『日本紀略』『西宮記』
	四年正月一日		○					『妙音院相国白馬節会次第』
	五年正月一日	○	○					『日本紀略』『愚管記』
	六年正月一日	×				雨湿		
	七年正月5日	○	○					『日本紀略』『主上御元服上寿作法抄』『西宮記』『北山抄』
	八年正月一日 五月二十二日、天慶と改元							
	天慶二年正月一日		○					『貞信公記』
	三年正月一日		○					『日本紀略』『貞信公記』『本朝世紀』
	四年正月一日		○					『吏部王記』
	五年正月一日	×	○					『本朝世紀』『妙音院相国白馬節会次第』『江次第抄』
	六年正月一日							
	七年正月一日		○					『西宮記』『妙音院相国白馬節会次第』『江次第抄』
	四月二十二日						成明親王（後の村上天皇）、立太子。	『日本紀略』

	八年正月一日		○					『吏部王記』『貞信公記』
	九年正月一日		○					『日本紀略』『貞信公記』
村上天皇	十年正月一日 四月二十二日、天暦と改元	○	○					『日本紀略』『貞信公記』『吏部王記』『九暦』『西宮記』『北山抄』
	正月二日				○		太皇太后大饗	『日本紀略』『九暦』
	天暦二年正月一日	×	○					『日本紀略』『貞信公記』『小野宮年中行事』
	正月二日						大后大饗	『日本紀略』
	三年正月一日	×				諸国異損		『日本紀略』
	正月二日				×		中宮大饗なし。	『日本紀略』
	四年正月一日		○					『吏部王記』『三節会次第』
	七月二十三日						憲平親王（後の冷泉天皇）、立太子。	『日本紀略』
	五年正月一日							
	六年正月一日							
	七年正月一日		○			穏子病		『西宮記』
	八年正月一日		○					『北山抄』
	正月二日				○		東宮大饗（ただし、中宮大饗は停止）	『西宮記』『北山抄』
	九年正月一日							
	十年正月一日							
	十一年正月一日 十月二十七日、天徳と改元		○					『日本紀略』『九暦』
	正月二日				○		東宮大饗	『日本紀略』『九暦』
	天徳二年正月一日		○					『日本紀略』
	正月二日				○		東宮大饗	『日本紀略』
	十月二十七日						藤原安子皇后となす。	『日本紀略』

天皇	年月日	朝賀	元日節会	拝賀儀	大饗	停止理由	関連事項	出典
	三年正月一日							『日本紀略』
	正月二日				○		東宮大饗	『日本紀略』
	四年正月一日		○					『日本紀略』『九暦』『西宮記』『年中行事抄』
	正月二日				○		中宮大饗	『日本紀略』『西宮記』
	正月三日				○			『日本紀略』『西宮記』
	五年正月一日 二月十六日、応和と改元					御物忌		『村上天皇御記』『西宮記』『権記』
	正月二日				○		東宮大饗	『西宮記』
	応和二年正月一日	×						『日本紀略』
	正月二日				○		中宮大饗	『日本紀略』
	正月三日				○		東宮大饗	『日本紀略』
	三年正月一日	×				雨		『日本紀略』
	正月二日				○		東宮大饗（ただし、中宮大饗は停止）	
	四年正月一日 七月十日、康保と改元		○					『西宮記』『北山抄』
	康保二年正月一日		○					『日本紀略』
	三年正月一日	×	○					『日本紀略』『西宮記』
	正月二日				○		東宮大饗	『日本紀略』『西宮記』『北山抄』
	四年正月一日		○					『西宮記』『兵範記』
	正月二日				○		東宮大饗	『日本紀略』『西宮記』『小右記』
冷泉天皇	九月一日						守平親王（後の円融天皇）、立太子。	『日本紀略』
	九月四日						昌子内親王を皇后となす。	『日本紀略』

	五年正月一日 八月十三日、安和と改元		×			諒闇		『日本紀略』
	安和二年正月一日		○					『日本紀略』『年中行事抄』
	正月二日				○		二宮大饗	『日本紀略』『大鏡』
円融天皇	八月十三日						師貞親王（後の花山天皇）、立太子。	『日本紀略』
	三年正月一日 三月二十五日、天禄と改元							
	正月二日				○		中宮大饗	『日本紀略』
	正月三日				○		東宮大饗	『日本紀略』
	天禄二年正月一日		○					『日本紀略』
	正月二日				○		中宮大饗	『日本紀略』
	正月三日				○		東宮大饗	『日本紀略』
	三年正月一日		○					『日本紀略』『蜻蛉日記』
	正月五日	×						『日本紀略』
	四年正月一日 十二月二十日、天延と改元		○					『日本紀略』
	七月一日						藤原媓子を皇后となす。	『日本紀略』
	天延二年正月一日		○					『日本紀略』
	正月二日				○		二宮大饗	『日本紀略』
	三年正月一日		○					『日本紀略』
	正月二日				○		二宮大饗	『日本紀略』
	四年正月一日 七月十三日、貞元と改元		○					『日本紀略』
	正月二日				○		中宮大饗	『日本紀略』
	貞元二年正月一日							

天皇	年月日	朝賀	元日節会	拝賀儀	大饗	停止理由	関連事項	出典
	正月二日				○		二宮大饗	『日本紀略』
	三年正月一日 十一月二十九日、天元と改元		○					『日本紀略』『小右記目録』
	正月二日				○		東宮大饗	『日本紀略』『小右記目録』
	天元二年正月一日		○					『日本紀略』『小右記目録』
	正月二日				○		東宮大饗	『日本紀略』
	三年正月一日		○					『日本紀略』『小右記目録』
	正月二日				○		東宮大饗	『日本紀略』『小右記目録』
	四年正月一日		○					『日本紀略』『小右記目録』
	五年正月一日		○					『日本紀略』『小右記』
	正月二日				○		東宮大饗	『日本紀略』『小右記』
	六年正月一日 四月十五日、永観と改元		○					『小右記目録』
	正月二日				○		中宮大饗	『小右記目録』
	永観二年正月一日		○					『日本紀略』『小右記目録』
花山天皇	八月二十七日						懐仁親王（後の一条天皇）、立太子。	『日本紀略』
	三年正月一日 四月二十七日、寛和と改元		○					『日本紀略』『小右記』
	寛和二年正月一日		○					『小右記目録』
	正月二日				○		東宮大饗	『小右記目録』
	七月十六日						居貞親王（後の三条天皇）、立太子。	『日本紀略』
一条天皇	三年正月一日 四月五日、永延と改元		○					『日本紀略』

正月二日				○		東宮・中宮大饗	『日本紀略』
永延二年正月一日		○					『日本紀略』
正月二日				○		二宮大饗	『日本紀略』
三年正月一日 八月八日、永祚と改元		○					『日本紀略』『小右記』
永祚二年正月一日 十一月七日、正暦と改元							『日本紀略』『小右記』
十月五日						藤原定子を中宮となす。	『日本紀略』
正暦二年正月一日							
三年正月一日		×			諒闇		『日本紀略』『権記』
四年正月一日	○	○					『日本紀略』『小右記』『権記』
正月二日				○		東宮大饗	『日本紀略』
五年正月一日		○					『日本紀略』『権記』
正月二日				○		二宮大饗	『日本紀略』
六年正月一日 二月二十二日、長徳と改元		○					『日本紀略』
正月二日				○		二宮大饗	『日本紀略』『小右記』
長徳二年正月一日		○					『日本紀略』
正月二日				○		東宮大饗	『日本紀略』
三年正月一日		○					『日本紀略』『小右記』『栄華物語』
四年正月一日							
五年正月一日 正月十三日、長保と改元		○					『日本紀略』
長保二年正月一日		×			諒闇		『日本紀略』

天皇	年月日	朝賀	元日節会	拝賀儀	大饗	停止理由	関連事項	出典
	二月二十五日						藤原定子を皇后となし、藤原彰子を中宮となす。	『日本紀略』
	三年正月一日		×			諒闇		『日本紀略』『権記』
	四年正月一日		×			諒闇		『日本紀略』『権記』
	五年正月一日		○					『日本紀略』『権記』『本朝世紀』
	六年正月一日 七月二十日、寛弘と改元		○					『日本紀略』『御堂関白記』『権記』『北山抄』『和泉式部日記』
	正月二日				○		二宮大饗	『日本紀略』『御堂関白記』
	寛弘二年正月一日		○					『日本紀略』『御堂関白記』『権記』『小右記』
	正月二日				○		二宮大饗	『日本紀略』『小右記』『小右記』
	三年正月一日		○					『日本紀略』『御堂関白記』『権記』『北山抄』
	正月三日				○		二宮大饗	『御堂関白記』『権記』
	四年正月一日		○			御物忌		『日本紀略』『御堂関白記』『権記』
	五年正月一日		○					『日本紀略』『権記』『栄華物語』
	正月二日				○		二宮大饗	『日本紀略』『御堂関白記』
	六年正月一日		○					『日本紀略』『権記』
	正月二日				○		二宮大饗	『日本紀略』『権記』
	七年正月一日		○					『日本紀略』『御堂関白記』『権記』
	八年正月一日		○					『日本紀略』『御堂関白記』『小右記』
	正月二日				○		二宮大饗	『日本紀略』『御堂関白記』
三条天皇	六月十三日						敦成親王(後の後一条天皇)、立太子。	『日本紀略』

	九年正月一日 十二月二十五日、長和と改元		×				『日本紀略』『御堂関白記』『小右記目録』『栄華物語』
	正月二日					中宮大饗	『御堂関白記』『小右記目録』
	二月十四日					藤原妍子を中宮となす。	『日本紀略』
	四月二十七日					藤原娍子を皇后となす。	『日本紀略』
	長和二年正月一日		○				『日本紀略』『御堂関白記』『小右記』『栄華物語』
	正月二日				○	二宮大饗	『御堂関白記』『小右記』
	三年正月一日		○				『日本紀略』『小右記』
	正月二日				○	東宮大饗	『日本紀略』『小右記』
	四年正月一日		○				『日本紀略』『御堂関白記』『小右記目録』
	正月二日				○	二宮大饗	『日本紀略』『御堂関白記』『小右記目録』
	五年正月一日		○				『御堂関白記』『小右記』『左経記』『日本紀略』
後一条天皇	六年正月一日 四月二十三日、寛仁と改元		○				『日本紀略』『御堂関白記』『年中行事抄』
	正月二日				○	二宮大饗	『日本紀略』『御堂関白記』
	八月九日					敦良親王（後の後朱雀天皇）、立太子。	『日本紀略』
	二年正月一日		○				『日本紀略』『御堂関白記』『左経記』『小右記』『小右記目録』
	正月二日				○	二宮大饗	『御堂関白記』『左経記』
	十月二十二日					藤原威子を皇后となし中宮と号す。	『日本紀略』
	三年正月一日		○				『日本紀略』『御堂関白記』『左経記』『小右記』
	正月二日				○	二宮大饗	『御堂関白記』『小右記』

天皇	年月日	朝賀	元日節会	拝賀儀	大饗	停止理由	関連事項	出典
	四年正月一日		○					『小右記』『左経記』
	正月二日				○		二宮大饗	『小右記目録』
	五年正月一日 二月二日、治安と改元		○					『小右記』『左経記』
	正月二日				○		二宮大饗	『小右記』
	治安二年正月一日		○					『日本紀略』『小右記』『小右記目録』
	正月二日				○		二宮大饗	『日本紀略』『小右記目録』
	三年正月一日		○					『小右記』
	四年正月一日 七月十三日、万寿と改元		○					『小右記』
	正月二日				○		二宮大饗	『小右記』
	万寿二年正月一日		○					『左経記』『小右記目録』
	正月二日				○		二宮大饗	『小右記目録』『左経記』
	三年正月一日		○					『日本紀略』『左経記』
	正月三日				○		皇太后宮大饗	『小右記目録』
	四年正月一日		○					『日本紀略』『小右記』
	正月二日				○		東宮大饗	『日本紀略』『小右記』
	五年正月一日 七月二十五日、長元と改元		×			穢		『日本紀略』『小右記』
	長元二年正月一日		○					『小右記』『左経記』
	正月二日				○		東宮大饗	『小右記』
	三年正月一日		○					『日本紀略』『小右記目録』
	四年正月一日		○					『日本紀略』『左経記』『小右記』『小右記目録』

	正月二日				○		二宮大饗	『小右記』『左経記』
	五年正月一日		○					『日本紀略』『左経記』『小右記目録』
	正月二日				○		二宮大饗	『左経記』
	六年正月一日		○					『日本紀略』
	七年正月一日		○					『日本紀略』
	八年正月一日		○					『日本紀略』『左経記』
	九年正月一日		○					『日本紀略』

結論

本書では、平安時代前期を中心に天皇に関する儀礼の基本的な問題を検討した。最後に、各章の結論の要点をまとめることとする。

冒頭、序論「本書の視点」として本書の目的と構成を述べ、研究視角を示した。特に、仁藤敦史氏によって桓武天皇朝における皇統意識の再検討が提唱されたことから、皇統意識に基づくと考えられてきた桓武天皇朝の儀礼の整備についても、再検討する必要性があることを述べた。

続く本論は、全十四章より成る第一部・第二部の二部構成とした。

第一部「桓武天皇朝の皇統意識再考と儀礼の導入」は、桓武天皇朝における皇統意識と儀礼について論じた六章より成る。

第一章「桓武天皇と儀礼・祭祀」では、これまで桓武天皇は独裁的な権力によって造都と征夷を断行したと、一般的には先入観をもって見られがちであり、また、天智天皇系新王朝の樹立を意識していたと捉えられることも多かった。しかし、桓武天皇の降誕から崩御までを通覧すると、立太子の時点から生母の出自の低さを理由に多くの反対勢力が存在していたことが確認される。それは皇位の正統性に関わる重大な問題であり、天皇自身もそれを痛感していたと推察され、新王朝意識の創出よりも、政権の安定化を図り、自身が正統な天子であることを内外に宣明するための儀礼整備が必要となった要素について論究した。

第二章「日本における昊天祭祀の受容」では、日本における「昊天祭祀」について、これまでの代表的な見解である、天命思想に基づく長岡京への遷都などと一環のものとして、桓武天皇による天智天皇系新王朝の創設を期して実施したという考え方を再検討し、中国における昊天祭祀と朝賀儀の密接な関わりから、奈良時代に知識としてはすでに認識されていた可能性を提唱した。光仁天皇の即位によって、天武天皇系から天智天皇系に皇統が移ったことは事実である。しかし、桓武天皇は諸王の時代に大学頭に補任されていたことから、学問と深く関わっており、昊天祭祀の意義などを深く理解した上で、自らの正統性を示すのみならず、皇位の所在を明らかにし皇位と国家の安定を保つために昊天祭祀を行ったという見解を示した。

第三章「奈良時代に見られる郊祀の知識——天平三年の対策と聖武天皇即位に関連して——」では、日本における昊天祭祀の受容について、これまでは、その知識は宝亀度の遣唐使によりもたらされたとする説が最も早く受容時期を設定するものであったが、『経国集』に残された「天平三年（七三一）五月八日」の日付を持つ「郊祀之礼」について取り扱った対策の存在によって、正月上辛の郊祀は天平三年の段階で日本の官人たちが理解していることを確認した。そして、桓武天皇が行った郊祀は、桓武天皇朝あるいはその直前の宝亀年間に導入された知識によって実施されたものではなく、奈良時代の初めから日本に存在し、吉備真備の帰朝や宝亀度の遣唐使などによって積み重ねられた知識によるものであることを論究した。

第四章「山陵祭祀より見た皇統意識の再検討」では、平安時代には荷前別貢幣において天智天皇陵・光仁天皇陵・桓武天皇陵の三陵が永世不廃の山陵として奉幣の対象でありつづけたことは、これまでは天智天皇系の直系皇統意識によるものと考えられてきたが、天智天皇系の直系皇統意識と関係づけて考えると矛盾が生じることを指摘した。また、当時の朝廷では、天智天皇は近江令を制定した天皇として古代律令国家にとって最重要の天皇、桓武天皇は「万代宮」たる平安京を定め現在の都の基礎を作った天皇、光仁天皇は「皇統君臨の大原則」が崩れようとする国家の危機を乗り越えた天皇として認識され、古代国家という広い視野で考えれば、系図上、三天皇は直系に並んではいるが、そこに現れる認識は皇統意識を超越し、律令国家として偉大な業績のあった天皇を崇敬・顕彰する意味で永世不廃として奉幣の対象となったということに言及した。

第五章「古代日本の宗廟観――「宗廟＝山陵」概念の再検討――」では、これまで『続日本紀』延暦十年（七九一）三月二十三日条に記述される「国忌省除令」は、中国の「宗廟」の例に基づいて行われたことで、国忌や山陵祭祀の研究の立場から、宗廟制を日本に導入したと考えられがちであったことに対して、日本では中国の宗廟の例を参考にしつつも、あくまで「山陵」と「宗廟」とは明確に区別されており、宗廟の呼称は、国家の守護的な要素を持つ場合に使用されてきたことを明らかにし、古代において、この明確な区別があったからこそ、大江匡房以後に至って、伊勢の神宮や八幡神に対して「宗廟」の呼称が使われることが可能となり、中世への宗廟観へとつながることを指摘した。

第六章「「不改常典」に関する覚書」では、天智天皇系直系皇統意識の再検討という視点から言及した。「不改常典」「天智天皇の定めた法」の両者とも、その発言者は、あくまでも先帝（太上天皇）であり、即位に際して新帝へ教示される「法」であるということ、「不改常典」法は奈良時代以降に断絶したものではなく、「天智天皇の定めた法」もまた「不改常典」の発言の根本と同じく持統天皇にまでは遡れる可能性が考えられること、光仁天皇は「不改常典」に関する何らかの知識を有し、その認識は、天皇の父である施基皇子が、天武天皇の諸皇子とともに鵜野皇后（持統天皇）を母とする「一母同産」の処遇を受けていたことより、持統天皇―施基皇子―光仁天皇と受け継がれた可能性があると考えられることを指摘した。

第二部「古代正月儀礼の整備と変質」は、古代の朝廷における儀礼の中心ともいえる正月儀礼の整備と変質について基礎的な検討を行った八章より成る。

第七章「天地四方拝の受容――『礼記』思想の享受に関連して――」では、我が国への『礼記』の伝来およびその受容と、天皇が天子として天地四方を拝する（祭る）必要性について言及し、我が国における元旦四方拝の成立は、嵯峨天皇が父の桓武天皇の先例に倣い、国家を安泰ならしめるために、『礼記』の思想に基づいて天子のみに許された「天地四方」を拝することを意図したと考えられ、本格的な昊天祭祀の導入ではなく、毎年元正に、天皇親らが天地四方を拝し国家と人民の安寧を祈る「元旦四方拝」として新儀を立制したものと考えられることを確認した。そして「元旦四方拝」は天皇の出御がなければ執り行われないという点においても、天地四方は本来天子のみが親ら祀るべきものであるという『礼記』の思想を、天皇親らが元正に具現化しているものと理解されるということを論究した。

第八章「唐帝拝礼作法管見――『大唐開元礼』に見える「皇帝再拝又再拝」表記について――」では、「両段再拝」という拝礼作法について、これまでは、古く『北山抄』の「或説」に引かれ、「本朝の風、四度神を拝む。これを両段再拝と謂う」と記されるように、日本では神に対する拝礼は両段再拝を用い、唐風の儀礼は再拝を用いると考えられていたことに対して、『大唐開元礼』全百五十巻中の十一の儀礼において、太廟における時享・祫享・禘享あるいは遠征奉告などの饋食の儀、謁陵の儀という先祖祭祀のみに「再拝又再拝」という記載があることに着目し、「両段再拝」もまた中国皇帝の先祖祭祀の拝礼作法に影響を受けた可能性を、いま一度検討する必要があることを指摘した。

第九章「「儀仗旗」に関する一考察」では、儀仗旗は中国において西晋泰始二年（二六六）以前、おそらくは魏王朝の段階ですでに使用されていたことが確認でき（個別の旗の名称は不明）、日本の儀礼でも使用される四神旗

（青龍、朱雀、白虎、玄武）、万歳旗は、隋の文帝が即位した開皇元年（五八一、日本では敏達天皇十年）に盧貰によって北周の制が改定されたものであることを確認した。そして隋代に定められたものが日本に伝えられ、推古天皇十一年（六〇三）十一月に聖徳太子によって儀仗旗が製作されていると考えられることに言及した。次に、『正倉院文書』において、天平宝字二年（七五八）十月末に儀仗旗が製作されていることは、その使用目的は大嘗祭か元日朝賀儀なのか断定は難しいが、淳仁天皇即位後ということもあり、儀仗旗は天皇の御代ごとに造替されるものであると考えられ、淳仁天皇朝における儀仗旗と位置づけることが可能である点を指摘した。

第十章「正月朝覲行幸成立の背景――東宮学士滋野貞主の学問的影響――」では、まず、「朝覲」は中国を発祥とする儀礼であるが、中国においては「朝覲」の語は、あくまで臣下が天子を拝謁する儀礼であり、皇帝が太上皇帝（太上皇）を謁する場合には使用されていないことを確認した。そして、我が国の正月儀礼「朝覲行幸」の成立を考えれば、本来は臣下が天子に拝謁する儀礼である「朝覲」の名称が、天皇の儀礼に採用されたことは不自然に感じられることを理由に、この「太上天皇を謁する儀」には承和初年の段階において様々な呼び方があったため、ふさわしい名称を模索して最終的に「朝覲」が採用されたものと推測し、正月恒例の儀礼として「朝覲行幸」が整備されるにあたっては、仁明天皇の皇太子時代の東宮学士であった滋野貞主の学問的な影響が大きかったことを指摘した。

第十一章「朝賀儀と天皇元服・立太子――清和天皇朝以降の朝賀儀を中心に――」では、朝廷において年中最大の儀式である元日朝賀儀が、毎年恒例の儀式としては行われなくなる時期に現れた大きな変化として、清和天皇をはじめ、それ以降に幼年で即位する天皇が出現することに注目し、清和天皇以降に特定の年度に朝賀儀が実施され、天皇元服の年と朝賀儀が密接な関わりを持っていることを明らかにした。そして、成年の天皇として初めて群臣たちの前に出御することで、君臣の関係を再確認するという朝賀儀の意義を導き出すことができ、本来の即位とは意味が異なってはいるが、成年の天皇としての「即位式」に相当する意味を持っていたと考えられることを指摘した。

第十二章「延長七年元日朝賀儀の習礼――『醍醐天皇御記』『吏部王記』に見る朝賀儀の断片――」では、これまでの元日朝賀儀研究は、『内裏式』や『儀式』などの儀式書をもとにして、日唐の儀礼比較や時代に伴う儀式文の変遷などに焦点を当てたものが多い中で、『醍醐天皇御記』と『吏部王記』とに共通して見られる延長七年(九二九)正月一日の朝賀儀について、断片的ではあるが、当時の様子を窺い知ることができた。また、この年の朝賀儀は、延喜十三年(九一三)以来、実に十六年ぶりの実施にあたり、公卿以下も前年末に習礼を行わなければ朝賀儀を行うことができないような状況であったと推測でき、朝賀儀は文徳天皇朝より衰退を見せ始め、清和天皇朝以降は御代にほぼ一回(多いときは三回行う御代もあったが)の割合でしか行われなかったため、その実施前には習礼が必要となったと考察した。

第十三章「小朝拝の成立」では、清涼殿東庭で行われる小朝拝を天皇の御在所における拝礼儀礼と考えることによって、清涼殿が御在所として定着する宇多天皇朝以前にその成立を求めることが可能であることを指摘した。そして小朝拝は、毎日の紫宸殿への出御が無くなり、御在所に居る天皇に対して、臣下たちの「内々の私的な拝礼」として行われた儀礼に原型を求めることができ、拝礼を受ける天皇を主体に、文徳天皇は病弱であり、清和天皇は幼帝であったことなどを勘案すれば、大極殿における朝賀儀への毎年の天皇の出御は難しい状況の中で、御在所での拝礼が行われ始める時期としてふさわしく、後の小朝拝の原型は、文徳天皇・清和天皇朝において成立したと考えられることを指摘した。

第十四章「皇后拝賀儀礼と二宮大饗」では、『儀式』(巻六)に記載された皇后拝賀儀と東宮拝賀儀とは、元日朝賀儀と密接な関わりを持った儀礼であり、本来は拝礼を中心としていた儀礼であったものに、饗宴部分が貞観十七年以前（おそらくは文徳天皇朝以降）に付け加えられたと推測され、朝賀儀と元日節会の関係のごとく、皇后拝賀儀の後にも饗宴を行うという構成になったものと確認された。これは、文徳天皇朝以降に天皇に対する朝賀儀が行われずに元日節会のみが行われるようになると、皇后拝賀儀も儀礼の中心が饗宴部分に移行したと考えられ、延喜年間以降に大臣大饗が正月の儀礼として成立・定着するようになると、その名称に倣って「二宮大饗」と称されるようになったものと考えられる。皇后・東宮拝賀儀の拝賀から大饗への変化は、小朝拝で天皇に拝賀を行ったとしても朝賀儀を実施しないため、朝賀儀と結びついた皇后・東宮拝賀儀を行うことができないという当時の状況によるものと考えられ、第十三章で述べた小朝拝の成立とも密接に関わっていることを指摘した。

以上の全十四章で論じたことは、序論で述べたごとき筆者の研究視角に拠っている。平安時代前期における儀礼の整備は、大学頭を務めたことのある桓武天皇に始まる。桓武天皇の儀礼整備は天智天皇系新王朝意識によるものではないことは、第一部を通じて検討・確認することができた。桓武天皇の意思を受け継いだ嵯峨天皇によって『内裏式』が編纂され、朝廷の儀礼は一応の完成を見たといえよう。しかし、清和天皇朝以降に幼帝が出現するようになると、『内裏式』で定められた儀礼を行うことが難しくなり、時代の状況に合わせて、小朝拝などの新たな儀礼の創出や、それまでの儀礼の変質があったと考えられよう。本研究によって、平安時代前期における儀礼の整備について、桓武天皇・嵯峨天皇朝を儀礼の整備と完成期、文徳天皇・清和天皇朝を儀礼の変革期という二期に分類し、その概要を提示することができる。

今日の儀礼研究においては、個別の儀礼・祭祀・行事の研究でかなりの進展が見られる。特に桓武天皇朝の儀礼整備には、天智天皇系の新王朝意識や革命意識を念頭に置く研究も多く見受けられる。しかし、近年では桓武天皇の皇統意識が政治史の立場から見直されるようになった。政治史の立場から桓武天皇朝が見直されるならば、これまで桓武天皇の天智天皇系皇統意識に立脚して検討されてきた儀礼の成立・整備に関するその研究も、いま一度考え直すことが求められるのではないだろうか。そこで筆者は、天智天皇系の皇統意識を強調しない視点から、桓武天皇朝をはじめとする平安時代前期における儀礼の成立について考えた。本書を通じて、古代の朝廷儀礼の成立・整備をめぐる問題に再検討を加えたことが、古代儀礼の成立史の全体像を解明する一助となれば幸いである。

本書では、すべての儀礼について検討することはできなかったが、古代の朝廷では中国に淵源を持つものや日本独自のものなど様々な年中行事・儀礼があり、時代の状況と密接に関連しながら特色ある儀礼が展開されている。さらに儀礼研究を深化させ、古代朝廷儀礼・祭祀の成立史の一端を明らかにすることを今後の課題としたい。

参考文献一覧

一、筆者ごとに初出年月日順とする。敬称略。拙稿は除く。
一、本文中に書名・論文名または研究者名を掲出したものに限る。
一、原則として、明治以前のもの、校訂本・注釈書の類は除く。
一、【　】は掲出した章。

阿部猛・義江明子・相曽貴志編『平安時代儀式年中行事事典』（東京堂出版、平成十五年）【序論】
新井喜久夫「古代陵墓制雑考」（『日本歴史』二二二、昭和四十一年）【第四章】
飯田　瑞穂「『秘府略』に関する考察」（飯田瑞穂著作集　三『古代史籍の研究』中、吉川弘文館、平成十二年、初出は昭和五十年）【第十章】
池田　温「大唐開元礼解説」（『大唐開元礼　附大唐郊祀録』、汲古書院、昭和四十七年）【第八章】
石野　浩司「元旦四方拝から見た毎朝御拝の成立」（『石灰壇「毎朝御拝」の史的研究』、皇學館大学出版部、平成二十三年。初出は平成十九年）【第二章・第七章・第八章】
〃　「『寛平御遺誡』および花園天皇『誡太子書』に見られる皇統思想の新展開――『孟子』受容と仁政徳治主義の台頭――」（『石灰壇「毎朝御拝」の史的研究』、皇學館大学出版部、平成二十三年、初出は平成二十二年）【第四章】
井上　満郎『桓武天皇』（ミネルヴァ書房、平成十八年）【第一章】
井上　光貞「王仁の後裔氏族とその仏教――上代仏教と帰化人の関係に就ての一考察――」（井上光貞著作集二『日本古代思想史の研究』、岩波書店、昭和六十一年、初出は昭和十八年）【第三章】
井上　亘「元旦四方拝成立考」（『日本古代の天皇と祭儀』、吉川弘文館、平成十年、初出は平成七年）【第七章・第八章】
岩田真由子「元服の儀からみた親子意識と王権の変質」（『ヒストリア』二一三、平成二十一年）【第四章】
岩橋小弥太「上代の記録と日本書紀」（『上代史籍の研究』上、吉川弘文館、昭和三十一年）【第三章】

請田　正幸「フヒト集団の一考察――カハチの史の始祖伝承を中心に――」（直木孝次郎先生古希記念会編『古代史論集』上、塙書房、昭和六十三年）【第三章】

榎村　寛之「元・斎王井上内親王廃后事件と八世紀王権の転成」（『国立歴史民俗博物館研究報告』一三四、平成十九年）【第一章】

遠藤　慶太「桓武天皇と『続日本紀』」（シンポジウム「桓武天皇とその時代」、『皇學館大学研究開発推進センター紀要』三、平成二十九年）【第一章・第七章】

大久保あゆみ「聖武天皇の即位と左大臣長屋王」（『政治経済史学』三七〇、平成九年）【第三章】

太田　静六「大饗儀礼――三宮大饗と大臣大饗――」（『寝殿造の研究』、吉川弘文館、昭和六十二年）【第十四章】

大津　透「律令制と女帝・皇后の役割」（『古代文化』一一九、平成十六年）【第十四章】

大平　和典「『日本後紀』における平城上皇に対する叙述――薬子の変を中心として――」（『日本後紀の研究』、国書刊行会、平成三十年、初出は平成二十年）【第七章】

大平　聡「正倉院文書の五つの「絵」――佐伯里足ノート――」（奈良古代史談話会編『奈良古代史論集』二、真陽社、平成三年）【第九章】

岡田　精司「律令的祭祀形態の成立」（『古代王権の祭祀と神話』、塙書房、昭和四十五年）【第四章】

〃　「天皇家始祖神社の研究」（『古代王権の祭祀と神話』、塙書房、昭和四十五年）【第四章】

岡田　莊司「「私礼」秩序の形成――元日拝礼考――」（『平安時代の国家と祭祀』、続群書類従完成会、平成崙年、初出は昭和六十三年）【第十三章】

長田　圭介「「不改常典」考」（『皇學館史学』二十三、平成二十年）【第四章・第六章】

尾畑喜一郎「高市皇子尊殯宮挽歌――殯宮の場と匍匐の呪儀をめぐって――」（『國學院雑誌』八十二―五、昭和五十六年）【第八章】

香　椎　宮『香椎宮略誌』（香椎宮、平成二十八年改訂版）【第五章】

金子　修一「唐代皇帝祭祀の親祭と有司摂事」（『中国古代皇帝祭祀の研究』、岩波書店、平成十七年）【第二章・第三章・第七章】

〃　「皇帝支配と皇帝祭祀」（『中国古代皇帝祭祀の研究』、岩波書店、平成十八年）【第二章】

金子　修一「唐代における郊祀・宗廟の制度」（『中国古代皇帝祭祀の研究』、岩波書店、平成十八年）【第二章】
金子　裕之「平城宮の宝幢遺構をめぐって」（『延喜式研究』十八、平成十四年）【第九章】
狩野　直喜「我朝に於ける唐制の模倣と祭天の礼」（『読書纂余』、弘文堂書房、昭和二十二年、初出は昭和六年）【第二章】
亀井輝一郎「不改常典の「法」と「食国法」」（『九州史学』九十一、昭和六十三年）【第六章】
神谷　正昌「冬至と朔旦冬至」『日本歴史』六三〇、平成十二年）【第三章】
加茂　正典「『伊吉連博徳書』の再検討――その執筆動機に就いて――」（『文化史学』四十、昭和五十九年）【第三章】
〃　「「節旗」考」（『日本古代即位儀礼史の研究』、思文閣出版、平成十一年）【第九章】
川本　重雄「正月大饗と臨時客」（『日本歴史』四七三、昭和六十二年）【第十四章】
来村多加史『唐代皇帝陵の研究』（学生社、平成十三年）【第五章】
〃　「唐代皇帝の送終儀礼」（『唐代皇帝陵の研究』、学生社、平成十三年）【第八章】
北村　文治「伊吉連博徳書考」（坂本太郎博士還暦記念会編『日本古代史論集』上、吉川弘文館、昭和三十七年）【第三章】
北　康宏「律令陵墓祭祀の研究」（『日本古代君主制成立史の研究』、塙書房、平成二十九年、初出は平成十一年）【第四章・第五章】
〃　「「後佐保山陵」の再検討――桓武天皇皇統意識の一断片――」（『続日本紀研究』三七六、平成二十年）【第二章・第四章】
北山　茂夫「平城上皇の変についての一試論」（『続万葉の世紀』、東京大学出版会、昭和五十年、初出は昭和三十八年）【第七章】
岸　俊男「朝堂の初歩的考察」（『橿原考古学研究所論集』創立三十五周年記念、吉川弘文館、昭和五十年）【第八章】
久木　幸男「草創期の大学寮」（『日本古代学校の研究』、玉川大学出版部、平成二年）【第七章】
宮内庁書陵部編『皇室制度史料　太上天皇 二』（吉川弘文館、昭和五十四年）【第十章】
久野　昇一「前漢末に漢火徳説の称へられたる理由に就いて」（『東洋学報』二十五―三・四、昭和十三年）【第二章】
久保田　収「石清水八幡宮の崇敬と正直の理」（『神道史の研究』、皇學館大学出版部、昭和四十八年、初出は昭和三十一年）【第五章】

熊谷　公男「即位宣命の論理と「不改常典」法」（東北学院大学論集『歴史と文化』四十五、平成二十二年）【第四章・第六章】
倉住　靖彦「いわゆる不改常典について」（『九州歴史資料館研究論集』一、昭和五十年）【第六章】
倉林　正次『饗宴の研究（儀礼編）』（桜楓社、昭和四十年）【序論・第八章・第十一章・第十四章】
〃　『饗宴の研究（文学編）』（桜楓社、昭和四十四年）【序論】
〃　『饗宴の研究（祭祀編）』（桜楓社、昭和六十二年）【序論】
〃　『饗宴の研究（歳事・索引編）』（桜楓社、昭和六十二年）【序論】
倉本　一宏『一条天皇』（吉川弘文館、平成十五年）【第十一章】
栗林　茂「皇后受賀儀礼の成立と展開」（『延喜式研究』八、平成五年）【第十章・第十四章】
〃　「平安期における三后儀礼について――饗宴・大饗儀礼と朝覲行幸――」（『延喜式研究』十一、平成七年）【第十章】
久禮　旦雄「桓武天皇朝の神祇政策――『類聚三代格』所収神祇関係官符の検討を通じて――」（『神道史研究』六十四―一、平成二十八年）【第一章】
木本　好信『奈良朝政治と皇位継承』（高科書店、平成七年）【第一章・第三章】
〃　「石上氏と藤原氏」（『律令貴族と政争』、塙書房、平成十三年）【第一章】
〃　『奈良時代の政争と皇位継承』（吉川弘文館、平成二十四年）【第一章】
甲田　利雄『年中行事御障子文注解』（続群書類従完成会、昭和五十一年）【序論】
河内　祥輔「陽成退位の事情」（『古代政治史における天皇制の論理』、吉川弘文館、昭和六十一年）【第四章】
河内　春人「日本古代における昊天祭祀の再検討」（『古代文化』四九二、平成十二年）【第二章・第三章】
小林　茂文「早良親王怨霊言説の発明」（『史学』七十九―三、平成二十二年）【第一章】
佐伯　有清「新撰姓氏録序説」（『新撰姓氏録の研究』研究篇、吉川弘文館、昭和三十八年）【第一章】
酒井　信彦「小朝拝の変遷」（『儀礼文化』九、昭和六十二年）【第十三章】
栄原永遠男「滋野氏の家系とその学問――九世紀における改氏姓の一事例――」（『紀伊古代史研究』、思文閣出版、平成十六年）【第十章】
坂本　太郎「儀式と唐礼」（坂本太郎著作集　七『律令制度』、吉川弘文館、平成二十五年、初出は昭和十六年）【第八章・第十四

章】

坂本　太郎「日本書紀と伊吉連博徳」（坂本太郎著作集　二『古事記と日本書紀』、吉川弘文館、昭和六十三年、初出は昭和三十九年）【第三章】

〃　「日本書紀」（坂本太郎著作集　三『六国史』、吉川弘文館、昭和四十五年）【第三章】

〃　「続日本後紀」（坂本太郎著作集　三『六国史』、吉川弘文館、昭和四十五年）【第十章】

鷺森　浩幸「道鏡――政界を揺るがせた怪僧か――」（栄原永遠男編、古代の人物　三『平城京の落日』、清文堂出版、平成十七年）【第四章】

佐藤　　信「摂関制成立期の王権についての覚書」（山中裕編『摂関時代と古記録』、吉川弘文館、平成三年）【第十章】

〃　「平城太上天皇の変」（『歴史と地理』五七〇、平成十五年）【第七章】

佐藤　宗諄「元明天皇論――その即位をめぐって――」（『古代文化』三十一―一、昭和五十三年）【第六章】

清水　　潔「元日四方拝」成立考」（『神道史研究』四十六―二、平成十年）【第二章・第七章・第八章】

清水　みき「外戚土師氏の地位――桓武朝の皇統意識に関わって――」（朧谷寿・山中章編『平安京とその時代』、思文閣出版、平成二十二年）【第四章】

東海林亜矢子「中宮大饗と拝礼――男性官人と后――」（『平安時代の后と王権』、吉川弘文館、平成三十年、初出は平成十八年）【第十四章】

新海　　一「貞観儀式元正受朝賀儀管説――唐礼との比較研究上の二、三の問題――」（『國學院大學漢文学会々報』十八、昭和四十八年）【第九章・第十一章】

新川登亀男「小墾田宮の匍匐礼」（『日本歴史』四五八、昭和六十一年）【第八章】

新城　理恵「唐代における国家儀礼と皇太后――皇后・皇太后・受朝賀儀礼を中心に――」（『社会文化史学』三十九、平成十年）【第十四章】

末松　保和『新羅史の諸問題』（東洋文庫論叢　三十六、東洋文庫、昭和二十九年）【第二章】

鈴木　織恵「八世紀の皇后像とその地位」（『駒沢史学』五十七、平成十三年）【第十四章】

鈴木　景二「日本古代の行幸」（『ヒストリア』一二五、平成元年）【第十章】

関　　晃『帰化人』（至文堂、昭和三十一年）【第三章】
〃　「律令国家と天命思想」（関晃著作集 四『日本古代の国家と社会』、吉川弘文館、平成九年、初出は昭和五十二年）【第二章・第三章】
〃　「いわゆる不改常典について」（関晃著作集 四『日本古代の国家と社会』、吉川弘文館、平成九年）【第六章】
薗田 香融「護り刀考」（『日本古代の貴族と地方豪族』、塙書房、平成四年）【第三章】
高田　淳「早良親王と長岡遷都——遷都事情の再検討——」（林陸朗先生還暦記念会編『日本古代の政治と制度』、続群書類従完成会、昭和六十年）【第一章】
高橋美由紀「中世における神宮宗廟観の成立と展開」（『伊勢神道の成立と展開』、大明堂、平成六年、初出は平成四年）【第五章】
瀧川政次郎「革命思想と長岡遷都」（法制史論叢 二『京制並に都城制の研究』、角川書店、昭和四十二年）【序論・第一章・第二章・第三章】
瀧浪 貞子「上皇別宮の出現」（『史窓』三十八、平成三年）【第十章】
〃　「陽成天皇廃位の真相——摂政と上皇・国母——」（朧谷寿・山中章編『平安京とその時代』、思文閣出版、平成二十二年）【第四章】
詫間 直樹「天皇元服と摂関制——一条天皇元服を中心として——」（『史学研究』二〇四、平成六年）【第十一章】
竹内 理三「八世紀に於ける大伴的と藤原的」（『律令制と貴族政権』、御茶の水書房、昭和三十三年）【第一章】
武田佐知子「不改常典について」（『日本歴史』三〇九、昭和四十九年）【第六章】
武光　誠「古代日本と朝鮮の立礼と跪礼・匍匐礼」（『史学論集』五、昭和五十一年）【第八章】
田中　聡「「陵墓」にみる「天皇」の形成と変質——古代から中世へ」（日本史研究会・京都民科歴史部会編『「陵墓」からみた日本史』、青木書店、平成七年）【第四章】
田中　卓「『丹生祝氏本系帳』の校訂と研究——新撰姓氏録の撰進についての一考察」（田中卓著作集二『日本国家の成立と諸氏族』、国書刊行会、昭和六十一年、初出は昭和三十三年）【第一章】
〃　「天智天皇と近江令」（田中卓著作集 六『律令制の諸問題』、国書刊行会、昭和六十一年、初出は昭和三十五年）

【第四章】
田中　卓「天智天皇の不改常典」（田中卓著作集 六『律令制の諸問題』、国書刊行会、昭和六十一年、初出は昭和五十九年）【第四章・第六章】
〃　「新校・新撰姓氏録」（田中卓著作集 九『新撰姓氏録の研究』、国書刊行会、平成八年）【第一章】
田村葉子「二宮大饗の成立と背景」（『史学研究集録』十九、平成六年）【第十四章】
角田文衞「首皇子の立太子について」（『日本歴史』二〇一、昭和四十年）【第三章】
〃　「陽成天皇の退位」（『王朝の映像――平安時代史の研究――』、東京堂出版、昭和四十五年）【第四章】
藤堂かほる「律令国家の国忌と廃務――八世紀の先帝意識と天智の位置づけ――」（『日本史研究』四三〇、平成十年）【第四章】
〃　「天智の定めた「法」について――宣命からみた「不改常典」――」（『ヒストリア』一六九、平成十二年）【第六章】
東野治之「元正天皇と赤漆欟木厨子」（『橿原考古学研究所論集』十三、吉川弘文館、平成十年）【第三章】
所　功「「朝賀」儀式文の成立」（『平安朝儀式書成立史の研究』、国書刊行会、昭和六十年、初出は昭和五十八年）【第十一章・第十三章】
〃　『平安朝儀式書成立史の研究』（国書刊行会、昭和六十年）【序論】
〃　「『寛平御遺誡』の復元」（『平安朝儀式書成立史の研究』、国書刊行会、昭和六十年）【第四章】
〃　「「元旦四方拝」の成立」（『平安朝儀式書成立史の研究』、国書刊行会、昭和六十年）【第七章・第八章】
〃　『宮廷儀式書成立史の再検討』（国書刊行会、平成十三年）【序論】
中川　収『奈良朝政治史の研究』（高科書店、平成三年）【第一章】
中西康裕「『不改常典の法』と奈良時代の皇位継承」（『続日本紀と奈良朝の政変』、吉川弘文館、平成十四年、初出は平成十二年）【第六章】
中野高行「天智朝の帝国性」（『日本歴史』七四七、平成二十二年）【第四章・第六章】
中野渡俊治「不改常典試論」（『古代太上天皇の研究』、思文閣出版、平成二十九年、初出は平成二十一年）【第四章・第六章】
中村一郎「国忌の廃置について」（『書陵部紀要』二、昭和二十七年）【第四章】
中本　和「中宮大饗と東宮大饗」（『続日本紀研究』四〇四、平成二十五年）【第十四章】

長山　泰孝「不改常典の再検討」（『古代国家と王権』、吉川弘文館、平成四年、初出は昭和六十年）【第六章】
西牟田崇生「山陵祭祀の一考察——十陵四墓の変遷を中心に——」（『神道宗教』九十九、昭和五十五年）【第四章】
西本　昌弘「古礼からみた『内裏儀式』の成立」（『日本古代儀礼成立史の研究』、塙書房、平成九年、初出は昭和六十二年）【第八章・第十四章】
〃　『日本古代儀礼成立史の研究』（塙書房、平成九年）【序論】
〃　「東山御文庫所蔵の二冊本『年中行事』について——伝存していた藤原行成の『新撰年中行事』——」（『日本古代の年中行事書と新史料』、吉川弘文館、平成二十四年、初出は平成十年）【序論・第四章】
〃　「早良親王薨去の周辺」（『日本歴史』六二九、平成十二年）【第一章】
〃　「藤原種継暗殺事件の再検討——早良親王春宮坊と長岡京の造営——」（『歴史科学』一六五、平成十三年）【第一章】
〃　「孝謙・称徳天皇の西宮と宝幢遺構」（続日本紀研究会編『続日本紀の諸相』、塙書房、平成十六年）【第九章】
〃　「薬子の変とその背景」（『国立歴史民俗博物館研究報告』一三四、平成十九年）【第七章】
〃　「後佐保山陵覚書」（『続日本紀研究』三八二、平成二十一年）【第四章】
〃　『新撰年中行事』（編著、八木書店、平成二十二年）【序論】
〃　『日本古代の年中行事書と新史料』（吉川弘文館、平成二十四年）【序論】
仁藤　敦史「桓武の皇統意識と氏の再編」（『国立歴史民俗博物館研究報告』一三四、平成十九年）【序論・第二章・第四章】
二宮　正彦「大行天皇考」（『史想』六、昭和三十二年）【第三章】
野田　秀雄「聖武天皇の即位」（『仏教史研究』六、昭和四十七年）【第三章】
橋本　義則「朝政・朝儀の展開」（『日本の古代 七』、中央公論社、昭和六十一年）【第九章】
〃　「天皇宮・太上天皇宮・皇后宮」（荒木敏夫編『ヤマト王権と交流の諸相』、名著出版、平成六年）【第十章】
〃　『平安宮成立史の研究』（塙書房、平成七年）【第十章】
橋本　義彦「〝薬子の変〟私考」（『平安貴族』、平凡社、昭和六十一年、初出は昭和五十九年）【第七章】
長谷部将司「「崇道天皇」の成立とその展開——九世紀における「天皇」の位相——」（根本誠二ほか編『奈良平安時代の〈知〉の相関』、岩田書院、平成二十七年）【第一章】

長谷部寿彦「九世紀の天皇と正月朝覲行幸の成立」(『国史学研究』三十一、平成二十年)【第十章】
濱田　耕策「神宮と百座講会と宗廟」(『新羅国史の研究』、吉川弘文館、平成十四年、初出は昭和五十七年)【第二章】
早川　庄八「律令制と天皇」(『日本古代官僚制の研究』、岩波書店、昭和六十一年)【第三章】
〃　「天智の初め定めた「法」についての覚書」(『天皇と古代国家』、講談社、平成十二年、初出は昭和六十三年)【第六章】
林　陸朗「近江令と浄御原律令」(『国史学』六十三、昭和三十四年)【第四章】
〃　「朝鮮の郊祀円丘」(『古代文化』一八〇、昭和四十九年)【第二章】
〃　「長岡・平安京と郊祀円丘」(『古代文化』一八二、昭和四十九年)【序論・第一章・第二章・第三章】
〃　「桓武天皇の政治思想」(山中裕編『平安時代の歴史と文学』歴史編、吉川弘文館、昭和五十六年)【第三章・第四章・第五章】
春名　宏昭『平城天皇』(吉川弘文館、平成二十一年)【第七章】
肥後　和男「平安時代における怨霊の思想」(民衆宗教史叢書　五『御霊信仰』、雄山閣、昭和五十九年、初出は昭和十四年)【第一章】
服藤　早苗「山陵祭祀より見た家の成立過程――天皇家の成立をめぐって――」(『家成立史の研究』、校倉書店、平成三年、初出は昭和六十二年)【第四章・第五章】
〃　「王権の父母子秩序の成立――朝覲・朝拝を中心に――」(十世紀研究会編『中世成立期の政治文化』、東京堂出版、平成十一年)【第十章】
藤森　馨「再拝両段小考」(『大倉山論集』四十五、平成十二年)【第八章】
藤森健太郎「日本古代元日朝賀儀礼の特質」(『古代天皇の即位儀礼』、吉川弘文館、平成十二年、初出は平成三年)【第十一章】
〃　「元日朝賀儀礼の衰退と廃絶」(『古代天皇の即位儀礼』、吉川弘文館、平成十二年、初出は平成九年)【第十一章】
〃　「元日朝賀儀の変質と小朝拝の成立」(三田古代史研究会編『法制と社会の古代史』、慶應義塾大学出版会、平成二十七年)【第十三章】
古瀬奈津子「宮の構造と政務運営法」(『日本古代王権と儀式』、吉川弘文館、平成十年、初出は昭和五十九年)【第十二章】

〃　「平安時代の『儀式』と天皇」（『日本古代王権と儀式』、吉川弘文館、平成十年、初出は昭和六十一年）【第十一章・第十三章】
保坂　佳男「奈良時代の冬至——聖武皇子の立太子儀に関連して——」（『続日本紀研究』二六二、平成元年）【第三章】
堀　　裕「平安初期の天皇権威と国忌」（『史林』八十七—六、平成十六年）【第四章】
前川　明久「聖武天皇の養育者と藤原氏」（『続日本紀研究』一五八、昭和四十六年）【第三章】
俣野　好治「藤原永手——その政治姿勢と政治的立場——」（栄原永遠男編、古代の人物　三『平城京の落日』、清文堂出版、平成十七年）【第一章】
水口　幹記「引用書名から見た古代の学問」（『日本古代漢籍受容の史的研究』、汲古書院、平成十七年）【第七章】
宮﨑　健司「天平宝字二年の写経」（『日本古代の写経と社会』、塙書房、平成十八年）【第九章】
村尾　次郎『桓武天皇』（吉川弘文館、昭和三十八年）【第一章】
〃　「延暦の礼文」（『神道史研究』四十二—四、平成六年十月）【第二章・第四章】
村山　修一『日本陰陽道史総説』（塙書房、昭和五十六年）【第一章】
目崎　徳衛『平安文化史論』（桜楓社、昭和四十三年）【第一章】
〃　「政治史上の嵯峨上皇」（『貴族社会と古典文化』、吉川弘文館、平成七年、初出は昭和四十四年）【第十章】
〃　「仁寿殿と清涼殿」（『宇津保物語会会報』三、昭和四十五年）【第十三章】
〃　「桓武天皇と怨霊」（『王朝のみやび』、吉川弘文館、昭和五十三年）【第一章】
桃　　裕行「上代思想・文化」（桃裕行著作集二『上代学制論攷』、思文閣出版、平成五年、初出は昭和十四年）【第七章】
矢野　建一「日本古代の「郊祀之礼」と「大刀契」」（共編著、『長安都市文化と朝鮮・日本』、汲古書院、平成十九年）【第二章】
山田　英雄「早良親王と東大寺」（『南都仏教』十二、昭和三十七年）【第一章】
山田　英雄「伊吉連博徳書と地名」（『新潟史学』二、昭和四十五年）【第三章】
山田　雄司「怨霊への対処——早良親王の場合を中心として——」（『怨霊・怪異・伊勢神宮』、思文閣出版、平成二十六年、初出は平成二十三年）【第一章】
山中　　裕『平安朝の年中行事』（塙書房、昭和四十七年）【序論・第十章・第十三章・第十四章】

山本幸男「天平宝字二年の御願経書写」（『写経所文書の基礎的研究』、吉川弘文館、平成十四年）【第九章】
楊永良「元正朝賀儀における諸問題――その法的意義――」（『明治大学大学院紀要』二十一―一、昭和五十七年）【第十一章・第十四章】
楊寛『中国皇帝陵の起源と変遷』（西島定生監訳、学生社、昭和五十六年）【第四章・第五章・第八章】
横田健一「奈良朝における国家理念」（井上薫教授退官記念会編『日本古代の国家と宗教』上、昭和五十五年）【第五章】
吉江崇「荷前別貢幣の成立――平安初期律令天皇制の考察――」（『史林』八四―一、平成十三年）【第四章・第五章】
吉川真司「後佐保山陵」（『続日本紀研究』三三一、平成十三年）【第一章・第二章・第四章】
〃「大極殿儀式と時期区分論」（『国立歴史民俗博物館研究報告』一三四、平成十九年）【第九章】
吉川敏子「天平二十一年四月甲午宣命に見る聖武天皇の意識――天智朝の画期と自身の血縁――」（『続日本紀研究』三六七、平成十九年）【第三章】
吉田孝「九―一〇世紀の日本」（朝尾直弘ほか編、岩波講座『日本通史』五、平成七年）【第二章・第四章】
〃『日本の誕生』（岩波書店、平成九年）【第六章】
吉原浩人「八幡神に対する「宗廟」の呼称をめぐって――大江匡房の活動を中心に――」（中野幡能編『八幡信仰事典』、戎光祥出版、平成十四年）【第五章】
鷲尾祐子「前漢郊祀制度研究序説――成帝時郊祀改革以前について――」（立命館東洋史学会叢書 二『中国古代史論叢 初集』、立命館東洋史学会、平成十六年）【第七章】
和田萃「タカミクラ――朝賀・即位儀をめぐって――」（『日本古代の儀礼と祭祀・信仰』上、塙書房、平成七年、初出は昭和五十九年）【第十一章】
和田英松「奈良朝以前に撰ばれたる史書」（国史研究会編、岩波講座『日本歴史』十、昭和十年）【第三章】
渡辺瑞穂子「藤原京跡呪符木簡と元旦四方拝の成立」（『神道宗教』二一五、平成二十一年）【第七章・第八章】
渡部真弓「「元旦四方拝」と魂のまつり」（『神道と日本仏教』、ぺりかん社、平成三年、初出は昭和六十一年）【第七章・第八章】

あとがき

本書は平成三十年二月に皇學館大学に提出し、九月に博士（文学）の学位を授与された学位請求論文『平安時代前期における儀礼整備史の基礎的研究』を基にして、皇學館大学出版助成金の交付を受けたものである。まずは、学部からの指導教員で学位審査の主査もお引き受けくださった清水潔先生をはじめ、皇學館大学に感謝申し上げます。

各章の初出は、以下の通りである（いずれも加筆修正を加えた）。

序　論　新稿

〔第一部〕

第一章　次の二篇をもとに改編。

「桓武天皇の御生涯と祭祀（シンポジウム「桓武天皇とその時代」）」（『皇學館大学研究開発推進センター紀要』第三号、平成二十九年三月）

「桓武天皇朝の怨霊思想と祭祀運営――神祇の中央集権化と氏族の掌握――」（『神道史研究』第六十五巻第一号、平成二十九年四月）

第二章　「日本における昊天祭祀の受容」（『続日本紀研究』第三七九号、平成二十一年四月）

第三章　「奈良時代に見られる郊祀の知識——天平三年の対策と聖武天皇即位に関連して——」（『続日本紀研究』第三九二号、平成二十三年六月）

第四章　「山陵祭祀より見た天智・光仁・桓武三天皇への追慕意識」（『神道史研究』第六十巻第一号、平成二十四年四月）

第五章　「古代日本の宗廟観——「宗廟＝山陵」概念の再検討——」（『神道史研究』第六十三巻第一号、平成二十七年四月）

第六章　「「不改常典」に関する覚書」（『皇學館大学神道研究所紀要』第二十八輯、平成二十四年三月）

〔第二部〕

第七章　「天地四方拝の受容——『礼記』思想の享受に関連して——」（『神道史研究』第六十四巻第一号、平成二十八年四月）

第八章　「唐帝拝礼作法管見——『大唐開元礼』に見える「皇帝再拝又再拝」表記について——」（『皇學館大学神道研究所所報』第八十号、平成二十三年一月）

第九章　「「儀仗旗」に関する一考察」（皇學館大学史料編纂所所報『史料』第二二二号、平成十九年十二月）

第十章　「正月朝覲行幸成立の背景——東宮学士滋野貞主の学問的影響——」（『藝林』第五十八巻第二号、平成二十一年十月）

第十一章　「朝賀儀と天皇元服・立太子——清和天皇朝以降の朝賀儀を中心に——」（『皇學館論叢』

第三十八巻第四号、平成十七年八月）
第十二章　「延長七年元日朝賀儀の習礼――『醍醐天皇御記』・『吏部王記』に見る朝賀の断片――」
（皇學館大学史料編纂所所報『史料』第二二一号、平成二十一年六月）
第十三章　「小朝拝の成立」（『神道史研究』第五十六巻第一号、平成二十年四月）
第十四章　「皇后拝賀儀礼と二宮大饗」（『皇學館論叢』第四十一巻第六号、平成二十年十二月）
結　論　新稿

さて、私が小学校に入学したのは平成元年四月であった。そして平成十三年に皇學館大学に入学することとなった。平成十三年は西暦二〇〇一年にあたり、私は平成最初の小学生、二十一世紀最初の大学生となり、平成の御代のうちに学位を授与していただいたことは、とても不思議な縁であり、感慨深いものがある。

皇學館大学に入学した当時を思い起こせば、私は大学院に進学することなど、まったく考えてはいなかった。転機が訪れたのは大学二年の夏前のことであったろう。清水潔先生から「研究部会に参加してみないか」というお誘いを受けた。研究部会では大学院生ばかりで『醍醐天皇御記』の講読をしていたが、学部二年生にとっては、付いていくこともままならない難しい議論が行われているという印象しかなかった。しかし、毎回参加し院生の先輩方と交流するうちに、いつしか何ともいえない楽しさが生まれてきた。いわゆる「知る楽しみ」である。自分の知らないことを知るということが、本当に楽しく感じられると気付いたのだ。そして、新しい疑問も生じることになる。研究とはこの繰り返しであろうと思うが、これが次第に大学院進学への決意へと変わっていった。

大学院の後期課程では、学外の学会に参加する機会が増え、多くの人々と知り合うことができた。そこでもらった現在の自分たちの研究状況や学界の動向についての情報や、意見の交換、時には批判や励ましなどの言葉が、自分にとって大きな自信となったことは、今でも思い出す時がある。研究とは、常に孤独との戦いであり、悩み・不安などは常に付き纏い、まさに「六反震動」（妙法蓮華経提婆達多品第十二）や「沒在於苦海」（妙法蓮華経如来寿量品第十六）というような心持の時もあった。そのような時でも、清水潔先生をはじめとする諸先生方から温かく御丁寧な御指導を賜り、無事に学位論文の出版にまでこぎつけられ、感謝の気持ちはひと時も忘れることができない。この場を借りて謝意を表する次第である。また、両親にとっては私は放蕩息子であるかもしれない。しかし、私が大学院で勉強を続けたいという信念を正面から訴えた時に反対もせず、自分が正しいと信じる道を進むのを許してくれたことに対しても、感謝の思いで一杯である。

私が学位論文の執筆に早くから取り組むことができたのは、田中卓先生の存在が大きい。先生には大学で直接お教えいただいたことはなかったが、皇學館大学奉職後に、先生のご用があって御自宅に伺った折などには、先生が現在考えておられることについてお聞かせいただいた。お話の最後には、毎回必ず、早く学位論文を完成させるようにと叱咤激励をいただき、とても励みとなった。平成三十年九月に学位を授与していただき、田中先生が逝去される直前に御報告ができたことにとても安堵している。

学位の審査では、主査の清水潔先生、副査の加茂正典先生、荊木美行先生に御指導をいただき、多くの御指摘と今後の課題・展望を御教示いただいたが、本書には未だ十分に反映ができていない。今後の課題としていきたいと思う。そして、こうして浅学菲才の私が本書を出版できることは、田中先生、清水先生、加茂先生、荊木先生をはじめ、これまでに私に教えをいただいた諸先生すべてのお導きによるものであり、この場を借りて厚く感謝申し上げます。

最後に、本書の出版にあたって大変お世話になった、思文閣出版の大地亜希子氏、校正のサポートをしてくださった岩崎智子氏に厚く感謝申し上げます。

平成三十一年四月三十日

平成最後の夜に　令和改元をひかえて

佐野真人

索　引

【人　名】

研究者名には＊を付した。

あ

い

う

え

お

か

き

へ

ほ

ま

み

む

【事項名】

し

す

せ

そ

た

ち

て

と

な

に

の

は

ひ

ふ

へ

ほ

ま・み

も

や

よ

ら・り・れ

【史料名】

あ行

か行

は行

ま行

や・ら行

◎著者略歴◎

佐野　真人（さの　まさと）

昭和57年、静岡県生まれ。

皇學館大学研究開発推進センター助教。

皇學館大学大学院文学研究科博士後期課程国史学専攻単位取得満期退学、博士（文学）。

主な著作に、皇學館大学神道研究所編『訓讀註釋 儀式 踐祚大嘗祭儀』（思文閣出版、共著、平成24年）、所功監修『京都の御大礼――即位礼・大嘗祭と宮廷文化のみやび――』（共著、思文閣出版、平成30年）、「譲位の儀における剣璽の渡御について――平安時代の事例を中心に――」（『神道史研究』第66巻第2号、平成30年）など。

古《こ》代《だい》天《てん》皇《のう》祭《さい》祀《し》・儀《ぎ》礼《れい》の史《し》的《てき》研《けん》究《きゅう》

2019（令和元）年10月10日発行

著　者　佐野真人

発行者　田中　大

発行所　株式会社　思文閣出版

〒605-0089 京都市東山区元町355

電話 075-533-6860（代表）

装　幀　北尾崇（HON DESIGN）

印　刷
製　本　株式会社 図書印刷 同朋舎

ISBN978-4-7842-1977-3　C3021

日本古代即位儀礼史の研究【オンデマンド版】

加茂正典著

本書は大嘗祭はもちろん、剣璽渡御儀礼・即位式といった広義の即位儀礼をとりあげることにより、桓武・平城朝における即位儀礼の儀式的意味と歴史的意義を明らかにする。さらに資料篇として古代即位儀礼史料年表、新嘗祭・大嘗祭関係文献目録（昭和20年～平成10年）を収載し、巻末には索引を付す。初版1999年。

▶A５判・498頁／本体10,000円（税別）　ISBN978-4-7842-7042-2

訓讀註釋　儀式 踐祚大嘗祭儀

皇學館大学神道研究所編

天皇一代一度の国家祭祀・大嘗祭の祭祀・儀式の全貌を示す、最も古い確かな文献である『儀式』（貞観儀式）。本書は、皇學館大学神道研究所が長年に亙り取り組んできた、現存本『儀式』巻二・三・四「踐祚大嘗祭儀　上・中・下」の訓読・注釈研究の成果。

▶B５判・890頁／本体15,000円（税別）　ISBN978-4-7842-1619-2

九条家本延喜式(一)～(四)　巻一～三十六

東京国立博物館古典籍叢刊編集委員会編

東京国立博物館所蔵の国宝・九条家本延喜式を、紙背文書も含めて写真版で影印出版。紙背文書には新撮の高精細画像を使用。朱書きがある箇所は二色刷とした。

▶A５判・平均485頁／(各)本体15,000円（税別）　既刊４冊【全５巻】

禁裏・公家文庫研究　第一～六輯

田島公編

本シリーズは、勅封のため全容が不明であった東山御文庫本など近世の禁裏文庫収蔵の写本や、交流がある公家の文庫収蔵本に関する論考・データベース・史料紹介を収載し、近世の禁裏文庫本を古典籍研究に役立てようとするものである。

▶B５判・平均434頁／揃67,600円（税別）　既刊６冊　※第二輯は品切

藤原道長事典　御堂関白記からみる貴族社会

大津透・池田尚隆編

『御堂関白記全註釈』（全16冊）の成果をふまえて、約1050項目を新たに書きおろし、11の大分類に整理。各ブロック冒頭には、専門の執筆者による詳細な解説を収録。最新の研究成果にもとづいた新たな平安朝の貴族社会像を提示する。

▶A５判・462頁／本体6,000円（税別）　ISBN978-4-7842-1873-8

古代太上天皇の研究

中野渡俊治著

奈良時代から平安時代にかけての太上天皇を考察の対象として、律令法上の規定、『六国史』などの史書に見える実態や、上表文などに見る天皇や臣下との関係を分析。

▶A５判・288頁／本体5,400円（税別）　ISBN978-4-7842-1887-5